唐君毅全集 卷十二

中國哲學原論 導論篇

臺灣學生書局印行

目錄

中國哲學原論——導論篇

第七章　原言與默：中國先哲對言默之運用

第八章　原辯與默：墨莊孟荀之論辯

第九章　原致知格物上：大學章句辨證及格物致知思想之發展

第十章　原致知格物下：大學章句辨證及格物致知思想之發展

丙　天道與天命

第十一章　原道上：老子言道之六義

第十二章　原道下：老子言道之六義貫釋

第十三章 原太極上：朱陸太極之辯與北宋理學中太極理氣思想之發展

第十四章　原太極中：天地之根原問題，與太極一名之諸義，及朱子太極理氣論之哲學涵義

第十五章　原太極下：朱子太極理氣論之疑難與陸王之言太極及即心言太極之說

第十六章　原命上：先秦天命思想之發展

第十七章　原命中：秦漢魏晉天命思想之發展

第十八章　原命下：宋以後天命思想之發展

中國哲學原論導論篇

本書原題「中國哲學原論（上册）」，於一九六六年三月由人生出版社出版兼發行。一九七四年七月經作者修訂，改爲今名，由東方人文學會再版、新亞研究所發行。一九七八年三月學生書局三版發行。全集所據爲修訂本，並經全集編輯委員會校訂。

自序（寫作緣起、本篇大意、與未及之義）

一、緣起

本篇諸文，大皆吾十餘年來，所已分別發表，略經修改，重加編訂而成。故有一貫之宗趣，合具一規模，而初無全盤計劃，以形成一完整無漏之系統。然溯吾個人動念寫此書諸文，則可謂遠始於約三十年前。時吾初於母校中開設一課，名中國哲學問題，並發有若干講義。當時卽欲就中國哲學諸問題，分別加以論述，意在以哲學義理發展之線索爲本，而以歷史資料，爲之佐證。然繼感一家思想之各方面，頗難分別孤立而論，遂棄置其事。數年後，改教中國哲學史，覺斷代分家講述，果順而易行。亦嘗應當時之教育部之約，寫一通俗之中國哲學史，約十五、六萬言。顧其中宋明儒學一部，初只佔三、四萬言，覺其份量太輕，逾二年乃加以擴充。不意宋明儒學一部，又達三十餘萬言，與其他部份，比例不能相稱。其中之王船山一篇，更獨佔十餘萬言，尤爲凸出。吾學問興趣，旣時在轉變進步之中，旋卽於舊稿之率爾操觚，不能當意，故除已發表之小部份外，餘皆等諸廢紙。近二十年來，任教中國哲學史一課，其講授內容，不僅輕重詳略之間，年有不同；而覺今是而昨非者，亦不可勝數；乃不更以寫一教科用書，爲當務之急。唯時感中國哲學之中，環繞於一名之諸家義理，多宜先分別其方面、種類，與層次，加以說明；而其中若干數千年聚訟之問題，尤待於重加清理。說明與清理之道，一方固當本諸文獻之考訂，及名辭之詁訓，一方亦當兼就義理之本身，以疏通其滯礙，而實見其歸趣。義理之滯礙不除，歸趣未見，名辭之詁訓，將隔塞難通，而文獻之考證，亦不免唐勞寡功。清儒言訓詁明而後義理明，考覈爲義理之原，今則當補之以義理明而後訓詁明，義理亦考覈之原矣。然義理之爲物，初無古今中外之隔，而自有其永恆性與普遍性。今果如中國哲學義理之爲義理而說之，亦時須旁通於世界之哲學義理，與人類心思所能有、當有之哲學義理以爲言，方能極義理之致。然雖曰旁通，吾人又不能徒取他方之哲學義理，或個人心思所及之義理，爲預定之型模；而宰割昔賢之言，加以炮製，以爲塡充；使中國哲學徒爲他方哲學之附庸，或吾一人之哲學之註腳。欲去此中之弊，唯有既本文獻，以探一問題之原始，與哲學名辭義訓之原始；亦進而引繹其涵義，觀其涵義之演變；並緣之以見思想義理之次第孳生之原；則既有本於文獻，而義理之抒發，又非一名之原始義訓及文獻之所能限。過此以往，若談純粹哲學，又儘可離考訂訓詁之業以別行，雖徒取他方之哲學義理，或個人心思所及之義理以爲論，自亦無傷。然緣中國哲學史中之名辭，而說明其義理，清理其問題，則又舍此上之途莫由。循此途以多從事於下學而上達之功，亦較寫一教科用書之哲學史，更爲當務之急；抑必先有此，而後之爲哲學史者，乃更有所取資。此卽吾之所以棄置哲學史之業，而本書諸文之所以得次第寫出，若還契於吾三十年前之願也。

此依名辭與問題爲中心，以貫論中國哲學，亦自有其困難。卽哲學名辭之涵義，有廣有狹，問題所關涉，又可大可小。自其狹且小者言之，則凡有一哲學命題之處，卽有其所用之名辭與一串問題。一一論之，非一人之力。又一名與他名之義相涵，一問題與他問題相生，殊難斬截劃分；則如對每一名義、每一問題，皆通全部哲學史而論，縱橫錯綜，必將不勝其重複。此則唯有就吾所視爲其名之涵義最廣，問題之關涉最大者，擇出若干，暫加孤立；而或通全史以爲論，或選數家之言，以至一家之言以爲論；於其義之相涉入者，則詳略互見；而要以既見中國之哲學義理，依其有不同之方面、種類、層次，而有不同之型態，實豐富而多端；而又合之足見一整個中國哲學之面目以爲準。則吾此書之不能成一完備無漏之系統，固勢所必然，而吾亦初未嘗有一全盤之計劃，然後寫此書也。

吾書既欲見中國哲學義理有不同之型態，實豐富而多端，而又欲其合之足以見整個中國哲學之面目，故吾之說明中國哲學義理之道，既在察其問題之原，名辭義訓之原，思想義理次第孳生之原；而吾於昔賢之言，亦常略迹原心，於諸家言之異義者，樂推原其本旨所存，以求其可並行不悖，而相融無礙之處。蓋既見其不悖無礙之處，則整個之中國哲學面目，自得而見。世有交迕而相礙之枝葉，而觀枝葉之發端於本幹，則初皆並萌而齊茁。世有相激相盪之二流，而觀二流之導源于異地，則初皆自涓涓而始流。萬物既生而相爭相殺，然一一溯其方生之際，則初皆原於天地之化幾，亦並育而不相害。百家異道，若難並存，歧路之中，又有歧焉，往而不返，乃各至一空谷，互不聞足音；異說相糾，而思想之途，乃壅塞而難進。然若能一一探異說之義理之原，如其所歧，而知其所以歧，則歧者既未嘗非道，道未嘗不並行，即皆可通之於大道，而歧者亦不歧矣。故吾人果能運其神明之知，以徹于異說之義理所以歧之原，則糾結無不可解；而人之思想，自無壅塞之處，可順進而前行矣。「原」之時義大矣哉。今吾書於中國諸先哲之言，若果有能見其豐富而多端，而實不相爲礙之處，可合以略見一整個中國哲學之面目者，其故無他，即不忘「原」之一言而已矣。

二、本篇大意

吾寫作此篇之諸文，首成原理及原心四章，今標理與心之名。首二章爲原理者，乃以哲學皆明義理，中國哲學之義理固有種種。此文即就其要者分之爲六：即物理、名理或玄理、空理、性理、文理與事理。知理之有此六者，即知清儒與今之學者之唯重物理與事理者，蓋不免有昧于義理天地之廣大。理之有此六者，初可由先秦諸子用此理之一字之義訓而見，更可由中國哲學思想之發展中，各時代所著重之義理之不同而見。至於此導論編中，第三四章爲原心者，則由于人之知義理必本於理性的心知，而理性的心知，又原有種種。此二章論孟墨莊荀之言心，即意在標示四種形態之理性的心知，此即知類知故的知識心、虛靈明覺心、德性心、與知歷史文化之統類之心。知物理事理，要在知識心；知玄理空理，要在虛靈明覺心；知性理，要在德性心；知人文之理，要在知歷史文化之統類之心。此爲吾原理原心二文之內在的相契應處。然此二文之說六理四心，亦只是粗略如此說。如純哲學的討論何以可開吾人之一心爲多心之故、此中之多心與多種之理之錯綜關係、以及既開一心爲多、分理爲多，又如何言心之統一、理之統一，與心與理之統一等，則此二文雖有所暗示，而未能詳及也。

按西方之近世哲學多自知識論入，然其古典哲學則或自理體 Logos 與理性的心靈 Rational Soul 論起，此書之導論篇始於理與心，亦相類似。

本篇第五至第十一章今標以名辯與致知。此所涉及者，略同他方哲學所謂邏輯，語意學與知識論之問題。對此一方面之哲學，似非中國哲學之所長。然待於作進一步之考察者，亦當不少。本編諸文，前二篇爲荀子正名與先秦名學之三宗，及墨子小取篇之論辯。此二文重在指出中國先秦名辯之學，世所視爲屬於純邏輯上推論之術者，吾今觀之，實多屬於論「語意之相互了解」之問題者。故吾之解釋荀子正名、墨辯小取二文之文句，亦頗有異於前人。此中，吾既謂小取篇之論辯，在求通人己之是非；又謂荀子論正名，重在名定而實辨，以歸在道行而志通；如更合本編第七八兩章論中國先哲對言默之運用，與孟墨莊荀之論辯以觀；即可見中國名辯之學或語言之哲學，乃純以成就人己心意之交通。

為歸，此實一倫理精神之表現；而超語言界之「默」，又為限制語言界，亦補足語言界之所不及，以助成此心意之交通者。現代西方哲學重語言之分析，有如近代西方哲學之始於重知識。自康德起而作知識之批判，定知識之外限；則今後必有一哲學興起，以作語言之批判，以定語言之外限者。則超語言之默之意義，自當逐漸為人所認識；而中國先哲於此，實先有其大慧。人必習此大慧，然後可自由運用語言，而辯才無礙。此則儒佛道三教同有之境界，非今世論語言哲學者之所及。然此一境界之本身，又如何亦能在語言界中說之，仍有其種種義理層次、語言層次之問題，亦非此編諸文之所能盡及者也。

本篇中第十、第十一章，乃始於考訂大學之文句，以論中國格物致知思想之發展，藉以說明中國哲學對於德性之知與知識之知之關係問題之發展與變遷。吾此所重訂大學章句，嘗經友人牟宗三先生之印可，及蔡仁厚君於孔孟學報，為之證義。或足結束八百年來學者，對此問題之紛紛聚訟，亦未可知。望讀者平心察之，不吝指教。又此一考訂，果可成立，亦復證明一種考訂方法之有效。此方法即「一方要先看義理之所安，以最少對原本之牽動，以重訂哲學文獻章句；一方亦為對昔賢之所訂者之誤，加以指出後，再對其所以誤之原中，發現一思想史上之價值，」之方法。又此文下篇，論中國格物致知思想之發展，直述至當代之熊十力、牟宗三二先生之說。再合此文之結論所陳：即可在原則上將西方傳來之一切知識論之說與科學思想，皆全部化為中國之格物致知之思想之發展中，本當有之一章；而亦隸屬於中國學術之大流中，未嘗溢乎其外者矣。

本篇第十二至十八章，名天道與天命，略同西方之所謂形上學之問題。其中論老子之道之六義一篇，只表示一就各方面看道一名之涵義之態度與方法。對老子之道，是否必須如此講，吾以後亦更有其他補充之想法。老子之書，文約義豐，古今中外之人，皆可有其異釋；有如摩尼寶珠，觀者皆可自見其像于其中，蓋無定論之可期。然天地之大，何所不容；存此一無定論可期之書於天地間，自亦無礙；觀者之自見其像，而姑各自視爲定論，亦可不相爲礙。唯論之者，總應自覺其如何論之方式，所論之方面，與論列之程序，不能任情聯想，汗漫無邊；方可於論列之後，使讀者於某一種思想之型態，躍然若見；則縱非老子之眞，亦爲天地間之一可能有之老學。吾之此文，亦嘗自勉於斯，故並存之於此。

本篇原太極之三章，始自評論朱陸二賢對周子太極圖說本身之論爭。此論爭初乃及於此文之是否眞周子所著，與太極一名之詁訓二問題。故此論爭，卽一朱陸對此文之考證與訓詁之爭。吾今之評論此一論爭，卽無異重考證此二賢之考證，重訓詁此二賢之所訓詁。此卽見考證訓詁之事，亦恆有待於反覆重勘，不必一定而永定者。然依吾之文，以觀朱陸二賢之所考證與所訓詁之不同，則正由於二賢所見之哲學義理之不同。是見欲判二賢之考證訓詁之得失，正有待於先明二賢所見之哲學義理。是又義理明而後訓詁考證之得失可得而明之例也。

此原太極之三章，由朱陸之辯周子太極圖說始，而及於周子用太極一名之本義，與張橫渠、邵康節、二程言太極理氣之論，更推擴至太極一名在中國哲學史中之七涵義之分辨，以及朱子言理爲太極之思想，言理與心之關係之思想；再及於陸王以降以心爲太極，王船山以氣言太極之思想；即合以爲中國太極思想之歷史線索之綜論。此中之太極、理、氣之諸名，代表中國形上學之諸究極的普遍概念，正類似上帝，理型、心、質料之爲西方形上學諸究極的普遍概念，其涵義皆幽深玄遠，而牽涉至廣。其言之難於妥善，亦相類。蓋唯有多方解釋，而更解釋其所以如此解釋之故，方可使人逐漸心領而神會。此中吾人之解釋，因此諸概念之爲究極普遍的概念，亦勢必多少引入純哲學義理討論之域，而非中國哲學範圍之所能限。然本文三篇，緣太極以述中國哲學之言天道，歸在：連於人之本心以爲論；與下文三篇，述中國哲學中之言命，歸在：連於人之所以受命者以爲論；即合以見中國形上學思想之重徹上徹下，徹內徹外，而不同於西方形上學思想之多爲以下緣上，以內緣外之形態者。故人亦不可以吾人嘗多少引入純哲學義理之討論之域，而謂其非中國形上學之特性所在也。

本編最後一文三章，述中國哲學之天命觀，此中所謂天，或指天帝、或指形上道體、或指人所在之世界、或指人之性理本心之自身。此中所謂命，則就此種種義之天，對人所降之命令，所施之規定而言。此文因端緒較繁，故在結論中，姑造作上命、下命、中命、內命、外命之五命之名，以統中國思想中自古及今言命之諸說。合此五命以觀人，人乃自見其爲一位於五命之中心之存在；而前三章所言之天道，遂有如散爲五命以下臨，以環繞於人之四周者。維天之命、於穆不已，人之所以受命於天之道，亦以所受之命有種種，而有種種。然要之可合以見人居天地間，其責之至重且大；而中國哲學之恆歸在視人爲天地之心之義，亦理有固然者矣。

此上諸文，早者成於十三年前，最遲者亦成於二年前，嘗分別發表於新亞學報、新亞學術年刊、香港大學五十週年紀念刊及清華學報。二年前吾嘗念：將此諸文分爲三編，即可分別代表中國哲學三方面，與西方哲學之論理性的心靈、知識、與形上實在之三方面、約略相當，足以彰顯「中國哲學自有其各方面之義理，亦有其內在之一套問題，初具一獨立自足性，亦不礙其可旁通於世界之哲學」之面目。當時即擬加以整理，修改付印，以補吾於哲學概論一書，初欲東西哲學並重，終對中國哲學所論猶略之過；兼以證今後欲講授哲學概論與哲學問題者，即全捨棄西方印度哲學之材料，亦未爲不可。不幸二年前，吾母逝世蘇州客寓，吾飄零異域而奔喪無門；自顧罪深孽重，於本書中一切抽象之哲學戲論，尤深惡痛絕，遂復棄置。半年後，乃始執筆整理。其時亦意在摒當舊業後，即斬斷文字孽緣；更于知解名相之外，求原始要終，以究天人之道，通幽明之故。此乃眞吾之本分內事也。唯當時念此諸文之外，仍應加原性一篇，以補此上諸文述及心性者之所缺。吾初意，有四五萬言，已足盡抒所懷；並略申昔年與友人徐復觀先生書疏往返，討論其大著中國人性論史時，所未盡之意。乃勉自發憤，草寫此文。不料下筆之後，一波纔動，萬波相隨，竟不能自休，若非我作文，文自作我；五十日之內，每日僅以教課辦公之餘執筆，竟成初稿二十餘萬言。雖曰粗疏草率，意者若非吾母在天之靈，加被己身，亦未克臻此。一年餘來，一面將此書交印，一面更對此原性諸章，核查文獻，删補改正，並加註解；又輔以原德性工夫者一篇，以述由二程至朱陸之工夫論之問題之發展，是爲本書次篇。當另冊別行。此次篇之論述人性，乃通中國哲學之全史以爲論，要在顯出：「人之面對天地與自己，而有其理想，而透過其理想以觀人與天地之性」，實中國儒釋道三家言人性之共同處。然昔賢所言，自有千門萬戶，今如何緣廻廊曲徑，以出入其間而無阻，則此篇之所加意。此篇旣是通中國哲學全史以爲論，亦意在指出中國哲學一血脈之流行。竊謂如吾此篇之所論，爲不甚謬；而人亦能循此所論，加以觸類引申；卽既可實見得此綠野神州之中國，其哲學思想之無間相續，而新新不已；而亦可實見得此哲學傳統，正如張橫渠正蒙首章所謂太和，雖中涵相對相反之義之浮沈、升降、勝負、屈伸於其間，而未嘗失其所以爲太和；誠足以自立於今之光天化日之下，以和當世鹵莽滅裂之人心。然此又非謂中國哲學之勝義，自吾今茲所言而盡之謂也。

三、本篇及次篇所未及之義

所謂中國哲學之勝義，不能由吾今茲所言而盡者，此首因吾前已自謂：吾唯擇若干連於一定名辭義訓、及其涵義演變之重要問題而論之；又於此諸問題，吾亦未嘗能一一皆通中國哲學之全史以爲論。如以對心之問題而言，吾卽只論及先秦數家；於秦漢以後之言心之義，卽只併入次篇原性篇而及之。心與性固密切相關，然既是二名，則以心爲主而論，與以性爲主而論，所攝及者，便當仍有不同。卽以秦漢以後之思想而言，其中有以性爲主而論時，所當特重，而以心爲主而論時，則不必特重者：如佛家之言法性，宋儒之言萬物之性與氣質之性是也。復有以心爲主而論時，爲吾人所當重，而以性而爲主而論時，又不必重者：如心與身與物之存在上的關係問題——若南北朝時人所辯，心（神）是否能離身（形）而能自存之問題，以及心之爲一爲多之問題——若佛家之論一心或六識八識，與一切衆生之心爲一爲異之問題是也。唯在宋明儒者，則雖或重性、或重心，然言心必及性，言性必及心，則二者恒必歸于合論。但此非謂一切時代之中國哲學家皆如此也。今吾只通中國哲學史以原性，而未原心，則固已對專連及於心之若干問題，不能不有所忽矣。再如本書此篇有原命之文，此乃以命爲中心而論。命固恆原於天，然吾文未以天爲中心而論，則於以天爲中心之若干思想，亦將有所忽，如天之自身存在問題，天之有始無始，有終無終之類是也。復次，此篇有原理二章，乃通中國哲學全史爲論，又有原道一章，則又只及於老子之道。道之與理，固亦於義最近。然既亦二名，則義宜非一。今果以道爲中心，而貫及中國哲學全史以爲論，又當如何？此亦非此書所及。再復太極之一名，自爲中國哲學史之一最高概念，然太和、太一、太素、太初、太始，亦皆名爲太，又豈全不値多少分別論之耶？吾書又屢及於氣，然亦未嘗通中國哲學史以作原氣，而氣與質、形、象、數、序，以及時、位，皆同爲中國哲學中具普遍性之抽象概念，又豈不皆可各視爲一中心概念而論之？

其次，上文所及之心、理、性、命、道、質、形、象、序、數、時、位，諸抽象概念，乃所以說明天、地、人、己、天下、萬物、以及鬼神等諸具體存在者；則吾人又豈不當於原理、原心、原性、原命等之外，作原天、原地、原己、原人、原天下、原萬物、原鬼神，使所論更爲具體乎？若再欲求具總攝性之論題，又宜更作原易、原生。因在中國哲學中「易」或「生」之名之涵義，實亦廣大悉備，凡吾人之所以論天地人物之義，固皆可攝於其中而論也。然就天地人物、或「易」或「生」，而客觀地論之，又不如論「吾之所以對天地人物」或「吾之所以處此有「易」有「生」之世界」之道，尤爲具體而切近。如以吾之所以對天而言，則畏天不同於敬天，祈天不同於知天，事天不同於同天，奉天不同於制天，悲天不同於樂天。如以對物而言，莊子天下篇嘗論百家之學，於墨翟禽滑釐曰：「不靡於萬物；」於宋鈃尹文曰：「不飾於物」；於田駢愼到曰：「於物無擇」；於關尹老聃曰：「以物爲粗」；於莊子曰：「不傲倪於萬物」；荀子天論篇又辨「因物」與「化物」，「思物」與「理物」，「願於物之所以生」與「有物之所以成」之異。此又不必皆同於儒者之言「格物」、「開物」、「正物」、「成物」者也。以對人而言，則「治人」、「用人」、「愛人」、「安人」、「立人」、「達人」，其義亦非一。如先秦法家言治人用人，而不必愛人；墨家更言愛人，而不必求安人；道家求安人，而不必求立人達人。以對天下國家而言，言治天下國家，固似爲人之所同。然先秦之縱橫法術之士，言「取天下」、「呑天下」，墨家言「利天下」而「形勢天下」，道家言「均調天下」、「畜天下」、「在宥天下」、「爲天下渾其心」，儒家言「保天下」、「平天下」，又不必全同。至於人之所賴以治天下國家者，則有法、有勢、有權、有術、有政、有俗、有兵、有刑、有工、有財、有學、有教，而諸先哲於此等等之所輕重者，又各有不同。以對己而言，則儒家之言「由己」、「克己」、「行己」、「推己」、「盡己」；不同于道家之言「無己」、「忘己」、「去己」，而又務求「勿失己而喪己」者；亦不同於墨家之言「損己以益所爲」、「殺己以利天下」者；更不同於法家之言人君之當疑人而「信己」、「任己」者。今更若謂人、己、天地萬物，皆依乾坤之大生、廣生而有，以存於一「大易」之流行中，則客觀的言此天地之道、易道，亦明不如言吾人「所以處此有生生之易之世界」之道，更具體而切近。此中言「養生」不同於「樂生」，達生不同于貴生，「全生」不同於「尊生」。至于言「舍生」、「超生」與「無生」者，則又別有說。人之觀乎變易者之無常，而欲「占易」以知來者，此與科學家之欲預測未來，其動機固相類；然與「玩易」而欣於所遇之藝術心情則不同；至與「贊易」以順性命之理，立人道以繼天道，而「成易」之道德實踐，更有異。若於變易中更見大明終始之「不易」，而歸於「未見易」者」，又亦別有說矣。

復次，吾人之所以能有種種對待此變易而有生生之世界之道，其所本初在吾人之有識知、情才等。然識知不必卽吾心之神明，情才不必卽吾心之志願。若乎吾人之「心量」、「胸襟」、「局度」與「器識」，則又爲能包括此識知、情才、志願、神明等，以及緣之而實現之眞、美、善等價値於其中；兼足以虛涵廣攝所接之人物，以至覆載羣生，而範圍天地之化者。至於由此心量、胸襟、局度、器識等，所成之人之品格、德性、風度、神采與氣象，又各有其義。此中德性之名，應用最廣，亦皆及乎人之內質；其兼見於外者，則名士可言風度，英雄可言神采；而宋明儒者乃創氣象之名，以言聖賢，而風度、神采之名，則固皆不足以狀聖賢也。氣象之名，用在聖賢，乃取義於天地，故言仲尼之氣象卽如天地，顏子之氣象如春生；而風度、神采之名，固不足言取義於天地也。又尅就人而言，除名士外有才士，英雄外有豪傑，儒家之聖賢外有仙佛，荀子於儒又有俗儒、雅儒、大儒之分。凡此等等，名之所在，卽有義存焉，卽其名而究其義之通乎哲理者，皆無不可自爲一中心之論題；並以其他之名之義爲輔，而環繞之，以說其義之次第孳生。是卽可見此一名一義，無知而若有知，宛然自有其存于學術世界之生命。若乎吾人之論之，其或當或不當，或泛或切，或深或淺，或偏或全，或透或隔，或圓通或拘礙，則存乎其人之學力與慧解，而相懸不可以道里計。然欲學者要必有可學，欲言者要必有可言。是見卽在此書之作法所能及者之內，尙留有種種論題，可供智者之優柔饜飫於其中，而自求所以闡明發揮之道。蓋吾旣不欲、亦勢不能一一舉而盡論之者也。

至於在此書之作法以外，則欲更趨向於對哲學思想之「具體之了解」者，自可以一人物爲中心，以了解其所陳思想義理之各方面，而見其交輝互映，以成一全體之處。亦更可及其思想、爲人，與其家世、師友、山川地理、世風時習之關係，以見哲人固不輕降世，世亦不虛生哲人。又可合師弟相承之諸人爲一學派而並論之，以見前賢之引其端而未竟其緒者，後學之尊所聞而進達於高明。更可合一時並起之學派，以見一時代精神之興起，誠若雄鷄一鳴而天下白，春風一至而百卉開。再可合各時代諸學術之精神生命之流行，以觀其由往古以及來今，乃或分而合，或合而分；處處山窮水盡，處處柳暗花明；而黃河九曲，依舊朝東，又有不期其然而自然者。此則皆所謂哲學史之業也。

此外復有更趨向普遍的哲學義理之了解者，卽當觀一哲學義理，如何貫於異時異地之賢哲之心，以見東西南北海，與千百世之上、千百世之下，人之此心此理，既以同而異，亦以異而同。此卽比較哲學之所爲。由此更進，而無古無今，無東無西，無人無我，遂唯見彼哲學義理之世界，上不在天，下不在田，而自光明燦爛，普照河山，齊輝日月。此卽純粹哲學家之事業。若乎最上一機，則卽哲學而超哲學，是卽如人之宛爾乘風，直登天上之瓊樓玉宇，仰首攀南斗、翻身倚北辰；乃復悟得上所言之義理之世界，無論如何廣大高明，皆原在吾心之昭明靈覺之內；亦未嘗不下徹於吾之現實生命與日常生活之中。義理既內通而下徹，全理在事，全事皆理；乃見天上之瓊樓玉宇，正是吾家故宅，斯乃可達於賢哲聖哲之域矣。既達聖哲之域，而可由語言思辨之所及，以更超出語言思辨之外，歸于吾上文所言之默。此卽孔子所以謂「予欲無言」，釋迦之所以道「未說一字」。然亦實非不說不言也，其生命生活之所在，行事之所在，無往而非言也；其生命生活所在之世界之事物，亦無不能言也。故彌陀之淨土寂然，而「林池樹鳥，皆演法音」；孔聖之天不言，而「風霆流行，庶物露生，無非教也」。聖哲既達無言之境，自亦能無「無言」，而本無言以出言；斯可既以身教，亦指天地萬物，以代爲之教；更自以其言，隨機設教。聖哲之學不厭，全學在教，而「所過者化」；聖哲之教不倦，而全教在學，乃「所存者神」，斯爲至極。

以上文所謂至極，觀此書二篇所及，既已限在言說思辨之中，而未能無言無思以通聖境；於言說思辨之範圍以內，又限在中國之哲學義理；於中國哲學義理之中，再限在即名求義之論述方式之內；於即名求義之論述方式之內，吾復只以此少數之名之義爲中心，以其他之名之義，環繞之以爲論，而尋章摘句，又與世俗學者之蛙視無殊，眞可謂立乎至卑至微之地矣。雖曰意在下學而上達，其中亦自有及於高明之義，然其于聖哲之大道之全，誠如滄海之一滴，泰山之一毫。吾自知此書所及者之至有限，居其外者，實無限而無窮。然吾亦正以是得自見此書所及之義理，亦宛然自浮游於空濶，而盤桓于太虛；而吾與吾之讀者，固又皆可如鴻鵠之一舉千里，以自翺翔於吾今茲所言者之外，以自運其神思，更求其勝事矣。吾於吾書，亦嘗自憾其卷帙之繁，而析義多密，而罕通疏之致。即曰滄海之一滴，如諦觀一滴，雖未必即是滄海，然亦宛如大澤；即曰泰山之一毫，如諦觀一毫，雖未必即是泰山，然亦自有丘壑。當今之世人多忙，於此書眞得一游觀之士，已大不易。若更不善觀，又將不免陷身大澤，情留丘壑，而不知出，以更求勝事。吾固可謂：世人於此書所陳之義理，未嘗先自困心衡慮，以自入乎其中者，蓋未必能出乎其外。然亦實未嘗欲人之入而不出，以桎梏天下之賢豪於牖下；而心願所存，亦未嘗不在本固陋之所及，以開來者之慧命於無疆。故今更自道其言之所局限者如此云。時爲孔子紀年二千五百十六年，歲在丙午之二月十四日。吾母逝世匆匆已二十五月矣。嗚呼痛哉。茲敬以二書獻于吾父母在天之靈前。

君毅附誌

上序乃丙午年作，在此後之五年至辛亥吾除原性篇外，又作原道篇三卷，述周秦至隋唐之中國哲學中「道」之思想之發展；並將前述宋明至清之儒者言「修道之教」之文，輯爲原教篇。故今茲將此卷重版，將原有「導論篇」改名「心與理」，而以「導論篇」名全卷。又校出初版訛誤，約一千數百字。凡持此卷初版、及坊間盜印版者。務須照本版改正爲要。

甲寅七月

第一章　原理上：「理」之六義與名理

一　導言

理之一名，在中國思想史中，其特被重視，常言由於宋明理學。在宋明理學中，程朱學派固視理爲至尊無上。陸王學派重心，所爭者不外謂心卽理，良知卽天理。張橫渠王船山重氣，所爭者不外理不離氣。而其重理則一。對理之涵義，除朱子本人、及其學生陳北溪，於其講性理字義之書，加以詮釋外，各家皆本其講學宗旨，有所詮釋。歷明末淸初，學者病理學家言之空疏，而倡經史之學以救其弊。淸學重對經史之考據訓詁，於六經之微言大義，皆欲循漢唐之註疏而上溯。理學之一名，亦或爲世所詬病。淸代學者之所以反理學者，亦或卽由指出理一名之古訓，不如宋明理學家之所說以爲言。惠棟之易微言，於中國哲學之抽象名辭，見於漢以前之古籍者，嘗分別纂集其文句；而對理之一字，則列之於卷末，其意在貶輕此字之地位甚明。其謂理必兼兩相對者（如陰陽仁義大小……等）以爲言，則意在反對宋儒理一而絕對之論。後戴東原著孟子字義疏證，焦循著易通釋，並於理之一字有所詮釋，而皆以之爲次要之概念。戴焦二氏皆時在其所著書中，輕貶宋明儒所重之「理」。章實齋著文史通義，亦首原道，而未原理。其書復時以古人不離事言理爲說。然對理之一字，未嘗加以詮釋。阮元著性命古訓、經籍纂詁，並有意舉經籍故訓，以針貶言宋學者之師心自用之習。前一書中亦有理字一則。唯陳澧著漢儒通義，其所纂漢人經註，則意在見其與宋明儒之言相通，以調和漢宋。然清末民初之劉師培著理學字義通釋，其據漢以前理學名辭之古訓，以駁斥宋明理學家之言者，又較戴氏爲甚。大體而言，清儒明是欲藉宋以前人對「理」及其他理學名辭之訓詁，以反對宋明理學家之言。然近數十年來，西方之哲學科學思想輸入，理之一名，又復爲人所重視，而用爲西方哲學科學中若干名辭之譯名。自然科學初曾譯爲格致，後卽譯爲物理化學等。今中國大學中之理學院，卽包括物理、化學、生物、生理、心理、數理諸學之研究。西方之哲學一名，初是譯音，後亦有譯爲理學者。西方諸科學名辭後，多附 Logy 一字尾，而其原出於 Logos，皆可以理譯之。故 Logic 譯爲論理，名理或理則。Reason 通譯爲理性。柏拉圖之 Idea 或譯爲理念。西方近代哲學所重之 Understanding 或譯爲理解。Axiom 譯爲公理。Principle 譯爲原理，Theorem 譯爲定理。Universal 一字譯爲共相或共理。於是理之一字，涵義乃日廣，而應用時日多。此新名辭中之理，與宋明儒所謂理，及淸代反理學之學者，所舉出理字之古訓，出入尤大。而清代反理學之學者所謂理字之古訓，是否卽最古之古訓，亦是一問題。除漢以前之理之古訓外，魏晉玄學中及隋唐佛學中之所謂理，大體言之是何義，又是一問題。如實言之，清儒之欲藉理字之古訓，不如宋儒之所說，遂據以反宋儒，實未必諦當。因學術思想中之名辭之涵義，本常在不斷之引申中。吾人並不能將一名之涵義，固定於其最早之一義。所謂古義，亦皆相對而言者。魏晉隋唐較宋明爲古，周秦較兩漢爲古，亦有更古於周者。而對清代言，宋明亦爲古代。對今而言，凡昔皆古。十口所傳曰古。凡一名習用之義，無非十口所傳，卽無非古。然清代學者之著重指出漢以前對「理」等名辭之古訓，與宋明儒所詮釋者不同，則未嘗無功於學術史之研究。因能辨別一名各時代意義之不同，卽可進而辨一名在各家著作中的意義之不同，此正爲吾人欲如實了解各時代之學術思想，而不加以混淆之所資。吾人觀一名之如何次第引申新義，亦見學術思想之歷史發展之迹相。如吾人更進而能綜合一名之各時代的意義，而總持的把握之，亦卽可使吾人形成一更高之新思想觀念。惜乎清儒多未能自覺及此。其纂集古訓之功，亦未能使其對「理」一字之各種涵義，有一明白清晰之分辨與說明。本文之目的，則望進此一步，對中國哲學思想史上，各時代所謂理之主要涵義之演變，與以一說明。

吾人之說明，固不能完備無漏，因此中須牽涉全部中國思想史與名物訓詁，章句註疏上之其他問題，非吾人所得而盡論者。然吾人今只求比清人所說，更進一步，則亦未嘗不可作到。吾今所發現之結論爲：中國哲學史中所謂理，主要有六義。一是文理之理，此大體是先秦思想家所重之理。二是名理之理，此亦可指魏晉玄學中所重之玄理。三是空理之理，此可指隋唐佛學家所重之理。四是性理之理，此是宋明理學家所重之理。五是事理之理，此是王船山以至清代一般儒者所重之理。六是物理之理，此爲現代中國人受西方思想影響後特重之理。此六種理，同可在先秦經籍中所謂理之涵義中，得其淵源。如以今語言之，文理之理，乃人倫人文之理，卽人與人相互活動或相互表現其精神，而合成之社會或客觀精神中之理。名理玄理之理，是由思想名言所顯之意理，而或通于哲學之本體論上之理者。空理之理，是一種由思想言說以超越思想言說所顯之理。性理之理，是人生行爲之內在的當然之理，而有形而上之意義並通於天理者。事理之理，是歷史事件之理。物理之理，是作爲客觀對象看的存在事物之理。此理之六義，亦可視爲理之六種，界域各不相同，皆可明白加以分辨。而由中國思想史之各時代上看，亦確有偏重其中一種意義之理之情形。然昔之學者，或略於對名辭概念涵義之分析，遂不免加以混淆，而引致種種之誤解。本文則擬順歷史之次序，說明中國之思想史中各時代所重之理，確有吾人所說之情形在，並將其涵義，試加分別說明。此雖然仍無法完備，然亦可多少對於吾人之如實了解中國各時代思想者，有一種嚮導之用。下文分五節。其中第一節，因須針對清儒之見，故所徵引者較爲繁碎，而辨名析義之處，反隱而難彰。後數節則解析概念之功較多；然於可引以爲據之言，又勢不能盡舉。蓋亦探源與溯流之事不同，而無可奈何者。希讀者諒之。

二　先秦經籍中之理及文理

在先秦經籍中，易經上下經本文及春秋經與儀禮本文，皆未見理字。唯詩經南山有「我疆我理」一語。僞古文尚書周官有「論道經邦，燮理陰陽」一語。此二理字，皆明非一學術名辭。七十子後學所記論語，及老子中，亦無理字。在墨子孟子莊子書，乃將理字與他字連用，以表一較抽象之觀念。今查孟子書中，理字凡四見。又據哈佛燕京學社所編莊子及墨子引得，莊子中之理字，凡三十八見，內篇中只一見於養生主一篇；墨子中之理字，則凡十二見。孟子思想之主要觀念，在仁義禮智、天命人性。其言理，一次是與義相連，說「理義之悅我心」。另二次見於「始條理終條理」一語中。此皆有哲學涵義。再一次見於「稽大不理於衆口」一語中，則與學術思想全不相干。莊子之思想，重在言道、言天、言性命之情。理字亦不代表其中心思想觀念所在。墨子言理，主要見於墨辯。然墨辯中經上經下及經說上下四篇，對他名多有訓釋，而對理字則無。與理字相近之「故」字「類」字，在墨辯之地位，更較理字爲重要。然在七十二子後學所著之禮記中，則理字曾屢見，且甚重要。樂記中謂「禮也者，理之不可易者也」，及「天理滅矣」二節言理，蓋爲十三經中最早以理爲一獨立之抽象概念，並憑藉之說明禮樂之文者。宋儒尤喜徵引後一節之言。唯其時代或後於荀子。先秦諸子中，唯荀子喜言理。荀子除榮辱、致士、彊國、成相、堯問、子道等篇以外，每篇皆用及理之一字，一見或數見不等。荀子之重言禮與其重言理，蓋有一種密切之關係。至韓非子，則言理處亦多，並在解老篇，爲理字作一詳細定義。此外在重法之尹文子愼到之佚文，及管子中，亦多有以理爲主要觀念，以釋法之所由立者。漢人謂「法家者流，出於理官」，理之觀念，蓋亦實法家之所重。由此觀之，在先秦經籍中對理之觀念，乃愈至後世而愈加重視。中國思想史之發展，亦似愈至後世，而愈對以前不用理之一名，所表示之義，亦漸連於理之一名而論之。至宋明儒，而儒學之一切思想觀念，皆可連於理之觀念以爲論。此中蓋可見一中國學術思想之一發展之方向。至吾人今之問題，則首在問：先秦經籍中所謂理之主要意義，畢竟爲何？今先引韓非子解老篇一節，及淸代戴東原以下數人對理之一名所作之訓詁，然後再加以討論。

韓非子解老：「道者，萬物之所然也，萬物之所稽也。理者，成物之文也。物有理，不可以相薄。故理之爲物之制，萬物各有理，而道盡稽萬物之理。」

「凡物之有形者，易裁也，易割也。何以論之？有形則有短長。有短長則有大小，有方圓。有方圓，則有堅脆。有堅脆則有輕重，有白黑。短、長、大小、方圓、堅脆，輕重白黑謂之理。理定而物易割也。故欲成方圓，而隨於規矩，則萬物之功形矣。而萬物莫不有規矩。聖人盡隨於萬物之規矩，則事無不事，功無不功」凡理者，方圓長短麤靡堅脆之分也。故理定而後可得道。」韓非子揚權篇謂

「夫道者，弘大而無形，德者覈理而普至、至於羣生，斟酌用之。」

戴東原孟子字義疏證卷上曰：「理者察之幾微，必區以別之名也。是故謂之分理，在物之質曰肌理，曰腠理，曰文理，得其分則有條而不紊，謂之條理。天下事情，條分縷析，以仁且智當之，豈或爽失幾微哉。中庸曰文理密察。樂記曰樂者通倫理者也。鄭注樂記曰理分也。許叔重曰：知分理之可相別異也。」（疏證上第一條）「古人之言天理者何謂也。曰理也者，情之不爽失也，未有情不得而理得者也。天理云者，亦言乎自然之分理也，自然之分理，以我之情絜人之情，而無不得其平是也。」（疏證上二）「情與理名何以異？曰在己與人皆謂之情。無過情，無不及情之謂理。」（疏證上三）「心之所同然始謂之理，謂之義。凡一人以爲然，天下萬世皆曰是不可易也，此之謂同然。分之各有其不易之則，名曰理，如斯而宜，名曰義。」（疏證上四）「理義者在事情之條分縷析，接於我之心知，能辨而悅之。……思者，心之能也，如火光之照物，所照者不謬也。不謬之謂得理，疑謬之謂失理。惟學可以增益其不足，而進於智。故理義非他，所照所察之不謬也。」（疏證上六）

戴氏學生段玉裁，本其意註說文理字曰：「理，治玉也。註：戰國策，鄭人謂玉之未理者爲璞（藝文類聚引，尹文子同。）是理爲剖析也。玉雖至堅，而治之得其鰓理，以成器不難謂之理。凡天下一事一物，必推其情至於無憾，而後卽安，是之謂天理，是之謂善治。……（下引戴東原言爲證，今從略）」

又朱駿聲，說文通訓定聲，理字下更兼引經子註疏爲證。

「廣雅釋詁：理，順也。理，道也。賈子道德說：理離狀也。（按賈子書本文爲道生德，德生理，德有六理。）管子君臣：別交正分之謂理。韓非解老曰：理，成物之文也。……荀子儒效：井井兮其有其理也；注，有條理也。凡理亂字，經傳多以治爲之。禮記禮器：義理，禮之文也。禮記樂記：理發諸外；注，容貌之進止也。荀子正名：形體色理以目異；注，理，文理也。解蔽：則足以見鬚眉而察理矣；注，謂文理逢會之中。詩信南山：我疆我理；注，分地理也。左成二年傳：先王疆理天下；注，正也。禮記樂記：樂者，通倫理者也；注，分也。荀子正名：道也者，治之經理也；注，條貫也。樂記：天理滅矣；注，理猶性也。禮也者理之不可易者也；注，猶事也。祭義：理發乎外；注，謂言行也。孟子告子：理也義也；注，理者得道之理。……周書謚法：剛強理直曰武；注，理，忠恕也。管子心術：理也者明分以諭義之意也，假借爲吏。禮記月令：命理瞻傷；注，治獄官也；有虞氏曰士，夏曰大理，周曰大司寇。周語：行理以節逆之；注，吏也。史記殷本紀：予其大理。……廣雅釋言：理，媒也。孟子稽大不理於衆口；注，賴也。」（以上並自說文解字詁林玉部理字轉引。詁林中復引說文斠註韓非子理其璞而得其寶，以證理爲治玉。又引說文徐註物之脈理，惟玉最密、尹文子鄭人謂玉未理爲璞；以證說文理爲治玉之說。）

又阮元經籍纂詁卷三十四理字下，徵引秦漢以前古訓尤多。其書之成雖早於朱氏書。惟上文既先引朱氏書，故於其所引與朱氏同者從略。茲選錄若干則如下：

「理，治也；（廣雅釋詁），又（國策秦策）不可勝理注，又（呂覽勸學）則天下理焉注。理，法也；（漢書武帝紀集注）。理者，所以紀名也；（鶡冠子秦錄）。理也者，是非之宗也；（呂覽離謂）。理，義也；（禮記喪服四制）知者可以觀其理焉注，又（呂覽懷寵），必中理然後說注。理，義理也；（荀子賦）夫是之謂箴理注。理，合宜也；（荀子禮論）親用之謂理注。理，道也；（淮南子主術）而理無不通注。理，道理也；（呂覽察傳）必驗之以理注。理者得道之理，（孟子告子）謂理也義也注。理謂不失其道；（荀子仲尼）福事至則和而理注。理，有條理也；（荀子儒效）井井兮其有理也注。理謂道理；（禮記仲尼燕居）禮也者理也疏。理爲道之精微，（荀子正名）志輕理而不重物者無之有也注。地有山川原隰各有條理，故稱理也；（易繫辭傳）俯以察於地理疏。」

又阮元經籍纂詁卷三十八禮字下徵引古訓，以理訓禮者。「禮者理也（家語論禮），禮也者理也（禮記仲尼燕居），禮者，謂有理也（管子心術），禮義者有分理（白虎通情性）。

劉師培理學字義通釋，所徵引故訓與上文多同。又徵引禮記禮器中「理萬物者也」，易傳中「順性命之理」，「理財正辭」，中庸「文理密察，足以有別也」，孟子「始條理者，智之事也」，等而斷之曰：「理訓爲分，訓爲別，此漢儒相傳之故訓也。條理文理，屬於外物者也。窮究事物之理，屬於吾心者也。言理也者，比較分析而後見者也。而比較分析之能，又即在心之理者也。宋儒以天理爲渾全之物，絕對之詞，又創爲天卽理性卽理之說，精確實遜於漢儒。」

由上文諸家所徵引關於理一字之古訓，尚不能使吾人對於先秦經籍中：所謂理之主要涵義，有一明白淸晰之了解。因諸古訓皆嫌籠統，未加分析，則無由見其主要涵義。比較言之，此中唯韓非子解老篇之言，較能使吾人可得一欛柄。解老篇謂「道爲萬理之所然，萬物之所稽」，又謂「理成物之文」，「物之大小、方圓、堅脆、輕重、白黑」爲物之理，復謂「理定而後物可道。」此乃明白指出，道乃自萬物之共同處說，而理則是自客觀萬物之分異處說。所謂大小、方圓、堅脆、輕重、黑白等，卽西方哲學中所謂物之形式相狀 Form 或理型 Idea，或物之第一第二屬性（Attribute 或 Property）。此正爲物理科學所研究之數量性質之理。物之大小、方圓、堅脆、輕重、黑白等，亦初爲吾人之感覺力與物相接，所直接或間接加以了解者。而此物之諸理，亦爲吾人最易明白淸晰的加以了解者。戴東原劉師培所講之理，固不限於此種物理。然彼等之言理，亦自「分」上「別」上說，而視之爲吾人所了解察見於客觀對象者，則正有似於韓非子之言。彼等之所以特別著重以分與別之觀念釋理，乃意在反對宋明儒之渾然一理，以一體之太極爲理之說。除此之外，則彼所纂集之故訓，並不能使吾人對理之觀念更增加一了解。而戴東原段玉裁所謂「未有情不得而理得」一類之言，實際上亦只代表彼等之哲學思想。吾人今亦難言此與其所纂集之理之古訓，有何直接關係也。

吾人今之進一步之問題在：此種視理爲分的別的，又爲屬於所察見之客觀對象方面之說，是否卽爲先秦經籍中所謂理之主要涵義？如從緦理腠理肌理色理一類之名上看，則理誠可說是屬於所察見之客觀對象上之形式或相狀。然吾人下文將說明，此並非理原來之主要涵義。至於謂理皆從分與別方面說，而與道之從總的與合的方面說者不同，則雖大體上能成立，亦有未盡然者。

謂理之主要涵義，乃指吾人所察見之客觀對象上之形式相狀，首與「理，治玉也。」(說文)「理，順也。」（廣雅）「順，猶理也。」（說文）「理，猶事也。」（玉篇）之言不合。治玉之事明爲人之一種活動，順是人之順，事是人之事。皆不直接指客觀外物而言。理字之最早之涵義，大約卽是治玉。治玉而玉之紋理見，卽引申以指玉之爲物上之紋理。理從里，說文謂里居也。田土所在，卽人之所居。田乃人之治土始成。詩經信南山謂「我疆我理」，則當是引申治玉之義，而以分治土地，分地里爲理者。由是再引申，而以治與理同義，治民之官乃亦稱理官，而法亦可以稱理。至於上文所引：「理萬物」，「理財」，「剛强理直」，「疆理天下」，「別交正分之謂理」，皆同是自人之活動方面說，而涵「治理」之義者。此類之言，在古代經籍中，正遠較用理以指客觀外物上之鰓理腠理肌理等形式相狀者爲多。

吾人謂理之原始之主要涵義，乃自人之活動一方面說，而非自客觀外物方面說，今尚可由孟子墨子禮記荀子諸書用理字之文句之意義，以得其證明。孟子書中言理，上文已說只四見。「理義之悅我心」之理，是從我心方面說甚明。「始條理者智之事，終條理者聖之事」一段中之「智」「聖」是人之精神上之德性。此條理亦是從人心方面說。「稽大不理於衆口」一語之意，是說稽之爲人，他人皆不以之爲然，亦是自人心態度方面說者。在墨子書中理凡十二見。四見於所染篇，即「凡君之所以安者，以其行理也。」「行理性（一本作在）於染當。」「處官得其理矣。」「處官失其理矣。」此「理」與「義」之義同。至節葬篇：之「安危理亂」中之「理」，當與治之義同。非儒篇謂「仁人以其取舍是非之理相告」，此「理」與「義」亦無異。至於在墨辯中言及理處，則有溢出於「治」與「義」之義之外者。墨辯中之言理，乃偏自人之純知之思想活動上講，而不重從人之意志行爲上講，與孟子及墨子本書皆不同。大取篇謂「辯者……以明同異之處，察名實之理」，又謂「辭以故生，以理長，以類行。」察名實之理，即察一命題或一判斷與其中所用之名，是否合於實之謂。辭以故生之辭，即命題或判斷。「故」是一命題判斷所本之理由或根據。「以理長」之一語之理，明近乎今所謂人之推理推論之活動，言辭固以推理推論而生長也。又經說下「以理之可誹，雖多誹，其誹是也。其理不可非，雖少誹，非也。」此所謂理之可誹與否，是指他人所持之命題判斷或主張在理論上是否能成立，是否能駁倒之謂。此所謂理論上之是否能成立，即指其命題判斷之是否合耳目之實，與推理之是否正當而言。又經說上「觀爲窮知，而儳於欲之理」一語，則辭意頗晦。以上下文觀之，則蓋是論能見未來利害之理智，是否可止息人之欲望之問題。故知墨辯之言理，乃偏在人之純知之思想活動方面說。至於禮記中之言理，則又偏在人之意志行爲之活動方面說。樂記「人生而靜」一段，言「好惡無節於內，知誘於外，不能反躬而天理滅矣。」明是就人內部對好惡之節以說天理，而與對外感物之事分開而說。故鄭註謂「理猶性也。」祭義謂「理發乎行」，樂記謂「理發諸外」，亦是自人之內心之情之表現於「容貌之進止」上說者。樂記謂「樂者通倫理者也」。此所謂通倫理，宜即指此文上下所謂樂之能使「君臣上下聽之，莫不和敬；在族長鄉里之中，長幼聽之，莫不和順；在閨門之內，父子兄弟聽之，莫不和親；合和父子君臣，附親萬民」而通人倫間情誼，而與禮之重別之義相對說。此正不宜如鄭注之訓為分。至於喪服四制中「知者可以觀其理焉」，鄭註「理義也」，又樂記「禮也者，理之不可易者也」，鄭註「理猶事也」。此二理字，皆指人在喪禮及其他行樂之事，能合當然之義上說。是見禮記中所謂理，大皆自人之意志行為活動上說者也。

至於荀子書中，則上文已謂其書每篇幾皆用及理字。今更不厭繁碎，試就其言理處之涵義，一加分析。如在「少而理曰治。」（修身）「天地生君子，君子理天地。」「無君子則天地不理。」（王制）「用天地，理萬變，而不疑」（君道）「主能治近，則遠者理。」（王霸）「情性也者，所以理然否取舍者也。」（哀公）「舉錯不時，本事不理，夫是之謂人祆。思物而物之，孰與理物而勿失之也。」（天論）此諸言中所謂理，正皆略同所謂治理之意。至於在「其行道理也勇」（修身），「縱其欲，兼其情，制焉者理也」（解蔽），「心之所可中理，欲雖多奚傷於治」（正名），「義者循理」（議兵），「義，理也，故行」（大略），「言必當理，事必當務」（儒效），「禮恭而後可與言道之方，辭順而後可與言道之理」（勸學），「安燕而血氣不惰，柬理也，」（修身），諸語中所謂理；由此諸語之本義或上下文觀之，皆是指人心意志行爲所遵之當然之理，而略同於「義」者。荀子言理之特色，則在其不僅指當然之理義爲理，且以理字表狀人心能中理，而行禮義，或人修養所成之內心之精神狀態及外表之生活態度；如「喜則和而理，憂則靜而理」（不苟），「福事至則和而理，禍事至則靜而理」，（仲尼），「井井兮其有理也」（儒效），「見端而明，本分而理」（非相），「栗而理，知也」（法行），「誠心行義則理，理則明，明則能變矣」（不苟）。此諸文中所謂理，皆所以表狀人由修養所成之精神狀態及生活態度者。此乃他人之所罕言。此外則荀子最喜以文理合言。如所謂「綦文理」，「期文理」「禮義以爲文，倫類以爲理。」（臣道）「貴本之謂文，親用之謂理。」（禮論）「文理情用相爲內外表裏。」（禮論）文理卽禮文之理，故賦篇賦禮曰：「非絲非帛，文理成章。」若禮記之以理言禮者，後於荀子，則荀子卽爲先秦思想家最喜言理者，亦最早將禮文與理合而言之者也。

荀子之言理，尚有一點異於禮記及孟子者，卽墨辯中所謂純知之思想活動中之理，亦爲荀子之所承；而荀子之言理，復有物理之概念。其非十二子篇，於每述二子之後，輒謂其說「持有之故，言之成理。」此所謂故與理，正同於墨辯所謂「辭以故生，以理長。」之「故」之「理」。持之有故，言之成理，卽據理由以立言，而言辭有理路、有層次、有前提結論之關係之謂。此乃屬於人之純知之判斷推理方面，而不關連於道德之意志行爲方面者。至於非相篇所謂「以人度人，以情度情，以類度類。類不悖，雖久同理。」此理亦是連着思想上之推理而說者。賦篇於詠蠶詠箴以後，結以「夫是之謂蠶理」「夫是之謂箴理」之語。此所謂理，亦即蠶箴之爲物之形式或構造之理。是此所賦者正無異於物理。解蔽篇謂「人之心……譬如槃水，正錯而勿動，則足以見鬚眉而察理矣。以知，人之性也。可以知，物之理也。」此物之理，亦可泛指禮儀文理與一切客觀自然物之理，而若爲下開韓非之重物理之說者。

然荀子雖承認有不關人之道德之純知之思想活動中之理與物理，荀子同時又不重視此類理，而不視之爲眞正之理。乃喜用大理之一名，以揀別此類之理。荀子在儒效篇既言「知說有益於理者爲之。無益於理者舍之，夫是之謂中說。」後即更曰：「若夫充虛之相施易也，堅白同異之分隔也……雖有聖人之知，未能僂指也。不知無害爲君子，知之無損爲小人。」禮論篇亦謂「禮之理誠深矣，堅白同異之察，入焉而溺。」是見荀子所謂理，又可不包涵一切純知之思想上之推理。彼於解蔽篇既言「以知，人之性也；可以知，物之理也。」以後，又謂：以可以知人之性，求可以知物之理，而無所疑止，則沒世窮年不能偏也。其所以貫理焉，雖億萬，已不足以浹萬物之變。與愚者若一。」是見荀子既承認一切客觀存在之物理，而又以人不當求偏知此類之理。荀子所以不重純知之思想上之理與物理，其根據之理由，正在荀子之唯以禮義文理之理爲理，爲眞正之理爲大理。荀子常提及大理，如謂「制割大理。」「人之患在蔽於一曲，而闇於大理。」（解蔽）又謂堯舜禪讓之說，「未可與及天下之大理者也（解蔽）。」（正論）大理與偏曲之小理相對，大理者禮義文理之全理，亦即與只辯堅白同異之純知之推理，及只求徧知物理之事相對者也。荀子之能言大理，尤爲荀子論理之一要點之所在也。

由上文吾人可知在先秦之儒家墨家之傳統下所言之理，皆著重在從人之內心之思想或意志行爲之方面說。唯荀子言理，兼承認有純客觀之物理，而不加以重視。韓非子言理，偏自客觀之物理上言，或亦本於荀子。然偏自客觀之天地萬物之觀點言理，蓋初開啓自道家。道家思想可以莊子爲其代表。莊子思想之中心概念，自當是天，天地、道、性命之情而非理。前已言之。莊子書中言理之多，僅次於荀子，共三十八見。唯多見於外篇。今如分析其涵義，則有同於治之通義者。「治其形理其心」（則陽），「理好惡之情」（漁父），「調理四時」（天運），「申子不自理。」（盜跖），「道無不理，義也」（繕性）。亦有指一內心之狀態者，如「和理出其性」（繕性）。又有指言論之根據或言辭之相承而生者，如在「二家之議，孰正於其情？孰偏於其理？」（則陽），「其理不竭，其來不蛻，芒乎昧乎，未之盡者」（天下）之語中之理。最後此二理字之義，皆略同墨辯之純知之思想上之理者。凡此等等，皆非莊子言理之主要涵義所在。其理之主要涵義，乃在其言天理或天地萬物之理。天理一名，蓋首見於莊子。樂記之言天理，似承莊子而再變爲另一義者。莊子養生主言「依乎天理」，刻意篇言：「循天之理」，天運篇言「順之以天理」，盜跖篇言「從天之理」，秋水篇海若責河伯「未明天地之理」，乃爲之「論萬物之理」，漁父篇言「同類相從，同聲相應，固天之理也」。萬物之理一名，除見於秋水篇外，亦屢見於他篇。如知北游謂「萬物有成理而不說」，「聖人者，原天地之美，而達萬物之理」，則陽篇言「五官殊職，君不私，故國治。萬物殊理，道不私，故无名」。天下篇評百家之說「判天地之美，析萬物之理」。而自物上言理，則有「物成生理謂之形」（天地），「與物同理」（則陽），「果蓏有理」（知北游），「隨序之相理，橋運之相使，窮則反，終則始，此物之所有」（則陽）之言。天下篇又論及慎到、田駢、彭蒙。此三人，皆亦可說爲道家，而天下篇論慎到曰：「泠汰於物，以爲道理。……夫无知之物……動靜不離於理……而至死人之理」。由莊子之言理，恒與天地萬物相連，故知其所謂大理，實卽天地萬物之理，亦卽無大異其所謂道。故繕性篇曰：「道，理也。」此與荀子所謂大理，乃就人之道以爲說迥異。故秋水篇海若告河伯曰：「爾將可以語大理矣」，而下卽繼之以言天地萬物之理。莊子之言「知道者必達於理」（秋水），言不當「貪生失理」（至樂），不「說義」以「悖於理」（在宥）；亦卽爲循天之理，從天之理之意。此與承儒家傳統之荀子所謂中理，爲合於人生當然之理者迥別。莊子書中唯漁父篇曰：「其用於人理也，事親則慈孝，事君則忠貞，飲酒則歡樂，處喪則悲哀。」此理與儒者之所謂理之義同。然此一段，則固假定爲漁父專對孔子而說者也。

莊子之言理，恒言及天理，天地之理，萬物之理。天地萬物可說爲人以上、人以外、或超越於人之自然，亦可說爲人以上人以外之客觀存在之對象。因而天地萬物之理，亦可說爲客觀存在之對象之理。而此正當是韓非子解老篇，純從客觀對象上說理之一淵源所自。然自另一方觀之，則莊子所謂天地萬物，又非卽與人之主觀相對之客觀世界。因爲莊子要人「合天」、「侔於天」、或「同於天」，要人「游於萬化」、「與天地精神相往來」、「與造物者游」，而使人成天人眞人至人。同時莊子所謂天地萬物之理，亦明不同於韓非子解老篇所謂「成物之文」，或物之形式相狀，如方圓、白黑之類。莊子所謂天地萬物之理，卽天地萬物之變化、往來、出入、成毀、盈虛、盛衰、存亡、生死之道。物之文或物之形式相狀如方圓、白黑，可由吾人之感覺與理智，加以了解而把握之，故可說其屬於物，而在物中。至於物之變化往來存亡死生，雖亦可說是物之道物之理。但此道此理，恒由物之改易轉移超化其自身，由如此而不如此，由生而死，由存而亡，由出而入，然後見。則此道此理同時超於萬物之外，而只爲物之所依以通過者。由是而對此道，不可直接由觀物之形式相狀而知，恒須兼由超物之形式相狀，去觀玩或觀照萬物之不斷變化往來，由無形而有形，又由有形而無形，而後可以會悟到者。故道非由感覺與理智所可加以了解把握者。物之形式相狀之理，可覩、可知、可名爲形而下。而此道此理則不可覩，超知而超名，爲形而上。此二者之別，亦正如太空之航路與往來之飛機之別。飛機可覩，飛機之能往來去住，亦可說是飛機之理。然飛機之所以能往來，由於有航路爲其所通過所經度。此航路則不屬於任何特定之飛機。此航路亦只由飛機之往來以顯。——如飛機不能過處，便知有山等阻隔，前無航路。——然說其由飛機之往來以顯，卽不只由其處之有飛機以顯，而是由

「其處之原無飛機，今有飛機，而又任飛機飛過，更離其處」以顯。以航路觀飛機，則有形之飛機固往來不定，而無形之航路恒在。此卽可以喻「道無終始，物有死生」，以飛機觀航路，則飛機實有，其來往可覩，航路爲虛路，芴漠無形而不可覩。此卽喻莊子之所以以道爲无，以物之死生存亡之理，爲不可覩。（「死生非遠也，理不可覩。」（則陽））飛機之理屬於飛機，爲物理。航路之理，不屬於飛機，爲天道或天理。故莊子養生主首言天理，而藉庖丁解牛爲喻。此篇謂庖丁解牛，以刀刄之無厚，入骨節之有閒，而游刄其中，節節解去，是爲依乎天理。此天理正不在牛身之實處，而是指牛身之虛路虛理。庖丁目無全牛者，以見牛渾身皆是虛路虛理，故能節節加以分離。此牛身之虛路虛理，不屬於牛身之各節而無形，卽以喻天道天理之不可言屬於物，而爲形上者也。由此便知莊子在先秦思想中乃另發現一種理，與孟子禮記墨子荀子所言之理，偏重在人之意志行爲思想方面說者固不同，與韓非子所言之成物之文之物理，亦不同也。

至於由韓非子至戴東原以降所謂，理是從「分」從「別」之方面說，則大體上亦未爲非是。朱子曾謂「道字宏大，理字細密。」故先秦思想家中孔孟老莊皆重道，唯荀子重分重別而重禮與理，墨辯亦較墨子本書更重理。由重道而重理，乃表示思想分析能力之增加。然如謂先秦經籍中只有此涵分別義之理，而無涵總持義之理，亦復不然。在此吾人首當分別「分別」有二種：一種是橫的平列的分別，如一眼所見天高地下萬物散殊之分別。一種是縱的或先後的分別，如「物有本末，事有終始」中之本與末終與始之分別。前者是靜的分位上之相差異，後者成動的歷程次序。理之一名，可用在各物之靜之分位之差異上，亦可用在一動之歷程之次序上。韓非子之說理，明是從各物之方圓、白黑之分位之分別上看。戴東原說理從條分縷析，察之幾微，以使人我之情得其平上說，亦是指人我分位上之分別。依吾人之意，則韓戴二氏以降所謂分別之理，在先秦經籍中乃第二義或引申義分別之理，而非第一義原始之分別之理。在先秦中第一義原始義之分別之理，應是指動之歷程中之分別之次序，而且是指人之內心思想態度行爲之歷程之次序者。在靜的分位的分別中，可只見分而不見合，則理之一名可只有分別義，而無總持義。然在動的歷程之次序之分別中，則此歷程中之前一段是向後一段，後一段是完成前一段，因而前後二段之次序之分別，並不妨礙其爲一整個之歷程，亦不妨礙有一總持此歷程者之貫於其中，無時而不在。此卽如吾人之行孝道，由晨省至昏定，由生養至死葬，是有前後次序之分別者，人乃有各種如何盡孝之理。然在此中，人之「晨省」時之孝心，已向在「昏定」、「生養」時之孝心，已向在「死後之祭之以禮。」故昏定時祭時葬時之孝心，亦卽不外完成了晨省時生養時之孝心。因而可說此中有一個孝之理，一直貫注下去。此卽見用以指一動之歷程之次序之理，可不只有分別義，且兼有總持義。此種兼從理之總持義以講理，至宋明理學家乃眞加以重視。故有理一分殊之說。然在漢唐之註疏之以條貫注理（見前文所引）。卽已是從動之歷程之前後次序之通貫處言理。此皆不如韓戴之只以理指橫的分位上之分別者。此自人之內心思想態度行爲活動之歷程之次序條貫上講理，正是先秦經籍中之「理」之原始義所在，此下可再連上所已說，更稍詳一說。

吾人謂理之原義，是指人之活動之歷程中之次序條貫，因而不只有分別義，且有總持義。此亦可由理爲治玉，理從里，里爲人所居，里從田，田爲人之治土所成等處以知之。治土、治玉，皆爲人之一活動行爲之歷程。詩經之我疆我理，舊注曰分地里也。此分地里，自爲我之一活動。孟子說理義之悅我心，亦非謂理義爲一對象之謂。孟子最反對行仁義而主張由仁義行，則理義悅心云者，卽謂人由仁義行之活動，使我心自悅而已。孟子又謂「金聲也者，始條理也；玉振之也者，終條理也。始條理者，智之事也；終條理者，聖之事也。智譬則巧也。聖譬則力也。」禮之由金聲至玉振，修德之由智至聖，射之由巧至力，皆在人之一整個之動的歷程中。則此所謂條理，乃指一歷程中之次序條貫甚明。曰始條理終條理者，言始終乃一條理之始終也。至於墨辯之言理，吾人前說其是就推理之當否，與判斷中之名是否符實而言。墨辯所謂理，當卽指判斷推理言論時，人之思想言論生長之歷程中之理。至於在禮記中所謂理，如喪服四制曰：「知者可以觀其理焉。」喪服重別，此理自重在分別義。禮記樂記說「禮也者，理之不可變者也。」此理亦當是指禮之重別而說。但樂記說「樂者，通倫理者也。」樂重和，則此所謂通倫理，上已言此乃謂樂能「合父子君臣，附親萬民」，通人倫間情誼之謂。此通亦爲一次第之歷程。此理卽重在條貫義。又樂記人生而靜一段說「感於物而動……物至知知，然後好惡形焉。好惡無節於內，知誘於外，不能反躬而天理滅矣。」人之感物而動以生好惡，原爲一不斷發生之動的歷程，而天理之節好惡，亦爲一不斷顯其主宰好惡之動的歷程。此中物是多，知是多，好惡是多，而於節好惡者，則只說一天理。此天理之義，乃明在統貫總持義，而不重在分別義甚明。

至於荀子之言理，則似將理視作一靜的客觀對象，且較更重理之分別義。故荀子喜言察理。荀子所謂文理，恒卽指由聖王傳下之客觀之禮樂制度而言。其所謂中理，可卽是合此客觀制度之道之謂。因而此理便可不必同於孟子所言之條理，爲人自內而發之動的歷程中次序條貫之理。此外荀子講理，尚有一特色，卽吾人前所提及，以理指一內心修養之狀態，如謂喜則和而理，憂則靜而理等。此理只所以指一內心之不亂或內心之安靜之狀態，因而爲非必在一活動之歷程中者。此外荀子之言「義者循理」一類之言，所說者爲道德上之當然之理。因其不承認性善，則此當然之理，便亦可只爲心所照察，而同於一客觀之理。由此三者，而荀子言理之爲分別，便偏於吾人所說之第二義之靜的、分位上的，橫的「分別」，而於我們上所說動的歷程中的次序條貫之理，比較忽略。

然荀子之所謂理，雖靜的意味重，且重言分理以明禮之分異之用，彼亦非全忽視總持義統貫義之理。此關鍵乃在荀子所言之理非自然物之理，而爲人文社會、人文歷史之文理或禮制之理。此文理，乃由人與人之相互表現其思想活動行爲而成。因而此文理不可說是屬於某一特定之個人，而同時是將社會中之諸個人聯繫組織起來之理。社會之發展由古至今而有歷史，則此文理，同時是由古而通貫到今日與未來者。荀子言文理言禮制，同時重言統類，言「百王之無變足以爲道貫」者。此卽其大理之一名所由立。同時荀子在和而理靜而理等語中，以理指一修養所達之內心之安靜狀態時，此理亦是指一整個心境中之安靜，而不是指對某一特定之事之安靜，則此理亦有總持義。人心之安靜而不亂，亦恒在人心之相續不斷之應事中見，則此理亦是在一動之歷程中成就者，而涵有條貫義者。（故楊注和而理句曰：理，條貫也。）

此外莊子之言天理、大理或理，其涵義皆與天道或道，無大分別。莊子言天道，其本身雖可超分別，亦超次序條貫者。但人之認識此天道天理，則初宜自事物之變化盛衰存亡之歷程去認識，而不宜本靜的橫的分別的眼光，去認識。以後一眼光去認識，可只見上下左右方圓白黑之理，而不能見盛衰存亡之理。因物盛則未衰，衰則不盛，存則未亡，亡則不存。盛衰存亡，原非可並在而平列以觀，而只在一動的歷程中者。人必由物之存亡盛衰等以認識天理天道，即天道天理，仍須通過此動的歷程之條貫次序去認識。此外易傳中之言「黃中通理」、「易簡而天下之理得」、「和順於道德而理於義」、「窮理盡性以至於命」、「聖人之作易，將以順性命之理」，此類之理之涵義如何，不必細論。然易為論變化之書，則此理為由變化歷程中見，當兼指事物變化歷程之次序、節奏、段落，則可無疑義。而此理亦當為兼分別義，與總持義條貫義者。

吾人之上文，一方評論韓非子及戴東原劉師培諸家釋理之言，說明彼等之只以理為人心之照察，只重理之分別義，實不足以概括先秦經籍中之涵義。同時即約略分辨出，先秦經籍中所謂理，有不同種類之理。此中第一種是韓非子解老篇及荀子之一部所謂爲物之形式相狀而屬於物之形而下的物理。第二種是莊子所謂爲物之所依以變化往來，存亡死生，而又超物之天理，天地之理，萬物之理。此爲一形而上之虛理。此二者，皆可謂由人以外之客觀之天地萬物或自然世界而見者。第三種是如墨辯所謂一命題判斷中之名是否合於實，及推理是否正當之理，此爲屬於人之思想與言說中者。第四種是如孟子所謂由仁義行，而直感此行之悅心合義理之理，即道德上之發自內心之當然之理。第五種是荀子禮記所特重之文理。此五者中，前二說之出，較後之三說爲晚。而在後三說中，則皆明重理之見於人之活動的歷程中之義，且皆不只重理之分別義，而復重理之條貫義，總持義者。此正當爲「理之原義爲治玉之治」之一最直接而合法之引申，亦爲中國先秦經籍中代表一抽象概念之原始義之理。至於以理指治玉後在玉上所見之紋理，以理指鰓理，指一切人之感覺思想行爲活動及於物後，所見之物上之形式相狀性質，並稱此等等爲物上之文、物之理、即上文第一義之理，則爲間接之第二義以下之引申。至於莊子之以天理，指牛之間隙，指形而上之虛理，而同於道、即上文第二義之理、則是由觀物而又超物，觀形而又超形，唯就此物此形所經之虛跡，而名之爲理。是爲再進一步之引申。然理之一名，在莊子之書，可融入其道之一名中加以了解，故無大重要性。至於在孟子書中、理之一名，亦不如仁義禮智性命等之重要。在墨子中，理之一名不如天、兼愛，等名之重要。故在此理之五涵義中，吾人宜謂禮記荀子中所重之文理，爲當時所謂理之主要涵義所在。文理者禮文之理，社會人文之理。文理乃指人與人相交，發生關係，互相表現其活動態度，而成之禮樂社會政治制度之儀文之理而言。此禮樂之儀文，爲周代文化之所特重，抑爲後世之所不及。在先秦最喜言理又能不離人之活動以言理，兼見及理之分別義條貫義總持義者，正爲重禮樂之禮記與荀子。此文理乃由人之相互表現其自內而外之活動所成。人自內而外之活動有段落，又以所對之他人他物而異，則有分別義。故禮記中庸曰：「文理密察，足以有別也。」然各人之活動，由禮樂加以聯繫貫通，以相交於天地、君師、先祖，即見合見通，則文理亦有總持義。故荀子禮論謂「貴本之謂文，親用之謂理，兩者合……以歸太一。夫是之謂大隆。」至於中國後來思想史之發展，則宋明儒言理，多是就人對其他人物之活動雖各不同，然皆原本於一心性，以言具總持義之性理；並由吾人與萬物性理之同原處，以言總持義之天理。此則承孟子樂記言性與天理而生之新說。至於清人如顏習齋、戴東原、焦里堂，與諸經學家史學家，則大皆重考證各種分殊的禮文之事之分理。至於由動之歷程以言物理，則漢代之陰陽家與易學家，皆是此路。由是而有陰陽消長，五行生尅，五德終始，律歷循環一套之中國式之科學。至於就事物之大小方圓、長短數量、堅脆輕重，加以研究考察，此在西方希臘即發展爲形數之學，由此而產生西方近代之物理化學，及其他自然科學。然在中國古代，則唯墨辯中頗有此種學問之思想。然尚無數學物理學之名，亦未逕名之爲物理之所在。韓非解老，知此爲物之理之所在，亦未嘗以之成學。直至百年來，西方科學哲學思想輸入，而後此類之理，乃特爲人所重。而本此種理之觀念，以觀中國先秦思想家所謂理之主要意義，實最牴牾不合。至於墨子所重之思想言說中之理，則皆可謂爲名理之一種。唯名理之一名，乃先秦所未有。魏晉以後，有名理之一名。魏晉玄學之論，皆可名之爲名理之論。唯此所謂名理之論，其內容與名墨諸家所言，實迥不同。至於南北朝隋唐之佛學中，所謂空理眞理，則頗似上述之莊子所謂天理天道之爲一種虛理虛道，而又不同。其不同在於莊子之道尚可由超物超形超言與一般之意念以了解，而佛家之空理眞理，則更宜由超化種種深藏吾人生命之底層之執障以了解。然要可由莊子之言與魏晉名理之論之進一步，以與相契接。由是而秦以後中國思想史中所重之性理事理物理名理與空理，同可由先秦經籍中所謂理之涵義中，多少得其淵原所自，而又皆對於理之涵義，有新的引申與增益者。吾人亦必須在確知此新的涵義之引申與增益之所在，然後對此諸理之眞正分別處何在，有明白清晰之了解，進而可望對理之爲理之本身，有一總持之綜合的認識，此當於下文詳述之。

三　魏晉玄學與名理

漢儒之哲學思想，其特色在講陰陽五行之理。此理實是本文所謂物理。但物理之名，亦未正式成立。其正式成立，蓋由楊泉之物理論始。而理之一名，在漢儒亦不重視。吾今之此文非直接講思想史。唯是因欲說明理之一名之諸涵義，而附帶講到古人關於理之思想。漢人對理之名，既不重視，則吾今亦可存而不論。此下卽直接論述魏晉人所謂名理之涵義。

名理爲魏晉時流行之名辭。三國志，晉書，世說新語等書，時稱某人善名理。近人亦嘗統稱魏晉談理之文爲名理之文。而魏晉人之淸談及玄學，亦可稱之爲談名理之學，或謂魏晉人之談名理與玄論爲二派，其說並無的據。友人牟宗三先生於其才性與玄理一書中，名理正名一文已辯之。（牟先生文成於本文初發表於新亞學報之後，對本文有所評介，並爲之作進一解。讀者宜參看。）然名理一名之義界，畢竟當如何說，乃與淸談及玄學中之主要思想相應，則似未見人論及。名理一名之廣義，似可泛指一切辨名推理之論。故有以名理之名，當西方所謂哲學者。但我今欲將名理文理等名，相對而言，並求其歷史上之淵源，以與淸談及玄學中之思想相應，以定其義界，並見其卽可包涵玄理之義；則當溯名理一名之遠源，於先秦思想之言名實之關係之論。名與實之關係，原是公孫龍子惠施墨辯以後直至荀子正名篇，所共討論之一問題。此亦可說初是從孔子作春秋正名分之意引申出，並與法家之言「循名核實」，「名定以形，形以檢名」等相關者。孔子之正名分，是要人之名位與實相應，此重在重建禮教。其意義是道德的，社會政治的。亦卽荀子所謂「期文理」，「綦文理」之事。法家之言刑名，多具政治法律上之實用意義。而公孫龍子墨辯荀子所討論之問題，則是知識論邏輯語意學之純理論之問題，吾將另於荀子正名及先秦名學三宗一文中論之。人之以名表實而成知識，原與人類文化俱始。然人之反省及知識之完成，乃係於以名表實，及其中之問題，則是人類思想之一大轉進。故公孫龍子墨辯等對知識名實關係之討論，亦確是在先秦儒墨諸家所喜言之人生之禮樂刑政等問題以外，另開出一思想學問之路。此種思想學問，非意在指導人之如何行爲，亦非意在對人說任何具實用意義的話；而是使人去反省其說的話所用之名，與實際世界之「實」，有何關係；使人知其對於一實，何名能用，何名不能用，以知一名能指何實，不能指何實；由此而能辨別各名涵義之分際，而知吾人之用名之正誤。由用名之正誤，而能定吾人之是否有眞觀念眞知識。此諸問題，全是由人之思想，回頭反省他自己所說之話，與其所指者之關係而生。同時亦可說是由人之思想，思想其自己之思想觀念知識與所指者之關係而生。此在邏輯層次上，是較一般之思想言說，只直接去向外思想物之如何與人當如何行爲上說者，在一義上，爲更高一層次之思想。而由此思想本身所再建立之理論言說，亦卽高一層次之理論言說。此卽對「吾人之言說之爲如何一回事」之言說。由此而說出之道理，乃「關於吾人之如何說道理」之道理，而爲另一種理。吾人於先秦由墨辯至荀子之一切關於名實問題之討論之文，皆當作如是觀。此亦可說卽魏晉以下名理之論之一淵源所自。然從先秦之談名實，至魏晉之談名理，卻又是中國思想史之一大轉進。魏晉之談名理，初乃是由漢末品評人物之風而來。亦與漢魏政治思想上，重核名實之刑名之論相關。由品評人物，論用人之道，而劉劭鍾會等，乃論及人之才性。由江左之淸談，談人物，而談一般性之人之才能、德性、行爲，再談他人言語談吐之風度，更及於談他人之如何以談說以表其意等，遂論及言與意之關係問題。言之所本在名。意之所及恒在理，而不必在物。

理之超物而玄遠者，亦恒只可以名表，而難以事求。故曰名理，曰玄理。按魏之劉劭人物志材理篇，亦嘗以道理、事理、義理、情理分四家之人物，其所謂義理見於論禮敎，略近本文所謂文理。其所謂事理，亦略如本文後所說之事理。其所謂情理當攝在後文所謂性理項下。其以道理之家爲首，又謂道理之家「思心玄微，能通自然。」此正當爲能談玄理者也。先秦思想之論名實，其所謂實，恒是指客觀之外物，或物之形色。此形色是直接屬於物之理。然意之所及之玄遠之理，儘有不直接屬於外物者。故由論名實至論言意，論名理玄理，便是思想上一大轉進。魏晉時人之言意之辨，正爲先秦之名實之辨之進一步之大問題，而此亦卽當時名理之論之一根本問題之所在也。

先秦之名墨諸家言名實關係者，亦附及於言意之問題。因用名以指實，卽以表意中之實。名墨諸家之以名當合於實者，蓋亦意謂名足盡意，以使名與意咸得合於實。而莊子則謂書不盡言，言不盡意，意不盡道。如秋水篇謂「可以言論者，物之粗也。可以意致者，物之精也。言之所不能論，意之所不能察致，不期精粗焉。」至於魏晉時人，則或謂言盡意，或謂言不盡意。如王導過江止標三理，其一，爲歐陽建之言盡意論。建之言曰：「夫理得於心，非言不暢；物定於彼，非名不辨。名逐物而遷，言因理而變，不得相與爲二矣。苟無其二，言無不盡矣。」此中用名理與言意，相對成文，正可見名理之不離言意。而以言爲盡意者，必重名言之價值。以言不能盡意者，宜求忘言無名。如何晏著無名論又註論語吾有知乎哉一節卽曰：「知者，知意之知也；……言未必盡也。」至於王弼之一方說

「言出意者也」，又說「得意在忘言」，以無名爲名之母；郭象之以「名」爲形之影響，又爲其桎梏，而曰「明斯理也，則名跡可遺」；則皆似爲一方承認言能出意，一方又是要人由言而忘言之說也。

吾人之所以謂言意名理之問題，是較名實之問題更進一步者，關鍵全在意所及之理，可有全不及於實物者。先秦之墨辯及名家之討論堅白之盈離，白馬之是否馬，牛馬之是否非牛非馬，有厚無厚，南方有窮無窮，鏃矢是行是止之問題，雖亦以人之意中對此等等之觀念爲媒介，而後能加以討論；然其所指向者，仍不外客觀世界中關於存在事物之時間空間形色數量運動之問題。物之佔時空有形色數量運動，皆可說是直接屬於物之實理。故論吾人所用之名言與之之關係，可仍只爲一名實問題。然人之意所及之理，則儘有全不能屬諸客觀外物之理。如王導過江所標之三理，除歐陽建之言盡意論以外，其另二者，爲嵇康之聲無哀樂論與養生論。今無論說聲有哀樂與無哀樂，皆一判斷，亦皆表一意，表一理。聲乃耳之所聞，在外，哀樂乃我之所感，在內。說聲無哀樂、或聲有哀樂，皆只表此在內在外二者之關係。因而此理便不能只在外，亦不能屬於在外之聲。此與形色數量等，尙可說屬於在外之實物者，全然不同。屬於在外之實物者，可以手指，而此則不可手指，而只可。意會。不只聲無哀樂之一理，唯可意會，卽聲有哀樂之一理，說哀樂在聲，亦要待於意會。因縱然聲上原有哀樂，我不動哀樂之情，哀樂之意，仍不得說聲有哀樂也。又如嵇康養生論中說：「忘歡而後樂足，遺生然後身存。」此亦只是一可意會之生活上之道理，而非客觀外物之理。對於只可意會之理而以言表之，是遠比對於可指之外在實物之形色等理，以名言表之，更爲人類之更高一步之思想與言說。故由先秦之名實之問題，至魏晉之名理之問題，實是中國思想史之一大轉進。

關於魏晉之談名理，是較先秦名墨諸家論名實爲進一步之思想發展，尙可由魏晉人之談形而上之問題如一王弼之論易等言，以證之。

王弼之論易，其大旨在由漢人象數之學進一步。漢人象數之學之大毛病，在太質實。乾必爲馬，坤必爲牛，某一卦某一爻，必指一特定事物之象，是爲太質實。漢人陰陽五行之論，原是一種從事物之變化歷程去看物理之論。吾人前已及之。在漢人之論易，恒是要把易之一切卦爻之配合變化，通通視作一具體之物理現象之構造之圖畫。於是卦氣爻辰納甲納音之說，皆相沿而生。由此而某一卦某一爻，亦必指一特定事物之象。易經中之名言，皆成直接指實者。此與先秦之名家言雖不同，然其歸在觀名之實指，則並無不同。王弼論易，則正是要去此漢人之太質實之病，以求進一步。其所以能進一步者，正在其特重此屬於名言與所指之實物間之「意」，亦同時特重此「不屬於特定之物之意中之理」。王弼周易略例謂「爻苟合順，何必坤乃爲牛？意苟應健，何必乾乃爲馬？」坤直接表「順」而不表牛，乾直接表「健」而不表馬。馬牛是象，而「健」「順」是「意」。今重此意，則乾坤之名與實物之關係鬆開，而只與意中之理相連接。只要是健，取象於馬可，取象於牛亦可。只要是順，取象於牛可，取象於馬亦可。牛馬不同，而在一情形其健順可相同。健順既不屬馬，亦不屬於牛，而爲牛馬之共理。然人心中橫亘有牛馬之形象，則健順便或屬於馬或屬於牛。必須忘牛馬之形象，而後能意會此健順之共理。故忘象而後能得意。牛馬之名，只及於牛馬之象，此是名象關係，亦卽名實關係。而健順之言，則能表我們牛馬之象中所意會之理，則此便見言意關係，名理關係。王弼之易學之進於漢儒之易學者，正在其能不重名象名實之直接關係，進而重言意名理之關係也。

王弼之玄學，除見於其論易外，亦見於論老子，今併引其老子註及周易略例之數語，以證上之所說。

老子道法自然註曰：「道不違自然，乃得其性。法自然者，在方而法方，在圓而法圓，於自然無所違也。自然者，無稱之言，窮極之辭。」又天地不仁註：「天地任自然，无爲无造。萬物自相治理，故不仁也。」道生一註：「萬物萬形，其歸一也。何由致一，由於无也。」

此中所謂道，所謂自然，所謂一，所謂無，皆是名言。此諸名言，皆能表意表理。然此諸名言，皆非表某一特定之實物之名，亦不表特定之實物之理，更不必表一客觀存在之外在實體。其所謂自然，實迥別於今之西方科學哲學中所謂自然。說「自然者在方而法方，在圓而法圓。」卽任方者之自方，圓者之自圓，任萬物之自相治理，而自是其所是，自然其所然之謂。無稱之言者，無特定事物爲其所稱；窮極之辭者，物無非其所指，而此辭非他辭之所指之謂。謂之曰言曰辭者，言其非指外在之對象，而唯表吾人意中之理而已。自然之名如是，道、一、與无之名，亦復如是。（邢昺論語正義疏引，王弼釋**論語**之志于道曰：「道者，無之稱也。寂然無體，不可以爲象。是道不可體，故但志慕之而已。」謂道只可志慕而不可體，卽道只爲意中之理之謂也。

王弼周易略例謂：「物無妄然，必由其理。……統之有宗，會之有元，故繁而不惑，衆而不亂。處璇璣以觀大運，則天地之動，未足怪也；據會要以測方來，則六合輻輳，未足多也。……」對此段話，吾人仍可生一問題，卽其所謂物之所以然之理，能爲宗能爲元之理，畢竟如何？此眞是指客觀存在之具體之物之理，或只是吾人論萬物時之意中之理？只就此段文中看，則似二者均可說。唯在王弼思想中，堪爲統爲宗之概念，只是「易」「感」「自然」「一」「无」等。唯此諸概念爲窮極之辭，而能爲統會之宗元所在。此諸概念，卽只所以表吾人對整個天地萬物之意中之理，而非所以表客觀存在之具體之物自身之所以存在之物理者也。

在魏晉玄學家，除王弼論易言無自然以外，何晏亦言無。裴頠之崇有論，則偏言有。向秀郭象註**莊子**，言自然，自爾，言獨化。皆是魏晉玄言中之最重要者。今再引郭象一段註莊子之言，以說明何以此類名言概念思想，皆重在吾人之意中之理，而非重在論客觀之物自身所以存在之物理。

莊子齊物論註「天籟者，豈復別有一物哉。……有生之類…共成一天耳。無既無矣，則不能生有；有之未生，又不能爲生。然則生生者誰哉？塊然而自生耳，非我生也。我既不能生物，物亦不能生我，則我自然矣。自己而然，則謂之天然。天然耳，非爲也，故以天言之。以天言之，所以明其自然也，豈蒼蒼之謂哉？夫天且不能自有，況能有物哉？故天者，萬物之總名也。……物各自生，而無所出焉，此天道也。」

郭象之此一類之言，當然亦講了許多道理。然此許多道理，明不是論特殊具體之物所以成之物理，而其否認有主宰萬物使物生之「天」之存在，謂天只爲萬物之總名，卽明見其無意追求萬物共同之客觀原因，或萬物之所以存在之理。然則他此一類話，講的是何道理？實則正不外吾人用名言去指客觀存在之萬物時，吾人之意中之理而已。

吾人之所以謂魏晉玄學家所用之自然，旡、有、天、獨化之此一類名言，乃所以表吾人意中之理者，可從此類之名言恒不只是一個，而隨吾人之意之變而可以多，以證之。如吾人可用「天」爲萬物之總名，以表萬物。亦可用「有」爲萬物之總名，以表萬物，或用「萬物」爲萬物之總名，以表萬物。又可自天地萬物自旡而生，皆由變化而向冥中去，乃用旡、易、玄之名，以表天地萬物。總天地萬物而言之，可說只是一個。然吾人表之之名，則可多，而每一個皆可以爲窮極之辭。可見此多名之立，初不係於客觀之天地萬物，而係於吾人對天地萬物之意。則此諸名，便實非直接指天地萬物，而只能直接指吾人對天地萬物之意，與意中所會之理。如只爲直接指天地萬物，則一名豈不亦足够，何必要許多？又如何能有許多？此正如我要以名指我之個人，則一名已足够。吾人之所以要自取許多別號，如甚麽山人，甚麽齋主，皆初只是爲直接表我對我之意，而非爲直接指我這一個人。同樣，魏晉玄學家，對同一之天地萬物，或說之爲有，或說之爲無，或說之爲自然，爲獨化，皆要在用以表玄學家對天地萬物之不同之意，或意中所會之理，非要在用以直指天地萬物之本身。此諸意中之理，是否卽爲天地萬物本身之理？此可是，亦可不是。卽如我之別號，可是代表我本身之實有性格，亦可不代表，而只表示我對我之一理想。如其是也，則意中之理爲形上學本體論上之理或物理。如不是也，則意中之理，卽只是人之思想意念中呈現之理而已。然依吾意，魏晉玄學家所論之理，如有、無、易、自然等名之所表，實大皆只是人之意中之理，而亦可有形上學或本體論之意義者。然卻不能說是屬於客觀之具體存在之物之物理。卽彼等所論之意中之理，其兼可爲物理者，彼等亦似只重在視作人意中之理而論之。淸談之所以爲淸談，亦卽在其所談者，只重在名言所表之意中之理，而恒不必求切於實際。由此方見名理之論所欲論之理，不同於物理之論所論之理也。

今有一問題，是畢竟此種名理之論所要論之理，與其他屬於客觀存在之物之物理，當如何依原則而加以分別？或如何依原則而分別人所講之是物理與名理？今爲引申補足上文意，試提出二個分辨之原則如下：（一）如人所講之是物理，則其所說之話中，必至少包含一個或數個名辭，最初是由直接指一感覺所接之具體之物而獲得意義者；而吾人亦可由一聞此諸名辭，往念彼吾人所曾感覺之具體事物，或求去感覺其所指之具體之物。而除去此一名辭以外之一切名言，卽皆是直接或間接說明此感覺之具體事物者。在此情形下，則其所講者，卽皆可謂之爲物理。然如人所講之話中，所提及之具體之物，皆是作爲譬喻或例證用，而此外之名言，皆不指可感覺之具體之物；而須吾人對此名言之意，作一番反省，而後能知其所表之理者；則其所講者是名理而非物理。（二）物理皆屬於具體之物，而有實作用者。如輪有圓理，此圓卽有轉動之實作用；水有下流之理，其下流可推船下駛。而名理之論所論之理，是無實作用者。如說天地萬物是有，是無、是變，是無所待而獨化，物各自生而無所出，是天然，自有、自然時；此「有」此「變」，此「獨化」「天然」「自然」，便只爲天地萬物之共理，此共理本身乃無實作用者，因其不屬於任何具體之物也。物理有實作用，故人於物如多知一理，則人可多產生一事；名理無實作用，則人多知一理，並不多產生一事。人知水下流，故知水性濕，人便可於行船外，再以水潤物。人只知水是變，是有、是自然、是獨化，並不能使人多產生一實際之事，而只使人多一意，此意使人之心靈境界有一開闢而已。

如果上文所論尚有不够嚴格處，則吾人尚可進而從名理物理之別，爲名理之論，定一更狹義嚴格之界說。卽名理之論初皆是一種關於理之同異之理，或論吾人之一意中有無另一意之理。卽名理之論，初乃以辨理意之相同異，相有無之關係爲事，而不以辨物之時空、數量，物之因果關係，實體屬性關係爲事者。若然，則可嚴格別名理於物理。如上文所引王弼郭象之說「自然者，在方而法方，在圓而法圓」，此只是說自然一名之意中，涵有「在方法方、在圓法圓」之意。說「萬物自相治理，故不仁也」，此只是說萬物既「自相治理」，則此中不涵有「天地之仁」之意。說「旡既旡矣，則不能生有」，此只是說「旡」中無「有」。說「我既不能生物，物亦不能生我」，此是說物異於我，我異於物。說「自己而然，謂之天然」，卽說「自己而然」之同於「天然」。此便皆爲純粹的辨各種名言所代表之理意之同異有無之關係的純名理之論。至於涉及物理之言，亦可依此上之原則，以辨其何語是論物理，何語乃論名理。如說天圓地方，牛性順，能服從人，馬性健，其行也速，是物理。但只說方異於圓而同爲形，健異於順而同爲德，則只是名理之論。又如說馬性健，天行健，父之性亦健，分別說皆是物理。而由三者之爲健也相同，同爲一健之德，遂忘三者之別；思此健亦同健，而名此健曰乾，乃由乾之名而只思此健，並謂思此健，異於思馬或天或父之象，以至說必忘象乃能知乾之義，則是名理之論。又如果說聲有哀樂，是說音樂中確有哀樂存於其中，便仍可說是物理之論。說聲之一名之意或聲之理中，有哀樂之理，則是名理之論。至於說聲無哀樂，則絕不能是物理之論，而只是名理之論。因聲無哀樂，乃是說聞聲之意中，可不含哀樂之意，或是說聲之所以爲聲之理中，無哀樂之理。非說聲中有一「無哀樂」爲其物理也。又如說人有意則必將有言，此是說人之有意與其有言間，有一因果關係，此仍是一廣義之物理之論（廣義之物，包括一切視爲客觀存在之物質的或精神的具體事物。）但如說言能盡意或不盡意，只是說「言所表之理」，同或不同於「意中之理」，或只說「言中所涵之意」，包涵或不包涵「人意中之意」，則是名理之論。以致如當時人之辨才性，謂某種人才性如何，則其作事如何，亦是物理之論。而其辨人之「才性」之同異，則可是名理之論。又如嵇康養生論說「忘歡而後樂足。遺生而後身存。」如此語是把人之生活當作一客觀對象看，而說人之忘歡可以產生樂足，人之遺生可以產生身存，此仍是屬於上所謂物理之論。但如此二語之意，是說忘歡與樂足、遺身與身存，事似異而實同，似相無而實相有，則可爲名理之論。總而言之，名理之論之特徵，在其直接目標，只在論意與意間，或意中之理與其他意中之理間之相互之同異有無之關係；由此便得使吾人得平觀諸意，而得諸意間之意，以形成一意境；平觀諸理，而得諸理間之理，以形成一理境。此與西方邏輯與先秦名學中之論名實關係與推理之形式者固不同，亦不是要論某類客觀存在具體之物，與其他客觀之物之因果關係。此方是純名理之論之典型。而一物理之論，則縱然其中包含之名理，其目標必在對於可感覺或可指之客觀存在者，具體之物之理與因果關係等之說明，否則亦不能稱爲物理之論。此只須吾人隨處加以思索一番，即能加以辨別。至吾人上文之此種辨別之論之本身，亦即辨「物理之論」與「名理之論」二名之意之名理之論。吾人能有此辨別，吾人即可將魏晉人之文章中物理之論撇開，而專看其名理之所在，而對魏晉人在思想上之獨特的眞貢獻所在，有眞正之認識。吾人對王弼何晏郭象向秀等之所言，亦將更易得其解矣。唯此皆非吾人今之所及耳。今再引晉時魯勝之墨辨序一段，附加數語，爲本段作結。

「名必有形，察形莫如別色，故有堅白之辨。名必有分明，分明莫若有無，故有無厚之辨。是有不是，可有不可，是名兩可。同而有異，異而有同，是謂辨同異，同異生是非，是非生吉凶。」

吾人於本節之開始，原說魏晉時之名理之論，上通墨辯名家之言。故魯勝在晉時爲墨辯作敍。唯墨辯名家之論，畢竟以客觀外物之形色時空數之名實關係爲歸。其所論之有厚無厚萬物同異之問題，仍是連有無同異之觀念於外物而論之。必至魏晉而後，直以言與意名與理相對成名，而後有眞正注重名理關係之名理之論，而討論及於客觀外物以外者，意與意理與理之有無同異之論。此卽魏晉玄學家之名理之論，大進於先秦名墨之言者也。

第二章　原理下：空理性理與事理

四　佛學與空理

吾人上文分別論列文理物理名理之不同。今再進而試論南北朝隋唐佛學中之空理之性質。以佛學家與魏晉玄學家較，佛學家乃更喜歡用理字者。僧肇竺道生已重理。後之法相天台華嚴三宗更以理言實際。法相宗所本之解深密經中原有四種道理之分，其中之觀待道理、作用道理，指事物之相對關係因果關係之理，不出吾人所謂物理事理之外。其所謂證成道理，本可泛指一切由修養而證得之理。法爾道理可泛指一切究竟不可更詰，而法爾如是之理。然在佛學，則此後二者，恒用在指空我執法執後所證得之法爾如是之眞如理。玄奘窺基綜結此宗要義所成之成唯識論，首言造論宗旨在「達二空，於唯識理如實知。」末章言「顯唯識理，乃得完滿，非增減故。」此書卷一破我法執破外境等，處處以「所執非理」「理俱不成」「理亦不然」爲言。卷九論遍皆所執中能所取二分「情有理無」。又證見道曰：「謂初照理故，亦名見道……眞見道卽所說無分別智，實證二空所顯眞理，實斷二障分別隨眠」。卷十釋四涅槃亦皆以眞理爲言。如謂「一切法相眞如理，雖有客染而本性淨」，爲本來自性清淨涅槃。謂「煩惱障盡所顯眞理」，爲有餘涅槃。謂「有爲法與苦依，同時頓捨，顯依眞理」，爲無餘涅槃。謂「斷所知障顯法空理，此理卽無住涅槃」。傳爲天台宗慧思所作之大乘止觀法門論卷末終於「順本起淨，卽順淨心不二之本，故有相資之能。違本起染，便違眞如平等之理，故有滅離之義也」之言。至華嚴宗則特以言理法界，理事無礙法界名。華嚴宗之初祖杜順華嚴五教止觀（大正藏四十五卷）第三事理圓融觀，承大乘起信論而言「心眞如門是理，心生滅門是事」。智儼華嚴一乘十玄門，亦論約法以會理。至法藏澄觀宗密，對理事無礙之旨，發揮尤多。法藏之華嚴菩提心章，言「發心觀眞理」，言「一味眞理」，「觀此眞如理」。澄觀華嚴法界玄鏡，釋四法界三觀，謂眞空觀之眞空，卽理法界。理事無礙觀者「理無形相，全在相中，互奪存亡，故云無礙」。周遍含容觀者「事本相礙，大小等殊。理本包通，如空無礙，以理融事，全事如理」。至宗密注華嚴法界觀，則全篇皆在言「理」時言「理性本有」，「理含萬德」。天台發展至湛然以及於宋之知禮，更重理具十法界三千諸法，卽性具三千之義；而以華嚴之只緣佛界理以論性起，而斷「九界理亦爲性具」之義者，爲不備。可見中國佛學之發展，乃向「理之重視」之方向而發展也。

然此佛家所謂理，初畢竟是何種之理，則甚難言。今說般若宗所論爲空理，尙可無諍。因般若宗原主畢竟空。但他宗亦說有。今姑不論天台之理具三千，不宜只以空說，卽唯識與華嚴之理，亦非可只以空說之者。但成唯識論中以眞理釋四涅槃，及華嚴宗之理法界之理，仍初當畢竟是指由執障空所證得之諸法實相，或淸淨寂滅相，或涅槃，眞如而言。至所謂「唯識理」之理，則可是指唯識之理論義諦而言。涅槃眞如之理，是直指一境界或理境。唯識理是指爲達此境界，吾人當如何思想，當去掉何種錯誤之觀念情見，而逐漸引生正知見，得正智之理論。然吾人可說涅槃眞如旣是由空執障而後顯，亦卽須吾人在思想上去掉所執之錯誤觀念，或空諸情見而後顯。則佛學家所講之「理論」，亦卽所以顯眞如涅槃之爲「眞理」或「理法界」者。二者相應，而爲一事。因而可同以一理字表之。吾人今亦至少可自佛家之境界或理境必由空諸情見而後顯上說，名佛家之理爲空理。而本文用空理一名，亦重在表示佛家之理論之注重空諸情見方面，而不重在由空諸情見後修行所證之境界方面。此佛所證之境界，可說是眞空，亦可說是妙有。佛之「果」德，固不能逕說爲空者。學佛之六度萬行之「行」，亦不能只說爲空。然吾人及諸有情衆生之境界中，由妄執實我實法而生之各種情見，則佛家必說其空。因不說吾人之情見是空，則不能引發正知正見。故至少在「境」上言，佛家理論乃偏重在對世人說空，偏重對世間之種：情見以及種種外道之學術理論，加以破除遮撥，亦是必然之事；而對其所嚮往之佛境，亦必然說其爲超一般之情見所及，超一般之思議所及，而爲超思議，或不可思議者。因而佛家之積極表學佛之行與佛之果德一方面之話，從學術理論上看，便見其不如其破除遮撥方面之話之重要。故吾人仍可名佛家之理論爲空理。

吾人今既撇開佛家之修行方法，與所證之果德一方面不論，而專從其對於境方面之理論，乃重在破執，而稱其所言者爲空理；則吾人可進而看出佛家之空理之論，與魏晉人之名理之論，有一本性上之不同。從一方面看，佛學之興起，固亦緣於魏晉玄學之盛。佛家所用之名辭，初亦襲用中國思想中之舊名。佛家言空，尤似與玄學家言虛言無者相類似。然實則二者首有根本精神態度上之出發點之不同。蓋玄學始於人與人之淸談，而佛學始於個人之發心求覺悟。玄學可爲談玄而談玄，故不必有一套修養之工夫；佛家爲行證而求信解，即必有一套修養之工夫。緣是而玄學之論名理，恒未離「意言境」，佛家則必須由修養工夫，以歸於超「意言境」。玄學家猶可止於思議，佛家則必求達於超思議與不可思議之境。思是心行，議是言語而可止於戲論者。超思議是大乘起信論所謂「離言說相，離心緣相」，是後來禪宗常說之「言語道斷，心行路絕」。如依法相宗說，則魏晉玄學家之一切談說，只能是名言種子之現行，而佛家則正要將吾人之名言種子轉依於實際。如依空宗說，則魏晉玄學家之名理，如執爲定說，即皆可與實際相違，而自相矛盾。此當於下文及之。要之，自佛家觀玄學家，皆不離戲論者近是。

吾人用意言境與超意言境，分別玄學家與佛家所言之理，乃是彼等自己之名辭。「言意」本是魏晉玄學家所討論之問題，前已言之。人意中所及之理，可超於現實之具體特殊事物之外之上。此便是魏晉玄學家精神之所注，由此使玄學家一方有遺棄實際事務之傾向，一方更有一超曠之心境。玄學家當時所談之天地萬物有無同異之理，如王弼之論易而言「无」，裴頠之「崇有」，郭象之講萬物之「形色彌異，其然彌同」；尤可使人更有一超曠之心境。此理由在：此諸名言與其所表之理，皆最富於普遍性，而可涵蓋已成之現實，以至未來之天地萬物者。如說變易，說感通，則萬物莫不變，萬物莫不能感通。說有，則萬物之生莫不有；說无，則萬物之未有與已化，皆莫不無。因其所同而同之，則萬物莫不同；因其所異而異之，則萬物莫不異。因其所一而一之，則天地萬物爲大一；因其所多而多之，則天地萬物無不多。而吾人意中之有無同異、一多等觀念或理，無不可及於一切天地萬物。吾人不僅可遍指一切已成或現實之事物，謂其爲有；或就其生於無形歸於無形，而說其以無爲本。而且吾人亦可意想，三皇五帝時萬物是有；或未來無盡時尚可有萬物。並可意想，牠們亦皆生於無形，歸於無形，而說其以無爲本；……。凡此等等，皆爲吾人當下一念之心之所能知。當吾人知此理而形成一切意境之時，即使吾人之心，若頓爾超臨於天地萬物之上，而達一廓然虛曠之境，可與佛家所謂證空之境，少分相應。然吾人復須知，此玄學家之一切理論，與由此理論所達之超臨虛曠之心境，只是隨吾人之意而起。此所起之意與意所及之理，皆提起則有，放下則無。此乃由玄學家無佛學家之一段去除其意中種種執着習氣之工夫，故一不提起，則可還同於常人；而當其提起時與佛家證空之境，便只少分相應。又此中如將玄學家之名理之論，放下落實到實際之直接經驗之世界去看，又必可發現其自身之虛幻，而此點則非諸玄學家所自覺到者。未自覺到此一點，則其對名理之論，便不免有執或止於戲論。東晉南北朝佛家之空宗之理論，則正是最能發現一切名理之論放下落實時之虛幻，而能空此諸理論之理論。此空理論之理論之出現，正是表示中國思想史之進一步之發展。

玄學之理論之所以放下落實到直接經驗之世界，必發現其自身之虛幻者，此乃因眞正之直接經驗之世界，從實際去看，亦同時爲莊子所謂「言之所不能論，意之所不能盡」之世界。莊子蓋眞知超言意之境者，但魏晉人之尙淸談成風習，則談超言意之境，亦不免落入言意之境。如定要說有、說无、說同、說異、說自然、說獨化，便落在言意之境。此中惟賴人之同時兼知此諸言與意，一落到實際，皆可各成，亦可互破，或都與實際有相違處；然後乃可眞談玄而自在；以有其無意之意、無言之言，而不作執定說。此執定說之必與實際相違者，即如定說實際世界是生而有，則與其會滅而無相違。定說其以無爲本，則與其現有可相違。則定說無與定說有，各成而亦可互破。又如定說萬物由一本之天或道而生，則與萬物之自生相違，此即王弼所以反漢儒之天生萬物，而以天爲萬物之總名，亦即郭象所以謂至道乃至無，萬物由道而生即自生自有也。然如謂萬物眞是自生而自有，又與萬物之待他而生相違。於是漢儒之萬物待他（天）生，與郭象之言自生自有，亦可各成而互破。而空宗之中論之說：「諸法不自生，亦不從他生，不共不無因」，「不生亦不滅，不常亦不斷，不一亦不異，不來亦不去」。卽全部皆由「現見」——卽眞正之直接經驗之世界——立論，以見此自生、他生、生、滅、一、異，諸名所表之意理，一落到實際，便成邊見，歸於與實際相違，而可互相破滅，亦卽皆可空掉之名理之論也。

誠然，玄學家於此亦可謂其原無意將其所言者放下落到實際，以作定說，或自謂其言亦原是以遮爲表。如自謂其說無在遮有，說有在遮無，則玄學家之工夫縱有不及，其言理亦可與佛家無二致。今卽謂其言皆戲論，玄學家亦可自甘於戲論，便與佛家言，亦不相爲礙——若然、佛家之空執之論，亦不能用以破玄學家之名理之論。然吾人於此仍須承認，佛家之綜合的將諸執定說有，說無說自生、說他生之言，試放下落到實際上去看，而指出其必與實際相違而相破滅，說出其所以相違所以必歸破滅之理，以見一切定說之名理之論，本身皆有可空掉之理，卽仍證明佛家另發見此一種理。此理仍爲魏晉人所言之名理之外之一種理，亦是物理之外之另一種理。

從一方面看，佛家亦有說空說有之別，其說空與說無頗相似，而有宗說緣生，一一分析心色諸法所以生之緣，亦近似上所謂物理之論。然佛家有宗之說緣生之根本目的，乃在破物有自性，破實我實法。其說諸法待緣而生，不是說緣能生諸法，只是說諸法無緣則不生，故諸法無自性，無我，卽無內在之主宰力。法相宗唯識宗在分別吾人之心識諸法所以成之因緣，而一一加以指出之處，固與吾人若干有關妄識之積極知識。然此知識仍是供吾人轉識成智之用。此諸知識，示吾人以諸妄識所待之因緣，亦使吾人知如能滅此諸緣，則此妄識亦將得其轉依之道。故此諸積極知識，仍是爲破除吾人之執障之用。故法相唯識之說依他起有，緣生有，亦是爲要說空。至於空宗之說空，亦明不同於說無。執有執無，都不是空。無是莫有（无又可指一潛有）空是要去掉吾人所執之有。中國空字，原從土從穴。當是從工掘土成穴之意。穴之成，由於去土。去土是一活動。但此活動，只是要去土。去土後則去土之活動亦去。佛家說空，只是要去執障。此亦是一活動。執去，而執去之活動亦去。然在人有執時，破執之思想言說，不能莫有。卽破「有執之思想言說」之思想言說，不能莫有。然一般有執之思想言說，既破，則此破執之思想言說，亦不能有。此卽空宗之所重。故空宗常喩其言說之破其他言說，如火燒物，物盡而火亦熄。卽執空而空亦空。空空而非空亦非有。此在名理上乃一弔詭之論。因說空就是空，如何空亦空而非空？如說空空，則空空，還須再空，則愈說空，而空愈多，愈不成空。此一問題，只限在名理上說，亦更無可答。因從名理上說，一名既立，則其意所表之理卽立，立卽非不立。因而空宗之理論，純限在名理上言，卽永爲一弔詭。此中之問題，只能從實際上去看人之如何說話來解決。在實際上，一人說什麽，我說你不該如此說。那人可卽不說話的，而我亦可不再說的。在實際上，言與言是可以相銷者。我之言中之意與理，與他人之言中之意與理，是可以相銷者。吾人若不透過此實際上之相銷之可能，以求實超此意言境；徒直就名理言意以觀，則名理言意將只能相生無已，淸談卽將永止於談，戲論卽永不可絕，而亦永不能有實際上之修養工夫。此乃單純之玄學遜於佛學處。而道家思想之發展，必至道教之有實際上之雙修性命之工夫，乃可與佛教相抗，亦正以是故也。

上文說佛教破執之論，是將吾人常情所執之意或理，從實際上去看，而發現其矛盾，加以破除銷掉空掉。如果吾人常情所執之一意或理，乃終可被破除銷掉者；則吾人可不必待其實際上已被破除銷掉，即已可說其理是空是無。當吾人尚未知其理是空是無，而覺其有時，便只是「情有。」如吾人誤繩爲蛇時，蛇是「情有」。然如落到實際，或如理而思，則並無此蛇，則此蛇是「理無」，「理空」。然吾人誤繩爲蛇時，說蛇之理爲空云者，即是說如理而思，吾人最後不能眞任持此蛇之觀念，亦不當再有蛇之名之謂。以此蛇喻吾人所妄執之我與法等，則所謂妄執之理是空云者，亦即吾人如理而思諸妄執時，亦即不能執有諸妄執之觀念或名之理之謂。由此觀之，則一妄執與其所具之空理之關係，即是一理顯而執毀之關係。理顯而執毀，則此理，非此執所以存之理，而是執之所以亡之理。因而此理決不能眞屬於此執。吾人言物理時，說物有某理，通常是說理屬於某物，物以具某理而存。而吾人在講各種妄執之空理時，則情形正相反對。此點可幫助吾人對於空理之特殊性，有一更明白之認識。

今尚有一最後之問題，即如吾人之妄執，其理是空，而此理又不屬於此妄執，則此理畢竟何所屬？如人之妄執全空了，空之觀念亦空了；此能空妄執之理，是否亦空了？依佛家說，人空一切妄執後，尚有能證得超一般意言境思議境之心，或具般若智而證陷槃之心，此心並非莫有。如有此心，則此心縱無妄執可空，亦不復再有空之觀念或空理之觀念橫亙於心，仍不能說其卽不具有此能空妄執之理。因如其不具此理，此心卽不能常住於無妄執之境界，亦不能說法以破他人之妄執。因而其自己之無妄執可空，對他人妄執之起，能一一空之，當卽此理之全幅彰露。如此看，則此能空妄執之空理，在心上看，便仍當是一實理，眞理或心之實性實相。然此實理眞理，則又非吾人凡情之所證及。此實理眞理之顯，唯由空吾人凡情所執之理者而顯。對吾人凡情之所執而言，則此理是空之之理，或見凡情所執之自性爲空之理，或凡情所執空後所顯之理。此理與凡情所執者，不在一層級。故宜就其用在空執，其體由空執顯，而仍名之爲空理也。

五　宋明理學與性理

宋明理學家言理，因皆重人倫之理，故皆多少及於禮文之理。張橫渠邵康節與朱子等，亦皆時論及物理。有的理學家，亦時有禪機，而發爲近似破執去障之言者。名理之論，亦時見於宋明理學家之辨名析義之言中。然宋明理學之言理，主要者是言性理，由此以及於天理。宋明儒之言天理，非只視爲外在之物質之天地構造之理。如只視爲外在之物質之天地構造之理，便只是物理而非天理。眞正之天理，當是由心性之理通上去，而後發現之貫通內外之人我及心理之理。故性理是宋明理學家之所最重之理。

宋明理學家中直將性與理連說，謂「性卽理也」，乃始於程子，暢發於朱子。周濂溪、張橫渠，皆尙未眞識得性卽理之義。邵康節嘗謂「在物謂之理」。唯周濂溪通書言「禮曰理」，張橫渠言「義命合一存乎理」。此已見其所謂理，乃指人生行爲之當然之理，而非名理與空理。惟未明言性卽理耳。至程明道言「天所付與之謂命」，下文言「稟之在我之謂性，見於事業之謂理。」又言「在義爲理。」則此種理明爲成人之正當之行爲事業之當然之理，並與天性命相通貫爲一者。程伊川謂「己與理爲一」並言「性卽理也」，卽將明道之言，凝聚於一語之中。此乃一劃時代之語，而爲朱子所加意發揮者。朱子講理雖及於物理，然仍主要是仁義禮智之性理。朱子與程子之不同，只在其更由人之仁義禮智之理，以見其原自天之元亨利貞陰陽五行之理，遂再進而論及於其他萬物之稟此元亨利貞陰陽五行之理而存，遂附及物理之論而已。此外象山言心卽理，亦決非直謂心卽名理或物理，空理，禮儀之文理之謂，而是直謂各種當然之惻隱辭讓羞惡是非之理，皆內在於「宇宙卽吾心」之本心之謂。陽明以良知卽天理，乃謂良知之好善惡惡是是非非，卽是人心中之天理之流行。更不是說的外物之物理文理，亦非只是論名理物理或空理。是皆顯而易見者也。

吾人今之問題，在性理之本質畢竟是如何？如何由其本質之了解，以見其別於其他之理？爲簡單明白計，吾人可只引程明道之識仁篇之數語，加以說明。

「學者須先識仁。仁者渾然與物同體，義禮智信皆仁也。識得此理，以誠敬存之而已。若心懈則有防。心苟不懈，何防之有？理有未得，故須窮索。存久自明，安待窮索？此道與物無對，大固不足以言之。」

明道所謂仁是性理，亦卽天理，亦卽道，又嘗言「吾學雖有所受，然天理二字，卻是自家體貼出來。」吾人試就明道所言仁理，切實體驗一番，便可知此種理與其他種理之本質上之差別何在。

明道此段之言，是說仁之理乃一種與所接人物相感通，而渾然不二，莫有彼此之對峙之心境或理境。此種仁之心境理境，吾人平常人在對家人，對朋友，以至對天地自然，心無私欲，而對之有一親切之意時，皆多少具有者。是見此仁之理未嘗不多少呈現於一切人之心。故此心境此理，不同於佛家之涅槃眞如之爲超越者，必須先將吾人之執障破除淨盡，而後見者。因而不待先由消極之理論言說，來掃蕩吾人所執之情見，便已可積極的直接指點其存在者。是知此理不同於佛家之空理眞理。然吾人欲直接指此仁理或此呈現仁理之心境之所在，又不能向外物而指，卽不能由向外之感覺而知其所在；而只可向我之生活，向我與他人他物發生交接關係之生活而指，以反躬體會其所在。我與人物發生交接關係時，我與人物之形體之形相，乃可感覺者。如今欲論此我與人物之形相，並計量其相互間之空間上之距離關係等，此便是物理之論。然我之形體在此，人之形體在彼，以至可相距千里之遙，而我對人之親切之意，則無形相，由我直貫到人，而超渡過此中之距離，視此距離若不存在。故知此親切之意，永不能成爲物理研究之對象。此見仁理之不同於物理。又吾人如自外去看社會上人與人間，如夫與婦、父與子、君與臣間，生活上之交感關係，吾人又可言，此中有種種人與人之倫理關係，或社會之文理。吾人亦可謂，此倫理文理中，皆有某種親切之意，客觀的存在於其中，即有仁理客觀的顯示於其中。但就人與人之倫理關係，而言其中有親切之意存在於其中，或仁理之顯示於其中，與說其爲吾人內心所體會之一心境或性理，其義仍不同。如吾人看人之父子兄弟夫婦之生活上之交感關係，明見種種不同之倫理關係，見不同之社會文理，而爲「多」。然由我內心之反躬體會，則我可知我對我之父，我之子，我之兄，我之弟等，有同一之親切之意。即我之同一親切之意，同一仁之理，乃分別表現於我對此各種人之倫理之關係中，而爲一。此即見言倫理文理與言性理之不同。又一般名理，皆由窮索而得。而人之仁則一現即現，所謂「我欲仁斯仁至矣。」故不須窮索。依名理，禮義智信與仁，其名不同，則涵義各別。然在我之仁心呈現時，反躬體會，又知仁必求貫於義。如愛民則必殺貪官汚吏。仁貫於義，則義亦只是表現此仁，而義亦包融於仁中。故義亦只仁而已。義之只是仁，仍從仁之性理之貫注於義之性理上說。若純從一般名理上看，而執名求義，則至多謂仁心可包涵義心，或義心亦可稱爲一種仁心。仁義既是二名，則不宜說義即仁也。由上可知此仁之性理與空理物理文理文理，皆不同其義。

復次，明道說識得此仁理，不須防檢，然心懈則須防。可知此仁理是能現亦能隱，其現，亦不必卽是全幅呈現。故又謂須以誠敬之工夫存之，存久而後明。此表示此仁之心境，只是人所當有之心境。仁乃是一當然之理，非只屬於已有事物之實然之理。吾人言物理，是屬於已有之物之實然。文理之理，亦可姑就實已有之社會文理以說。以至佛家說妄執之本性空，亦可是就人實已有之妄執說。然說人之當然之理，則可不從人所實已有者上說。說人有當仁之理，不是說人實已全仁，卻恒因人尚未全仁，仁尚未全實現於存在，方說當仁。當吾人自己尚未全仁時，此仁之理不能說已屬於我。卽當吾人已全仁時，此仁之理亦不能說只屬於我。因其他人物亦可具此仁之理而當仁。就此仁之理之不只屬於我言，卽此理爲天理，天言其爲大公爲普遍之理。此頗似名理之論中所言之有無同異一多之理，亦爲普遍之理。然此二者，又有本性上之不同。此主要在：我覺此當仁之理時，此理卽能命我去行此仁存此仁，我亦願去行此仁存此仁。則此天理兼對我顯爲天命，而爲對我有實作用之理。依朱子說，卽能生氣之理。此卽異於名理之無直接命我去如何行爲如何存心之實作用者。又此理之命我如何行爲，如何存心，同時是要改變我之已成之我。我愈實現或實踐此理，則我原來之存在卽愈改變，而日超凡以入聖。此又類似於前論佛家時所說，妄執之空理顯，卽使一妄執不復存在之情形。但在佛家謂一妄執空，則妄執卽無影無蹤，而此空亦空，人亦可不再思此空。然我實現仁之天理而盡我之人性，我之改變已成之我，而逐漸超凡入聖，正所以完成我之所以爲我。此仁理日實現於我後，此仁理不特不空，且更顯其有，人亦更須思其眞實而不虛。此理一直是正面的顯示於我，故不須就其能空妄執一面，而先名之爲空理，而須直下卽視爲實理。故伊川謂「此理爲實理」，又謂「天下無實於理者」。此「實」又不是現實存在之「實」。從現實存在上看，除非我是聖人，此理恒只是對我顯爲一當然之理，而對我之存心與行爲有所命，爲我之行爲存心之一內在趨向。此理是在逐漸實現之歷程中，而未完全實現者。故此理本身，總是有超現實之意義者，亦總是形而上者。此「實」，是說它雖未實現或未完全實現，但它是不當不實現者。我只要見到它，亦是不容已於要去實現它者。我之要去實現它，卽只是把它本有之當實能實之涵義顯出，亦卽它之自顯其本有之當實能實之涵義於我。此之謂形而上而又澈於形而下，超現實而又能現實化之實理。此理之爲實，離開吾人自己之感其當實能實，而要去實現他之存心與行爲，則無論從名理上講，從物理上講，文理或空理上講，卽皆不能加以指證。故讀者如於此有疑，除切實勘驗一下自己在感當仁當義，而又眞想行仁行義時，自己心境是何狀態，此仁義之理在自己心內發生如何作用，對我有何改變；則於宋明理學家所謂天理性理之爲實理，亦永不能相契入也。

宋明理學家所言之性理，各家之說不一。然今只舉程子之一段，卽可明性理與其餘諸理之不同。故餘皆可從略。

六　王船山及清儒與事理

至於明末至淸代之經史之學，自其別於物理名理之學佛學性理之學言，吾人可說其目的一方面在明聖王所以治平天下之道，及古代禮法制度之文理，而備當今之用。另一方面則是要知古代歷史之眞相，而明史事演變之理。至於淸代考證訓詁文字音韻之學，則初爲治經史之學之手段。並不同於今所謂語言科學、語言哲學，純以了解語言之理爲目的者。至於自明末至淸如王船山、顏習齋、戴東原、焦里堂、章實齋等之哲學思想，自其異於宋明理學之處而觀之，則正在標明事之重要。船山重史事，喜言「有卽事以窮理，無立理以限事。」習齋言「六府」「三事」，存學篇言「孔子只敎人習事，迨見理於事，已徹上徹下矣。」戴東原言理不離情欲與日用飲食之事。章實齋尤反對離事言理。故吾人可說淸代思想史所重之理乃事理。一切論歷史事件之理，及如何成就辦理個人之事及社會人羣之事之理，皆可稱爲事理。而吾人今首當論及之一問題，則辨別事理一名之涵義，與其他種種理之不同何在。

自一方面言之，世間上只有事。整個人類歷史宇宙歷史，只是一大事。因而一切理皆可說是說明此大事之理，或在此大事中之理。物理性理，皆所以說明人物之所以能作事。名理是在人之言說之事中。佛家之言空理，去妄執，乃爲成就修行之事。社會文理，亦只在人類歷史中之大事中。由此而人如能了解此大事之理，則似可包括一切理在內。然此種說法，亦只是從事或事理之立場，去看世界之言。如換一立場看，亦實不能成立。首先，自人之爲有限之存在，人之物理（包括生理心理）對吾人了解能力之限制上言，此大事根本非任何人所能了解。而此大事之觀念，亦只是由人之意想所構成者。卽人依名理，而將「事」之觀念，無限之積累下去，再拼合起來所構成者。然此無限之積疊，若非實際所能完成者，則此大事之觀念，是否眞能成立，卽有一名理上之問題。其次，縱然有人眞能了解此大事，其了解大事之一事，便仍在此大事之外。若然，則其能了解此大事之心與心之性理，便仍在此大事外。其既了解此事後，如再以之告訴人，則與他人成一學問上之朋友關係。此卽爲一社會倫理或社會文理之關係。此關係，便仍在此大事外。再其次，如其朋友是信佛學者。聽其講此大事之後，卽說此大事整個表示一諸行無常，諸法實性畢竟空之理。則此空理之觀念，仍在他所講之大事與大事中之理以外。如人謂，此「大事」中尚可包括此一切在內。則吾人亦可將上文所說，再重複一遍以應之。由此吾人可知吾人所能說之事，乃永限於吾人所能了解之事，而此事與其理之外，永另有他理可說。因而事與事理之名，亦永爲與其他理相對而並存者矣。

對於事理之所以爲事理，眞要有一切實了解，當知事與理，乃二概念。事與事理，亦二概念。人說一理概念時，此說是人之一事。但所說者並不是事。故人可說及名理空理。在人說名理空理時，從事上看，此名理空理固同在人所說之事中。但從理自身上看，則此人不說此理，此理亦未必卽不在。

至少此人不說，他人可說。則此理不只在此人之說之事中。同時人之說一理之事本身，亦有其所以成爲「說之事」之理。如人動念，欲將所知告人，並有人動念願聽，卽人之所以能說之理。便知人之能說之理，與所說之空理名理等，乃二種理。而說此「說之事之理」之說，又爲另一事。此另一事，又另有理。由此故知，事理與人所說之名理空理等，乃可斷然之加以分別，而事與事理，亦必須分別者。

至於事理之別於人之性理或物之物理者，則在人之一性，物之一理，皆可表現於多事。如人之仁愛之性，可表現爲各種愛人助人之事。磁石能吸引之性，可表現爲吸各種鐵之各種事。此諸事則可相對而並在，而可名之爲「一人一物之多事性」。又一人或一物之一事，恒可關聯於許多其他人物。如今我之講演，對我爲一事。而此事則關聯於無數聽衆等，此可稱爲「一事之關聯於多人物性」。又在一事關聯於許多其他人物時，就其他人物各各自身說，則又各各發生之一事。此爲「一事之關聯於多事性」。而其他人物，又再可與另外之其他人物關聯，而發生其他諸事，……由此而有無定數之「互相關聯之事之系統」。任一事之成，皆各有其特定之理。此事理、物理、人之性理，彼此皆相關。但是事理與其他理之分別，仍是可加以確定者。卽吾人在論事或論物與人及其性，論人與人之倫理關係或社會之文理時，吾人之注目點，仍畢竟不同，此可略述其義於下。

吾人在論人與人性時，乃將一人之事輻輳於一人或一人心之前，而由諸事以顯一人之人格與人性。吾人在論物理時，吾人是自一物與其他人物發生關係而生事時，思此物所表現之各種作用能力，以見物之理。而吾人在論人與人發生倫理關係，而構成社會文理時，則是著重在看人與人之事，對人與人精神或行爲之聯結之功效。至於由人與人之聯結所成之社會文理，則屬整個社會，而不屬於此諸個人本身。唯此文理，可似外在客觀的顯於其他個人之心靈之前，或「人之超出其自己來看自己與他人關係」之自覺心靈之前，此文理是人對人有事之所成，然卻非事之所以成之理。至於吾人在論事或事所以成之理時，則吾人所注目者，乃「分別關聯於許多人物之一方面之事之本身」。而任一事之所以成，亦皆只能分別關聯於許多人物之一方面，決不能同時關聯於此許多人物之一切方面。此即使一事之所以成之理，決不能包括任一人之性理之全，或任一物之物理之全。一人一物之性理物理，除表現於某一事之所以成外，斷然尚可表現於其他事。一事之所以成之理，乃在其所關聯之人物，同時或異時各各發生一事。此即謂每一事之所以成之理，即在其他人物之諸事之發生。如我之講演一事之發生，是因主持人先發生之請我之事，諸聽衆之分別發生了入教室之事，又分別發生願聽講之事。「故一事所以發生之理」，吾人可稱爲「諸事之緣會或配合」。諸事緣聚或配合而新事生，否則不生。由對各種事之配合不配合之關係之研究，即可使吾人知各種事之何以成，何以不成之故。故研究此諸事之是否配合不配合，或甚麽事必須與甚麽事配合，然後可成，即研究事理。但此事理本身，仍不即是事，而是理。

吾人如了解任一事之成，都只分別關聯許多人物之一方面，而各人物又可分別以其他方面，與另外人物關聯而成他事；便知各事之相對之獨立並存性，及任一事之所以不能全同於他事。吾人如了解一事由其他諸事之緣會或配合而生，卽知一事之承他事而生之承續性。承續性者，承而後能續之性。然所承又有所承，續之者又有續之者，由是而有歷史。對一事之所承者與續者之研究，卽史事之線索之研究。而此史事線索之研究，亦卽對一一史事所以成之理之研究。又由各事之相對獨立性，而吾人要成就任一新事，卽皆須依於一新之緣會之成立，以爲此新事所以成之理。由此而任一新事，皆有一積極的，特殊獨特的，所以成此事之理。此卽爲一種具體之理。此與物理名理之爲抽象者不同，與空理之爲消極者不同。事理之爲具體之理，又與性理社會文理之爲具體之理亦不同。其不同在：性理爲普遍者，形而上者；而事理爲特殊者，形而下者。社會文理乃人與人之諸事之會合所顯，而事理則可分別直就一人一事之所以成上說。又一新事所以成之理中，包含其所承之諸事之先在。故無先在之事，新事亦卽無可成之理。無承之之事，則無續之之事，此本身爲一必然之事理。故所承之事尚未有時，則成新事之理，亦卽可說不存在。成新事之理，乃隨事之不斷發生，而亦不斷創出，此之謂事理之創生性。吾人對物對人，因知他在與他物他人發生關係時，將表現某作用，某活動，將助成某物之發生，便皆可謂他自始具有可能表現某作用某活動之性或理。在名理之論中，論理與理之同異關係時，此理與理之同異關係，是吾人冷靜了解之所對，此理本身是無所謂創生性者。至於佛家之所謂空理之顯，則可使一妄執被破除，一執障煩惱不存在，則此理有還滅性。至於社會人倫間之文理，則吾人可謂其乃是人對人有事之所成，則社會文理亦必將隨事之不斷發生而日富。然某一社會文理，在未由人與人間之事而成時，尅就其爲理而論，仍可在人心之理想中存在。人實際上之未嘗思及，仍爲人之心所可能思及者，因而可說是原具於此心之性中者。只有實際上之成事之理；乃隨事之不斷發生，而不斷創出以具創生性者，此卽事理之所以爲事理之特殊性之所在。

其次，吾人尚可從吾人求知各種理之目的，以分辨事理與他種理之不同。在吾人求知物理時，吾人之目的在求吾人對物之觀念與外物之理符合，而避錯求正，進而求制物用物，而捨害得利。求知名理時，則在吾人之意中之理與理之同異等關係，而會同別異。求知空理時，則在掃蕩吾人之意中之妄執，而息妄顯眞。求知性理時，則在成就吾人之當有之存心，行爲與人格，而存誠去僞。求知社會文理時，則在求使社會之文理燦然，而撥亂反治。而求知事理，則或是要思一事所以成之歷史之原因，或是要完成吾人所要作之事。在要完成吾人所要作之某事時，吾人恒須觀其他人物之他事，對吾人所要作之事配合與否之關係。配合之謂順，不配合之謂不相干或逆。由是而吾人之目的恒在避逆就順，求成去敗。而此卽吾人之論史事，所以必歸於論其順逆之勢成敗之機之故也。

中國由明末至淸之思想家，最能了解事理之所以爲事理者，莫如王船山。依於上所謂事理之本性，凡論事理皆當分別論，又當論事之承續關係，事之順逆成敗之故。船山最能兼擅此三者，而又能本仁義禮智等性理，以義斷史事之是非。其所最喜論之無器則無道，捨事無以見理，正是指出事之必承事而生之事理。謂人先無製車之事，則不能有乘車之事，亦不能有乘車之道。此乃本事理而可說者。以至說如天地無生人之事，則亦無人所作之事，因而亦無人之事之道，亦復可說。由此而言，則人只當卽事論道，卽事窮理，而亦不能立理以限事。夫然，而後人可以如事之爲事以論事，如史之爲史以論史也。

但船山此類之言，亦只是在從歷史之觀點或事之觀點看理，而後能立。如純從物理之觀點看，則某物雖未有某事，亦可說物已有一能助成或破壞某事之理。車可乘人，水可乘船，而火不可乘。此差別非由於乘之者，而由車水火之各具不同之物理。則說未有人乘之事時，車水火所具之物理自在，未有車水火時，天地能生車水火之理自在，仍未嘗不可。因而天地未有生人之事時，說天地已有生人之理，已有能生「具何種生理心理之人」之理，已有能生「行何道之人」之理，亦復可說。至於尅就人之性理言，則人未作成聖成賢之事時，吾人仍可說人有當成聖成賢之性理。如人不先具此性理，吾人又如何能責諸他人與自己？故尅就性理對盡性之修養之事而言，畢竟是理先事後，由此亦可說理先氣後。此卽朱子之論所由生。自明代曹月川羅整庵至王船山及淸儒，凡欲在性理範圍內駁朱子此義者，實皆終不能駁。復次，在社會文理上看，則在人去成就某種社會文理之事尙未有時，此文理仍可先在社會改造家或理想主義者之心中存在，而先爲一理想。人常是先有此理想，而後有逐漸實現此理想於社會之行事。尅就此處之理想與事實之關係說，仍是理先於事。至於佛家所講之空理，前說乃能空妄執之理。妄執之事空處，卽空理顯處。此正是「理」顯於妄執之事之「無」。卽在妄執未空時，吾已知其有必空之理。此亦是事未有而理已先具。如人誤繩爲蛇時，人在事上，尙不知此蛇實無有而爲空，然在理上看，則此蛇已爲無。在此，人如果說人必先覺有蛇，然後覺此蛇爲無，此固可說。但此便仍是從事上看事之先後之言。此仍是說的歷史，說的事理，而非說妄執本空之理。讀者可一思便知。至於從名理上說，則名理可根本與事無關。名理之論，皆可超具體之實事，而只論吾人意中之理。依名理，而人可論及實事尙未有之未來世界。因而理亦可離事而說。此前所已論及。名理之論之可離事而說，是講事理者亦無法否認者。譬如講事理者，說事必承事而生，此是事理。但「此事必承事而生」之理，不只可應用於過去及現在已有之世界，而且可應用於未來之世界。講事理者，仍恒須謂百年後之世界中，事仍必承事而生。百年後之世界中之事，明明現在尙未有，然吾人已可依名理，而以意斷其中之事必承事而生。則此本身卽已成了一離事之理。浸至「理不離事」之本身，亦還是一理。此理可是理之理，亦可說是事之理。但從名理看，此「理不離事」之理，便仍可離一一已有之特殊之事，而說及今尙未有之未來之事，說及今尙未顯之理。由此而「理不離事」一理本身，卽離了事。此雖似一弔詭。但純從名理上看，則爲必至之論。從名理上看，理之概念，與事之概念不同。則理總是可離事而說者，「理不離事」如當作理來看，亦是可離事而說者。

由上所說，故知船山之離器無道離事無理之言，實唯在純從事理立場，去看一具體特殊事之所以成事之理，然後能立。過此以往，並不必能成立。然王船山能眞知事理之重要，而廣論事理。蓋非昔賢之所及，則吾人亦不當純自理上多加以苛責。

王船山以後，清儒如顏習齋、李剛主、戴東原、焦里堂、章實齋等皆喜言理不離氣，道不離器，理不離事。然皆不如船山之所言之善。此一方由於彼等所論事之種類之多，論歷史之事之相承相續，得失順逆、成敗興亡之故，皆不及船山之博而能精。一方由於彼等皆不如船山之復能深研性理，以義斷史事之是非。不以義斷是非而論事理，罕不流於只重順逆成敗之功利之論，亦罕不流於爲考證而考證者。人必須由知性理以達天理，乃能知統攝宇宙人生之大理。忽性理而重事理者，恒因見事與事之相互之獨立性，乃歸於重分理，而忽總持性條貫性之大理。此卽清儒諸家學術之弊所由生。今試姑就戴東原之論性理之言，一析其義，以見其言之實無當於性理天理，而恒只是事理，亦不足以槪中國先哲所謂之全。此外諸家之缺點，則只略於後文及之而已。

戴氏之言性理，多見於原善及孟子字義疏證二書，今略撮錄人所喜徵引之數段如下，加以評述，以證方才所說。

「生生者化之原，生生而條理者化之流。生生者，仁也。生生而條理者，禮與義乎。何謂禮？條理之秩然有序，其著也；何謂義？條理之截然不可亂，其著也。」（原善上）

「人之生也，莫病於無以遂其生。欲遂其生，亦遂人之生，仁也。欲遂其生，至於戕人之生而不顧，不仁也。不仁實始於欲遂其生之心，使其無所欲，必無不仁矣。然使其無此欲則於天下之人，生道窮蹙，亦將漠然視之。己不必遂其生而遂人之生，無是情也。……私生於欲之失，蔽生於知之失。……聖人治天下，體民之情，遂民之欲而王道備。」（疏證卷上）

「欲之失爲私。……情之失爲偏。……知之失爲蔽。不私則其欲皆仁也，皆禮義也，不偏，則其情必和易而平恕也；不蔽，則其知乃所謂聰明聖智也。」（疏證卷下）

「耳目口鼻之官，臣道也。心之官，君道也。臣效其能，而君正其可否。理義非他，可否之而當，是謂理義。然又非心出一意以可否之。若心出一意以可否之，何異强制之乎。」（疏證上）

此上所引第一節說，生生卽仁，生生而條理者卽禮義，宋明儒者亦有類似之言。然宋儒大皆是透過人之性理以是看天理，然後作如是言。如只依人之血氣心知，一直向外去察看自然之變化生生之現象，則此中未必眞可說有仁有義。卽在人類社會上說，人人之得遂其欲達其情，以至在達情遂欲時，並無一只達我一人之情遂我一人之欲之私意，是否卽算實現了仁義，亦是一問題。因仁義之所以爲仁義，不只有消極之無私無蔽之意，而另有積極之意義。譬如仁之一積極意義，是在承認他人情欲之當由我助之達，助之遂。因而對人之情欲之未達，生一不忍之心，表一關切之情。此方是依性理而生之情。然此理此情，與他人或自己之飲食男女之欲、隱曲之情，並不屬於一類，亦不在同一之層次。說人之欲生惡死是欲，欲他人之順其欲，亦是欲，固可說。然此畢竟是二類，而居上下二層次之欲。只從我欲生惡死之欲，不會使我殺生成仁。而爲求天下人之得其生，則可使我殺身成仁。卽明見二種欲之功效不同，作用不同。殺生成仁所足之欲，乃甚於生者。此唯是求慊足此仁心之欲，而盡此心之仁性之欲，亦卽能超自然生命上之欲。在此，依超自然生命之欲，而「別出一意」，以對自然生命之欲，施以主宰强制之功，正是斷然無可免者。若然則謂此殺身成仁之欲，不是一般之欲，而謂之爲出於理而不出於欲者，卽固不誤。宋明儒之說，亦卽分性理與一般之心理生理物理之別，此正是有見於性理之眞者所必至之論。

戴東原之所以欲泯除宋明儒人欲天理之分，除由其未能依名理而辨欲生欲義之分，亦不知性理之眞外；其唯一所持而有力之理由，是「不思遂一己之欲，而思遂天下人之欲無是情也」之說。然此並不證明思遂天下人之欲，只是思遂己之欲之直接之延展。因思遂己之欲發展下去，正亦可不思遂天下人之欲而流於私。此「私」非由外來限制吾人之擴大遂己之欲爲遂人之欲者，正是只思遂己之欲者之所必至。今欲擴大遂己之欲爲兼遂人之欲，必須有一精神上之轉折。卽人必順超越自己私欲之上，去平觀自己與他人之欲，而生一俱加以成就之情意。而此轉折之所以可能，則只根於人有能超越自己之欲，以俱成人我之欲之性理。否則絕不能有此轉折也。誠然，人如從來未嘗思遂己之欲，則亦不會轉出此遂天下人之欲之心。然此所證者，只是自己之感有欲，是欲足人欲之欲之必須的先行條件。卽人如未嘗先有「有欲之事」，「自足其欲之事」，則人不會有欲足他人之之「事」。後一事之成，必待前一事之曾爲已成。而此所證者，只是一人之事之在後者，待先者之有而後有之歷史之秩序。此自爲可說者。然此正只是事理。若由一事之待另一先行之事而有，遂謂其同出於一欲一性，則悖於名理。因此二事，明是不同之事，前事只爲後事之一緣，尚非後事之因。此中前事後事，各表現人之不同之心理動機，而有不同之功效作用，一可只歸於自私自利，一則可歸於殺生成仁。此二種歸宿，則正是相反而相滅者。如何可謂其同出於一欲一性乎？

誠然，人於此可問：人既一方有遂己之欲之心，又有遂人之欲之心，此二心理動機，既同屬於一人，則姑無論其如何在一情形下，可相衝突而相反相滅；然人之最高理想，仍可是兼自遂其欲而又能行仁義之道，則此二者，仍當有一本源上之統一，而當發自某一相同之根。此一問題，固亦當有。然吾人可謂：此一問，只能在人已承認上二者爲異類或不同層次之心理動機者，才能問。此問，乃發自人之欲求知彼層次不同，而相異類並可相反之二種心理動機之究竟的形而上之統一之根之所在。此非尚未見及此二者之眞不同，而欲泯天理人欲之對反之戴東原，所當問者。此形而上之統一，吾人可答曰：此只能在宋明理學家所謂「卽人之性理卽天理」之理那裏，絕不在由人之自然的生理物理，而發出之情欲那裏；個人之情欲本身，只是此卽性理卽天理之根，倒裁其枝葉之所在。此義，必須對宋明理學之問題，更加以深入，方能論及。本文暫從略。

除戴氏以外，如焦循之論語通釋及論易學之書，以通情釋仁、釋理、釋道，亦頗有精當之論。仁者當然要與人通情。人亦必與人通情，然後能成倫理文理而顯道。然通情可只是說，我順他人之發生某情之事，遂亦有發生某情之事；亦可只爲的成就人己之各種事——因如我先無與人通情之事，亦不能助成人之事，不能成就一切社會文化之事業——如此便仍只是講的事有先後本末之理，而不必是講的宋明理學中之性理。須知人心之性理之爲性理，恒不只在其能直接顯爲通情之事上見，而兼在其能去除使吾人不能通情之各種意氣習見私欲，以使去通情之事成爲可能上見。性理之顯於人心，則見於人自覺的成就此通情之事，同時自覺此所通之情，在此心之所涵蓋包覆之下。故此性理，恒必在人心自覺的施主宰之功於自己，並主宰其所作之事業而後見。捨自覺的主宰之義，而論通情，則人我之通情，即必平鋪爲一我所作之事與他人之事之相與順成之關係。人我之事之相與順成，可同時成就一社會之文理，然未必即足語於性理。至於章實齋之學，乃是史學。彼喜言古人不離事而言理，而亦未嘗詳論何以理不能離事，理不當離事之故，不如戴焦之尚能言之。其所謂古人不離事言理，不過述一歷史事實，不足爲後人不能離事言理之理由，亦非理不離事之理由也。今更可不必及。

七　結論

吾人於上文已將中國思想史各主要時代所重之理，分別加以辨別。此非謂各時代之人只分別講某某一種理。一思想家通常皆可以同時多少論及各種理者。在近百年西方科學哲學輸入中國以後，形數之學自然科學與哲學中之宇宙論，所論者皆可謂屬於廣義之物理。社會科學，則主要在論人與人發生關係時所成之文理。邏輯知識論與哲學中之某種本體論，皆可說爲廣義之名理之論。而一切西方哲學中之批判論辨證論，重在破而不重立者，皆類乎佛家之言空理之論。康德所開之道德的形上學與非希特黑格爾之精神的形上學，皆意在明性理而及於天理。歷史學與歷史哲學所論者爲事理。此各種理之所以爲理，斷然不同其性質，而不容加以混淆。一人之著作，縱錯雜諸種理而論之，亦莫不可一一加以辨析。而思想家之爭辯，其由於所論之理爲異類，因相誤解而生者，亦將可由辨析其類別，而解紛息訟。至於此各種理之何以同稱爲理，又如何可會通爲一？則是另一純哲學之問題。今加以論列，亦未必有助於思想史之了解。然吾人今可試代讀者設一問，而自加以答復，或對此問題多少有一點啓發作用。

卽讀者可以問，吾於上文所說中國思想史上之六種理，而寫成此文，畢竟我之此文，主要在顯示那幾種理？則我可答復曰：我之辨六種理之不同，當是一種名理之論。然我之論中國思想中各時代所重之理之先後之序時，我亦嘗多少提及後一時代人之所以談某種理，如何由前一時代之理演變而來。如我嘗謂由先秦之論名實形名，而有魏晉之名理之論，謂佛學家之用玄學家之名辭，宋明理學家之後於佛學而興，清儒之思想之由反宋明儒而生等。此卽皆是論學術歷史之事。此便是論事理。又我之此文中，又有許多批評淸儒之言。此諸言，只是破除一些我所認爲錯誤之意見。此諸言，乃直接具一消極的去妄之價值，而只有間接顯眞之價值。如人之這些錯誤之意見取消，則我此文中這些文字，亦可燒掉。此便亦可說近似佛家之遮撥之論。至於我之寫此文，亦可說是想對於各種理，俱承認其一地位，不忍加以抹殺。我初是因覺淸人之駁宋儒，是據另一種理來打倒宋儒所見之理，此便不公平。則我之寫此文，亦多多少少依於仁義之心。此便是本於天所賦於我之性理。我之此文，如寫成而有人讀，則我之此文之理，不僅存於我心，亦可存於他人之心。而讀者與作者之關係，亦可說是一種人倫關係。以文會友，亦卽構成一社會文理。至於印刷機之能印刷我之文章，則是物理。又我還有好多意思想寫，但此文已太長，讀者讀此文已甚倦，而我亦寫亦倦了，此卽我們人類之生理心理之限制。此亦是本文所謂廣義之物理也。

由此觀之，我之此文之寫成，其中卽同時具了六種理。然而我之此文，只是一篇整個之文章，我是一整個之人，讀我之此文而能了解之者，亦是一整個之人。是見此六種理，在實際上總可加以關連統一起來者。誰關連統一之？如何關連統一之？此當然是一極難答之問題。然無論我們能答不能答，由此例證，卽已見關連統一起來，總是一事實。此事實之成，不能無其理。今吾人只須知其中必有理，亦卽可以之爲一暫時之答案矣。

一九五五年一月　新亞學報一卷一期

第三章　原心上：孟子之性情心與墨家之知識心

一　本文宗趣

本書前二篇論中國思想中理之六義，而人能知理踐理，皆原於心。今吾人欲知中國言心思想之本原，則當自了解先秦思想之言心始。至下文之所以唯述孟墨莊荀四家之言心者，其故亦併可由下文得之。

宋明儒者以特重心性之學，乃多信僞古文尚書堯舜禹之十六字心傳之說。是無異謂心性之學與中國學術思想俱始。此言可以證中國學術思想，當以心性之學爲之根。然終未合於人類學術思想發展之常軌。清人辨古文尚書之僞，或論六經皆重言事，而未嘗離事言理言心是也。孔子言仁，以爲禮樂之本。仁固人內心之德，故孔子謂顏淵「其心三月不違仁」，自謂「七十而從心所欲不踰矩。」然孔子之施教，仍多只是就事指點。而孔門諸賢，承孔子之教，亦多只在一般儒行上相勉。必至孟子，自仁爲人心之德，以言心性之善，乃大張孔門之心性之學。墨子非儒者之行，其書所標之兼愛非攻諸義，根於其人心觀者，亦初未大顯。至墨辯，乃對心之知與志等，較多所論列。宋鈃則進而「語心之容，命之曰心之行。」其說雖不可詳考，要可見墨學一流之更重人心之論。道家莊子一派之思想，後於儒墨而生，其言人心者尤多。荀子則與孟子同宗孔子之教，亦善言心，而又別於孟子之言心，亦不同於墨家一派及莊子一派之言心者。至儒家之大學言心，中庸言性，則蓋爲孟學之流，經道家及荀學之激蕩，而重本心性之善之旨，以通天道人道內聖外王之道者。是見先秦儒家心學之極致。管子內業白心諸篇，則蓋晚周道家心學之微言所萃。若乎易傳、禮記之禮運，樂記等篇之言及心性，則要在通之於人類文化之原，天地乾坤之道以爲論。此乃儒家思想之致廣大，而足涵蓋道家之義者。故論先秦諸子之思想之流別，正宜以孟墨莊荀四家之思想爲骨幹。前乎此者，則派別之對峙未立。後乎此者，則諸家思想，漸趨於融合。外乎此者，則或書缺有間，如騶衍；或言過簡老，涵義未伸，如老子；或局限思想於政治之一隅，如申韓之流。唯孟墨莊荀四家思想，其內容能遍及於人生政治、社會、歷史、文化、及天道、鬼神、天命、與人之心性之各方面，而皆宗旨鮮明，持之有故，言之成理，各足以自立而相非。故吾嘗喻此四家思想之在先秦，如一宮殿之四壁。其餘諸家，除孔子及後之大學中庸等晚周儒家之義外，蓋皆宮殿中之奧隅，或四壁外之東西走廊而已。而吾探四家思想分異之關鍵，亦正在其對人心之所見之異。唯並舉而較論之，而後隱者顯而微者彰，是卽本文之所爲作也。

吾之所以欲論孟墨莊荀四家之言心，兼略及四家思想之分異；在吾信中國思想之所重，在言人性人事人文，而人性人事人文之本，畢竟在於人心。故吾論中國思想，殊不慊於徒自外在之歷史原流，以論各家思想之論法，如漢書藝文志以降之所爲。亦不慊於近人純以西方思想，比附中國思想之論法。吾意，此二者皆非意在正面看古人之思想。此二種論法，非不當有，但宜屬於第二義以下。而前種之論法，亦非中國最古之論列學術思想之法。在先秦論思想派別之文，如荀子非十二子篇、莊子天下篇，至漢之司馬談論六家要旨，皆意在正面看各家思想之宗旨異同，而加以比較之論列。此方是以論者之思想，直接求與所論者之思想相湊泊者之所爲。唯由此吾人乃能辨別不同思想之理論形式與理論系統。若此步未先作到，而徒事探源溯流之功，則同原者或異流，異原者或合流，原流交錯，探溯之功，往而不返；或將使人忘其原欲正面加以了解之思想爲何物，而唯在其外圍上旋轉用心。故吾人今眞欲正面了解古人之思想，亦必須以吾人自己之思想，上與古人之思想相湊泊，求吾之心直契於古人之心，如不見所謂歷史上之古今之隔。而吾人欲了解古人之思想，以直契於古人之心之事之最大者，則爲了解古人之心中關於「心」自身之思想。此事亦可謂最難者。因此不特爲普泛的求了解古人之心之事，亦爲了解古人之心中所了解之「心」之事。此須吾人心中所了解之「心」，與古人所了解之「心」相湊泊而後可能。如吾不能在多方面，以吾所了解之「心」，以與各古人所了解之「心」分別相湊泊，則吾終不能對各古人之所謂「心」，分別有相應之了解。此自為最難者。然此亦為吾人之為學，明當先務者。因此正為直探古人心中之「心」，而直探古人思想之核心之事。吾意又以為了解中國先哲之思想，首須着重其心之思想。以中國思想之所重，本在人，人所以為人在其心故。近數十年西方思想傳入後，人以新方式研究中國思想者，可謂能較重其思想之中心問題，中心概念，及其論理形式與論理系統。此為一種復興荀子非十二子篇莊子天下篇式之論法。而本此新方式，以研究中國思想者之缺點，則為以西方思想比附中國思想。由是而人論中國哲人之思想者，恒喜先論其宇宙觀形而上學，或更進而先論其知識論與思想方法論。然不知由宇宙觀以引出人生哲學等，唯是西方哲學之路數。以西方哲學乃先發展自然哲學，後又重神之哲學；近世又重科學之哲學，故其哲學勢必首重宇宙觀，而再由之以引出人生哲學文化歷史之哲學。又在西方哲學，恒以自然宇宙或神為超越而外在，故又必先之以知識論方法論，以使吾人認識此自然宇宙或神之事，成為可能。然在中國哲學思想，則毋寧是自歷史文化之省察，以引出人生哲學，而由人生哲學以引出宇宙觀形而上學及知識觀。則論中國之哲學思想，正無先由知識論宇宙觀下手之必要，而儘可直從中國先哲之人文觀人生觀下手，而人生人文之本，則在人心也。故於中國先哲思想之不重言人心者，吾人固可論其歷史文化觀與人生觀，然吾人亦宜試探其人心觀之理當何若。至其明重人心，而對人心有所論列之言，其當為吾人所特須注目，而宜本之以為探證其他方面之思想之根據者，即不言而可喻矣。此又本文之所以欲申墨孟莊荀四家言心之義，以兼論四家思想之所以不同之故也。

吾意孟墨荀莊雖同言心，而諸家之心中所謂「心」，實指不同性質之四種心，或吾人今所謂心之四方面。吾意孟子之心，要爲一性情心或德性心，宋儒卽緣此心以論上一文所謂性理，而其旨又不必與孟子同。墨子之心，要爲一成知識之知識心或理智心，與順知識以起行爲之心。凡人之求知物理事理，皆初原於此理智心與知識心。而後之學者之言物理名理者，則又不必皆承墨子以爲論。至莊子所言之心則有二：一可借用佛家之名詞，稱之爲情識心，此爲一般人之心。一爲由此人心而證得之常心或靈臺心。此爲一超知識而能以神明遇物之虛靈明覺心。凡人之言理而及於空理或遮撥義之名理性理，無不本於人之虛靈明覺心；而言此義之心與理者，又不必皆祖述莊子。荀子之心則一方爲一理智性的統攝心，一方爲一自作主宰心，可依荀子所謂「總方略、齊言行、一統類」而名之爲統類心。荀子之言統類心意在成就社會之文理。凡言文理者，必本於一能統攝多方面之知與行之心以爲言，然不必皆本諸荀子。此四心之名，爲吾人有本而造之名辭，一方用以指不同性質之心，或吾人整個心之數方面。一方卽據以湊泊諸家所謂心之涵義。而亦略契合於吾人之言理之六義者。此四者中，吾意要以孟子所言之德性心或性情心，爲吾人之本心所在。然孟子之所言，若不經大學中庸及宋明理學家之發揮，尅就孟子所明言及者而論，則其與他家所言，實各有所見，亦互有長短，尚不足以全使他家相服。而此四家之其他主要思想之不同，亦皆可由其各重此諸心之一種，以知其有不容不異者存。此非謂諸家之其他主要思想，皆由其對於心之思想，依邏輯推演而出。唯是謂諸家關於心之思想之不同，與其他人生政治等問題之思想不同，各有一理論上之明顯之相對應關係而已。上乃覽此文者宜先知。下文吾當卽順序分論孟墨荀莊之言心。

二　論孟子之性情心或德性心之本義

吾人之所以說孟子之心，主要爲一性情心德性心者，以孟子言性善，卽本於其言心。其心乃一涵惻隱、羞惡、辭讓、是非之情，而爲仁義禮智之德性所根之心。此爲德性所根而涵性情之心，亦卽爲人之德行或德性之原，故又可名爲德性心。名之爲德性心，亦卽表示其爲具道德價值，而能自覺之之心，而非只是一求認識事實，而不自覺其具道德價值之純理智心、純知識心也。

吾人謂孟子之言性善，乃本於其言心，此心爲涵情之心云云，卽意涵孟子指證性善之方式，並不必全同於朱子與其所承之程伊川及後之王陽明等，所以指證性善之立言方式。程朱之言性善，其關鍵在程伊川之性卽理一語。謂性卽理，乃由人所自覺之當然之理處看性。此理無不善，故性善。此中乃以理爲媒介之概念，以指出性善。程朱所以言人仁義禮智之性卽是理，大率一方由其恒與私欲相對反而見，一方由其爲普遍大公而見。此是由孟子之言性，再轉折一層，而引生之論。陽明由良知以言性善，除其見父自然知孝，見兄自然知弟等語，與孟子意無別外；復喜由良知之知善知惡而又好善惡惡，以見良知之性，乃安於善而不安於惡。此亦卽無異由良知之性之自善其善，自肯定其自己之善，而否定非眞屬於其自己之不善，以言良知之性爲至善。此亦是對照反面之不善之念，而把在上之良知之善性反顯出，而加以論列之法。此二種指證性善之論法，皆上有所承於大學中庸之義，而爲孟子所倡性善論之更進一步之發展或新形態之表現。此二種論法，亦皆待人反省其心中之當然之理與私慾之相對反，及良知之善善惡惡，而後能了解。伊川之重存理去欲，陽明之致良知，嚴格說，皆重在孟子所謂是非之心之智上立根。而孟子之言性之由心見，則是非之心，只居其一。惻隱之心、羞惡之心、辭讓之心，乃居其三，且更爲孟子所重。孟子之指證此數種心之存在，則主要在直接就事上指證，亦卽就我對其他人物之直接的心之感應上指證，以見此心卽一性善而涵情之性情心，此心是初全不須與其反面之人欲等相對照，而後能見者。此便與伊川陽明等所以指證性善之立論方式，頗有不同。

吾人謂孟子之言性善，乃就人對其他人物之直接的心之感應上指證。此可從孟子各方面之話觀之。譬如孟子指證惻隱之心之存在，卽就「今人乍見孺子將入於井，皆有怵惕惻隱之心」上說。此中由乍見而有惻隱之心，卽見此惻隱之心，爲我對孺子入井之直接感應。又如孟子之指證羞惡之心之存在，卽就「呼爾而與之，行道之人不受，蹴爾而與之，乞人不屑也」說。「呼爾」、「蹴爾」與「乍見」，乃是突如其來之事。對此突如其來之事之直接的心之感應，就是這個惻隱、羞惡。此處卽見心本性之涵仁義或具仁義，而見性善。外如孟子又由「上世有不葬其親者，其親死，則舉而委之於壑。他日過之，狐狸食之，蠅蚋蛄嘬之，其顙有泚。」以指證此泚之自「中心發於面目」，乃不待思維而發出，以言人本有孝心。由「舜居深山之中，與木石居，與鹿豕游，其所以異於深山野人者幾希」，而「聞一善言，見一善行，則沛然若決江河，莫之能禦也」；以喻人好善之心，直接隨所聞見之善行善言，而一無阻攔之表現。由齊宣王之見牛觳觫而立卽不忍，而欲「以羊易之」，指證其有能「保民而王」之心。此通通是就人感於外物之直接的心之感應，以指證人之性本善。此外孟子特喜就人不忍不屑處，說仁義之心性。不忍不屑者，卽心雖欲忍欲屑而不能。欲忍欲屑而不能，卽迸發出心之眞性情。此正如彈簧之按不下去，卽迸發出彈簧之眞力量。以不忍不屑言心性，亦卽自心之直接之感應言心性也。

此種心之直接感應，乃與依於心先有之欲望要求而生之反應不同，亦與依於自然之生物本能，或今所謂生理上之需要與衝動之直接反應不同。凡此諸反應，都是有所爲者。亦卽爲達到人原先之自覺或不自覺之另一種目的者。此正是孟子之言本心時，所要加以揀別開者。故孟子言上世不葬其親，委親溝壑，他日見之，其顙有泚；特說明「是泚也非爲人泚。」孟子言「今人乍見孺子將入於井，皆有怵惕惻隱之心」後，立卽說明「此非所以納交於孺子之父母也，非所以要譽於鄉黨朋友也，非惡其聲而然也。」如是「爲人泚」爲「納交於孺子之父母」，或「要譽於鄉黨朋友」，此便是依於心先有之欲望。如是爲「惡其聲」，便可只是依一生物本能或生理上之衝動而生之反應。在此等處，人之有某反應，只見人在反應之先之「有所爲」者，而不能見人之本心之性。只有不是爲滿足吾人原先之「所爲」，而直發之感應，乃可見人之本心。而此處之感應，卽皆爲無私的，公的，惻隱、羞惡、辭讓、恭敬、是非之類。故人之性是善的。

孟子之講性善，一方是就上述之無所爲而爲之心之直接感應上指證，再一方則就心之直接安處悅處指證。此安或悅，亦不須是與其所不安處不悅處相對而後見者。如孟子由禮義之悅我心，以指證人之好善，人心之性善。此人之覺禮義之悅心與人之好善，是可全不與惡或不善相對者。因此中可只有所好之善，所悅之禮義。人行禮義而悅此行禮義之心，人行善而好此善心，實卽禮義心之自悅，善心之自好。此自好自悅，乃一絕對之自好自悅。此中可並無能好與所好，能悅與所悅之別。此時乃心在悅中，悅在心中，心在好中，好在心中。此方是性情心之最原始之相貌。孟子之由心之悅好善，以指證心之性善，實乃直契孔顏樂處，以言性善。後來宋明理學家，則要在由人欲淨盡之工夫，以達天理流行之境，而證實孔顏之樂處何在。陽明亦有「樂爲心之本體」之言。則理學家之歸宿處，固未嘗不同於孟子。然宋明理學家程朱一派，由理善以指證性善，及陽明之由良知之是是非非，以指證性善之立言方式，則與孟子之所言，有直接間接之別。讀者當可細味孟子之言，以自得之。

吾人如扣緊孟子言性善，乃自心之無所爲而爲之直接感應，及心之悅理義而自悅處，以見性善之義，便知孟子之修養此心之工夫，純是一直道而行之工夫。其本義實簡截，尚無宋明儒所講之較多曲折。宋明儒所講者之多曲折，因其工夫全為反省的，而重在對治反面之人欲、意氣、意見、氣質之蔽等者。人欲等之形態，萬彙不齊，故工夫不能不加密，遂與孟子所言多不同。此中異同之關鍵，吾不以為在最後所嚮往之作聖目標，而當在古今人心之變。古人之心病簡單，而後人之心病複雜。故論修養此心之工夫，亦前修未密，後學轉精，此自學術之內容言，則當說後人更見進步。故宋明理學亦確有比孔孟所言更進處。但人如無病，則不須服藥。因病發藥，各有所當，亦可說無所謂進步。而以後人之病之藥方，看古人之病之藥方，則未必能得其實。故吾意尅就孟子以言孟子，其修養此心工夫，要點只在直下依此惻隱、羞惡、辭讓、是非之心之流露處，擴充而直達之。「人能充無欲害人之心，而仁不可勝用也；人能充無欲穿窬之心，而義不可勝用也；人能充無受爾汝之實，無所往而不為義也。」「毋為其所不為，毋欲其所不欲，如此而已矣。」此處之工夫，實尚不類宋明理學家工夫之重存天理與去人欲，雙管齊下，存養與省察，是是非非，雙管齊下。而只是順惻隱、羞惡等心之起處，直達出去。工夫即在此直達。此處可並不先見有人欲待尅治，即可初不重對此反面者，在內心上加以省察之工夫。「毋為其所不為，毋欲其所不欲」中之「不為」「不欲」，可是虛說，非實說。在此工夫中，可並無「所不為」、「所不欲」者之存在。如由不忍牛之觳觫，至不忍人，不忍天下之民，而依仁心行仁政；由不忍親之委於溝壑，至為之棺槨，無使土親膚，為之衣衾，為之祭祀；即是此惻隱之心，孝親之心之一直流行。此中卽有工夫。而此工夫中，可並無反面之私欲雜念，待省察克治。此中全部工夫，可只爲正面之直達。此直達，卽「操存」，卽「存心」，卽「養心」，卽「盡心」卽「不失其赤子之心」，「不失本心」，卽「專心致志」。士不外能有「恒心」，聖人不外能「盡心」，而「先得我心之所同然」。聖王不外依仁心行仁政仁術，能「勞心」以得「民心」。此一切心上之工夫，亦可統名之爲一「直養無害」而持志之工夫，以達於「不動心」。而反之者，則爲心之「梏亡」、「陷溺其心」、「失其本心」、「放其良心」、「失其心」、「不得於心」或「無恒心」。總而言之，卽心之不存。人之所患，唯在此心之放而不存。故孟子曰：「仁，人心也，義，人路也。舍其路而不由，放其心而不知求，哀哉。」然孟子之所以治此心之放或不存之病者亦無他，卽操之使存，「求放心而已矣」。孟子又曰：「心之官則思，思則得之，不思則不得也。」「仁義禮智，非由外鑠我也，弗思耳矣。」然孟子之所以治「不思」、「弗思」之病者亦無他，思而已矣。此實爲最簡易直截之教。宋儒中，象山最與之相近。象山之工夫，只在提起精神，收拾精神，發明本心。而孟子之工夫，亦只在存心。存心卽所以養心之性，以成仁義禮智之德，而知性、知天、事天、立命，皆直下而有之一串事也。

吾人上來之意，是說孟子之言心，實只有出入存亡二面。孟子書引孔子曰：「操則存，舍則亡；出入無時，莫知其鄉；唯心之謂與。」故孟子言心，亦尚無後儒所謂習心與本心之別，以及私心與公心，善心與惡心之別。在孟子，說心卽說本心，卽是善的公的。所謂私，不善與惡，只是心之不存而喪失。此不存而喪失，則緣於人之役於小體，只徇耳目之欲及食色之欲，人之「以饑渴之害爲心害。」人所以會役於小體，只徇耳目之欲、食色之欲等，在孟子並未言是因人另有一心，定要去役於小體等。如此則人有二個心。在孟子言心只有一心。孟子只說及人失其心、放於心，便有役於小體之事。故要人不役於小體。孟子未說及必需人先去掉一役於小體之私心，而只說及求其放心，操存此心。在此處，吾並不以孟子之言心之義爲全盡。然孟子之言，實只及於此。憶明儒羅整庵之困知記嘗舉孟子格君心之非，及正人心等之言，以證孟子未嘗以心爲全善。然吾人亦終不能謂孟子所謂人心中實有一邪心、非心。若然，則孟子隨處所言之存心、盡心、養心，皆爲模棱之語，不定之辭。果存心盡心養心之言中之心，爲孟子所言之心之本義，則孟子所謂「格君心之非」者，亦卽使君心不存者存，以安民定國而已。孟子所謂正人心者，亦非重在去一邪心而另得一正心之謂，此語當連下文所謂闢邪說以爲言。正人心者，卽闢邪說之足擾亂人心，使人心歪倚不存於其位者，正位居體，以存於其位而已。

孟子之言心，不與私欲私心邪心等相對反而言，亦不與食色之欲耳目之欲相對反而言。仁義禮智之心，與耳目食色之欲，在孟子固爲異類。孟子言性，自心上說，而不自耳目食色之欲上說。然孟子雖以仁義禮智之心，與耳目食色之欲爲異類，而此二類，在孟子，亦初可不相對反。人有耳目食色之欲，亦不礙性善之旨。耳目食色之欲，並非卽不善者。不善，緣於耳目之官蔽於物，或人之只縱食色之欲。而耳目之官蔽於物，與人之只縱食色之欲，則緣心之不思而梏亡。故人不得以人有食色之欲等，疑心之性自身之善。至人存仁義禮智之心，亦可不與食色之欲相對反者；則以人之兼有此心與食色之欲者，可依於其自己之食色之欲，同時生出不忍人之饑寒之惻隱之心，與望「內無怨女，外無曠夫」之心。此處吾人如試自己細細勘驗一番，便知此中之不忍人之饑寒之心，乃直冒順於吾之饑思食，寒思衣之欲之上、之前、而生起；吾之不忍人之爲怨女曠夫之心，亦直冒順於吾之男女之情之上、之前、而生起；以進而求黎民之不饑不寒，人人之宜爾室家。此卽孟子之告齊宣王好色好貨，「與民同之，於王何有。」亦卽孟子之仁義禮智之心與食色之欲，所以可不成對反，而本孟子之言以言仁政，亦爲一至簡至易之道之故也。

吾人欲知孟子言修養工夫及爲政之道，所以如此簡易；要在知孟子之言心，乃直就心之對人物之感應之事上說。此心初乃一直接面對人物而呈現出之心，初非反省而回頭內觀之心。孟子講覺，如以「斯道覺斯民」，「以先知覺後知，以先覺覺後覺」，此是直下以己之覺覺人，「以其昭昭，使人昭昭」，尚非必如後儒及今之所謂反觀之自覺。孟子所謂惻隱之心、羞惡之心發動時，此心當然是明覺的。但說其是明覺者，仍是進一步回頭看的話。大學之明德，中庸之誠明，皆更重此義。而在孟子之言，則重在直指此心之如是如是呈現，而其呈現，乃卽呈現於與外相感應之事之中。如惻隱之心卽呈現於我見孺子入井之事中，羞惡之心卽呈現於拒絕嗟來之食之中。此中，心與事互相孚應，全心在事，全事在心。此事當然亦在明覺中，但亦可不說其在明覺中。此心有諸內而形諸外，見於自己之身與人物之交。此便可通於中庸所言合內外之義。但在孟子，則只說及此心當有事。孟子養氣章謂「必有事焉」。吾意此「事」，當初卽指吾人在日常生活中見孺子入井，及入孝出弟，守先待後等事。其所謂勿忘勿助長者，勿忘是不放失此心，卽存養此心使相續之謂。助長，卽心凸起於事上，如將事硬向上提起而把捉之，此便是揠苗助長，而不當有者。吾人今所謂自覺，實常是此心之在上面，將其所作之事硬提起而把捉之。此處如依孟學說，卽有毛病。宋明儒或名此毛病爲矜持，而重去矜持。孟子則直要人之心在事中。事是對其他人物者。心在事中，則心是向其他人物。心向其他人物，心便放平，自然無放失與矜持之病。如見孺子入井時，心是向孺子入井者。心向孺子入井，則心不能是只顧其自己緣軀殼或身體而發之食色之欲、耳目之欲者，而是要使此身爲此心所用者。此便是心反諸身，而主乎此身，以心之大體主耳目之小體。心向孺子入井，卽專心向此，而生不忍心，盡心以救孺子，卽此心之反身而誠。在此盡心之事中，卽有心之自悅自樂其心之盡。是謂「反身而誠，樂莫大焉」。我自己之盡心，卽將外之人物涵攝於我心之內。如我救孺子，則孺子卽如涵攝於我心之內。由此以推至孝親、敬兄、齊家、治國、平天下，同是一樣之道理。於此一直充達此心，充類至盡，便可說「萬物皆備於我」。亦卽由集義而「浩然之氣，塞乎天地之間」之事，「君子所過者化，所存者神，上下與天地同流」之事。此等話，從高明廣大處去看，固非吾人所能企及。但其工夫，實只在一當前能使心與事相孚，全幅精神在事上，此處盡心便是誠。此誠，初不與僞妄對。後來大學說「毋自欺」是誠，中庸由「擇善固執」言「誠之」，伊川說「无妄之謂誠」，皆進一步由反省以出之工夫。此是工夫之加密，鞭辟就裏。順孟子之教引而申之，最後亦當發展出此義。此在本文之末，當一論之。然孟子之言誠，則有更簡易直截處。孟子之誠，初只是正面之盡心。此心自善，只須人能直下承擔，可更不待擇。亦不是要人反省其心中之僞妄而去之，以成誠。所以在孟子之教中，有誠而無僞妄之名。誠與僞妄對，則誠之功夫，爲二中求一，求「不貳」，如相對中求絕對。誠不與僞妄對，則誠只爲一絕對。誠然，孟子亦言不誠。如「悅親有道，反身不誠，不悅乎親矣；誠身有道，不明乎善，不誠乎身矣。……不誠未有能動者也。」但此處之不誠，可只指未誠，未盡心以行悅親之道，未盡心以明善而誠身，未能以誠動人而言。此不誠，不同於僞妄之與誠相對。而孟子之言明善卽所以誠身，正見誠身只爲一繼明善之事，而行之於身之正面工夫。孟子又云「誠者，天之道也，思誠者人之道也。」仁義禮智之四端之心，皆「天之所以與我」。故直感直發之仁義之四端之心，亦卽天之道所存。思誠卽充達此心，此中只以思誠繼誠，便全幅是直道而行之正面工夫，而工夫亦卽在此心與外物感應之事上，流露之四端上識取。此與大學中庸之工夫之重去自欺以存誠，對「不誠」而「誠之」，言致曲能有誠，與宋明理學之重內心中省察，去心中賊者，實有異。望大家一加識取。

三 墨家之知識心與儒墨思想之所由異

唯大學中庸之論心，及宋明理學家之論心，雖與孟子有不同，然在根本上卻是一路。卽彼等同以言人之德性心爲主，同以德性心爲人之本心。其所以差別，一方是愈後之儒者，對人心之病痛，認識愈加密，而工夫亦加密。此如前說。而另一方，則亦是先秦他家學者如墨、莊、荀，對於人心之另有所認識，而指出人心有其他方面，使後之宗孟學者，對人心之認識及修養工夫，不能不加密。吾雖素主張以孟子至宋明理學家之言德性心，爲最能得人心之所以爲心之本，然吾亦不能抹殺他家之於人心，確另有所見。此其所見之不同，亦爲形成他家之學，與孟子一路下來之儒學之不同者。此他家之所見之心，則正與西方哲學及印度思想中所見之心，有極大之相通處。昔人生於孟學之傳統中，所加以忽略，而或未能明其與孟子所言之異同之際者，今則皆可皎然明白矣。

吾所欲進而論者，首爲墨子之言心。墨子前於孟子，而墨子一書之成，及其中所涵之思想，則不必皆前於孟子。至少墨辯之思想之產生，可與孟、莊同時或更後。然吾今所重者，不在辨墨學思想之時代先後，而在論墨學言心與孟學言心之不同。吾人必先論孟學之言心，而後墨學言心之特質何在乃顯。而墨學言心之義顯，莊子言心之義乃顯。故次墨子言心，於孟子言心後，而又次莊子言心於墨之後也。

墨子之學，表面觀之，乃不重言心者。在墨辯中，對心之一名，亦未列為一條，加以解釋。然其所以不重言心，亦正由其對心之一看法。即由其看心，特重心之作用之知之一面。此心之知，乃以「接於物而明之、慮之、辨之，而知其類，以進而知吾人之知識與行為之類」為性。此其所以較不重直接論心也。

由墨子特重心之知，故墨子之所謂心，自其與孟子所言之德性心、性情心之不同言，吾人可名之為理智心、知識心。知識二字連用，亦數見於墨子天志、雜守、號令、諸篇。今人所謂理智心、知識心之性質，首在認知外物，次則辨其類，知其理，而據理以由已知推未知。此皆正為墨子之所重。而墨子書中知之一字，凡三百餘見，蓋為墨子最喜用之一字。墨辯謂「生，刑（同形）與知處也」，即見墨學中所謂生命，除形骸以外即此知。墨子書中凡有所論，亦幾隨處皆有「何以知其然也」，「何以知之」之語，是皆可證墨子，重以知言心也。

墨辯經上之論知曰：「知，材也。」「知，接也。」「恕，明也。」此即言知為能知之才，而又能接物，而明了之者。經說上釋知接也曰「知也者，以其知遇物，而能貌之若見。」此即謂知為認識事物，而得其印象觀念之謂。又釋恕明也曰「恕也者，以其知論物，而其知之也著。」此即以恕為對物加以判斷論列之謂。墨辯又分知為聞、說、親。親知即直接接物，而能貌之知之之知。說知即由比類，而心不爲方所囿（卽不受空間限制），由已知以推未知之推知，聞知卽因聞人之言其所親知說知者，而後爲我所知之知。此數種知，皆純粹知識上之知甚明。而墨子之立論，則尤重「說知」，或推知。故「故」之一字，爲墨家之專門名詞。「故」有「大故」「小故」之分。「故」之一字，在墨子書中，亦三四百見。而性之一字，在墨子書中則只三見。情之一字，則二十六見（並據哈佛燕京社墨子引得統計）。其用性字處，皆非論心性。其用情字處，則多爲「情實」之情。如所謂「得下之情」、「耳目之情」，卽皆不外「下民之實」、「耳目之實」之意。貴義篇言「去六辟、去喜、去怒、去樂、去悲、去愛（去惡）」。可見其輕情。亦見其所言之心，決非如孟子所謂性情心或德性心，而只爲知識心或理智心也。

至於墨子之明言及心之語，除泛說者不論，其最值注意者，有下列數語：

循所聞而得其意，心之察也；執所言而意得見，心之辯也。（經上）

慧者，心辯而不繁說。（修身）

其心弗察其知，而與其愛。（尙賢中）

心無備慮，不可以應卒。（七患）

是孰宜心？（經說上）

無說而懼，說在弗心。（經下）

捷與狂之同長也，心中自是往相若也。（經說上）

凡此所謂心，皆明爲純粹認識上、理智上之能思辨疑難之心甚明。

此外墨子之言心之特點，則在其重人心之同一，故尚「戮力同心」、「一心戮力」、「和心比力」；而以「吏卒民多心不一者」，「皆有離散之心」爲慮。其所謂「同心」、「一心」，亦由自外比較心與心之內容之同一以說，而爲一緣理智以構成之概念。而其所以尚「同心」、「一心」，則與其尙同之教、兼愛之教，皆本於其一往重理智所認識之「遍用於一類事物之抽象普遍之原理」，即其所謂「法儀」之故。此義容後論之。

墨子所重之知識心或理智心，與孟子所重之性情心、德性心，其根本之不同，在知識心、理智心所發出之知，其接物也，初爲墨子所謂貌之。貌之即認取物之相貌，而形成今所謂之印象觀念，再本印象觀念以判斷物，則能劃分物之類，並能形成今所謂各類物之概念。此中人心之活動，在根本上爲對外物之相貌，有所攝取，以成印象觀念等。而此印象觀念等，則爲內在於心者。其重表現於外，唯在人之本之以判斷外物，並將此判斷表之於言。是之謂「以其知論物。」人如不本其知論物，則人之所知，純爲私有，非他人所得而見。人以接物而有所知。此有所知，自亦爲人之一種由有所感而生之應。然此應，則初爲貌物。而貌物之所得者，初爲私有。此爲知識心、理智心上之「應」之原始的根本性質。而此即與孟子所重之性情心、德性心之「應」，全然不同。性情心之「應」，如見孺子之入井而應以惻隱之心，此惻隱之心之根本性質，不在貌孺子入井之形狀。此惻隱之心，可根本尚未及於貌孺子入井之形狀於心，而只於見孺子入井時，便可直接生起。此時吾人見孺子入井之見，固是直指向孺子；此惻隱之心，亦直向孺子。吾人之能見之此心之前面，是開朗者，此惻隱心亦是開朗者，此惻隱心之流露而表於面目，表於援之以手之動作，亦是直彰著而顯於外，可爲人所共見者。故此中由見孺子入井，至惻隱之心，再至此心情之表於援之以手，整個是一開朗之歷程。而此歷程，嚴格言之，乃卽見卽惻隱，卽惻隱卽求表之於往援之以手之行爲。此中，知情意是三位一體。知是由外達內，意與行是由內達外。此中是才有外達內，而內動惻隱之心，卽有內達外。故於此歷程中，吾人之內心，只是外達內，內達外之中樞。此內心中，可並無「對外來者之自覺的貌之而有所攝取」之一回事。此貌物而有所攝取，乃有如外來者之滯留於內。一般認識心、理智心，初卽依於此外來者之滯留於內，以有所認識；而此惻隱之心中，則可並無此滯留。唯以在此中，心無所滯留，而直感直應，方見此惻隱心爲一表裏洞然之眞惻隱心。此外一切性情心，亦皆以能達此表裏洞然之一境，爲最高標準。而人之理智心與認識心之形成知識，則初正不要此表裏之洞然；而是要吾人與物接時所攝取者，滯留於內。此所滯留者愈多，人之印象觀念愈多，而人後本之以從事判斷之事愈多，所形成之概念愈多，對物之判斷論說亦愈多。此是墨子之認識心、理智心與孟子之性情心、德性心之根本性質之不同所在。

知識心、理智心之本印象觀念，以判斷外物，與定物類，在根本上是要辨同異，言物之是什麽與非什麽。故墨子之思想，處處要辨同異、明是非。然墨子所欲明之是非，與孟子所謂是非之心之是非，明爲二種是非。孟子所謂是非，陽明謂之卽良知之好惡是也。依孟子之言，則人之本心所悅爲是，不悅者爲非。此是非是涵情者。而墨子之是非，如墨辯中所重之是非之論，明大多爲不涵情者。涵情之是非，與不涵情之是非不同，自對象方面說，在涵情之是非，初乃以當前所接之具體人物，或我所作之具體事本身爲對象；而不涵情之是非，則初是說某一具體事物是否具某抽象之性質，或某類物之是否另一類物，或某一性質是否某一性質。在涵情之是非，此是非在我之「對事物」之「對」上。不涵情之是非，在「事物對其性質」之「對」上，「事物對其他事物」之「對」上，與「一事物之性質對其他性質」之「對」上。故不涵情之是非，宜以主賓辭間之繫辭表之；而涵情之是非，則更宜以嘆辭表之。「賢哉回也」，「不仁哉，梁惠王也」中之此「哉」與此「也」，表涵情之是非，卽表孟子所謂是非之心之語言。說回「是」賢人，梁惠王「非」仁人中之「是非」之繫辭，則使涵情之是非，轉爲不涵情之純理智心、認識心中之是非。而墨子墨辯之所謂是非，則大皆此類也。

吾人謂墨子之所謂心，在根本上爲知識心、理智心，非謂墨子如西方之科學家哲學家之只重求知識。吾人之所以如此言，要在自其言心之根本義上，看其與孟子等之不同。墨子固爲重實行兼愛非攻等道者。墨子與其徒，亦固爲極富熱情者。然其所以達此熱情，及其所以主張兼愛非攻等教義，其根據，正在上述之知識心、理智心也。

孟子言「墨子兼愛」，莊子言「墨子泛愛兼利而非鬬」，尸子言「墨子貴兼」。墨子之思想主要在兼愛，已爲先秦人所共認。自愛之爲愛言，此固是情上事。尅就墨子所言之愛親，愛人等中，此愛之情之初發動之際言，亦固原出於孟子所謂性情心、德性心。然墨子兼愛之教所重者，則不在其尙愛，而在其所以言愛，及其愛之必求兼，與其所以倡兼愛之理由。凡此等等，則明原於墨子之理智心，而與孟子之所以言「仁者愛人，仁者無不愛也」之意不同。此異處所在，簡言之，即孟子之言「仁者愛人，仁者無不愛也」，初乃就吾人之具體生活上說。仁者恒以仁存心，見人而中心欣然愛人，接之以禮，通之以情，自然無人我之隔閡，於他人之饑寒怨曠之情，生悱惻之心。至其推恩而及於四海萬民，則不外知「他人有心」，而「予忖度之」，乃「舉斯心而加諸彼」。此所謂「舉斯心而加諸彼」，乃舉此在當前當下呈現之悱惻之心，而整個的申達之，以及於彼未呈現於目前，而呈現於思想中之四海萬民之心。然如實言之，此四海萬民之心，只呈現於思想中，卽不能一一具體呈現者。故所謂忖度四海萬民而愛之者，實卽提舉此當前悱惻之心，使不限於當前所接之人而已。而所謂使此悱惻之心，不限於當前所及之人，亦卽使此悱惻之心相續申達，隨處不放失此心，而貫此心於仁政、仁術，以「得民心」，「不失民心」，使民「中心悅而誠服」而已。此中唯貫此仁心於具體之仁政之事，以求得民心，爲可使此仁心落實者。而此具體之仁政之事，則仍不外爲政者之「省刑罰、薄稅斂」，使民「深耕易耨，壯者以暇日，修其孝弟忠信」及「班爵」「進賢」等，爲政者當下可爲之事而已。於此，如人不在位，不爲政而只居家，此悱惻之心及一切德性心，便只在入孝出悌，朋友有信，睦鄉黨鄰里之事等中落實。故儒者之仁心，雖無不愛，而足涵四海萬民而無遺；然此心之落實，則只在於當前之我與人相感應之具體生活。反之，若此無不愛之仁心，只直向上冒舉，一往求擴大超升，由超溢家庭之外，至國家、至天下、至衆生；則終將只是虛枵膨脹，不免淪入虛無，成爲無法實踐；亦永只爲內心之一境界，而未嘗由實踐之行事，以表現彰著於外者。欲此仁心能表現彰著於外，則至遠者必還收歸於至近，而透過我之身，以見於我之身與人相感應之具體生活。至於人何以當有悱惻之心、仁心及一切德性心，則在孔孟皆無進一步之理由可說，亦更不須說。說之乃依於純粹之理智心，把此德性心化爲一對象，而視如一般之事物，以求其當有之故。然此德性心，在其自悅自安，而無間充達之歷程中，乃永不能化爲對象者，即此處根本容不下問：依何理由，或爲甚麼而要有此仁心之問題。其有，爲超理智之上之有，亦爲超一切知識上之理由者。其當有，在此德性心自悅自安，已足完全證明，另不須外在之證明。彼求外在證明者，其運思縱可上際於天，下蟠於地，最後仍須回到以此心之自悅自安，爲當下之內在之證明。然在墨子之言兼愛，則首爲兼愛建立種種理由。如其反復言及人當察天下之害與亂之所自起，天下之利與治之所自生；亂與害之所自起在不兼愛，治與利之所生在兼愛；故人當兼愛，然後天下治；以及因天志在兼愛，故人當兼愛。此皆是爲人當兼愛，說出種種理由。依前說，則兼愛爲止亂求治，或興天下之利除天下之害必須有之方法，而兼愛之目的，遂如在兼愛外。依後說則我之行兼愛，乃意在合於我之外之天志。此皆視兼愛爲一「手段」，以達其外之目的，即純爲一依於理智心之思想。而實則此所建立之兼愛之理由，乃不成理由者。因吾人尚須問；人何必要求治而不安於亂，何以要興天下之利，除天下之害？何以要法天？如說：此是爲我自己之利，爲了希天賞而畏天罰，便落入只求個人功利之理智主義。如說只因爲我原知兼愛之爲善，故必由愛人以爲人興利除害，又必法天之兼愛，便成一循環論。如依孟子之義說，則人人之欲治而惡亂，欲興天下之利，除天下之害，只依於人之不忍之心。對此不忍心，本不能、不須、亦不當，再問其理由。問理由便落入理智心，而離開此心。此「問」本身，亦爲順此不忍心而加以申達者，所不當有之一「問」。此處直下截斷一切葛藤，更無繳繞。墨子必欲言兼愛之理由，終不能直契其欲兼愛之心，初乃依於一仁心，於此仁心不須更問其理由之一義。此墨學之所以不如孟學也。

吾人謂墨子之欲兼愛之心，乃依於一仁心，乃是說其有依於孔孟所謂仁心之處。實則墨子所言之兼愛心，畢竟有大不同於孔孟之仁心者。如實言之，墨子之兼愛心，乃人對依其仁心所發之愛，才加以自覺，即以理智把握之，而順理智心之依類而行，向前直推所成之心。墨子言兼愛，其所以反對儒家仁愛者，一點在反對儒家之先親後疏，親親仁民之「差等之愛」或「倫列之愛」，一點在主張天下無愛不利，而儒家聖人，似可有愛而無利。而此二點之異，其關鍵正在儒家之仁愛，乃一直體現於吾人之具體生活中，而墨子則順抽象理智之依類而行，以向前直推，以成其兼愛之說。故大取篇謂「仁而無利愛，利愛生於慮」。按「慮也者，以其知有求也。」(經說上）其謂利愛之說生於慮，蓋由有見於人之愛者，其行事恒歸於利人，遂普遍化為天下無愛不利，不利不足以言愛之理論。此即依抽象理智而推構所成之論。墨子不知人之愛人者，雖求利人，而未能在實際上利人者，亦未嘗非愛人者也。此義後文當再及之。又墨子不知在吾人具體生活中，吾乃首與吾父母兄弟朋友家人相接，而發生各種互相感應之具體事，以為吾之德性心首先表現之所在；此中之情意，自然較濃；而於疏遠之人，情意自較淡。此為不可免者。唯此先親而後疏之倫列之愛，為人人所可遵行。儒者亦望人人之遵行之。故此中似有私，而又合乎天理之公。此本為不難解者。然墨子則必主兼愛，欲人之愛人之父若其父，愛人之家若其家，愛人之國若其國，盡一切人而一往平等之兼愛之。墨辯曰：「兼，盡也，盡，莫不然也。」「莫不然」即一往平等之義也。如此之兼愛，明為吾人在具體實際生活上所不能行者。然此在墨者之思想中則可能者，正由於墨者之本其「知慮」，將吾人之具體生活所接之特殊個體之人等，均視作一類中之人，而加以理解，如此則愛其一而不平等愛其餘，便為悖理。即在理智上講不通者，遂在實踐上為不當有者。而在實踐上當有者，只能為對凡在一類中者，皆一一平等而愛之。依此，我是人，他人亦是人，則我愛我之一人，即當舉天下之人而平等盡愛之。吾父是父，他人之父亦是父。我愛我父，則當舉天下之父而平等盡愛之。我之家是家，他人之家亦是家。我愛我家，則我當舉天下之家而平等盡愛之。此正由先把我之爲人、我之父、我之家純作人類之一、父類之一、家類之一，而對之作一抽象概念之理解。然若自具體生活中理解，則我之家爲家類之一，而家類之一，非必我之家也。我之父爲父類之一，而父類之一，非必我之父也。我爲人之一，而人之一，非必我也。則我愛我父，何必愛他人之父若我父；我愛我家，何必愛他人之家若我家乎？如此以兼囘到具體之生活中作理解，則人縱有依類以行之理智心，仍畢竟不能建立一往平等之兼愛之道。而其所以似能建立者，唯在此理智心全捨離此具體生活中之理解，而一意孤行，「以其知有求」，盡慮以向前直推，乃將吾人當前具體生活中所接之人物，只化爲類中之一，更不再加以還原之故。則我只是人之一，更不是我；我父只是父之一，更非我父；我家只是家之一，更非我家。由是而舉天下萬世，一切人、一切父母、一切家、一切國而一往平等的盡愛之兼愛之道，遂宛然在目。故曰：「一日而百萬生，愛不加厚。」「愛衆世與愛寡世相若。」「愛尙世與愛後世，若今之人。」（大取）「無窮不害兼。」（經下）而實則此中人之心所直接兼愛者非他，依類而行之理智心，所撰成人類之概念、父類之概念、家之概念、國之概念而已。所直接了解於兼愛者非他，純粹之抽象普遍的當兼愛一切人之「義」而已。故曰「兼愛相若，一愛相若。」「愛臧之愛人也，乃愛獲之愛人也。」（大取）此「義」人將如何行之？依墨子之論，人當行之，固也。然實際上則無人眞能在實際上同時盡舉天下萬世一切人而平等盡愛之。此兼愛之道，於此，即成無人能行者。然則眞能行之者誰？天也。惟天眞能志在兼愛天下萬世一切人，而實行兼愛天下萬世一切人之道。故在墨子，如無天之志在此兼愛，以實行此兼愛，則兼愛之敎，卽全部落空，成從未有實行之者，而爲一不可實行之道。今有天之實能兼愛，則人雖不能一時舉天下萬世一切人而盡愛之，亦可上以天之兼愛爲法，以天志爲志，而躬行兼愛之行。於是墨者之精神，遂由貴知貴義，轉而以「天爲知」，以「天爲義」。而欲證天之爲「知」，天之爲「義」，則墨子又以天於人「兼而畜之，兼而利之」之事實爲證。此「兼而畜之，兼而利之」之事實，實不外人皆在天地間生存之事實。然此事實由何而知之？則由百姓之耳目之實以知之。由此百姓耳目之實中，見人皆在天地間生存之事實，而墨子遂本以逆推必有兼愛之之天。然此只本理智心所把握之外在經驗事實，以成之推論，果有效乎？無效也。因百姓之耳目之實中，固未見墨子所說之天也。此事實可爲自然有，而無主之者，如道家之所說是也。人欲知一類似墨子所言之一至仁而無私之天之有，如循孟子之義以思，人固可由其德性心之有形而上之根原，以知有與此心不二之天。然墨子未能知人之本有此德性心，乃轉以人之德行由法外在之天志而成，人之德行如人之所以取悅於天之手段。略類猶太教，基督敎之說。此乃本理智心以化人之內在的德性行爲一所知之對象，而視如用以達一外在之目標而有者，而終不免循環論證者，如上文所已及。故墨子亦終不能有類於孟子之知性盡心知天之一路之學也。

關於墨子之敎之核心，畢竟在兼愛或天志？世之治墨學者，多有爭論。人又或以墨子之敎之核心在重利。然依吾人上之所言，則墨子之敎之核心，在其重理智心。重理智心而知慮依類以行，將人之愛心，一往直推，則必歸於平等的周愛天下萬世之兼愛之教。此教非人實際上乃所能行之者。由是而人之行兼愛，則爲直接以「天爲知」，以「天爲義」，而以「天爲法」之事。於是墨子之思想，卽發生一奇怪之結果。卽一方看，墨子是要天下人皆兼相愛交相利，使每一人之所愛所利爲無限，而一人與一切人，皆發生兼相愛交相利之關係。而另一方，則是使一切人間之關係，皆交會歸結於人與天之關係。此卽墨子尙同之理想社會之思想。尙同篇主要是說，因人所謂「義」者不同，卽人之思想不同「一人一義，十人十義」而「相非」，故人不相愛而天下亂，因而人當求「一同天下之義」。而其道，則在使一里之民，將其所善者，告其里長，以「一同其義於里長」，而「尙同於里長」。里長如是尙同於鄉長，鄉長如是尙同於國君，國君如是尙同於天子，天子則尙同於天。由是而使一切人與人之關係，交會歸結於天。此種梯形之尙同之理想社會，卽所以使任一里中之人民，皆由上同於里長鄉長國君天子，而與天間接發生關係者，天遂成整個人類社會組織之總綰。然在下之人民，當其只「上同而不下比」，卽又皆可分別散開，而只透過與其在上之里長之關係，經鄉長國君天子爲媒介，以得連繫於天者。而墨學之應用於實際生活上，亦必須使個人先超越其個人之家庭生活朋友情誼之私愛。由是而墨學之歸趨，遂一方爲求一切人與人之絕對之相結合，而以天爲總綰——實際上則以天子爲總綰；而另一方則亦可要個人自其原有之關係分離，而絕對的散開，而只分別與里長鄉長或墨者團體中之巨子發生隸屬關係者。則墨子之教之眞實現，卽勢將由絕對平等之道，轉爲絕對差等之道。此義吾人由觀西方包涵類似墨學精神之中古教會，以人皆平等之義始者，終發展爲一層級性之組織，而以教皇爲至高之權威；及西方馬克思主義以破除特權階級始者，終發展爲下級服從上級集權於一領袖之政黨；而可知其勢之所必至。墨學之未發展至此，則由其中斷。吾人今若知墨學之歸趨所必至，再以其言與儒者之言相較；則儒者必以人之仁心爲本，由人之仁心以知天；而不直下以天爲義之所在，知之所在，遂以天爲法；儒者必重由個人之家庭朋友具體生活中，逐步實踐此仁心，而由近及遠，加以申達；在社會政治上固不尚比，亦不尚人民之只上同於里鄉國之長；而尚和，尚在上者之下體民心。此其與墨學之絕不相同，亦斷可識矣。而此差毫厘謬千里之關鍵，如爲之設喻，則在儒家之言仁心之充達而周普，乃如以自己爲圓心而擴大其圓，以親親仁民而愛物。而墨子之兼愛心之周愛人，則實如一無限申展之直線，而此直線爲人所不能實現者，遂升騰而成在天者；而人間之一切嚮慕此在天之直線而效之之一切直線，卽皆只分別透過里長鄉長國君天子以交會於天，而如合成一冕旒形，其下之各直線之端，則反可成爲彼此散開者矣。姑爲此喻，以助好學者之自得之。

人或謂墨學之根本觀念在重利，故其言愛必歸於無愛不利，主「愛厚而利薄，不如愛薄而利厚」，而異於儒家聖人之似重愛而輕利。然依吾人之意，則此中儒墨異同之關鍵，亦不直接在重利與否之本身。而要在儒家之言愛重在心上言，故愛雖不利，愛自有價值，如人自愛時其心中所懷抱或所謀「慮」而求達之目的言，則愛人自必求利人。此時又若吾人只以此目的之實現爲主，而不以吾之發此目的之愛人之心爲主，則愛人而未達利人之結果，此愛自無價值之可言；而愛之價值，遂全在利上。於此謂愛爲達利之前事或手段，即皆無不可。墨子之思想所以如此者，其故無他，即其初只看吾人愛人時，心中所抱之目的觀念，只以理智把穩此觀念，而求其實現，故此觀念之實際實現而達利，即成爲一切價值之所存，否則一無價值之可言。此即天下無愛不利，無利則愛亦不足貴之說之所由生。此義思之自知，可無煩辭費。

至於墨之非儒家所重之樂，乃由於墨子只重理智，與實行緣理智而生之觀念理想，而忽性情之故；墨子之輕儒家所重喪葬之禮，由於墨之功利思想，視喪葬之重觀美，徒爲靡財，而忽其所以「盡於人心」之義；墨之明鬼，而重鬼神之賞罰，異于儒者之祭祀之重報恩，而不冀鬼神之賞；亦原於墨子之重理智與實利，而與儒家之言不同；是皆人所共知，更不須多說。

第四章　原心下：莊子之靈臺心荀子之統類心與大學中庸之德性工夫論

四　莊子之對人心之反省與虛靈明覺心或靈臺心

吾人上已論墨子之學之根本義，在其所謂心，乃一知識心與理智心。而與墨子之思想，正直接相對反者，則為莊子之思想。莊子思想之本源，亦正在其對心之別有所見，而與孟子墨子皆有不同。莊子外篇田子方篇，託溫伯雪子曰：「吾聞中國之君子，明乎禮義，而陋乎知人心。」此固不足以論孟子。然以論當時一般游夏之徒，蓋皆是也。孟子之言人心，亦只重在人之德性心性情心。然人之心實不限於德性心性情心。德性心性情心之外，有知識心理智心焉，此墨子之所言也。此二心者，皆各有其所求合之理義，亦皆趨向於合理者也。皆所謂理性之心也。此二心者，莊子之言中，亦偶及之。如其言「中心物愷，兼愛無私。」（天道）是卽儒者所言之仁心也。莊子人間世曰：「聽止於耳，心止於符」此止於符之心，卽能由視聽以形成印象觀念文字符號，以求得合於外物之知識之心也。然人之心尚有不合理，超合理與否之上之心焉。此則莊子所最能知而善言者，而爲「中國之君子」所忽者也。

莊子之言心有二：其一爲莊子之所貶，另一爲莊子之所尚。其所貶者，卽吾人世俗之心。齊物論人間世之不以師心爲然，亦對此義之心而言。於此心，莊子或名之爲「人心」、「機心」（天地）、「賊心」（天地）、「成心」（齊物論）生「心厲」之心（人間世）、「心捐（或作揖）道」之心（大宗師）、「德有心而心有睫」（列禦寇）之心。其所尚，則爲由以「虛」爲心齋（人間世），由「刳心」（天地）、「洒心」（山木）、「解心之謬」（庚桑楚）、「解心釋神」（在宥）、「心靜……心……定」（天道）、「無聽之以心」（人間世）、「……齋戒疏瀹而心，澡雪而精神无心而不可與謀……」（知北游）、「心清…心无所知」（在宥）等「自事其心」（人間世）工夫，而得之「虛室生白」之心（人間世）或常心、或靈府，（德充符）靈臺、（達生、庚桑楚）之心也。荀子引道經有人心道心之分。宋儒亦用之。而其原蓋始於莊子之言心。心之觀念之分爲二，孟子無之，墨子無之，莊子始有之。莊子者生於衰亂之世，無往而不見人心之滅裂，莊子亦憂世而心裂之人也。於是心之一名，亦爲莊子之所言，所裂爲二矣。

莊子言人心，不重人心之理智一面，故其言人心，亦缺理智性之分析。莊子之言一般人心，所重者在人心之情識（此爲佛家心學中之名。然唯此名可概莊子所講之一般人心之性質，故借用之。）方面。此情識，非如孟子之性情爲德行之本，乃爲人生之一切擾動之本。莊子之言此人心之情識方面，亦恒與莊子之嘆息相俱。莊子以嘆息之情，言人心之情識，故其言多爲無方之言，較不易得其本意。今姑略引其言數段如下，再略加以說明。

『汝愼無攖人心，人心排下而進上，上下囚殺；綽約柔乎剛强，廉劌彫琢；其熱焦火，其寒凝冰。其疾俛仰之間，而再撫四海之外。其居也，淵而靜；其動也，懸而天。僨驕而不可係者，其唯人心乎？』（在宥）

『心若懸乎天地之間，慰暋沈屯，利害相摩，生火甚多。』（外物）

『凡人心險於山川，難於知天。……人者，厚貌深情。』（列禦寇）

『德又下衰，……然後去性而從於心，心與心識知，而不足以定天下；然後附之以文，益之以博。文滅質，博溺心。然後民始惑亂，無以反其性情而復其初（繕性）』

齊物論言人之心最詳，今略引其一段。

「形固可使如槁木，而心固可使如死灰乎？……大知閑閑，小知閒閒；大言炎炎，小言詹詹；其寐也魂交，其覺也形開；與接爲構，日以心鬬：縵者、窖者、密者；小恐惴惴，大恐縵縵。其發若機括，其司是非之謂也；其留如詛盟，其守勝之謂也；其殺如秋冬，以言其日消也；其溺之所爲之不可使復之也；其厭也如緘，以言其老洫也；近死之心，莫使復陽也。喜怒哀樂，慮歎變慹，姚佚啓態，樂出虛，蒸成菌。日夜相代乎前，而莫知其所萌。已乎已乎？旦暮得此，其所由以生乎？……其有眞君存焉！如求得其情與不得，無益損乎其眞。一受其成形，不忘以待盡。與物相刃相靡，其行盡如馳，而莫之能止，不亦悲乎？終身役役，而不見其成功，苶然疲役，而不知其所歸，可不哀耶？人謂之不死，奚益？其形化，其心與之然，可不謂大哀乎？人之生也，固若是芒乎？其我獨芒，而人亦有不芒者乎？夫隨其成心而師之，誰獨且無師乎？奚必知代，而心自取者有之？愚者與有焉。未成乎心而有是非，是今日適越而昔至也。」

關於上文所引莊子之言，吾之本文，不擬逐字解釋。吾人只須略識其大義，便知其所言之心，與孟子墨子所言之德性心理智心，爲迥然不同之另一種心。吾人亦可直覺到莊子之所言之心，至少與吾人之心某一方面，能相印合。吾人生於今世，尤更易覺到莊子所言人心之狀，遠較孟子墨子所言人心之狀，對吾人爲親切有味。然此莊子所言之人心，畢竟指吾人之心那一方面，則人恒苦難明白指出。是否人心全部如此，亦恆難斷定。然吾今將莊子所言之人心，與孟墨所言之心加以對較，則吾人可首指出：莊子所講之人心，乃吾人之心暫停對外在事物之感應，亦暫不求對外物之知識，而回頭反省時，乃眞覺其存在者。亦即惟賴吾人在外面環境中之一般活動，暫時停止時，而後此種「僨驕而不可係」、「日夜相代乎前而不知其萌」、「行盡如馳而莫之能止」之心，乃眞爲吾人所覺。當吾人正在工作時，恆不覺有此心。唯人在一閒暇時，便覺各種閒思雜念，更迭而起，行盡如馳，莫之能止，此心卽現。人在夜間夢魂中，一切境象之呈於前者，變滅如常，起伏萬端，亦如全不由我作主。卽見此作夢之心，亦爲一如是之心。人如更能在無事時，作靜坐默想與禪定之工夫，則對此人心各方面之複雜變化，不可方物，卽有各種不同程度之深入之認識。故章太炎氏之齊物論釋，以莊子所說之心，其所具之內容，爲人之無盡藏之藏識所具，實亦可說。唯謂莊子所言此心之本身，卽同於佛家之藏識之心之本身，則未必是。以佛家之藏識與意識爲二層。前者爲不自覺者。而莊子之人心，則爲自覺具有此喜怒哀樂慮嘆變慹等一切心態者。莊子並未明言此人心之下，尚另有一藏此一切之心，與此有意識能自覺之人心爲二而與以二名也。

此種由吾人暫停對外活動，而回頭反省自覺得之各種閒思雜念之坐馳，在易傳中稱爲「憧憧往來。朋從爾思」之思。佛家或名爲情識，其根在吾人今生之生活習氣或前生業障者。今之心理學家，則或名之諸聯想、諸想像，或意識之流，或名之爲下意識中之慾望或驅迫（Drives）之各種化身，各種象徵之意象。而宋明儒者則或名之爲意念之起伏之不由自主者，爲習氣之流行，爲私慾之萌動。此心除心理學家視之無善無惡者外，佛家及宋明理學家與莊子，同以爲之當加以超化、止息者。茲就莊子而言，則莊子之學之所嚮往，亦卽先在求此心之止息。吾人所以生出欲止息此心之要求，亦唯在吾人暫停一般人在世間之活動時，乃眞正發出。蓋在吾人暫停其在世間之一般活動時，吾人之心卽不復在其一般活動中作主，而對外面世界，亦暫無所施其主宰之功者。此時吾人之心，坐見此諸憧憧往來之閒思雜念，無端而來，無端而去，全不由自己作主，則足使吾人自覺「怵心」，而湧出一大不安。此時吾人覺此心之本身，如只爲一舞台，任上面之人物，自由踐踏蹴踢者。又如一無聲之江水，任上面之船舶往來，風吹雨打者。此時吾人心中，彼念才去，此念又來。「樂出虛，蒸成菌」，「莫知其所萌」，才「排下而進上」。下排彼念是「殺」，再來此念，則心又入「囚」。去者如「綽約」而「柔」，來者則「剛强」而肆。雜念往來，此心乃苶然疲役。忽而萬念俱灰，殺若秋冬，溺不可復，厭也如緘，是謂其寒凝冰。忽而死灰復燃，大知小知、大言小言、大恐小恐，其發若機括，「其疾俛仰之間，再撫四海之外」，是謂「內熱」、「其熱焦火」、與「生火甚多」。縱爾不發，而諸雜念之存於心底者，仍「留若詛盟」。深閉固拒，是曰成心。諸雜念之「心鬬」，針鋒相對，謂之「廉劌」。交錯穿插，乃爲「彫琢」。而凡此等等，皆對吾人能反省此等等之心，如爲不受命而自來者，以役此心，而使此心若「懸於天地之間」，四顧無依，而有「近死」之患。於是此能反省之心，乃覺不甘被役使而致「心死」「心殉」，遂望起死回生，而爲眞君以作主。此處之工夫，則要在消極的去除此一切不由自主之閒雜思念，情識往來。此諸閒思雜念，情識往來，析而論之，不外各種「死生、存亡、窮達、貧富、賢與不肖、毀譽、饑渴」之念。而莊子之學，嚮往「无功」「无名」「无己」之境，則首須使此等等「事之變命之行」，「不入於靈府」（德充符）而求「以明」，「葆光」（齊物論），「以其知，得其心，以其心，得其常心」（德充符），以進而使此心爲「天地之鑒，萬物之鏡」（天道），「心有天游」（外物），「游心於德之和」（德充符），「游心於淡，合氣於漠」（應帝王），「游心於物之初」（田子方），「以虛靜心通於萬物」（天道），再進而言各種「事心之大」之道（天地篇擧「不同同之之謂大，行不崖異之謂寬，等十項爲事心之大之道」），此整個言之，亦卽莊子之所謂道之第一義也。

吾昔年本西方形上學之觀點，以求了解莊子所謂道之果爲何物，初以爲莊子所謂道，乃宇宙萬化之卽有而无卽實而虛之道。後知此乃莊子之道之第二義。其第一義之道，當自其人生政治文化思想中求了解。意其思想，乃周代禮文虛僞化形式化後，反人文而就自然之化之思想。然尚不知其所以重自然之化之所本。最後乃知其思想核心，在其對人心之認識，而對其人心最重要之認識，則初在其見得人心中「行盡如馳」「憧憧往來」之念慮之「莫之能止」，而致此心之「苶然疲役」。遂知莊子之所求，初卽不外求其心，在此等行盡如馳之念慮中超拔。而莊子之道者，其初義亦卽望有此超拔，而解此心之桎梏，以自求出路，解此心之倒懸，以安立地上之道也。唯此等等行盡如馳，而足桎梏倒懸此心之念慮，初皆吾人之心，暫息其外在世界之一活動而回頭反省時之所見。而人初見得此心爲此諸念慮所役時，此被役之心之本身，乃初顯爲一被動而疲弱無力之靈臺，以觀照此念慮之往來者。由是而莊子所謂道，初皆不外一套負面的，減擔法的，虛心、靜心、解心、釋心、洒心、刳心之工夫。此近老子所謂爲道日損之工夫。損之又損，而馳者息，宇泰定、天光發、靈臺見。而此天光、靈臺之本來面目，則實畢竟無有具體之內容。故庚桑楚篇曰「靈臺者有持，而不知其所持，而不可持者也。」此是言靈臺之心，如一能持之靈光之照耀，然此照耀中，另無所持之物。此照耀之本身，亦初爲不可執持之物。是之謂「滑疑之耀，聖人所圖」（齊物論）。此後一語，古今之解者至分歧。吾意此滑疑之耀，宜取王船山莊子解、憨山莊子內篇註之意，釋之爲似滑湣不定，而疑有疑無之耀，即「光矣而不耀」之耀也。故人於此欲知之，即復見，其超溢乎此知，而爲不可知。此正所以見此靈光照耀之爲不可持。人由虛心、靜心、洒心，而見得此靈光常在，是謂「以其心，得其常心」（德充符），「以心復心」（徐無鬼），然此復得之常心，或靈臺心，初仍當只是一虛靜之觀照心，亦可名之爲一純粹之虛靈明覺心。因吾人之靈臺在其被役時，初乃一被動的觀照此念慮往來者。則息此諸念慮往來時，所顯之心，亦初只是一虛靜的觀照心。此心如映放電影之銀幕，原只爲被動的接受人物之影像者。則影像之放映暫息，電光直射銀幕，虛室唯生一白，初仍是靜而不動者也。此心即與孟子所言之感物而動之仁心，仍非一心。如以譬喻明之，則莊子之由虛心釋心以修養此心之工夫，要爲一心門以內洒掃庭除之工夫，而孟子在感物而動之仁心上，所下盡心工夫，則如出門前道上迎客，而致藹然之禮敬之工夫也。

自一方面之，莊子之工夫，亦可爲後儒之所涵。易傳所說「以此洗心退藏於密」，荀子之解蔽，及宋明理學家之主靜，養心之虛靈明覺，皆包涵莊子一類之工夫在。然此中儒者初自是儒者，莊子初自是莊子。或問由莊子之灑掃庭除工夫到家，豈亦不可如孟子之開門迎客？吾意：此乃由莊義亦可通於儒處說。然莊學之下手處，或初所感之問題，畢竟在覺心之受桎梏而求解，亦覺人生不能無待，處人間世之難，兼感於當世之教人以仁義禮樂者，無救於天下之亂。莊子根本用心之方向，在求逍遙洒脫而無待，以虛爲心齋。而其內心修養之工夫，亦卽可止於如上所謂之灑掃庭除而止。若言再進一步之事，則初當如洒掃庭除既畢，再舉頭望月，開門見山，觀「天之不得不高，地之不得不廣，日月之不得不行，萬物之不得不昌。」此卽指莊子之「神與物遇」，「不將不迎，應而不藏」，「游於萬化而未始有極」，「萬物畢羅，莫足與歸，……與天地精神相往來」，「畜天下而受天樂」之一套「原於天地之美」之藝術精神。其充實而不可以已之言，蓋皆言此精神中之各種超越之理境。吾人忽之固不可，然以之皆可直契孟子之出門見客之敎，則非也。如欲由莊子之學至孟子之敎，必須在其學問之始，下手便兼在成己成物之事業上方可。此卽儒家之所以尙志。否則便須於莊子所謂靈臺天光中，另有之一物事說方可。此則非莊子之言心之重點所重，雖未可謂無，亦可暫存而不論者也。

循莊子之學以言心，其對於心之認識，自必不同於孟子，而其高明則遠過於墨子。墨子只知「以有知知」，而不知「以無知知」。以無知知者，「知止其所不知」。知止其所不知，非如西洋哲學所謂知止於已知之現象，而本體不可知之謂也。亦非知皆有涯，尙有無涯未知者待知，吾之知卽止於此待知者前之謂也。乃謂吾人知「知之無涯」，卽轉而不逐無涯之知，不重知物，而求此知超拔於物之上，以達「未始有物」之「無」，「未始有無」……之境，而將此知之靈光自外撤回而自照之謂也。「吾所謂聰者，非謂其聞彼也，自聞而已矣；吾所謂明者，非謂其見彼也，自見而已矣。」墨子之學全幅精神，在向外用知，而求聞彼見彼。莊子之學，則與之正爲一對反；而重在以心復心，而自照自聞自見。故絕不肯任心之逐無涯之知，以火馳而不返。此一則由於逐無涯之知，終不能免於有所不知，「計人之所不知，不若其所不知」（秋水），「無知無能者，人之所不免也」（知北游）。二由於心之外用多者，則內用者少，「凡外重者內拙」。三則由凡向外之知，皆「有所待而後當」（大宗師）。有待也而然，亦有待也而不然，則然否不定。求其定於所待，則非所以自得。至於執所知而成乎心，依成心以爲是非，則更見心之爲知所役。如再進而求知之所以成立之故，離於然而求所以然，「以故自持」，又益復爲心之自入於桎梏與形役。故莊子之學，勢必歸於視世俗之「知爲孽」求「去智與故」（刻意），而以「知忘是非」爲「心之適」（達生），而尚「知徹爲德」（外物），此卽與墨子之求「齊知之所知」「以知窮天下」「以辯飾知」「以知窮德」，自苦而苦人者，正相對反。而其所以相對反之故無他，亦卽以墨子所重之心，原爲知識心、理智心，而莊子所重之心，原爲超一般理智心、超一般知識之心故也。

唯莊子之超理智心超知識心之對物，自亦另有一種知。此知之要點，一在知物之然，而「不知其所以然」（秋水田子方），「知爲爲而不知其所以爲」（盜跖），卽不求理由原因之故之知。二在直知物，而不經印象觀念文字符號以爲媒介。遂非「求故」之心，亦非「止於符」之心。此心之知物，「瞳焉如新生之犢，而無求其故」，「天下莫不沉浮，終身不故」「不以故自持」（三語皆見知北游）以「忘乎故吾」（田子方）；其「不忘者」，乃恒「虛而待物」，才知物而知與物冥、與物化，卽才知而忘知，有心復如无心。此知此心，乘物之化而往，游於物之虛以行，是謂之神。此之謂「官知止而神欲行」。此卽如其所謂庖丁解牛之知，輪扁斲輪之知，皆直接「得之於手而應於心」，中間更無印象觀念之滯留，亦不經文字符號與思想理由爲間隔；亦卽超越於墨子所謂「貌物」及抽象普遍之規矩法儀、大故、小故，與一切言說之外者。故曰「工倕旋而蓋規矩，指與物化，而不以心稽，故其靈臺，一而不桎」，（達生）與物化而不以心稽者，直依於靈台天光之發，以神遇物，而忘心忘知之知也。此乃莊子所謂「知之能登假於道」（大宗師）。亦卽今所謂直覺之知也。

至於循莊子言心言知言道之思想之發展，其必歸於政治上之尚放任無爲，亦勢所必至。蓋莊子之問題，不自人民之具體之飲食男女之問題着眼，亦原不亟亟於治天下。其視天下之亂，正在人之爭欲治天下，而各以其所謂仁義是非，黥劓天下人之心，乃使人各失其性命之情。在莊子之時代，人以其私欲，與其言仁義是非之心，相夾雜而俱行；亦蓋實有愈言仁義，而愈陷於不仁不義，愈言是非，而是非愈淆亂者。故莊子天運篇言，古之治天下者曰：「黃帝之治天下，使『民心一』……堯之治天下，使『民心親』……舜之治天下，使『民心競』。禹之治天下，使『民心變』。至今「『而人有心而兵有順』，『天下大駭，儒墨皆起』」，是則愈言治天下，而殺伐之兵愈起矣。故墨子之欲一同天下之義，强聒而不舍，以「上說下敎」，固爲莊子之所笑。儒者之言仁義者，「若擊鼓而求亡子焉」者，自亦爲莊子所視爲多事。而「一心定而王天下，一心定而萬物服」，「游心於淡，合氣爲漠，順物自然，無容私焉」爲應帝王之道之言，亦在所必出。莊子言心之論，既重在去心之桎梏，則其論政治重在解除人民之桎梏，而以不治天下治天下，以無爲爲無不爲，固理之所必至，無待於詳說者也。

五　荀子之統類心及其與孟莊荀之思想之所由異

荀子爲儒家，然其言心不特異於孟子，亦異於墨子莊子，而另開出一套人心之理論。世之論者，恆謂孟子之思想之中心在性善，荀子思想中心在性惡。孟子之言性善，吾上文既已明其所據，即在其言心矣。至荀子之言性惡，則吾當說明其非荀子之中心思想之所在。蓋由孟子之言性善，吾人即可由之以引申出孟子尚存養重擴充之修養理論，以仁心行仁政之政治思想。而直接由荀子之言性惡之理論，則只證明荀子之視性爲待變化者。然其所以當變化之理由何在，及變化之力之自何來，與荀子整個政治文化之思想，全不能由其性惡觀念以引出。則謂荀子之思想中心在性惡，最爲悖理。以吾人之意觀之，則荀子之思想之核心，正全在其言心。彼雖未嘗自其言心之論，以推演出其全部理論。然吾人觀其言心之論，異於孟墨莊諸家，則足以使吾人了解荀子之整個思想系統，何以異於他家，而可將其思想系統之特色，加以照明。

荀子之言心，自一方面觀之，頗有同於孟墨莊之處。其與墨子相同，在墨子重心之知之接物，荀子亦重心之知之有所合。故謂「知有所合謂之智」。墨子重辨類明類，求人之思想言論之「以類行」；而荀子亦言「心有徵知」。彼謂徵知爲「天官之當簿其類」，又謂「心徵之無說，人莫不然謂之不知」。（正名）「說」卽說出：「定所知者爲某類」之「故」或理由，以成推論也。故墨子重辯，荀子亦然，而謂「君子必辯」。荀子與莊子所同，則在莊子重心之虛靜，而荀子解蔽篇亦言虛靜之功夫。莊子言心，有一般人心與合乎道之心之分。荀子言心，亦有中理不中理者之分。而徵引道經「人心之危，道心之微」之言，加以申釋。荀子孟子所同，則在孟子言養心，養浩然之氣，荀子亦重治氣養心之術。孟子言思誠之工夫，荀子亦言「養心莫善於誠」。孟子言作聖之功，歸於「大而化之之謂聖，聖而不可知之之謂神」，荀子亦言「神莫大於化道」，「盡善浹洽之謂神」。然荀子之言心，畢竟有大異於墨莊者，則在荀子言心之知，不只是一知類心，而兼是一明統心。荀子言心，亦不只爲一理智心及有實行理智所知者之志之心，如墨子之所說；而實兼爲一能自作主宰心。荀子言心之「虛靜」之工夫，必與「壹」之工夫相連。而荀子之虛壹而靜之工夫，則又不只成就一個靈臺之光耀，且爲本身能持統類秩序，以建立社會之統類秩序，以成文理之心。荀子之異於孟子者，除其所以言「誠」「神」之不同，後當論及外，則要在孟子之言心，只重對心之直養工夫，以使此心性之流行，如源泉混混，不舍晝夜。荀子言性惡，言人心之危道心之微，言心術公患，在有所蔽惑而淪於昏濁。故荀子言養心，特重自加澄清之工夫，以使「湛濁在下，而清明在上」，堪能知道而守道。自此而言，則荀子之言心，正是一方有類於前三家之說，則又有所增益。其論心之所以爲心，與修養此心之工夫，皆有較三家爲加密處。唯其裂心與性情爲二，貴心而賤性情，未能眞認識孟子之性情心，遂不能直由心之善處，以指證性善，則荀子之大缺點所在耳。

今先引荀子解蔽一段荀子言心之論，然後對上來所說荀子言心之特色所在，再加以說明。

『人何以知道？曰心。心何以知？曰：虛壹而靜。心未嘗不臧也，然而有所謂虛；心未嘗不兩也，然而有所謂一；心未嘗不動也，然而有所謂靜。人生而有知，知而有志。志也者，臧也；然而有所謂虛。不以所已臧害所將受謂之虛。心生而有知，知而有異。異也者，同時兼知之，……兩也；然而有所謂一。不以夫一害此一謂之壹。心臥則夢，偷則自行，使之則謀。故心未嘗不動也，然而有所謂靜。不以夢劇亂知謂之靜。未得道而求道者，謂之虛壹而靜。……虛則入，……壹則盡，……靜則察，……虛壹而靜，謂之大淸明。萬物莫形而不見，莫見而不論，莫論而失位。坐於室而見四海，處於今而論久遠，疏觀萬物而知其情，參稽治亂而通其度，經緯天地而材官萬物，制割大理而宇宙裏矣。恢恢廣廣，孰知其極？睪睪廣廣，孰知其德？涫涫紛紛，孰知其形？明參日月，大滿八極，夫是之謂大人。夫惡有蔽矣哉。心者，形之君也，而神明之主也，出令而無所受令；自禁也，自使也；自奪也，自取也；自行也，自止也。故口可刦而使墨云，形可刦而使詘申，心不可刦而使易意，是之則受，非之則辭。故曰心容：其擇也，無禁，必自見；其物也雜博，其情之至也，不貳。……曰：心枝則無知，傾則不精，貳則疑惑。以贊稽之，萬物可兼知也。身盡其故則美。類不可兩也，故知者擇一而壹焉。農精於田而不可爲田師，賈精於市而不可爲市師，工精於器而不可爲器師。有人也，不能此三技，而可使治三官；曰：精於道者也。……精於道者兼物物。故君子壹於道，而以贊稽物。壹於道則正，以贊稽物則察，以正志行察論，則萬物官矣。昔者舜之治天下，不以事詔而萬物成。處一危之，其榮滿側；養一之微，榮矣而未知。故道經曰：『人心之危，道心之微。』危微之幾，惟明君子而後能知之。故人心譬如槃水，正錯而勿動，則湛濁在下而清明在上，則足以見鬚眉而察理矣。微風過之，湛濁動於下，清明亂於上，則不可以得大形之正也。心亦如是矣。故導之以理，養之以清，物莫之傾，則足以定是非決嫌疑矣。……至人也，何彊？何忍？何危？故濁明外景，清明內景。聖人縱其欲，兼其情，而制焉者理矣。夫何彊？何忍？何危？故仁者之行道也，無爲也；聖人之行道也，無彊也。仁者之思也，恭；聖人之思也，樂。此治心之道也。』

關於荀子上來一段言心之論，吾人所首當注意之一點是：荀子此處之言心，一方為重心之虛靜，而一方則重心之能一；而其能一，則見於其能「不以夫一害此一。」其不以夫一害此一，一方使心能專精於一事，如為農、為工、為商；一方亦能使人專精於道，「不能此三技，而可治三官。」故人心之一於道，卽能贊稽物。此一於道，以贊稽物之心，卽為一純粹之統攝數一而貫之之心。唯以人心能虛能一，又能不以夢劇亂知而靜，故人心能大清明以知道。而荀子之所謂知道者，卽使「萬物莫形而不見，莫見而不論，莫論而失位，疏觀萬物而知其情，參稽治亂而通其度……。」此整個是一對於萬物萬事各得其位，而通於度上，兼加以綜攝貫通之心。此中不只有一類事物，為吾人之所知，而是吾人之心之同時肯定各類事物，求知各類事物，而心為各類事物之知所輻輳。依于心「處於今而論久遠，坐於室而見四海」之大，更知進而求「以類度類」，而能「以微知明」，「以一知萬」，「以近知遠」「古今一度」，則可直下在人之當下之心中攝天下古今之「仁義之統」（卽德性之統），「詩書禮樂之分」（卽人文之類）於其內，以成「天下之大慮」，「長慮顧後而保萬世」，如其榮辱篇所言。心之大慮，卽包裹宇宙大理或道而制割之之「大慮」。道或大理，卽能兼贊稽各類事物而權衡其輕重者，故解蔽篇曰：「兼陳萬物而中懸衡焉。何謂衡？曰道。」正名篇曰「人無動而不可以不與權俱……道者古今之正權也。」謂之制割者，言心中之此道或大理，非只顯為一抽象的統一之理，而是諸「如相分割而互為制限之各類事物（如詩書禮樂之類）之理」所合成之具體之統一之理。故吾人能本此大理爲仁義之統，以制節吾人之情欲也。而此知道行道之心，亦卽能制割大理或道，而爲「道之工宰」，能知類兼能明統之統類心也（統類心本爲知類兼明統之義，此處先就其統諸類以言）。

荀子此處所言之統類心，所以能統攝多類事物，而制割大理，爲道之工宰；其關鍵正在荀子之心，一方爲能依類以通達之心，一方又爲至虛之心。以其心能虛，故能知一類事物之理，又兼知他類事物之理，而綜攝之，心乃成能統諸類之心。墨子之心之知，能依類以通達，而不能由是以成統類心者，其故正在墨子之心之知，只順一類以直往，而對於心之至虛，能使此心超越於一類，以兼攝他類之一點，無眞了解之故也。

由荀子之心能同時兼統攝數類，而荀子論正名，卽一方能建立一共名別名之層疊，而有次第之大小共名、大小別名之論。再一方則由荀子能知一物之兼屬於各類之義，而特言二名之一實，同所異狀者之爲一實。由此卽可見一特殊個體物，不能只化爲一類中之一物。而其引申之義，卽於我之爲一具體之個人，亦自不能只當作人類中之一分子以觀，兼當視作我之國家中之一分子，我之家庭中之一分子以觀。夫然，而我與其他人類之一分子關係，卽不同於我與國中之他人之關係，更不同於我與我家庭中人之關係。故於此卽就「類」而觀，我與其他人類一分子之關係，只在一點上同類；我與我同國中他人之關係，於此乃在二點上同類；而我與我家庭中人之關係，於此乃在三點上同類也。因而我之依同類之觀念，由愛己以愛人，亦卽不當愛家中人同於愛國人，愛國人全同於愛人。而儒家之倫列之愛，則即可在荀子之能同時注意此各類之統類心中成立，而一往平等之兼愛之教，在此統類心中，即爲自然不能成立者。則荀子之能知統類之心，與其明倫類，固有其相應之義，亦可見矣。

由觀個體之兼屬於數類，而綜攝之，以知一個體之何所是，爲統類心之知之一面。而由觀此諸類之概念之交會於一個體，乃以一個體統攝諸類，亦理宜爲統類心之知之一面。夫然，而以一個體，爲諸多個體依同類關係而交會之中心，亦即理宜爲統類心所涵之一面。故家庭中之父母，爲「諸子女對之有同類之親子關係」之統之所在，先祖即爲「一切後世子孫對之有同類之後裔關係」之統之所在。君師即一切人民對之「有同類之社會政治之上下位分關係」之統所在，而天地即爲人類與萬物，皆與之有「同類之由之生養之關係」之統所在。由是而先祖、君師、天地即爲三統之所在，而禮之三本之義以成；君師之責在明分使羣之義以成；爲政之道，在建立各方面之條理秩序，重「正理平治」之義以成；而重「百王之無變足以爲道貫」之歷史文化之統緒之思想，亦由緣是而出。此即荀子之所以特稱仲尼子弓之能「總方略，齊言行，一統類」，而迴異墨子之一往平等而「僈差等」、「不足以容辨異」者也。而上述荀子之言禮之三本，君之明分使羣等義，亦皆孟子之所未能言及者。而荀子之所以能及者，亦正與荀子言心重知統類之義相因而至者也。

至於荀子言心與莊子之異，則在荀子一方承認人心之有不由人自主之一面。此即荀子所謂：「心臥則夢，偷則自行」「無禁，必自見」一面。此即莊子所言之「樂出虛，蒸成菌」、「行盡如馳日夜相待乎前」之心也。然另一方面，則荀子不僅求心之靜，且知此心之自能求靜。此求靜，卽心之自禁自止之事之所涵。而其既靜，則又能自使自行，以有所用其心。夫然而心能自作主宰之義，在莊子尚未顯出者，在荀子，則由其明言心為「出令而無所受令」而大顯。故在莊子齊物論，謂「百骸九竅六藏，吾誰與為親？」言「其有眞君存焉！」以此眞君意指能自作主宰之心。而又視此眞君在人，恆為「不亡以待盡」者。故不免為疑嘆之辭。而在荀子，則明言「心為天君」，謂「心居中虛以治五官」（天論）矣。莊子之言无心、虛心、靜心、洒心，皆清心之意。而荀子亦言「清其天君」（天論）。然莊子尚未明言能用心、虛心、靜心、洒心等工夫之心，為自作主宰之心。則其由此工夫，以得之虛靜之常心，似只為工夫所顯。而荀子則直下以心原為「中虛則以治五官」，而明言心之活動，皆為自使自行。則清其天君之事，卽為心之自清之事矣。至於莊子言「水靜則明燭鬚眉……水靜猶明，何況精神？聖人之心靜乎？天地之鑑也，萬物之鏡也」，固與荀子言大清明之功同。然荀子之言「心如槃水正錯而勿動，則湛濁在下而清明在上」，此中既涵人心之原有湛濁之意，亦涵人心之清明，能自動向上浮起，而此湛濁自沉之意。而循荀子言心「出令而無所受令」之論，以觀此清明之上浮，湛濁之下沉；則此亦卽心之自令其清之浮起，自令其湛濁之下沉。此處卽見荀子之心，乃能自己上升者。故在認識方面，荀子並不以知物識物，則心必為物所桎梏。蓋因心之自己升起，其清虛卽升起，便可知物識物，而不彼其所役使桎梏也。此卽荀子所以言「心未嘗不臧，然而有所謂虛」也。而在道德生活方面言，荀子之心卽爲一自己能上升，以求而道而合理之心，此卽心之能慮之「能」。而此能之爲能，則非莊子所曾自覺的指出，而歸諸心之本身者。夫然，故莊子之心，明有一般世俗人心與得道者之心之相對，因而有「人之君子，天之小人」之言，天人與一般人之別。而在荀子，則雖有人心道心之二名之別，然實則自人心爲天君，而能自淸自升言，卽自能合於道，乃更見其只爲一心矣。

至於荀子之言心與孟子之不同，則要在孟子之言心，乃與性合言；而荀子之言心，則與性分言。故孟子言性善，而在荀子，則以人之性有耳目之欲，好利好聲色與疾惡諸方面，而言性惡。然荀子性惡篇言，人生而有疾惡，順是故殘賊生，是使孟子所謂惻隱之仁心亡。又言人生而好利有耳目之欲，順是故爭奪生、淫亂生，是使孟子之所謂辭讓、羞惡之禮義之心亡。然荀子猶未言人性之能使人之是非之心亡。此由荀子雖不承認人之有天生之惻隱、辭讓、羞惡之心，然實未嘗否認人終有能知是非之心，卽求合於道而中理之心。荀子性惡篇，承認「人之欲爲善」。夫人性既惡，欲爲善者誰耶？則此只能是指人心之自有一超拔乎惡性，以求知道中理而爲善之「能」也。此處豈不是反證人心之性善耶？然荀子之所以終不說人心之性善者，則以彼說人之欲爲善，不過「可以爲善」，如「塗之人可以爲禹」。可以爲，未必實爲，則欲爲善亦不必實善，故終不說人心之性善也。於此，吾人如依孟子之教言，則欲爲善，雖不必實爲善，然此欲爲善之心，畢竟當下實已是善。其所謂不能爲善，不過謂此善心之不能相繼，而或至梏亡耳。人以此心之梏亡而不善，依孟子言之，則正證此心之爲善也。然此中孟荀異同之關鍵，自深處言之，則一在荀子之心，其根本性質在知道。知道之爲道，在通統類。由心知統類，加以實踐，斯有善行；而心實不能直欲爲善，而只能直欲求知道。故說心欲爲善是間接說，而非直接說。因而荀子本不必直說心之善。二在孟子之看心，乃在就心之本身看，心之梏亡卽不算。如依後來承孟子學者，如王陽明之意而言，則可由心能自知其梏亡，見心終不梏亡，以言心無所謂梏亡，心在斯善在。而在荀子，則就心之對治人性之惡，而在人生所表現之力量看，便覺心能升亦能降，能知道中理而欲善，亦可不知道中理而不欲善。而荀子遂有詐心姦心之名（非十二子），心淫心莊之別（樂論），乃不言心在而善在。此如以孟學之觀點評之，卽不免在心之外，觀心與其外者之關係。而其不免在心外觀心，正以其所謂心，乃以智爲主。智之爲智，卽可宛若自立於此心外，以觀此心與其外者之關係。而智之爲智，亦本爲照燭此心外之物者。則只依智觀心，必不免將心與其外之人性之惡之關係，相對而觀，而心亦終只是一可以爲善以去惡者，不得爲實善者矣。

荀子雖未嘗明言心善，然循荀子所謂心能自作主宰，自清其天君，以知道體道而行道上說，則仍不得不承認荀子之所謂心有向上之能，如上所說。所謂向上之能，乃由下直升，至其所謂性情之上，以知統類之道；而實行此道，以轉而制性化性，以成善行者。由是而荀子之心，卽只在第一步爲一理智心，而次一步則爲一意志行爲之心。此意志行爲之心，乃能上體道而使之下貫於性，以矯性化性者。由是而荀子之心，卽有如原爲一傘之直立，而漸向上撐開，以鋪陳出統類而下覆者。於是荀子養心之道，遂不似孟子之重在念念充達，而要在念念積累，以使之趨於堅固。荀子之言誠，亦不似孟子之重在直繼天道之誠而思誠，以爲人道之反身而誠。而要在由知道而守道行道，以措之於矯性化性之行。而此誠之工夫，則爲致誠固誠篤之工夫。由誠固誠篤之工夫之彰著，而人之精神卽下化自然之性，而心之知道之知，亦下貫而條理此自然之性，此知之明，亦徹於此自然之性。故孟子之思誠，乃直明此誠。荀子之致誠，乃由致誠而明。（唯此誠而明，又異於中庸所說由誠而明之近乎孟子者）。荀子曰：「君子養心莫善於誠，致誠則無他事矣。唯仁之爲守，唯義之爲行。誠心守仁則形，形則神，神則能化矣。誠心行義則理，理則明，明則變矣。變化代興，謂之天德。」而此天德者，則人之變化天性之人德之所成也。夫然，孟荀之言誠雖同，而其所以言誠則異，而其言神化亦異。孟子之「所過者化，所存者神，上下與天地同流」，「浩然之氣……塞乎天地之間」者，乃可欲之善，既有諸己，以充實於外，而精神洋溢於天地之境。而荀子之「誠信生神」，「盡善浹洽之謂神」，「神莫大於化道」，則精神凝聚，而使人之自然生命之本始材樸，由蒸矯而變化，與善浹洽，以化同於道之境也。是皆有毫厘之差而千里之隔。而孟荀與莊子所言神化之別，則在孟荀之神化，皆由德行上之工夫所致。而莊子之言神化，則神與物遇，與化同游，乃爲一種藝術性之心境。此較易明。而其所以致此，則追究原本，皆在諸家言心之異，是不可不深察者也。

六　總論四家之言心，並說大學中庸之德性工夫論

吾於上文分別論孟墨莊荀四家之言心，並略明緣諸家言心之異，相應而有之其他思想之異。吾意孟子之言性情心，墨子之知識心，莊子之言情識心與超知識之心，及荀子之言統類心，實各言一種心。亦可謂各言吾人今所謂人心之一方面。由是而諸家雖同重心之德行或人之行爲，而其所以成德之道，所尚之人之行爲，及所言之治道，皆靡不有毫厘千里之差。綜而言之，則孟子之言性情心，墨子之言知識心，要皆在正面直指心之活動之所向以言心；而莊荀之言心，則兼自心之正反二面看，乃有一般人心與常心或靈台眞君之心，中理之心與不中理之心之相對；而要在由修養之工夫，以達於此心之純一。孟子之德行，皆爲直承性情心之充達而成；而莊子之道德之德，則由虛心、靜心、大心、洒心、釋心而得。孟莊所言之德，皆爲屬於人物之人格自身者，故二家皆尊崇其所理想之人物。墨子則重人之實行其本理智心依類而推得之一同天下之公義或法儀，不惜以自苦爲極。然而於此由自苦所成之德，乃屬於人格自身之義，則未能言之。故其尊崇古代之聖王人物，亦只重此人物之爲法於後世，功見於百姓萬民，死而其鬼神在天者，亦可施賞罰於人之功利價值。墨者乃不言厚禹而厚禹，只言爲「天下而厚禹」（大取）。荀子亦重實行人由心所知之道，唯其所謂道，乃「總方略、齊言行、一統

類」之道。此與墨子之道為一抽象之公義或法儀異。故人行此道而形成之具體之人格，亦為荀子所尊尚。荀子之推尊古代之聖王與仲尼子弓，則非復自其功利價值上着眼。荀子言修養，重在矯飾擾化人之性情。而其重篤實誠懿之行，亦有類於墨子。其工夫，亦堅苦之意重，而和樂之情輕，亦即禮意重而樂意輕。是則異於孟莊之詩樂之意較重者也。至於諸子之言政，則孟子之言，重在教居上位者，直本仁心，以推恩四海，而行仁政。而仁心之流行，乃自然形成一由近及遠之條理。墨子則依抽象之法儀公義，以成其一往平等之兼愛及尚同之教。至荀子乃本一統類之心，伸君為明分使羣之義，為政重正理平治之義，言天地、君師、先祖為禮之三本。此則重在由一統類之心，以建立社會政治之禮法制度而成文理；是又與孟子之言仁政，重在省刑罰，薄稅斂等，政治上之具體措施之事為者不同。而莊子則鑒於世之各欲以其所知治天下者，皆「德蕩乎名，知出乎爭」，愈治天下，天下愈亂，乃以「不治天下」治天下。此則在政治上偏於放任無為，而與三家異者也。

此四家之言心，吾人今平情論之，實亦皆各有所見，而各重及吾人今所謂人心之一方面。如就四家言心之重點之異，更分別為之作喻。則吾人前喻孟子之德性心，如為直下出門迎客之心，莊子之心初如洒掃庭除之心；則墨子之依類而行之知識心，可喻如人之出門，順直路一往前行，可遥赴無人之野之心；而荀子之言心，重在提挈此心，以知貫乎古今四海而一統類之道，則如登樓眺望四達之衢之心也。至於尅就孟子之言性情心，較重人在具體生活中與他人心相感應之際而見，及孟子之重舉斯心以加諸彼，爲政重得民心諸義而說；則孟子之心，又可喻如人心之自開前門，以與對門之他人，相望相呼之心。莊子之言一般之人心，乃由此心回頭反省其喜怒哀樂慮嘆變慹等心態之相代乎前，債驕而不可係以說，而於此加以洒心、釋心、虛心或靜心之工夫。是可喻如心之自開後門，而自求淸洗心後之溝洫者。墨子言知識心之重知抽象之公義法儀與公利公害之所在，而以興公利除公害爲事；則如心之自開旁門，以修整與他家之門往來之道路，而行其門或未見其人者也。荀子之言心，重在知統類之道，上文喻如登台眺望四達之衢，則要在開心之四窗之門也。試爲此諸喻，以助好學深思之士，會通前文，更有一親切之直覺之理解。惟望勿引喻失義，則幸甚矣。

吾人如能了解孟墨莊荀四家言心異同，則禮記大學中庸二篇，所言聖賢之修養工夫或心性之學之旨，亦皎然易見。而人知此二篇之心學之旨，亦可對上列四家言心同異之了解，更有所助。故今亦略提此二篇心性之學之義之數要點於下。其所以不別立一節者，因宋明儒對大學中庸之異釋甚多。如別立一節，勢須舉而加以討論，則將溢出寫此文之原計劃。唯此下所提之數點，其涵義或引而未發，然其重要性，則不亞於上文所說。亦望覽者垂察之。

大學中庸二篇之言聖賢修養工夫或心性之學，皆同本孟子心性之善之義。大學首言大學之道，在明明德於天下，中庸首言率性爲道，修道爲教，皆必本於心性之善之義，而後可解。此卽與餘三家之言迴別。漢人舊說，以中庸爲子思作，朱子承之，復意大學爲曾子所述。後人疑者甚多。吾今亦假定此二篇，除明徵引孔子曾子之言者外，蓋皆爲七十子後學，宗孟子之學者，經墨莊荀三家言心之思想之出現，因而照應其若干問題，並亦用其若干名辭，而變其義，乃引申孟子之言心之旨，以繼孔孟儒學之統者之所爲。唯朱子之以大學中庸與孟子爲一貫之傳，仍未嘗誤。故謂大學爲荀學，中庸爲孟學，及謂中庸爲儒道合參之論，皆非本文之所取。

大學之言明明德，其表面上與孟子之不同，在孟子惟言明善，然重德固爲孔孟之敎，而明德一辭，時見於左傳國語中。文王周公之明德，尤爲周人所稱，亦儒者所尊崇。至先秦諸子中首提「明」而論之者，爲莊子之言「以明」。墨子喜言明類，荀子亦重明。三家之重明，皆由其言心較重知之一面。莊子之不知之知，仍是知也。而大學之言明明德，則扣緊德以言明，顯係伸孟子明善之義，而謂明德爲心所固有。明德之明，乃以表此所固有之德之光明狀態。而非復如「以明」「明類」「明善」之明，只爲一活動。此卽爲一思想上之大轉進，而又上承周以來重明德之敎者。如以宋明理學之名辭論之，則墨荀之所謂明，仍多屬聞見之知；莊子之以明之明，則心之虛靈明覺之明；而孟子之明善，大學之明德，則是德性之知。至孟子之明善與大學之明德之不同，則在孟子之明善，乃在工夫上說，或卽工夫卽本體之事。而大學之明德，則直表心之本體之光明。而明明德方是顯此光明之德於外，而屬於工夫邊之事，或卽工夫卽本體之事也。是大學之明德，不如諸家所言之明之向內收進，以扣緊善德，以爲明德。而大學之明明德，則爲充內而形外，以顯內外統體是一明之義。一明在大學開爲內外之明明，而未嘗出乎一自明之外。其爲承孟子之學而引申之論，又不亦明乎？

大學與孟子之言，表面上又一不同之點，在大學特重言止，故言「止於善」，「知止而後有定」，「定而後能靜，靜而後能安，安而後能慮」。言止、言定、言靜，初亦爲莊子所重，而荀子繼之。墨子亦言「止類以行之，說在同」。然墨子言止類，無修養工夫義。莊子言止，乃所以求心之虛靜而不動。荀子言「止諸至足」，亦未言「止於至善」。大學乃由明明德於天下，以言止於至善。至善者非他，即依明明德而親民，而「爲人君止於仁，爲人子止於孝，與國人交止於信……」以使明德實明於天下，彰明吾本有之明德而已。則所謂止於至善，非止於外在之至善，非止於人之明德善性之外，亦明矣。此亦即所以申孟子之旨，以攝諸家言止之義者也。至大學言靜安慮，置慮於最後，即異於墨子置慮於最前者。大學於靜慮之間，間之以安，尤爲孔孟之旨。孔子言「仁者安仁」、「汝安則爲之」「老者安之」。孟子言「仁，人之安宅」重「居之安」、「安民」。此皆自人生活上內心上說安。凡言心重性情重德性者，皆理當重人心人生之直接之安與不安處之覺察。大學言止於定靜之前，言止於至善，於其後繼之以安，則墨莊荀言止定靜之工夫，重在成就知識或心之虛靜者，在大學皆一變其義，全成爲自覺之德性生活或性情中之事矣。

大學之言致知格物，亦表面上有似於荀子，而荀子之重知，則有類於墨子。荀子嘗言「以知，人之性也；可以知，物之理也」，又論「觀物有疑則中心不定」之故。是荀子已有人之求知當格物之意。然荀子之所謂物，雖要在指人間之物，亦可泛指一般自然外物。大學之言致知格物之知與物，依大學本文解釋，當卽「物有本末」之物，「知所先後」之知，則物卽天下國家身心意也。而知所先後，卽知「欲平天下必先治其國」，知「治其國必先齊其家，……先修其身，……先誠其意……」也。（另詳本書第九章大學章句辯證文）果其「知」與「物」作如是解，則其所謂物，非泛指一般外物，其所謂知，亦非泛指一般之知，而物爲有關性情之物，知爲有關性情之知矣。此便明是承孟子之學而來。縱大學之致知格物，不作此解，而另作他解；吾人只就其言致知格物之後，卽繼以誠意正心以觀，仍可見大學攝他家所重之知物之義，以歸向於孟子所言之德性之學之旨。大學所言之誠意正心之工夫，在根本上，正依於孟子之性善之旨。大學言人之誠意正心，皆言人能自誠其意，而自正其心。亦卽意能自求誠，而好善惡不善，心能自求正，能自安於喜怒哀樂之得其正者，而不安於其不得其正者之謂。此當爲大學言誠意正心之本義。此心此意之能自正自誠，頗有似於荀子言心之能自禁自使，自行自止，恆出令而無所受令，以自作主宰之義。其異則在荀子只知心之能自求「可道」、「知道」、「行道」，而不言心之涵明德而涵善。而大學之言心之能自求正，意之能自求誠，則此本身爲明德之自明，而自求止於至善之事。是顯爲依孟子性善之旨。而大學之言明，上承孟子而進於孟子者，則在吾人前論孟子時所言孟子之言明善思誠、誠身，皆重在正面之工夫，而忽反面之毋自欺去不誠之工夫。孟子言人之自正其心之工夫，唯重在正面之操存此本心而勿失。而大學之誠意正心之工夫，則重在正反二面之雙管齊下，而尤重在毋自欺以去意之不誠，使好善如好好色，惡惡如惡惡臭，毋「有所」以去此心之不得其正者。故在大學言誠意正心，乃直下肯定意之有不誠者，及心之有不正者。此爲人由眞正反省自覺，而實見得之內心之病痛。儒家夙重改過內省之義，自當求去此內心之病痛。然先秦諸子詳言內心之病痛者，則始於莊子。人之厚貌深情，不精不誠之病，喜怒哀樂慮嘆變慹等之擾亂人心之病，皆由莊子乃暢言之。然莊子於心爲天君，能自令自主之義，尙不如荀子之明白言之。於心之能自誠其不誠，自正其不正之義，更未能識。故其言人內心病痛等處，雖言之深切，而繼之者或爲一無可奈何之嘆惋，乃歸於求畸於人而侔於天。而大學則不僅知心之能自誠其不誠，自正其不正，且言心之喜怒哀樂，所以不得其正，亦只在其「有所好樂」「有所忿懥」、「有所憂患」之「有所」。去其「有所」之處，則喜怒哀樂，亦即未嘗不可見性情之正。是見莊子之不免言無情忘情，正由其所謂常心或靈臺之心，能上同於天，而尙未能爲自正自主之性情心。而大學所言之能自正自主之心，無待於無情，正見其爲申孟子所言之性情心之義者也。

至於中庸之言聖賢之修養工夫，則尤密於大學。中庸雖只言性，未用心一字，然亦非無心上之修養工夫。大學之道，要在合內聖外王之道爲一。而中庸之言修養工夫，則要在貫天道人道而爲一。中庸之中心觀念在誠。其以誠爲天之道，非如孟子之偶一言及，乃直言天之道亦只是一誠。此即使孟荀所偏自人工夫上言之誠，正式成爲一本體上言之誠。思誠誠身，孟子言之。人之不誠而求誠，心之自出令而自禁自使之義，荀子思想中有之。去其自欺之不誠而誠，求存於中者與形於外者之合一，大學言之。中庸之要義，則如順此再進一步，由人心之能自求誠自令自命之處，見我之性；並由我之自命，見天之以命我，而視我之性，亦爲天之所命。人之性爲天之所以與我者，本爲孟子之義。然孟子書中之所謂天命，猶可只以指一在外或在上之天之命，抑尙不免古代宗教思想之遺。在古代宗教思想中，主天敍有典，天秩有禮，以人之道德標準，及各種動作威儀之則，爲天之所命。而孟子之學之時代意義，則要在於一般所謂緣於天命而爲人之典常之仁義禮智，實見其本於人之惻隱羞惡辭讓是非之心，而爲此心之性。故曰「仁之於父子也，義之於君臣也，禮之於賓主也，智之於賢者也，聖人之於天道也，命也，有性焉。君子不謂命也。」而人生之工夫則在由盡心知性，存心養性，以直契此世所共信之天命所存，以知天而事天。而人行此人性所存亦天命所存之仁義禮智，卽須順受由此而遭遇之一切。於是一切莫之爲而爲莫之致而致之得失禍福壽夭，遂同可謂爲天所命我者，而爲人所當修身以俟，方爲眞正之立命。而後之墨子，則言天有志能施賞罰，然又不欲規定人力之所限極，故尊天而非命。莊子則尙自然之性命之情而任之，以天爲自然之化。天之自然之化之所行，亦卽命之行。天與命不二，而人亦當隨所遇而安之若素，而尙安命。安命卽任天，而與天游也。荀子亦以天爲自然之化，謂「節遇謂之命」，命乃純爲人在環境中之遭遇。而因其重人道，遂主「制天命而用之」。則天命與人成相對，而凡屬於天之自然物與人性，皆爲人所治之對象。此復使天與命若全成爲一外在於人心，在人心所治之下者。是見先秦之思想愈進，而距原始之人上承天命受天命之宗教性思想愈遠。（詳論先秦諸子之言命，見另篇先秦思想中之天命觀）然中庸之標出天命之謂性一語，直接溯人性之原於天命，人性乃上承天命而來，此正是墨莊荀以來天與命之分離，及天命之自然化之思想潮流之一扭轉；而上契劉康公所謂「民受天地之中所謂命」之義，以承孟子於人性即見天所命之教者。而中庸之直下點醒天命之謂性，正爲補足孟子言所未及。其與孟子之不同，則孟子思想之時代意義，在收攝墨子與傳統宗教之見中，所謂原於天命天志之典常，而指歸其本於人性；而中庸思想之時代意義則在：再溯此人性之原於天命，以見人性之宇宙之意義與形而上之意義，乃謂「思知人不可不知天」。而其所以能進至由人性原於天命，更由知天以知人者，則當在其由人心之能繼續的自命自令，而自求明善誠身處，透視出人心自有一超越而在上之根原，即無聲無臭之上天之載之根原，足以成其道德生活中求自誠之事相續而無息者。於是人心之自命自令，皆天之所以命我令我；此自命自令中所顯之性，皆顯爲天所命之性，人之性德之誠，皆見天德之誠，人之求自誠以盡其人道之事，亦皆爲天道之誠之相續於人之事。而自思想史之發展觀之，則此中庸之思想，正宜謂爲本孟子之性善之旨，合荀子所謂心之能自令自命之義，以成「自成」、「自道」之誠，而又化孟荀以來之工夫義之誠，爲兼通性德與天德人道與天道之本體之誠所生之思想。其以誠爲天道天德，以達此天道天德之誠，爲人至誠者所能至，謂「唯天下之至誠唯能化」，正所以代莊子之只以自然之化言天道天德，只重「應化」、「游於變化」

之思想者也。而中庸之言天道天德之誠之形而上學，必由儒家孟子之傳之心性之學中求誠之工夫，向上透入，以求了解，亦由此可見。故論中庸而先置定天之誠或天道天德於外，而謂其賦於人以成人之性，則猶是第二義以下之外在之論法。尚不足以顯中庸思想之骨髓所在，而明中庸思想與先秦他家思想之異同關鍵者也。

以中庸之言天道天德之誠，天命之謂性，本是由人心之能自誠而見。故此人之自誠之工夫，亦卽自始爲在人自己之內心深處，自承天德天命，以自命自令，而自率其性，自修其道之工夫。中庸言誠之工夫，一面是直道而行的順天德性德之誠，以自然明善而成己成物之工夫，其極爲不思而中，不勉而得，從容中道之聖，爲「自誠明，謂之性」，言直率此性，便是道也。一面爲致曲的，於善與不善或惡之間中庸與反中庸之過不及之間，擇善擇中庸，隱惡揚善，固執善，惟恐陷於過不及或小人之無忌憚之戒愼工夫。此卽吾人之由明以求自誠之事，爲「自明誠謂之敎」，修此道以爲敎也。此見中庸之言誠之工夫及人之能自誠之性德，乃一方言其爲能直道行，亦一方言其爲能兼明正反二面之善與不善，以反反面之惡與不善，而曲成此正面之善者。中庸與大學，同重此去反面之不善之修養工夫，正由其對於人之道德生活之嚴肅，反面的人心之不善不誠之病等，特有所認識。莊子言人心，特重人心中當解去釋去剷去洒去之一面。荀子言人心，亦有不中理不合道之一面。由此而莊荀皆重虛心靜心或淸心之工夫。而重改過，亦夙爲儒家之通義。然中庸之特言戒愼恐懼之愼獨工夫，則尤有一深旨。此乃直契曾子所謂「戰戰兢兢，如臨深淵，如履薄冰」之義。此義乃謂人在自以爲無過，或無荀子所謂不中理之心時，人仍不當無忌憚，知人仍可於一念之間陷於過惡。因而人不僅在自覺有過時，當有一改過之工夫，而卽在人自以爲無過時，亦當有一恐懼戒愼其自陷於過之工夫。而人亦惟恃此工夫，可澈入個人內心深處之病痛，而自防其工夫之間斷，自求其工夫之不息，冀達至「至誠無息」、「純亦不已」而「天德聖德不二」之聖境。吾人如觀莊子所言之人心中之成心機心之深，人之喜怒好惡之危，荀子所言人心蔽塞之禍之大，人心之貳而難一，與人情之不美；便更易知中庸「君子戒愼乎其所不睹，恐懼乎其所不聞。莫見乎隱，莫顯乎微。是以君子愼其獨也」之言，其切摯之義所存。所謂不睹不聞隱微之地，可指外面不可見而爲人內心所獨知之念慮，亦可指自己所不自覺而藏於內心之深處之過惡，亦可指人之時時不免陷於過惡之可能或過惡之幾。如朱子註所謂「幽暗之中，細微之事，跡雖未形，而幾則已動。」由是而知人才一放肆，無所忌憚，卽可陷於過惡與邪僻，而使此心成大不誠之心。故此中必須有一戒愼恐懼之工夫，用於此不睹不聞之隱微之地，知「莫見乎隱，莫顯乎微。」求如朱子所謂「所以遏人欲於將萌，而不使其滋長於隱微之中」，求如中庸所謂「內省不疚，無惡於志」。此爲「人之所不見」之工夫，方爲「君子之所不可及」，亦內心修養之「誠之」工夫最有密處。是謂愼獨。「獨」之爲一名詞，蓋首由莊子提出。大宗師篇言「見獨而後能無古今，無古今而後能入於不死不生」。此所見之獨，卽莊子所謂常心靈臺之自體。然莊子於此常心靈臺或獨，未言其爲善。荀子則進而言，「不誠則不獨，不獨則不形」。其所謂獨，當卽爲本知道合道行道之心以化性，而專誠篤實的用工夫，所成之個人心志或個人人格。大學中庸言愼獨之異於莊荀言獨者，一在大學中庸之愼獨，皆只所以求自慊足以「無惡於志」，而非於本有明德性德之外，另有所見，另有所成。一在荀子之獨，唯是個人之所見或只以指個人之人格。而大學之愼獨工夫，則涵獨居時如爲「十目所視、十手所指」之義，而如對越人前，如見君子。中庸愼獨工夫，上承天命之性，而可上達天德，則有如對越上帝上天。斯大學中庸之個人愼獨，卽涵具一對於超我個人之他人君子或上天上帝之無怍無愧於其內。中庸以戒愼恐懼之義言愼獨，尤密於大學以自慊言愼獨者，則在中庸之戒愼恐懼，乃一既知道行道合道之德性心（卽中庸之性德）恒自懼其或將陷於非道之情。故戒愼恐懼，乃一能合於道之德性心之求自保自持。唯由此心之能自保自持，方見此心之自身之爲一眞正之獨。此義亦荀子所未有，更莊子所未有。莊子謂「靈臺者有持，而不知其所持，而不可持者也。」此所言者，乃人之虛靈明覺心，非人之德性心也。人之德性心之求合於道，卽必同時自懼其陷於非道，則此中卽有一自然之自保自持。德性心之能自持其德性心之一義，唯在中庸之愼獨之教中明見之。因此德性心恒能自持，亦不肯一息停止其自持，停止其戒懼者。故人在接物應事時，固隨時有工夫當用，卽在獨居僻處，外無所事時，仍有一不息之工夫在。是謂「道也者，不可須臾離也。可離非道也。」而此道者，亦卽德性心或性德之自保自持而自戒愼恐懼，以自求合道，而不肯一息陷於非道之道也。亦卽其此心之自保自持其始終常合道之道也。故曰「誠者自成也，而道自道也。誠者物之終始。」誠之自成者，自成其誠，德性之誠之自保自持而更無不誠，自成爲至誠無息之誠也。道之自道者，自道其道，率性之道之自保自持，而更無非道，以成悠久無疆之道也。中庸此處之言德性心之誠，與道之自成自道，即入於作聖之工夫之最鞭辟入裏處。而易傳之言知幾，言「有不善未嘗不知，知之未嘗復行也」，其要歸亦同不外欲人於此心之失道與復道之關鍵處用心。後世惟諸宋明理學家，能上承此義而發揮之。兩漢魏晉及淸以來儒者，蓋皆望此道如未之見者。然中庸之此義，正爲先秦孟墨莊荀言心性之學之結穴處。此乃一方發揮孟子一路心性之學至極精微之境，一方亦即足銷融他家對心性之善之疑難者。由中庸所言之德性心或性德，能自保自持，以自成自道，故可爲儒家內聖之學，奠立不拔之基。由此性德之充於內而形於外，故可以行天下之達道，成天下之達德，以施敎爲政，由盡己之性，以盡人之性、物之性，贊天地之化育，斯人之性德，乃實通於上天之載無聲無臭之天而無二。然吾人若不自孟墨莊荀之言心之義，次第看來，則尙較不易知其「致廣大而盡精微，極高明而道中庸」之義所存，故試一附論之於此。

一九五五年十二月廿九日新亞學報一卷二期

第五章　原名：荀子正名與先秦名學三宗

一　導論

荀子正名篇論名實，而又關涉及當時名墨諸家之論者，要在下列一段文。

「見侮不辱，聖人不愛己，殺盜非殺人。此惑於用名以亂名也。驗之所以爲有名，而觀其孰行，則能禁之矣。山淵平，情欲寡，芻豢不加甘，大鍾不加樂，此惑於用實以亂名者也。驗之所緣無以同異，而觀其孰調，則能禁之矣。非而謁楹有牛馬非馬也。此惑於用名以亂實者也。驗之名約，以其所受，悖其所辭，則能禁之矣。凡邪說辟言之離正道而擅作者，無不類於三惑者矣。」

荀子此段文論邪說辟言之三惑，皆關涉於當時名墨諸家所標之論題。而今存諸家之言，則殘缺難得其確解。昔楊倞注荀子，於此乃多存疑不注。王先謙集盧文弨、王念孫、王引之等之說，爲荀子集解，於正名篇頗有文句上之校勘疏證之功。顧又未能與以條貫之解釋。近數十年來，以西方之哲學及邏輯，傳入中國，學者知名學問題所以爲名學問題之性質，乃知將荀子此段之言，與當時名墨諸家之斷簡殘篇，參伍比觀，以求一條貫之解釋。然張皇幽渺，又異釋孔多，迄無定論。而數十年來時賢之釋此段文者，復多忽此段文與荀子正名篇之前數段文義之照應處，此尤爲定論難期之主因。吾今茲所陳，或亦尚不能於此段文中有擧之當時之諸論題，一一皆得其確解；然反復求之，亦有年矣。竊以爲吾人若將此段文，與前數段之文義，相照應發明之處，一一加以指出，則荀子於此段文，指陳三惑以正名之義趣，及其與當時之名墨諸家言之不同，則皆可昭然若見，而荀子論名實之宗趣，亦於焉可覩。因草此文說荀子正名之旨，及其所反對之當時名學三宗之說，藉以見中國思想中對名實之思想之四原始型態。

二　荀子論所爲有名人所緣以同異及制名樞要

荀子此段文以用名以亂名，用實以亂名，用名以亂實爲三惑，此乃承前三段之文而說。王先謙集解所引郭嵩燾語已指出之。其言曰：「此三惑仍承上言之。用名以亂名，則驗其所以爲名，而觀其行；用實以亂名，則驗其所緣以爲同異，而調使平。用名以亂實，則驗其制名之原，而觀其所以爲辭受。」吾人今如循此段文之承前文而說處看，則「見侮不辱」至「能禁之矣」一段，理應配合前文之「異形離心交喻」至「所爲有名也」一段而了解。「山淵平」至「能禁之矣」一段，理應配合前文由「然則何緣而以同異」至「此所緣而以同異也」一段而了解。至「非而謁楹」至「能禁之矣」一段，則理應配合「然後隨而命之」至「此制名之樞要也」一段而了解。荀子於正名篇將「所爲有名」、「所緣以同異」、「制名之樞要」三者並舉之後，卽進而以三段文，分釋此三者，再進而論此三惑，其文理結構，實首尾相涵。則吾人於此論三惑之段文，若有不得其解之處，亦理當先求之於其前之文，而此正所以使吾人於此論三惑之一段文，得一逐漸了解之線索也。

荀子前三段文，其內容乃分別論所爲有名，所緣以同異，及制名之樞要。實卽不外討論人之所以有名之目標；及人之能有名之根據，在天官之辨別所經驗事物之同異之狀；與名言之制立之基本原則。此三者原可相連而論。而在第三段之制名之樞要最後數語中，荀子特提出名與實之關係而論之。此數語尤爲其上結前文，下陳三惑之樞紐，今先引此數語，並釋其涵義於下。

「名無固宜，約之以命，約定俗成謂之宜。名無固實，約之以命實，約定俗成，謂之實名。名有固善，徑易而不拂，謂之善名。物有同狀而異所者，有異狀而同所者，可別也。狀同而爲異所者，雖可合，謂之二實。狀變而實無別，而爲異者，謂之化。有化而無別者，謂之一實。」

此段文中，關於名有固善一語，當釋之於本文結論中。吾人於此首當注意者，則爲「名無固宜」

「名無固實」之語。名之所以初無固宜固實，則當溯其原於荀子之分開事物之「實」與事物之「狀」。荀子以「同所」定「實之一」，以「異所」定「實之多」，卽以居同一空間者爲一實，居不同空間者爲多實。狀則附於實者，異實者可同狀，一實之狀又可多而可變，而有異狀。此乃荀子之言物之「實」與其「狀」之關係。荀子言「所爲有名」——卽言人之所以有名之目標——乃在喻志而成事；言名之制立之原則，則在順其所經驗之事物之狀之同異，而分別次第制立諸表同異之名。故荀子所言之名，乃用以直接表吾人意中之事物之同異之「狀」，而非直接用以指事物之「實」者。此乃與墨辯之直接言「以名舉實」（墨辯小取篇）之說，及公孫龍直接謂「正其所實者，正其名也」（公孫龍名實論）之說，初不相同者。如依荀子之說，以言名之指實，當是透過名之表吾人意中之「實之狀」，而間接指「實」。然依荀子言，事物之「實」與意中之「狀」之關係，則又同狀者不必同實，異狀者不必異實。由是而名之表物之狀，乃初可表此狀，亦可表他狀，而各無固定之所「宜」；而名之指實，亦初可指此實，亦可指他實，而名亦初無固定之「實」，爲其所指；遂不可言「固宜」與「固實」。唯由約定俗成，以一名表某意，足以相喻相期，而若有固宜與固實耳。此中名實關係，初非固定，以人意之不同而多歧，亦下文所言之三惑所自生之故。今試先引荀子此三段之文，略加以疏解，再次第釋之於下。

荀子言人所以爲有名，卽人之所以爲有名之目標曰：「異形離心交喻，異物名實玄紐，貴賤不明，同異不別，則志必有不喻之患，而事必有困廢之禍。故知者爲之分別制名以指實，上以明貴賤，下以辨同異……」

又言人之所緣以同異——即天官之所以能辨所經驗之事物之同異曰：

「然則何緣而以同異？曰緣天官。凡同類同情者，其天官之意物也同，故比方之，疑似而通，是所以共其約名以相期也。形體色理，以目異；聲音清濁調竽奇聲，以耳異；甘苦鹹淡辛酸奇味，以口異；香臭芬鬱腥臊洒酸奇臭，以鼻異；疾養滄熱滑鈹輕重，以形體異；說故喜怒哀樂愛惡欲，以心異。心有徵知，徵知，則緣耳而知聲可也，緣目而知形可也。然而徵知，必將待天官之當簿其類然後可也。五官簿之而不知，心徵之而無說，則人莫不然謂之不知，此所緣而以同異也。」

荀子再論制名之樞要——即制名之基本原則，爲順吾人意中所經驗之事物之同異之狀，而分別次第制立表之之同異之名曰：

「然後隨而命之，同則同之，異則異之。單足以喻則單，單不足以喻則兼，單與兼無所相避則共，雖共不爲害矣。知異實者之異名也，故使異實者莫不異名也，不可亂也；猶使異實者莫不同名也。故萬物雖衆，有時而欲徧舉之，故謂之物。物也者，大共名也。推而共之，共則有共，至於無共，然後止。有時而欲偏（兪樾言應作徧）舉之，故謂之鳥獸。鳥獸者大別名也。推而別之，別則有別，至於無別，然後止。……（下接上文所引之「名無固宜」一段，今從略）。

由此數段所言，卽見荀子正名篇之名，初不涵吾人今所謂指個體事物之固有名辭，而唯包括據所經驗事物之性質狀態（簡名之前文之「狀」）之同異，所造成之共名與別名，卽——今所謂類名與種名。至吾人之所以爲有名，則唯在使志無不喻之患，事無困廢之禍。由吾人之旣本於所經驗事物之狀之同處，造爲共名，以偏舉物，又兼本於所經驗事物之狀之異處，造爲別名，以偏舉物；則物之實雖一，而以其狀與他物之或同或異，其名遂不一，而可多。如一「實」可名爲「鳥」或「獸」（別名），又可名之爲「物」（共名）是也。而一表物之某狀之名，又可用以表同狀之他物，則見名一而所指之實多。由此「名」與「實」之數目，非「一與一對應」（One To One Correspondence）之關係；故吾人於用一名以指某實後，亦可不再用此名以指之，而更易以他名。於是吾於用一名以表吾於某實所知之某狀時，他人亦恒可誤以吾用此名，乃所以表其於某實所知之另一狀；吾用一名以指具某狀之某一實時，人亦可以此名爲指具同狀之他一實。此種種誤解之事，荀子謂之「異形離心交喻，異物名實玄紐」。昔人釋此二者恒疑有誤字。吾意則對此二語：不改原文亦可講通。形卽狀也。異形離心交喻，蓋卽言我與他人之心相離，而我與他人由一名之所喻者相交錯，而可由異途，以達於異狀也。異物名實玄紐，蓋卽言一名之可兼指異物，而又不必足表異物之異狀，而吾以此名指此物此實者，人乃可以指他物他實；名之指實，乃玄混而如相紐結也。而捄病之道，則在使吾人所備有之名，足以別物之實之狀之同異；同異別，則吾之意在此狀者，人可不至以爲他狀；吾之意在指此實者，人不至以爲指他實。物之實之狀之同異既別，而其價值之高下貴賤，亦隨之以明，同異別而貴賤明，志無不喻，事得以成，此即荀子之言所以為有名，亦即荀子之言吾人之所以為有名之目標也。

人之所以求備有諸名之目標，在別物之同異；而人之能別物之同異，則在於吾人之天官之能意物，而於物之形色聲香之狀，皆能分別由徵驗以知之。是即上文之「緣天官」而「心有徵知」，以辨所經驗之事物之狀之事也。以人與我之同類同情，故其天官之意物也同；而人與我，乃可於其所同知之形色聲香之狀，由比方進以知其類，由疑似而進以知其通；乃共其約名，同以某名表物之某狀，而指某實；而人聞一名，即而期實之狀之何若，而共喻成。是則人之所以能備有名而用之，足以成共喻，其根據唯在人緣天官而意物，能辨所經驗之事物之同異之狀，而人與我之所經驗者，又以人與我之同類同情，亦復相類相通之故也。

至於荀子論制名之樞要——即制立名言之基本原則，則不外順所經驗之事物之同異之狀，而就其狀之同者，與以同一之名，就其狀之異者，與以異名；就其狀其實之表以一單名，而人即喻者，與以單名，就其狀其實之須以兼名表之而後人可喻者，與以兼名；以使異物之同狀者或異狀之同實者，皆有同名以表之；異物之異狀者，或同實之異狀者，皆有異名以表之；而用名之或單或兼，或共或別，或多或少，皆足以使人共喻。此則人之制立名言之基本原則，而亦人之制立名言之理想標準所在也。

三　荀子正名之目標及三惑之所以產生

如吾人以上解釋荀子之言爲不謬，則荀子之正名篇之根本義趣，實唯在使人之志意相喻以成事。唯欲使人之志意相喻，故不得不備足名言，以表人意物後所知之物之狀之同異，而分別以之指實；如名言不備足，則不足以別物之狀，亦不足以別物之實，而我用一名，人可異喻，相喻不得成。吾人觀荀子之作正名篇，見其不重命題之構造與相涵關係之討論，不重推理之原則規律之提出；而重論名言與其所表之意及事物之狀，與所指之實之關係之討論，及如何成就人與人之相喻；則其名學思想，與其說爲屬於西方所謂邏輯，實不如說爲更近於今所謂語意學者。至求人與人之名言之相喻或語意之相喻，其目標又在成就治道，則又超乎今所謂語意學之目標之上。其言曰：「王者之制名，名定而實辨，道行而志通。」制名以使名定實辨，歸於　道行志通；而「志無不喻」，即「志通」；「事無困廢」，即「道行」；乃所以合而成就治道者也。故荀子言正名，亦可謂在「諸個人之主觀精神求相喻相結，以樹立一社會之客觀精神」處，以言人當備有足以指實之名，及名之當定，實之當辨；而非直接就名實之關係上，言名各有其所指之一定之實，而能自然相應。此即荀子之所以言名無固實，名無固宜也。而吾人今若離此由使人志意相喻，以成就治道之目標，而直接就名與實之關係上言，謂一名自有其所指之一定之實，或直往求其相應之處；則此正爲人對名之懷疑思想，及荀子之所謂三惑所由生。而荀子之所以破三惑，亦非本於荀子之直往求名實之相應之處；而正本於荀子之能返至此「人之所以有名之目標，及本所經驗事物之同異，以言制立名言之基本原則」以立說。是則吾人於下文所當深察而明辨者也。

所謂「離此使人志意相喻，直接就名與實關係上，謂一名自有其所指之一定之實，而直往求其相應之處，正爲三惑之所由生」者；吾人可先凌空的或純理論的指出一義，卽：吾人如直接自名與實之關係上看，人之用名以指實，乃恆與一「廢名而忘實」之自然傾向相俱，而使名實之關係，轉而不得相應者。此自然傾向，亦一切直往「以名指實」之人，所同難免之病，而此正爲荀子之所謂三惑所由生之根原所在也。茲再分甲乙二者說明之如下。

甲、如吾人直接就名與實之關係上看，則當吾人用一名直往以表實之某狀，並以指實時，吾人恆不免將此名定置於此實，而使之固着於此實，由此固着，而名與實則膠結成一體；而吾人卽可止於此全體；亦卽止於此名表此實之某狀，而不另以他名表此實之他狀；乃將其他之名，廢置而不用。由此轉進一步，人卽可謂他名，於此根本不能用；謂他名無指此實之義。此卽廢他名，而忘其亦指實之事。吾人下文第四節，將再詳說明此正爲荀子所謂「以名亂名」之惑之所由生。

乙、又吾人直接就名與實之關係上看，吾人如不用一名直往以指實，以使此名固定膠結於此實，而將名與名之關係平觀；則吾人皆可發現「多名表一實之異狀」之情形，及「一名表同狀之多實」之情形。由此名與實之一與多之不相應，而人之用名直往以指實時，（一）便可由注目於「實之爲一」而忽此「多名之分別」；（二）亦可由注目於「多名之分別」，而忽其所指之「實之爲一」。又（三）可由「名之爲一」，而忽其「實之所以多」。再（四）可由「實之爲多」而忽其「名之所以一」。由此忽名或忽實之事，人更可有種種廢名忘實之事，亦更不求備有衆名，以兼別實之同異；其他種種用名之病，卽由之而生。吾人下文將說明此上之第一項，正荀子所謂「以實亂名」者之病之所自生。第二項，則屬於荀子所「以名亂實」之病之所自生。至於第三項，則爲西方若干拍拉圖式之實在論者恆犯之病，其說卽以名所表之共相（卽荀子所謂狀）爲一，而忽個體之實之多與其所以多者。第四項爲西方之唯名論者恆犯之病，其說乃以表多物之共相之一共名，唯所以指個體之名之和，另無所表之同一之共相，更無眞表同一之共相之一共名，而忽此一共名之所以一者。然此中之三四項，在荀子，則因其先立有一「以同所異所，規定實之爲一或多」之原則，人卽不易由名之一而忽實之所以多；又立有「共名唯依實之同狀而建立」之原則，故人亦不易由實之多，而忽此名之所以一。而荀子之三惑中，亦未包括此二者。然依理而論，則此亦各爲人之用名，而必不免於滋生之惑之二種，則共爲五惑。唯今文論荀子，只及於三惑而已。

吾人以上所說，以名亂名，以實亂名，以名亂實之三惑，乃依於人之有廢名忘實之自然傾向而生之用名之病。人之用名有此諸病，此不特在吾人日常之談話辯論，隨處可證，而思想家哲學家，亦未能免者；或竟爲之造作理論，加以維護者。在中國先秦名墨諸家，卽嘗分別爲之造作理論，而有荀子所舉之種種論題，爲其時諸家學者之所持。而此諸家之言，亦未嘗不持之有故，言之成理。然衡之以荀子所謂人之所以求備有名之目標，名之建立之經驗根據，及制名之原則；則又皆似是而非，徒足欺惑愚衆。此荀子之所必破三惑也。今試再分別對其時諸家爲三惑所造作之理論，就其與荀子之言相關涉處，略加說明，並就荀子之所破三惑之文句，加以解釋，以明荀子正名之義趣。

四　墨者言名與以名亂名

一、荀子當時論名者所造作之一種理論，吾人可名之爲「使共名與別名相掩，而用其一名遂廢他名以亂名」之理論。此卽如墨辯中所謂「盜，人也，惡盜非惡人，殺盜非殺人」；「其弟，美人也；愛弟非愛美人也」；及「愛人不外己，己在所愛之中」之類。荀子於其以名亂名項下所舉者，乃「殺盜非殺人」，「聖人不愛己」，及宋鈃之「見侮不辱」之三例。荀子非十二子篇嘗以墨翟宋鈃爲一派，二人之說固相近也。此中吾人探索殺盜非殺人者所持之理由，要不外盜雖爲人，然殺盜乃殺其爲盜，而非殺其爲人。此卽謂於殺盜之時，吾人可只用殺盜之一名，以表此殺盜之實事，便廢置「殺人」之一名不用。盜爲種名，人爲類名，殺盜之事亦原爲殺人之事之一種；今用「殺盜」之種名，而不用「殺人」之類名，是使類名爲種名所掩，而被廢棄也。吾人如再探索持「聖人不愛己」之說者所持之理由，依墨辯之言，是因「己在所愛之中」。其意蓋謂己亦是人類中之一個體，亦可視爲人之一種，而包括於人類中；故只言聖人愛人卽包括愛己，而不須再言愛己。是亦只用類名而不用種名，使種名爲類名所掩，而被廢棄也。至於持見侮不辱之說之宋鈃，其理由當類似持殺盜非殺人之說者，蓋侮雖可說是辱之一種，卽荀子正論篇所謂「勢辱」；然荀子於此，亦謂「勢辱」非「義辱」。宋子蓋不以勢辱爲辱，則見侮而可不必爲辱，不名之爲辱。此乃意在證成其「見侮而不鬭」之論。是見宋子於侮，乃只存侮之種名，而廢辱之類名。卽亦種名掩類名，而用一名遂廢他名之事也。（按呂覽正名篇，言尹文亦有見侮不辱之論。在莊子天下篇，固以宋鈃尹文爲一派也。）

人之用名而以種名掩類名，或以類名掩種名之事，並非毫無理由。依於名之可用可不用，人固可於一事，只名之爲殺盜，而不名之爲殺人；只名之爲見侮，而不名之爲見辱也。然吾人於一名，雖可不用，然不可謂其可廢而不可用。吾人固可名殺盜之事爲一種殺人，見侮之事爲一種見辱；愛己之事亦不只當名之爲愛人，而復當名之爲愛己也。不能言殺盜非殺人，見侮非辱，聖人不愛己也。然此中所謂雖不用而不可廢，亦不能言其不可用，其理由又安在乎？吾人豈不可於殺盜之事，永只以「殺盜」名之，而不以「殺人」名之乎？吾人又豈不可說聖人之視己也，只視如衆人之中之一，心中根本無己之觀念，遂於此撤消愛己之一名，而謂聖人不愛己乎？又吾人見侮之際，吾人又豈不可只名之爲侮，而不以之爲辱，而亦於此撤消辱之一名，而謂見侮非辱乎？

吾人之問題，追究至此，便知荀子之所以破見侮不辱等之言，非連貫於前文之所說，不能得其正解。荀子謂「見侮不辱」等之所以爲以名亂名，關鍵全在其前文之「驗之所以爲有名而觀其孰行」之語。而將此一語之涵義，連貫於前文而觀，則「以名掩名，用一名而廢他名」爲「以名亂名」之故，即可得而明矣。

蓋據荀子前文所言，吾人之所以爲有名之目標，乃在別同異而明貴賤，以免於「志有不喻之患，事有困廢之禍」。原人之所以兼有類名與種名，即所以別同異。類名所以表一類事物之同，即兼所以表一事物與他事物之相同之處。種名所以表一類事物中有各種之異，即兼所以表一事物與他事物之相異之處。一類事物之各種既相異，遂連帶有價值上之高下貴賤可說矣。夫然，故吾人於一實事實物，必須兼有種類之名以表之，乃能別同異而明貴賤。故以「殺盜」名之事，亦可兼以「殺人」名之。「殺人」乃所以名此殺盜之事，與其他殺人之事之同處；「殺盜」乃所以名此殺盜之事，異於其他殺人之事之處。以「見侮」名之之事，亦當以「見辱」名之，以見其同於其他之「見辱」；聖人之「愛己」，既可名爲「愛一人」之事，亦同時可名之爲「愛己」之事；蓋必如此，方能兼見此「見侮」及「愛己」與他事之同異。吾人既能於事物之同異，兼有所知而能辨之，亦必當兼有此表同表異之名，乃能喻人全幅之志意。此卽吾人之所以不當以種名掩類名，以類名掩種名，而用此名以廢彼名之故。如用此名而廢彼名，是用一名而亂他名之位也。而此以名亂名之所以不可，及荀子之所以必說其爲「惑」者，則不外驗之於吾人之所以爲有名之目標，而觀此「以一名廢他名而亂名」與「兼有分別表同異貴賤之名，而不使之相亂」之二者，孰爲能「調」合乎此目標而堪行者而已矣。

五　惠施及道家言名，與以實亂名

二、荀子當時論名者所造作之又一理論，吾人可名爲「由觀實之一而欲泯除名之多」之理論。此乃由有見於名之有別者，皆可兼用而相代，乃若無別；遂欲歸於一切合同異之名，或泯除一切之名之分別之說。此卽當時惠施一派之所持。莊子天下篇所言惠施之十事，其中有「『大同』而與『小同』異，此之謂小同異；萬物畢同畢異，此之謂大同異。」「至大無外，謂之大一；至小無內，謂之小一」之言。其說蓋在言一般之「大同」「小同」皆有異，乃小同異，非畢同畢異之大同異；一般之大小皆有外有內，非至大至小。而至大至小畢同畢異，乃超乎一般之別同異、明大小之名言概念之外者。自萬物之畢異而觀，非名言所能盡表，以一般名言皆表小同與大同，皆屬種類之名也。然惠施於此未多及。而觀惠施之所重者，則似又在自萬物之變化，及其同在於大一中，同屬於天地一體，見其畢同處；以謂一般諸別同異之名皆無異，而趨於混一諸同異之名。故十事以「泛愛萬物，天地一體也」作結。其十事中有「日方中方睨」，「物方生方死」，蓋卽是就日之運行，物之變化，人方說爲「中」者，旋說爲「睨」；方說爲「生」者，旋說爲「死」；而謂睨與中，生與死，乃異而無異之說。莊子天下篇所言辯者之論，其主卵有毛，丁子（蝦蟆）有尾之類者，亦蓋皆同此惠施之論，而自物之變化以觀無毛者旋有毛，無尾者旋有尾而生之論。至於莊子天下篇所言，惠施十事中之「今日適越而昔來」，言今昔無異；「南方無窮而有窮」，言有窮無窮無異；「我知天下之中央，燕之北越之南是也」，言南北與中央無異；「連環可解也」，言連與不連無異；「無厚可積也，其大千里」，言無厚與大千里無異。其理由何在，今不能詳考。蓋皆不外謂於同一之「實」，可以「今」說之者，換一觀點，亦可以「昔」說之；以「無窮」「南北」等說之者，換一觀點，亦可以「有窮」「中央」等說之；而諸名之相對相反而分別者，亦可視同無別。緣此以觀一切萬物之差異，卽亦皆屬天地之一體，同在大一中；而自此天地之一體、或大一上看，則一切差異亦成無差異矣。而莊子所言十事中之「天與地卑」，「山與澤平」，則正與荀子所謂以實亂名之說中，所舉之「山淵平」相類。此則人之觀「天地」「山澤」之同在大一中，而自屬於天地之一體處看者，固可不見此天地山澤之高下之分別；而人自變化之流，以觀「窪者盈」（老子），「丘夷而淵實」（莊子胠篋），以見高者之可低，低者之可高，及地之升於天，天之降於地者；或自天地山淵之相連處，觀「高」「下」之名之於此可不用，而「平」「與……

卑」之名可用者；亦同可說此「天與地卑」「山與澤平」。然要之，皆是謂一切同異之名，一用於觀天地之一體及變化之流之實際。或依不同觀點所觀之同一之實際之自身，則其名之分別者，皆可視同無別，而名之分別者，亦可廢而不存之說也。

此種以同異之名，應用於觀天地之一體，及變化之流之實際或同一之實際，則諸同異之名，原相分別者，皆可歸於無別之說，亦非無理。惠子與道家之老莊，皆同有此義。荀子言物有「狀變而實無別，而為異者，謂之化，有化而無別，謂之一實」，是亦未嘗否認物之狀之變而有化，及物之狀之變而有化者，其狀之屬於一「實」。則吾人以表異狀之名，用以指一實，而附着之於此一實之後，即未嘗不可由觀此實之為一，而謂諸分別異狀之多名，義皆無別，而謂此名所指之「實」，同於彼名。如吾人觀蠶由蛹之狀，變為蛾之狀，而觀此二狀，皆屬於蠶之一「實」，即可謂此蠶之「實」，即蛹而即蛾，而蛹蛾之二名所指之「實」無別。然此卻非荀子之所許，而正為荀子所謂以實亂名。荀子之所以破此以實亂名之說者，則又在其論名之所以建立之根據：乃在「人所經驗之事物之狀之同異」，而不在此狀所附之「實」，及此名所指之「實」之說也。

吾人於此須知，如離經驗所得事物之狀之同異，以言同異之名之所由建立，而唯直接由吾人之用名指實，使名附着於一實上，看吾人所用之名之分別；則當一名所指之「實」未變化，而與他名所指之其他之「實」，異「所」而並在於天地間時，此分別容亦暫可以其所指者之不同，而亦得保存。然一旦當吾人將此中所指之「實」，納之於天地之一體或太一，或變化之流中以觀，則此諸名之所指之實之分別，畢竟不能保存，而諸名之所指，亦終歸於無別。如吾人以蛹之一名指蠶，而使蛹之名，附着於蠶之實，則蠶之實既化爲蛾，則蛹之名，即失其所附，而爲無所指，成失義之空名。既爲失義之空名，則蛹之名卽無以自異蛾之名。而對此一實，名之爲蛾與蛹，卽無分別之可言，而蛾卽蛹矣。推之於高山之夷入於淵，則山之高亦成無所指，而爲空名，無以自異於淵之低，而山與淵平矣。再推之於百川之入海，則百川之水卽海水，而百川之百，亦成空名，而無以自異於一海，而百川卽一海，百川之百名，亦畢竟無別矣。故自一切萬物皆屬於一大一或天地之一體，而視萬物若百川，視太一或天地之一體若大海，則表萬物之萬名，亦同歸於畢竟無別矣。此乃東西之一切融萬物之差別，入唯一之實際之玄學思想，所同有之一義。在此玄學思想中，則一切名之差別，未有不歸於掃蕩者。人欲使此名之差別，不被掃蕩而得保存，唯有賴於吾人之不只用名以直往指客觀之實，使名附於客觀之實；而兼能回頭反省，名所以建立之主觀經驗上之根據；以知名之有同異，初唯在吾人主觀所經驗事物之同異之狀，而不在其所附着之實。故蛾之名非蛹之名，不在蛾之狀所附之「實」，非蛹之狀所附之「實」，而在吾人所經驗之「蛾之狀」，非「蛹之狀」；百川之非海，萬物之非卽天地之一體或太一，亦不在百川之「實」非卽大海之「實」，萬物之「實」非卽天地之「實」或太一之「實」；唯在吾人所經驗之「百川之狀」非「大海之狀」，「萬物之狀」非「天地之一體或太一之狀」。如離此所經驗之種種或同或異之狀，以爲同異之名所建立之根據，而徒以名直往指實，附名於實、則天地萬物在目前雖森然羅列，各居其所，而表萬物之名，若各有其所指之實，以爲依恃，而分別宛然；然當洪鈞轉運，大化流行，物無不變，則無一而可依恃，亦卽無名之分別，得以保存。此中，卽假定一物之實不變，而人自變其觀點，見其可具異狀、可以異名說之者（如一事物之可由人之自變其觀點，而以「高低」或「平」、「今」或「昔」、「中央」或「南北」說之），吾人如轉而只就其所附之「實」之自身之同一處看；則此異狀之分別，卽歸於相忘而相泯，而此表異狀之名之分別，亦可相忘而相泯。至於渾天地萬物以爲一體或太一以觀，則更當不見有森然羅列各居其所之萬物，因而一切名之分別，自亦更必頓失所據。此卽見直接求名之分別之根據於其所指之實，終不免歸於以實之無定「狀」，而泯亂此名之分別。吾人眞欲建立同異之名之分別者，便唯有自諸同異之名，各表吾人所經驗事物之狀之同異處看，以見其各有所表，而各有其義，乃知其無一之可廢。此卽荀子之所以言人之惑於用實以亂名者，唯有驗之於「所緣以同異」，而由天官意物所得之經驗，而「觀其孰調（猶適也）」也。

吾人以上會通惠施及道家之天地一體及觀變化之流與事物之實際之說，以釋荀子所擧山淵平之例，何以爲以實亂名之義；而未及於荀子所擧「人之情欲寡」，及「芻豢不加甘、大鍾不加樂」之二例。此二例之何以亦爲以實亂名之例，則古籍散佚，殊難有的解。然如吾人上文於山淵之所釋者爲不誤，則依理而推，如山淵平之說，意在泯「高」與「下」之別；則持情欲寡之說者，當是意在泯情欲之「多」與「寡」之分；而持「芻豢不加甘、大鍾不加樂」之說者，則當是意在泯「甘」與「不甘」「樂」與「不樂」之分。荀子正論篇曰：「子宋子曰：人之情欲寡，而皆以己之情爲欲多，是過也。」則宋子固意在以寡代多，而使寡無別於多。老子言：「少則得，多則惑」，又曰「知足常足」。則亦涵寡同於多之意。今觀人之同此一實得之財者，人多欲，則視爲寡而不足，人少欲，則視爲多而有餘，是一實而有二名，而二名同指此一實。自「實」之同而言，則可言「多」與「寡」同，「欲多」與「欲寡」同，人亦可不欲多而欲寡，以使「人我之養畢足而止」矣。此是否爲宋子意，固無明文可證；然以理推之，其意蓋當如此，荀子方得謂其爲以實亂名之例，以與山淵平之說之泯高低之別者並舉也。再案荀子正名篇，又載荀子論欲之言曰：「欲過之而動不及，心止之也。」其意謂：人固欲多，唯以心止之而後欲寡。則此欲多與欲寡，乃人之不同時之不同經驗；其分別乃不可泯，是卽「欲多」與「欲寡」之二名之分別之根據。故荀子仍以宋子之言，爲以實亂名也。

至於「芻豢不加甘，大鍾不加樂」，或謂其指墨子之說，用以證其非樂之論者。此乃想像之辭。按墨子非樂篇，其立論皆不否認樂之爲樂，唯以浪費財力，不利於民，故非之。此皆不關於名理。依荀子此段之前後文句與義理而斷，此二語蓋當如上所說，乃意在泯甘不甘與樂不樂之分者。芻豢者味，大鍾者聲。老子言「五味令人口爽」，則甘者可不甘；又言「五音令人耳聾」，則樂者可不樂。同此一味之實，而或甘或不甘；同此一聲之實，而或樂或不樂。則此味此聲，自實而言，亦甘亦非甘，亦樂亦非樂，而甘與不甘，樂與不樂之名之別，在其所指之實上看，亦皆泯而無別之可言。此正是屬於荀子所謂以實亂名之類。蓋依荀子之論，名之建立之根據，乃在吾人之經驗。人食芻豢而加甘，則非不甘，聞大鐘而加樂，則非不樂，亦不得言甘與不甘，樂與不樂無別。至口爽而芻豢不甘，耳聾而大鐘不樂，則是另一經驗，在此經驗中，則不甘非甘，不樂非樂。亦不得言甘與不甘，樂與不樂，其義無別。而甘與不甘，樂與不樂之名之別，亦因之而不得泯；泯之者，遂亦爲以實亂名矣。

六　公孫龍派之言名，與以名亂實

荀子當時論名者所造作之又一理論，吾人可名之爲「由名之相異而多，而意其所指之實，亦相異而非一」之理論。此蓋卽公孫龍子一派之理論。此理論之要點，不在用分別之名，以直往指實，而使之如附著於實，而在直接就名之分別，而意其所指之實，亦必分別。於是凡名之可相分別者，皆謂其應指不同之實。如公孫龍謂白馬非馬，其根據卽在白馬與馬，爲二分別之名，而各有所表。馬之名命馬之形，亦所以表馬之形；而白馬之白，則命馬之色，而表馬之色。命形非命色，故「白馬」與「馬」所指之實，各不同。白馬所指之實，限於白色之馬；馬所指之實，則爲黃驪白黃諸色之一切馬。因此二名所指之實不同，而白馬非馬。公孫龍又主離堅白。其堅白論曰「堅、白、石、三，可乎？曰：不可。二，可乎？曰：可。」「視不得其所堅，而得其所白，無堅也；拊不得其所白，而得其所堅，無白也」。其主堅白相離，亦唯由此堅之名，乃所以表手所得之堅，白之名乃所以表目所得之白之故。蓋以堅白二名原相異而爲多，故彼實際之石，於以手觸之之時，可謂其爲堅，而不當謂其爲白，以目視之之時，可謂其有白，而不當謂其爲堅，乃有堅石與白石，而無堅白之一石。用「堅」與「石」二名，可，用「白」與「石」二名亦可，用「堅」「白」「石」三名，以結爲「堅白之石」則不可。此亦由名之異而爲多，以論所指之實不同而非一之論。此外，莊子天下篇所言之辯者之說，其主「狗非犬」「火不熱」，「孤駒未嘗有母」等之說者，當亦皆是由名之異，以意其實應異之說，而與公孫龍之言同類。而此正皆爲荀子所非之「以名亂實」之說也。

荀子所非之以名亂實之說一段之原文，首爲「非而謁楹，有牛馬非馬也」。前四字無確解。梁啓雄荀子柬釋引墨辯經說上：「堅（孫詒讓說下脫白字）異處，不相盈相非，是相外也。」遂謂「謁」爲「謂」之誤，「楹」爲「盈」之誤，應作「非而謂盈」云。按墨辯實主堅白相盈不相離，不相外，與世俗常見同。其「相非是相外也」，乃斥責之語氣。若梁說果是，吾意「非而謂盈」，亦應指主堅白相「非」，以「論謂」世俗常見之主堅白相「盈」之說，而欲易之者。此當是指公孫龍派之說。故墨辯以相非必歸於相外，以斥責之。至有牛之牛字，或謂卽白字，若然則此正爲公孫龍子白馬非馬之說。其義上已略解之。或謂「有牛馬非馬也」原文不誤，其解當如墨辯經說下，所言「牛不二馬不二，而牛馬二，則牛不非牛，馬不非馬，而牛馬非牛非馬」。此卽謂「牛馬」之一名中，涵有「二」義，「牛」之一名，「馬」之一名，卻皆不涵有「二」之義。涵有「二」之義之名，與不涵「二」之義之名不同，故「牛馬」之名，非「馬」之名，亦非「牛」之名；而「牛馬」所指之實，與「牛」所指之實及「馬」所指之實，亦當彼此不同而相異。此亦爲就名之異，而謂其所表之實必亦異之說，與白馬非馬之說同。今按墨辯此言與公孫龍子通變論附及之「羊不二，牛不二，而牛羊二」之言實近似。依公孫龍亦可言牛羊之非牛非羊，如墨辯之言牛馬之非牛非馬也。而墨辯此言，就其前後文以觀，亦不代表其對此問題之主張之全。若單提出而觀之，則可納於公孫龍派之說中；而皆同爲荀子之所斥爲「以名亂實」之說者也。此說謂「白馬」與「馬」，或「牛馬」與「馬」，其名別而其所指之實亦不同，亦非全無理。因二名所指之實之範圍，確是不同也。此說之不當，唯在其不僅意涵：二名之範圍之不同，且意涵：二名不能同時交會於一「實」，而同指一「實」之所有；亦意涵：「一「實」不能同時納諸二名之所指之範圍中之意。卽此說意涵：吾人於一「實」，名爲白馬者，不得就其爲馬，而以「馬」名之；而於一「實」，名爲牛馬者，亦不得就其中之有馬，而以「馬」名之。此卽以名之有多，而謂此多名必不能有其共指之一「實」。是卽成常識所共知之大妄，而爲以名亂實矣。

然此說之所意涵者之爲大妄，雖常識所共知；然常識之知其妄，唯本於直覺。吾人眞欲自理論上駁斥此說，則亦非易事。蓋人之只分別就此二名，而只分別直往觀其所指之實者，亦儘可不見此二名之可交會於一實。因此二名既分別，吾人循之而分別觀其所指之實，亦卽儘可只觀此所指之實之分別處，而不見其同處或交會處也。必待人對此二名之分別，更作一反省，以合而觀其所指之實，乃知其所指者之共交會於某實，並知吾人於某實，曾以此名表之謂之者，亦嘗以他名表之謂之；方見二名之同對一實有所指，及一實之可同時納諸二名所指之範圍中。如吾人必於既知「白馬」與「馬」，「牛馬」與「牛」或「馬」，其名所指之實，其範圍之相異後，由反省乃知吾人名之爲「白馬」者，亦嘗單就其形，而名之爲「馬」；及吾人合名之爲「牛馬」者，亦嘗分別觀之，名之爲「牛」或「馬」；然後吾人乃知言「白馬非馬」或「牛馬非馬」之「不可」。此中吾人由反省所見得之此「不可」之理由，亦唯在吾人之先於白馬所指之實，確曾就其形，名之爲馬；於牛馬所指之實，亦確曾就其中之一部，而名之爲馬。故今逕謂白馬非馬，牛馬非馬，卽陷於自相矛盾。依荀子言之，卽此爲「以其所受，悖其所辭」。蓋吾人既先承受此馬之名，與牛之名，今又謂其非馬非牛，是欲辭去此馬之名，牛之名；而與吾人所先承受者相悖，而自相矛盾也。觀此「所辭」與「所受」之相悖，而自相矛盾，卽足以破白馬非馬，牛馬非牛之說，而禁之；而白馬非馬，牛馬非牛之爲以名亂實，亦明矣。

人之爲白馬非馬，牛馬非馬等，以名亂實之說者，其所以爲妄之根原，在其所受與所辭之相悖，亦在其有見於名之多，遂忽略其所指之實之一。人之有此忽略之根原，則正在其分別用多名，以直往指實時，即透過此名之多以觀實，乃直往意其所指之實，亦應相別而爲多，而未嘗反溯此多名之「所以次第制立，而約定以成」之基本原則。此基本原則非他，即前文所謂順所經驗之事物之同異之狀，而隨之以制立約定諸表同異之名是也。此中，吾人所先有者，爲經驗事物之同異之狀。一事物爲一實，而一事物與其他事物之或同或異之狀，則爲多，而表此或同或異之名，亦因之而爲多。如吾人可自一物與其他一切物之相同之狀，而皆名之爲「物」；又可自其與其他動物之相異之狀，而名之爲「鳥」或「獸」以別之，是即對一實而次第建立之三名也。再如對一物，吾人自其形與他馬同，故名之爲馬，復自其色與黃驪諸色之馬異，故名之爲白馬，是亦對一實而次第建立二名也。再如對一全體之物，吾觀其中之一部份，見其與牛同，遂單名之爲牛；觀其另一部份，見其與馬同，遂單名之爲馬。又合而觀其全，而兼名之曰牛馬。於此全體中，吾人於馬，見其異於牛，可說馬非牛；吾人於牛，見其異於馬，可說牛非馬。然此牛馬之名，所指之此一全體中之牛，不異於牛，此一全體中之馬，亦不異於馬。故吾人不能直言「牛馬非牛」，亦不能直言「牛馬非馬」；而當言牛馬之名、馬之名、牛之名，乃對一全體之物，加以分觀及合觀，而次第建立，而所指又共交會於某一實之諸名。然吾人今若忘此諸名，原爲依吾人所經驗之事物之同異之狀，而次第建立者，則吾人將不免於直往透過此名之多，以意其所指之實之相別而亦爲多，則以名亂實之事，遂由之而生矣。此即吾人於荀子之破以名亂實之言，必須連於前一段論制名之樞要，或名之如何次第制立約定之言，相配合以了解，而觀其立義之相照應之故也。

七　名之固善及本文結論

吾人以上既詳釋荀子之所以破三惑之理論，則荀子論「名有固善」之言，亦可得而解。荀子之言名之固善，亦非直接由名之指實處看。直接就名之指實處看，不能定名之善不善，亦不能定名之當不當。世之論者，謂名與實相應，則謂之當，不相應，則謂之不當。然何謂相應？則初無確解。如自名多而所指之實一，或名一而所指之實多，此中自一與多相違處看，名與實固不相應也。名依事物之狀而立，實依同所異所而定；狀無定所，所無定狀。自有定無定之相違處看，名與實亦不必相應也。名所表之狀或義，乃恆常，而實之狀可變化；自常變之相違處看，名與實又不必相應也。故名之當與不當，不能直自其對實之是否相應上核定。相應之義，亦不易定也。如謂名實總有一意義上之相應，此相應，亦非直接之相應；亦不由人之用名之求直接對所指之實負責而來；而是間接由對「吾人之所以有名之目標」，「吾人所經驗於實或事物之同異之狀」及「制名之原則」，視之為吾人用名之標準，而對之負責而來。用名之當者，亦即用名之能合此諸標準，而又能指實者，即可稱為與實相應。而用名之必兼以合此諸標準為條件，則其指實而與實相應，便非直接之相應，而係間接之相應。夫然，故吾人之論名之當不當，即不應直自其指實及與相應處說。而應先看在吾人之用名以指實時，是否能兼合於「吾人所爲有名之目標」，「吾人所經驗之事物之狀」，及「制名之原則」等內在的諸標準；唯合之者，其名乃當，而名亦有固善。反之，如吾人之用名之時，只求對所指之實負責，只就名之是否指實處，說名之當與不當，則必將不免於用此名廢彼名，而以名亂名；或不免由觀實之爲一，其狀變而無定，乃疑名之多及其義之常，而以實亂名；再或不免由觀名之多，而意其所指之實亦多，而以名亂實。而人之用名必不能皆當而皆善，此亦理有固然。好學者可重覩前文以自得之。荀子曰「徑易而不拂，謂之善名」，如將此言配合其正名篇之前文以觀，此所謂不拂，首當即爲不拂於該段制名樞要或基本原則之意。然此基本原則，即順所經驗事物之狀之同異，而次第制名，以達吾人所以爲有名之目標。故不拂於制名之樞要，即不拂於吾人所緣之同異，亦不拂於吾人所以爲有名之目標。名能不拂此三者，是爲名之固善。而以名亂名者，用一名而廢他名，是拂於吾人所以兼有同異之名，以兼表同異也。以實亂名者，以實之一而狀變無定，遂謂名之多者亦無別，是拂於多名之建立所根據之經驗上的同異之狀也。以名亂實者，以名之分別而多，遂意其無共指之實，是拂於吾人之根據所經驗之事物之同異，而次第分別制立多名以指實之原則也。今吾人之用名，能去此三惑，則所用之名，皆徑易而不拂，名定實辨，道行志通，「名之定」乃成爲「諸個人之主觀精神之求相喻相結，以成爲一社會之客觀精神」之不可少之資，所以使「志無喻之患，事無困廢之禍」者，是爲名有固善之大用，亦荀子正名之論，其最後宗趣之所在。荀子未嘗離名之固善以言名，其破三惑，皆所以成就此名之固善。而其破三惑之言，亦實不能孤立而了解。不特當旁採當時名墨諸家之言，以觀其義；亦當由其通於前文所論之「所爲有名」，「所緣以同異」，「制名之樞要」，以成就「名有固善」等處去了解。然卻不能只由名而直往求其所指之實，直接求名實之相應，及名義之求自己一致等處，以觀荀子論名實之義之精微；而今人之徒視其正名之論，爲一種邏輯之理論，或知識之討論者，皆尚不足以盡荀子之意，此卽區區此文之所以爲作也。

第六章　原辯：墨子小取篇論「辯」辨義

一　緣起

墨子經上下、經說上下、及大取小取六篇，自晉魯勝名之墨辯，並爲作注後，千餘年來，竟成絕學。晚清孫詒讓，承盧文弨畢沅等，對墨子一書校釋之功，作墨子閒詁，而墨子書乃可讀。然孫氏於墨辯六篇之注解，仍多拘於訓詁之末，失其義之所存。自章太炎梁任公章行嚴以降，學者以印度因明及西方邏輯之說，與墨辯之言相參證，新知舊籍，比類以明，條理亦遠勝淸儒之業。顧又多先存他方學術之見，强爲附會之辭。墨辯原文，既譌脫茲甚，人皆可以意爲之釋。而數十年來釋墨辯之著，亦無慮數十種。愚於二十年前，亦嘗就當時所及見者，徧取而讀之，見諸說矛盾散亂，不可縣理，亦無術以定其是非，遂棄置不顧。然年來復讀墨辯，念其書既在，後人終有加以闡釋之責。臆測固不可免，能得彼善於此之解釋，亦復聊勝於無。又見墨辯六篇，唯小取一篇，自成結構，蓋爲所存原書六篇中，最完整者。乃反復細玩其文義，而有會於墨家之論「辯」。更就此間圖書館所藏，近人如梁啓超、胡適、陳大齊、馮友蘭、黎毓江、譚戒甫諸氏等，釋此篇之著，與己之所見，加以比勘；覺諸氏之所釋者，有是有不是，然大皆不免以此篇所謂辯之七事，爲並立之七法。而區區之意，則以爲此篇所論，實非並立之七法，而爲一整個辯論歷程中之七事。蓋必如鄙見，然後可通於此篇之全文，並通於墨子他篇實際上所採之論辯方式。此論辯之方式，與西方之邏輯及印度因明之所陳，實不必盡同。其特色除以類予以類取以外，兼在本「有諸己不非諸人，無諸己不求諸人」之推恕之道以成辯，兼及於言之多方、殊類、異故等，以見知語意之重要。而諸家所釋未當之處，蓋同在先存西方邏輯及印度因明之論辯方式於心，故不免比類失當，屈文就義。如我之所見，果有當於墨學之眞，而墨子又爲中國學者之最重視「辯」者，則亦可視本文之所述者，爲中國論辯之思想之一代表型態也。

二　辯小取論「辯」之七事非「辯」之七法

墨子小取篇曰：

『夫辯者將以明是非之分，審治亂之紀，明同異之處，察名實之理，處利害，決嫌疑焉。摹略萬物之然，論求羣言之比，以名舉實，以辭抒意，以說出故。以類取，以類予；有諸己不非諸人，無諸己不求諸人。或也者，不盡也。假也者，今不然也。效也者，爲之法也；所效者，所以爲之法也；故中效，則是也；不中效，則非也。此效也。辟也者，舉他（原作也，依王念孫校改）物而以明之也。侔也者，比辭而俱行也。援也者，子然，我奚獨不可以然也？推也者，以其所不取之同於其所取者，予之也。是猶謂他（依王校改）者同也，吾豈謂他（依王校改）者異也。』

此上小取篇文，實此篇要旨所在。就文義觀之，此明爲前後貫注者。然因其曾對「假」「或」「效」「辟」「侔」「援」「推」七名，分別作釋；人遂以爲此七名，乃表示不同之立論設辯之法而並立者。故梁啓超早年於其墨子之論理學一文，首以「或」爲西方邏輯中之特稱命題，「假」爲假然命題。胡適於其中國哲學史大綱，改而以「或」爲西方邏輯中之或然命題，「假」爲西方邏輯中之假設。譚戒甫墨辯發微，亦同此意。馮友蘭中國哲學史，兼取二說，而以「或」爲或然判斷，「假」爲假然判斷。梁氏文又以「效」爲西方邏輯中之「格」，「譬」爲西方邏輯中之立證。胡氏於其小取篇新詁，又自易其前說，謂「假」爲虛擬條件而想像其結果，以「或」非辯之一法，又謂「效」爲演繹法，「推」爲歸納法。譚戒甫墨辯發微，以「所效」爲因明中之前陳，卽西方邏輯中之主辭，以「效」爲因明中之後陳，卽西方邏輯中之賓辭；又以辟侔援推，相當於因明論式中之喻、依、合、結、及喻體，並藉以說明小取篇有不同之論式。陳大齊氏之名理論叢，亦視譬、侔、援、推，爲不同之推論法，並以「侔」爲西方邏輯中之加辭與減辭。此皆同由小取篇文，曾對此七名分別作釋之故，遂視此七名，或其中之數者，乃分別表示並立而不同之立論設辯之法者也。

然吾人今所首當提出之一問題，即只由小取篇之文，曾對此七名分別作釋，是否即足論斷其以此七名或其中之數者，表示並立而不同之立論設辯之法或論式？此七名豈不可如愚之所見，只爲表示一整個之論辯程序中之七事？如吾人視此上所引小取篇文之文義，爲前後貫注者，則視之爲一整個論辯歷程中之七事，豈不較只視爲並立而或不相統屬之七法爲宜？若然，則諸家之所釋，豈不盡失其所據？

以小取篇所論爲並立之辯之七法之說，其最不可通者，在「或」與「假」，根本不能分別獨立，以各成辯之一法。如「或」爲「特稱命題」，或「或然命題」，「假」爲「假然命題」；則一命題之舉出，豈即足成爲論辯之一法？此不同命題之分別舉出，又豈即爲不同論辯之法？如「有人爲學者」爲特稱命題，「人是男或女」爲或然命題，「如天雨則地濕」爲假然命題。今只舉出數命題，或可勉强稱爲各是一論，然要不可稱爲辯，更不可謂爲不同之辯論之法。而墨子小取篇，乃明以辯爲論題者。復次，就小取篇之謂「或不盡也」，「假也者今不然也」二語，亦明不足證「或」爲「特稱命題」，或「或然命題」，及「假」爲「假然命題」。故胡適氏繼又於其小取篇新詁，謂「假」爲虛擬條件，而想像其結果之妄想，以「或」爲「疑」，疑爲辯說之所由起，而非辯之一法。其說固稍進矣。然虛擬條件而想像其結果，實不必爲妄想，且可爲人之思維之一法。顧可爲人之思維之一法者，卻又可不與辯論之事直接相干，仍不必卽爲辯之一法。謂或爲疑，乃本於易傳「或之者疑之也」之言。疑若只是個人思想中之事，誠如其言，不能爲辯之一法。然如「或」爲「疑」，非辯之一法，則七法並立之說破，而此疑若只是個人思想中之事，亦非與辯論之事直接相干者。小取此文，旣爲專以論「辯」爲事者，又何必先及於此個人思想中之「疑」乎？

復次，謂「效」爲演繹法，「推」爲歸納法，或以「所效」相當於主辭，「效」相當於賓辭，以「推」爲因明中之喻體（相當於邏輯中之大前提）及以譬、侔、援、推，各爲一論辯法者，亦皆同於原文無的據，且與小取篇後文所舉之論辯之例證，多無所應合。按小取篇於釋此七事後，卽繼以言「譬侔援推之辭」之「行而異，轉而危，遠而失，流而離本」，而歸於謂「言之多方、殊類、異故」，並舉物之「或是而然」，或「是而不然」……或「一周一不周」，或「一是一非」者爲例。以文義觀之，此所舉以爲例者，應卽辟侔援推之辭之「行而異，轉而危，遠而失，流而離本」者。然此所舉以爲例者，自「白馬，馬也；乘白馬，乘馬也；」以下，從無明白依演繹法歸納法之形式之推論，亦未嘗分別爲譬侔援推四者舉例。然則吾人果何所據，以謂其所舉之例，某屬於效，某屬於侔，某屬於推，……或某爲演繹法之例，某爲歸納法之例乎？吾人豈不可謂其所舉之例，乃兼通於譬侔援推之義者乎？

三　辨「或」與「假」

吾於上文，唯致疑難於時賢之說。下文卽當就小取篇之宗趣在論「辯」，及辯論歷程中之七事之義，以釋「或」「假」「效」「辟」「侔」「援」「推」之義。吾今於「或」及「假」，首不以西方邏輯中或然命題，假然命題及假設之觀念爲說，而以爲直就小取篇之原文，及墨辯他篇對此二名之所釋，卽足以明「或」與「假」乃一辯論歷程中首二階段宜有之二事。

按小取篇原文曰：「或，不盡也。」何謂盡？按經上曰：「盡，莫不然也。」又經說上曰「盡，俱（依孫詒讓校改）止動。」何謂動？按經說上曰：「動，或徙也。」何謂止？按經說下曰：「彼彼止於彼，此此止於此，」又經說上曰：「是孰宜止？（據孫校）彼舉然者，以爲此其然也，則舉不然者而問之。」又經說下曰：「止，彼以此其然也，說是其然也；我以此其不然也，疑是其然也。」合此諸文以觀，則知小取所謂「或」爲不盡，卽疑其爲「不盡然」，或疑其「非莫不然」之義。「彼彼止於彼，此此止於此」，則止爲定然不移之義。言若「盡然」而「莫不然」，則定然不移，義不徙動，卽「俱止動」也。而人之自以爲其言爲盡然，而莫不然者，亦卽自止於其「以爲此其然」，而

「說是其然。」反之，則爲言之「不盡然」而非「莫不然」者矣。而當吾以他人之言爲不盡然，非莫不然時，則吾亦將「舉不然者而問之」，而「疑是其然」。則所謂「或，不盡也。」卽於人之說是其然者，疑其非盡然，非莫不然而不堪止，此正爲與人辯之第一步之事也。

謂「或」爲疑人言之不盡然，不僅可通於上引墨辯之經上下及經說上下之文，亦可旁證之於他書。王引之經傳釋詞引管子白心曰：「夫或者何，若然者也，」謂或爲若然，卽似然而不必然，可疑其然者也。故易傳曰：「或之者，疑之也。」易傳語，亦爲胡適氏之文所引。彼並本墨辯盡爲莫不然之義，以謂立辭不能使人莫不然，遂有疑，是爲辯說之所由起。譚戒甫墨辯發微同此意，而皆與吾人之說似相近。然此中仍有毫厘之差，不可不辨。因墨辯所謂「以爲此其然」「說是其然」，「莫不然」，乃謂人之指其所立之辭或義，而言其「然」，無「不然」之處，而「莫不然」。莫不然，非謂他人之莫不同意其說，而然其說也。此所謂疑，亦非感於人之或同意某說或不同意某說而起，而是直對人之以其所立之辭與義，其自視爲盡然而莫不然者；意其不盡然而非莫不然，而「疑是其然」也。則「或」非只爲人之主觀心理中之懷疑，爲辯說之所由起；實卽是辯論之第一步，直對他人所立之辭或義，「疑是其然」，擬「舉不然者而問之」之事也。

吾人如知「或」爲於人之所立之辭或義，疑其不盡然，而擬舉不然者而問之之事；則下文所謂「假者，今不然也。」卽爲由「疑是其然」，而正式舉出不然者而問之之事。吾今果能對人之視爲盡然而莫不然者，舉出「不然者而問之」，則足以證人所立之辭或義之爲「假」。經下曰：「假必誖，說在不然。」經說下曰：「假必非也而後假，狗假虎也，狗非虎也。」此卽謂辭或義之假而誖謬者，在其有所不然而爲非者。則吾今之正式舉出不然者問之，此豈非卽所以證其爲假而誖謬者乎？此正爲吾人在辯論中，於他人之所說致疑之後，應有之第二步之事也。則「假者，今不然也。」一語，意自顯豁，固不必以不相干之假言命題或假設之名爲之說也。

今試再舉墨子非攻篇之論辯爲例，以見此「舉不然者而問之，以證人之說之爲假」之論辯方式，實爲墨子之所常用。

按墨子非攻篇，卽所以反對當時飾攻戰、主攻戰之言，而譽攻戰爲善之說者。墨子非攻中嘗設飾攻戰者之說曰：「我貪……得之利」；而墨子之所以非之，則曰：「計其所得，反不如所喪之多」，以明攻戰之不利。此其所舉之例，卽爲「舉不然而問之」，以證主攻戰者之謂攻戰得利之說，乃不盡然者也。如其下文曰：

「今攻三里之城，七里之郭，攻此不用銳，且無殺而徒得，此『然』也。」此卽謂如主攻戰能不用銳，且無殺而徒得，則主攻戰者謂攻戰得利之說，誠然也。然墨子下文卽繼而言曰：「殺人多必數於萬，寡必數於千，然後三里之城，七里之郭，且可得也。……」

此卽就攻戰之必互有傷亡，而有所喪，而「舉不然者而問之」，以明攻戰必得利之說爲假誖之事也。

非攻下又設譬攻戰而視攻戰爲善爲義之說而問之曰：

「今天下所譽善（義）者，其說將何哉？必曰，將爲上中天之利，而中中鬼之利，而下中人之利，故譽之與？意亡非爲其上中天之利，而中中鬼之利，而下中人之利，故譽之與？雖使下愚之人必曰，將爲其上中天之利，而中中人之利，而下中人之利，故譽之。」

此卽設譬攻戰者爲義者之說也。而墨子下文卽非之曰：

「今天下之諸侯，……攻伐並兼，則是有譽義之名，（言被譽爲義）而不察其實也。……今王公大人天下之諸侯，則『不然』，……」（下文卽舉種種攻戰之不中天之利，不中鬼之利，不中人之利諸事爲證，茲從略。）

此卽就爲攻戰者之所爲，實不合乎義，以見譽攻戰者之「說是其然」者，今實「不然」，而明其言之假詩之論辯方式也。

四　辨「效」

論辯之事，首在對論敵之說，致疑於其「說是其然」者，「舉不然而問之」，以明其假詩，因明所謂破邪，西方邏輯所謂破斥 Distsuction，此在小取篇卽「或」與「假」二項中之事也。然因明破邪後，必繼以顯正，西方邏輯中破斥後，必繼以建立，此在小取篇卽效以下之事也。小取篇曰「效也者，爲之法也。」爲之法，豈非使己之所立，足以爲法而堪效，以引論敵就己義之謂乎？墨子書恒言「既已非之，何以易之」。「或」與「假」所以非人之言，「效」以下之事，正所以立己之所是，以易人之非也。

小取篇謂「效也者，爲之法也」，此法字亦爲墨辯中之一專門之名辭。按經下曰：「一法者之相與也，盡類，（類字依王校）若方之相合也。」又經說下曰：「一方盡類，俱有法而異，或木或石，不害其方之相合也。盡類，猶方也」。是見墨辯中所謂法，實近乎西方哲學中，所謂理型，公式，概念，或原則之類。而小取篇此節之全文爲「效也者，爲之法也。所效者，所以爲之法也。故中效，則是也；不中效，則非也。此效也」；故時賢之釋此段文者，多以此所謂效，乃效一抽象普遍之法，或依「故」作法，形成一抽象普遍之原則，視爲大前提，以作一演繹推論之謂。然吾於此後說，則不能無疑。其中豪厘千里之辨，亦有可得而言者。

按墨辯之言法，以一「方」盡類爲喩。今對各方物，如方木，方石等而言，此方之自身，固是一抽象普遍之公式或原則；而一切堪爲法者，或依「故」所作之法，亦當各爲一抽象普遍之公式或原則。於此抽象普遍之方式或原則，以語言表之，則可形成一演繹推論之大前提，吾亦無異辭。然此中之根本問題，則在墨辯中是否果有「就一法之自身，如一方之自身，而視爲抽象普遍之公式或原則」之思想。墨辯謂一方盡類，乃謂盡一類之方物，無論方木方石，皆有此方之性質或方之法，而於其爲方處相合。此實爲以「方」爲內在於一切具體之方物中之思想。如謂此「方」爲一普遍者，乃以方爲具體事物中之普遍者，而非離於具體事物外之抽象的普遍者。如以「方」喻其餘一切法，則墨辯所謂法，亦宜皆爲具體事物中之普遍者，而非抽象的普遍者。則墨辯雖隨處言「法」，亦儘可從未有就「法」之自身措思，視爲抽象的普遍方式法則之思想，亦可從未有將此方式法則，單獨標舉而出，立之爲大前提，再作推論之意。而此亦無礙於人之在實際上，依於事物之相類處，或內在於不同事物中之普遍的方式法則，以由一類中之事物之情形，以推及同類之事物，如所謂類推是也。

吾人如承認，墨辯所謂法之盡類，唯是謂法爲一類中之具體事物之普遍者之義，則法非他，即同類事物間之相類處。此相類處，亦即同類事物間之共同的方式或法則也。而所謂一事物之效法其他事物，亦即一事物之求亦具某方式，以與具某方式之其他事物求相類之謂，墨辯所謂「若之而亦然」也。所謂一事物堪爲其他事物之所效法，亦即其某一方式，堪爲其他事物所效法之謂。由此而所謂堪效法之辭，亦即其立辭之某一方式，堪爲他辭之所效法，而爲他辭之所「若之而亦然」者之謂。此某一方式，即堪效法之辭之足以爲法處，而堪效法之辭，亦即其足以爲法處之所依；固不須將此方式或法，自具體之辭抽離懸空，而視之爲抽象之普遍者，或孤立之爲一大前提，以爲說也。循此以釋小取篇所謂「效也者，爲之法也；所效者，所以爲之法也」之言，則上一句卽言立一辭，當使其所依循之方式，可爲他辭所效法；下一句則言，爲他辭所效法者，卽此依循某方式而立之言辭。二者回互成文，是所謂「堪被效法者」或「所效者」，與「往效法者」或「能效者」，同爲具體之言辭，而「法」則內在其間之共同的方式而已。今果如時賢之釋此段者，謂所效者純爲一抽象之法，而此法又有其「所以爲之法」；則若此所以爲之法者，又爲另一抽象之法，以爲其所效；……則所效又有所效，卽犯無窮過。反之，若此「所以爲之法者」，乃指一具體事物之法，則人豈不可直接以具體事物之法，爲其所效，又何必中間多此純效抽象之法之一舉乎？是見謂墨辨之所效之法，必爲一抽象之法者，於「所以爲之法」一語，必進退皆無善解。而吾今謂效法之事，唯是一效法者，求亦依循或具有所效者之法或方式之事，則不特於此二語，輕而易解，而於墨子此節之文，及全篇之義，皆可暢通無阻。茲於下再進而論之。

小取篇論效一節文之核心，在「故中效，則是也；不中效，則非也。」一語。按本篇首曰：「以說出故。」，大取篇曰：「辭以故生。」，經上曰：「故、所得而後成也」，則「故」卽辭之所得而成之理由。時賢於此，亦皆無異說；而依某一類之理由，以生出某一類之辭，亦卽辭之生成之方式或法也。吾人之辭，果求足以自立，則必當使此辭之依故而生之方式或法，堪被效法——卽中效，而後「其是」「其然」，乃確定無疑，反之則非，而可疑其不然矣。此卽辯論歷程中，人於經「或」

「假」二階段，以對論敵致其疑問，明其不然後，求自立其辭以顯正理之要道也。今試再就墨子之論非攻，以見於立辭之求「中效」而堪效法，實爲墨子之所賴以正面之樹立「攻之當非」之主張者（墨子之非「攻」爲反面的反對攻，然墨子之主張「非攻」，建立「攻之當非」，則爲正面的樹立「非攻之主張者也。此二者須辨別。）

據非攻篇，墨子之論非攻，屢言攻爲虧人自利之事。虧人自利，卽墨子之主非攻之辭，或「攻之當非」所自生之理由，或「其所待而後成者」之「故」也；而依此故、卽虧人自利，以論攻之當非之論辯方式，卽堪效法而中效者也。何以知其爲中效而爲堪效法者？今設有攻以外之某事，而爲虧人自利者，吾人卽可效法此論辯方式，依某事之爲虧人自利之故，而亦論其當非也。此在墨子非攻篇，則爲進而舉出「竊人桃李」、「取人牛馬」等虧人自利之事爲例。然此例之正式舉出，則爲「譬」之事，詳在下節。尅就一辭之立而論，則初只須自其立辭之所依之「故」爲「中效」，其辭之論辯方式堪效法，固不必將效法之而取以爲譬之例，皆舉出也。

五　辨「辟」

小取篇釋辟曰：「辟（畢沅謂辟同譬）也者，舉他（據王念孫校改）物而以明之也。」

譬喻生於「直告之不明，故以他物爲喻以明之」，此人皆可無異辭。然此中之問題，在譬是否可單獨成爲一論辯之方法，或只當視爲論辯歷程中之一事，如吾人之所說。如人不知彈者，今喻之曰：「彈之狀如弓」。又有人不知人間攻戰爲何似者，今喻之曰：人間攻戰之狀如蟻鬪。此誠皆爲由設譬喻，以使人知己所言之義之道，然其本身卻非卽是辯論，亦不單獨成爲辯之一法。小取篇首曰：「辯將以明是非……明同異……決嫌疑」，經說下曰：「辯也者，或謂之是，或謂之非，當者勝也」。故必或說彈能傷人，或說彈不能傷人；或說攻戰爲義，或說攻戰爲不義，方有辯。否則，亦須或說彈如弓，或說彈不如弓；或說人間攻戰；狀如蟻鬪，或說非如蟻鬪，方有辯。而此後者之辯，則唯在彼此皆先已了解彈與人間攻戰之狀後，乃能發生。若在他人尚未了解何謂彈何謂攻戰之狀時，吾爲之譬，以明彈與攻戰之狀，則此只是自釋其言之涵義之事，尚非與人辯之事也。則謂在吾與人論辯之歷程中，爲使人了解吾言，乃作譬喻，以助人之了解，因而辯之歷程中，卽包含譬喻之一事，固可；然謂譬喻可單獨成爲一辯論之事，或辯論中之一法，則不可也。

抑吾將進而論者，則小取之言譬，實尚不宜只視爲使人喻己意之一般譬喻。因一般之譬喻，儘可隨人之方便，而自由採取，只須其能使人彷彿會意，亦儘可有不同之方式，而漫無定準。如吾喻彈如弓，可，喻彈如虹、如丸，亦無不可。然墨子小取篇所謂「譬」，爲「舉他物而以明之。」此所謂明之，當爲連上文而說，言舉譬以明「效」之項下所言之未明者也。此「他物」一名，又屢見於後文之釋「援」與「推」中，是見其義亦當連貫「援」與「推」以爲說，而非泛說之一般譬喻也。然則此所謂舉以爲喻之他物，當爲何物？曰：此當爲在效之項下所立之辭說中所論及之物，之同類之物。此同類與否，依何而定？曰：依吾人是否可對之依同類之「故」，以生同類之辭說而定。今再就墨子非攻篇之設譬之道，以明上文之義。

墨子非攻篇欲證攻戰之爲虧人自利之非，曾舉上節已提及之人之「入人園圃，竊其桃李」「攘人犬豕雞豚」，「取人馬牛」「殺不辜人」等爲例。此皆對墨子所非之攻戰，分別爲一譬。此諸譬非自由任取而來，而實爲依一定之標準，而選擇之同類事物。而其所以爲同類之事物，卽在同爲虧人自利者，亦卽同爲吾人可依其爲虧人自利之故，而立同類之辭，以言其非者也。夫然，故人若能知此諸譬中之諸事之非，卽足還證攻戰之非。然尅就此譬喻之階段說，則吾人只須舉出此一一之事，而意在以此明彼，卽已盡譬喻之責。至明白之說出其同爲虧人自利而同爲非，則爲此下之階段之辯論之事。如侔援推等也。

六　辨「侔」

小取篇曰：「侔，比辭而俱行也。」何謂比辭而俱行？陳大齊先生於其名理論叢中釋侔一文，曾詳論西方邏輯中之加辭或減辭之屬於侔。如小取篇之謂「白馬，馬也，乘白馬，乘馬也。」此「乘白馬」「乘馬」，即加「乘」於「白馬」與「馬」所成之加辭之例。而由「白馬馬也」至「乘白馬乘馬也」，亦即可稱爲比對二辭，相與俱行；今視爲侔之例，固亦可通。然吾觀小取篇後文，所舉之例，恒爲二例以上並舉之情形，今錄數者，並以甲乙丙丁，標之如下。

甲　白馬，馬也；乘白馬，乘馬也。

乙　驪馬，馬也；乘驪馬，乘馬也。

丙　獲，人也；愛獲，愛人也。

丁　臧，人也；愛臧，愛人也。

…………

…………

如上文之二例並舉，乃小取篇作者之有意如此，則所謂比辭俱行，大可非就一例而言，而是就二例以上而言。如上文甲與乙二例，即爲比辭俱行；丙與丁二例，亦爲比辭俱行。而甲乙丙丁四例，就其構造方式之同有相似而言，亦未嘗非比辭俱行也。若然，則單純的對一辭自身，由加減而引出新辭，未必即可稱爲侔；必一辭（如乙之驪馬馬也）比照另一辭（如甲之白馬馬也）之如何由加減等，以引出新辭（如甲之乘白馬乘馬也）之方式，以自引出其新辭（如乙之乘驪馬乘馬也），方爲侔也。

吾人上列之說與陳氏之說，對於比辭俱行之解釋，似皆可通，則無論謂單純之加辭減辭爲侔，及比照另一辭之如何引出新辭，以由一辭引新辭，似皆可稱爲侔。然若取陳氏之說，謂單純之加辭或減辭，卽可稱爲侔，則此雖爲一種推論之方式，卻可不與辯論直接相干。而如取愚之說，以侔爲比照一辭之引出新辭之方式，以自引出新辭；則侔對辯論之價值卽至大，而明顯爲辯論歷程中，人求立論時，繼譬之事而必然應有之事。今更詳錄非攻篇，對於其所取諸譬之文，條列於後。下括弧中者，乃愚所加，以便明比對其關係者。

甲　今有一人，入人園圃，竊其桃李，衆聞則非之，上爲政者得則罰之（卽謂爲不義），此何（故）也？以虧人自利也（不仁）。

乙　至攘人犬豕雞豚者，其不義又甚入人園圃，竊桃李者，此何故也？以虧人（自利）愈多，其不仁茲甚，罪益厚。

丙　至入人欄廐，取人馬牛者，其不……義，又甚攘人犬豕雞豚。此何故也？以其虧人（自利）愈多，其不仁茲甚，罪益厚。

丁　至殺不辜人，拖其衣裘，取戈劍者，其不義，又甚入人欄廐，取人馬牛。此何故也？以其虧人（自利）愈多，其不仁茲甚；罪益厚。

戊　殺一人，謂之不義，必有一死罪矣。

己　殺十人，十重不義，必有十死罪矣。

庚　殺百人，百重不義，必有百死罪矣。

………………

今至……攻國（殺千萬人）……

墨子非攻篇，原文有脫誤，文句構造，亦有未嚴格處。然大體而言，則乙丙丁三者，卽皆爲比照甲而立之辭，爲比辭而俱行者；己庚卽比照戊而立之辭，亦爲比辭而俱行者。而此比辭俱行，以次第立新辭之目標，則在逐步逼出，攻國之殺千萬人，爲千萬重之不義，而有千萬重之死罪之結論，以成就其非攻之說。果此皆爲比辭俱行之侔之事，則侔在辯論中之價值實至大。而侔之所以爲侔者，則在其比辭而俱行之諸辭，乃對同類而可相譬之事物，依同類之「故」而生者，故可賴以互證其是非也。

七　辨「援」

小取篇曰：「援也者，子然我奚獨不然也。」時賢多謂援爲援例或類比推理。然若吾人上文之釋侔之論，果能成立，則吾人毋寧謂侔之比辭俱行，更近乎類比推理。如上文之由一事之爲「虧人自利而有罪」，以謂另一事之爲「虧人自利之亦有罪」，此正爲類比推理之形式也。由「臧之爲人而愛臧爲愛人」，以謂「獲之爲人而愛獲爲愛人」，亦爲類比推理之形式也。類比推理者，由「此」之如是，以推「彼之同於此者」亦如是，亦卽由「我」之然，以推「同於我之子」之亦然，或由「子」之然，以推「我之同於子者」之亦然也。簡言之，類比推理者，卽由此一然以推彼一然之事也。然小取篇之釋援則曰：「子然我奚獨不可以然也？」則至少自表面上文字以觀，並非由此一然以推彼一然之事，而是由此一然以問彼何不然，或由子然以問我何不然之事，亦卽求援於此一然，以問彼何不然，或援「子然」爲例，以問「我何不然」之事。此所成者遂只爲一反詰之辭，而爲論辯中之所常用。此反詰之辭，固可進一步，引發一推理；然剋就其爲反詰之辭言，則尙非推理，而只爲辯論中之一事，唯所以引發推理，而過渡至推理者耳。此亦卽援之所以可稱爲辯之歷程中之一階段之故也。今再舉子墨子非攻篇之言爲例。

按墨子非攻篇，於擧竊人桃李，攘人犬豕雞豚，取人馬牛，殺不辜人等虧人自利之事，並謂之爲不義後又曰：

天下之君子皆知而非之，謂之不義，今至大爲攻國（大虧人自利），則弗知非而譽之義，此可謂知義與不義之辯乎？」

此上墨子之論辯方式，正爲由此然以問彼何不然，或由子然以問我何不然之方式。蓋天下之君子，既知入人園圃等虧人自利之事爲不義，而自然其說，則何以於攻國之爲不義之說，又不以爲然乎？此墨子之反詰，正爲援之方式之運用也。又非攻篇另有一段文，今亦加以甲乙丙標之如下：

「甲　今有人於此，少見黑曰黑，多見黑曰白，則以此人爲不知白黑之辯（辯同辨）矣。

乙　少嘗苦曰苦，多嘗苦曰甘，則必以此人爲不知甘苦之辯矣。

丙　今小爲非，則知而非之（謂之不義），大爲非，攻國，則不知非，從而譽之謂之義，此可謂知義與不義之辯乎？」

此上三者，前二者爲比辭俱行之侔，（甲）爲釋不知白黑之辯者，（乙）爲釋不知甘苦之辯者。而所謂「不知……辯」者，即「於少曰如此，於多不曰如此」之謂。則凡「於少曰如此，於多不曰如此」，皆「不知……辯」之類也。然人於此前二者之「於少曰如此，於多不曰如此」者，皆謂之爲「不知……辯」；然在第三例（丙）中，人於小爲不義知謂之不義，於大爲不義，乃不謂之不義，而反謂之義；此正亦爲「於少曰如此，於多不曰如此」之例，人卻不謂其爲「不知……辯」，故墨子乃反詰曰，此可謂「知……辯乎？」。此亦正爲援之方式之運用也。

又在小取篇後文一段曰：

「盜，人也；多盜，非多人也；欲無盜，非欲無人也。奚以明之？惡多盜，非惡多人也；欲無盜，非欲無人也。世相與共是之。若若是，則雖盜，人也，愛盜，非愛人也；不愛盜，非不愛人也；殺盜，非殺人也。無難矣。此與彼同類，世有彼而不自非也。……所謂內膠外閉與？……」

墨者論殺盜非殺人，不愛盜非不愛人，此如墨經下言「狗犬也，殺狗非殺犬也」，皆與一般邏輯觀點不同，亦爲荀子正名篇所反對。其意蓋在謂盜雖爲人，然殺盜乃因其爲盜之故而殺之，非因其爲人之故而殺之，於是殺盜非殺人。至不愛盜，亦因其爲盜之故而不愛之，非因其爲人之故而不愛之，故不愛盜非不愛人。此言非無理趣，下文將更及之。而墨家之所賴以證成其說者，則爲就世人之共承認「盜，人也；惡多盜，非惡多人，欲無盜非欲無人」爲說。此世人之所共承認者，卽涵有「就人爲盜之故而惡其多，欲其無，乃與惡人之多，欲人之無，二者不相同」之義，亦卽涵有「別盜於人」之義。小取上段文之論點，卽世人既承認此「別盜於人」之義，而謂「惡多盜非惡多人，欲無盜非欲無人」；何以世人又不承認墨者之依於此「別盜於人」之義，而有之「不愛盜非不愛人，殺盜非殺人」之說？世人既不自非其言。何以又非墨者之所言乎？上段之文，實正涵此一反詰，乃墨者與世人對辯時所宜有，是卽問：「子然我奚獨不可以然也？」之援。至由此反詰，以歸於子然亦應然，子亦當承認我之然，承認墨子之殺盜非殺人，不愛盜非不愛人之說，則正爲援之下一步之「推」之事也。此於下節再詳之。

八　辨「推」

小取篇釋推曰：「推也者，以其所不取之同於其所取者，予之也，是猶謂他（依王念孫校改）者同也，吾豈謂他（依王校改）者異也。」

時賢之釋推，或謂之歸納法，或謂之演繹法，然皆於小取篇本文無確據。此所謂「取」「不取」與「予」，初皆當就對辯之人我雙方之活動而言。「取」者，於某事物，自取此說，自取此辭也。「不取」者，於某事物，不取此說，不取此辭也。「予」者，於某事物，予以此說此辭，亦以此說此辭予人，而使人取也。茲先再舉非攻篇之論辯爲證，再及於上段所謂「殺盜非殺人」之辯，以明推之爲承援而起之下一步之事，亦卽一結束辯論歷程之事。

非攻篇於舉「竊人桃李」、「攘人犬豕雞豚」、「入人欄廐取人馬牛」，「殺不辜人」等諸例，以論其虧人自利有罪而不義後，嘗謂「天下之君子」皆知其不義而謂之不義。此卽言：「其虧人自利之不義」，爲天下之君子之所取也。然於攻國之虧人自利之不義之處，則天下之君子無所知，反從而謂之義，不「謂之不義」，此卽天下之君子之所不取也。而非攻篇之全文，則歸結於證明：此「攻國之虧人自利之不義」，乃與「竊人桃李……殺不辜人等虧人自利之不義」爲同類。此卽謂天下之君子，所不取之「攻國之不義」，同於其所取之「竊人桃李，殺不辜人等之不義」也。由此而墨者之論辯，卽爲：此二者旣同爲不義，何以於彼謂之不義，於此不謂之不義，而反「從而謂之義」乎？此卽「子然我奚獨不可以然」之問，上所謂反詰之援也。由此反詰之援之進一步，卽必爲：旣於彼之虧人自利，「謂之不義」，則與彼相同，而同爲虧人自利之「此」，亦當謂爲「虧人自利之不義」，而將此辭，施予於此之上。此卽「以其所不取之同於所取者，予之也。」此予之，乃將此之「爲虧人自利之不義」，亦施予於此之上，亦卽將墨者之此辭此說，施予於天下之君子，使之亦取此辭此說也。於同類之事物，人我雙方，當對之有同類之辭說，乃一切辯論之目標與歸結之所在。他與此同，則我不得謂其異，而有異辭異說，故曰：「是猶謂他者同也，吾豈謂他者異也。」辯論卽止於是矣。

茲再舉上文「殺盜非殺人，不愛盜非不愛人」之論辯，以見推之爲義。如小取篇於「惡多盜非惡多人，欲無盜非欲無人」之後曰：「世相與共是之」，此卽言世人共於「惡多盜」，取「非惡多人」之說，於「欲無盜」取「非欲無人」之說也。而此諸說中，卽涵有「就人之爲盜而惡其多、欲其無，乃與惡人之多、欲人之無，二者不相同」之義，卽涵有「別盜於人」之義。此亦卽世人所取之「彼」，而不自非者也。然世人雖取上列之說，及其中所涵之義，然世人又不取墨者「殺盜非殺人，不愛盜非不愛人」之說，及其中所涵之「別盜於人」之義。此見世人之不知其所不取之同於其所取，不知此二者同依於「別盜於人」之義而立，亦卽依同類之理由，或同類之「故」而立，而忘此二者實爲同類之說也。今此二者既爲同類之說，何以世人於其所取之「彼」不自非，而於墨者之說，則非之乎？此亦卽上節所謂反詰之援也。由此反詰之援之進一步，卽必爲：既取別盜於人之義，於「惡多盜」，取「非惡多人」之說，於「欲無盜」，取「非欲無人」之說；則亦當本其所取，於「殺盜」，取「非殺人」之說，於「不愛盜」，取「非不愛人」之說，而承認墨者之所論。此亦卽依於吾人於同類之事物，人我雙方，當對之依同一之理由或故，以有同類之辭說：「他」與「此」同，則不得謂其異，而對之有異辭異說也。

九　辨「辯」之七事

如吾人以上對或、假、效、辟、侔、援、推之解釋爲不誤，則此七者，實乃論辯歷程中次第相生之七事，而非併列之七法。此論辯之歷程，非一人獨自運思之事，而是在說者與爲論敵者之人己雙方間進行之事。此雙方論辯之根本原則，不外乎小取篇首所謂「以類取，以類予，」「有諸己不非諸人，無諸己不求諸人」。大率在己與人論辯之始，恒以他人之說爲不盡然，故「或」之而疑之，進而舉不然者而問之，就其不然處，以謂人之所言爲「假」；於是乃依故，或理由，以自立一辭說，並使此自立辭說之道，足資效法。乃進而舉其他與所欲論者同類之事物爲譬，以見吾人於此諸同類事物中之此一例，可依某一故或理由，以立如何之辭說者；於彼一例，亦可依同類之故或理由，而立同類辭說，由此而有比辭俱行之侔。至當人於同類事物中一例，取如此之辭說，而於另一例，不取如此之辭說時，則反詰其「子然我奚獨不然？」而有援。由此再示人以對此另一例，亦當對之取如此之辭說，而取其初所不取；以使人我共取同類之辭說，以予於同類之事物。此卽推之所以爲辯論之歸結，而使人我於同類事物之辭，皆「以類取」而「以類予」者也。施何辭說於何事物，以示諸人，謂之予；於何事物採何辭說，以有諸己，謂之取。然人之大患，正在於所知之一事物取何辭說者，於另一同類之事物，不取同類之辭說；乃反而對人於此另一事物，取同類之辭說者，謂之爲非，而忘其先實已於其所知之一同類事物自取同類之辭說矣。故論辯之道，要在「有諸己而後求諸人，無諸己而後非諸人」，若無諸己，則不當求諸人，若有諸己，則不當非諸人。今吾既於「竊人桃李」「殺不辜人」等事，知其爲虧人自利而不義，並實有此見，存之於心；則吾當依類而知攻國之虧人自利爲不義，並求他人亦依類而視攻國爲不義。此卽有諸己而後求諸人也。至於世人承認「惡多盜非惡多人」「欲無盜非欲無人」，而又非墨者「殺盜非殺人」「不愛盜非不愛人」之說者，則忘其自己正存有與墨者同類之見，是卽非「無諸己而後非諸人」，乃「有諸己而又非諸人」矣。非推恕之道矣。夫然而論辯之功，一方在將吾所知，而兼爲人之所能知之其他同類事物，舉以示人，以便人之依類而推，得於論辯中之同類事物，亦取同類之辭說；一方在反躬自省，當吾反對他人於某事物，存某見作何說時，吾是否從未嘗對同類之事物，存某見作何說；而非在爲自己之所言，尋求重重疊疊之前提，以建立一形式之論證，如西方邏輯之所重；更非只在指出對方所立之言所犯之「過」，如印度因明之所重。唯由此而後吾人可進而了解小取篇下文所論之譬侔援推之辭，所以「行而異，轉而危，遠而失，流而離本」之故，及其對言之多方殊類異故，何以並無西方邏輯印度因明之形式的說明，而亦不可以邏輯因明之法式衡之之理由。此當於下諸節詳之。

十　言之多方殊類異故——或是而然，或是而不然。

小取篇後半之文，論譬侔援推之辭之「行而異，轉而危，遠而失，流而離本」，及言之「多方、殊類、異故」其所舉之例多瑣屑，義蘊亦不多。卻爲今之西方邏輯釋墨學者所喜論。然實則以西方邏輯之法式，衡此所舉之例，多不可通。而可通之者，蓋惟一原則，卽就世人或對辯之他方，立辭時之主觀心理中，其辭所指之「實」如何（卽察名實之理），如何取「故」（卽依何理由），及其所已承認之「類」之同異，以定其所生之辭之當否而已。同辭以所指之實異，而辭亦因以異，蓋卽言之「多方」；取故不同，斯有「異故」；依異故而立之辭，其類亦異，蓋卽「殊類」。今先照錄原文，再加以申釋如下。

「夫物有以同，而不率遂同；辭之侔也，有所至而止。其然也，有所以然也；其然也同，其所以然不必同。其取之也，有所以取之；其取之也同，其所以取之不必同。故辟、侔、援、推、之辭，行而異，轉而危，遠而失，流而離本，則不可不審也，不可常用也。故言多方、殊類、異故，則不可偏觀也。夫物或乃是而然，或是而不然，或不是而然（此句依胡適校增），或一周不一周，或一是而一非也。……

（一）白馬，馬也；乘白馬，乘馬也。驪馬，馬也；乘驪馬，乘馬也。

獲，人也；愛獲，愛人也。臧，人也；愛臧，愛人也。此乃是而然者也。

（二）獲之親，人也；獲事其親，非事人也。其弟，美人也；愛弟，非愛美人也。車，木也；乘車，非乘木也。

船，木也；入（據孫詒讓閒詁所引蘇時學校）船，非入木也。盜，人也；多盜，非多人也；無盜，非無人也。……此乃是而不然者也。

（三）夫且讀書，非書也；好讀書，好書也。且鬭雞，非雞也；好鬭雞，好雞也。且入井，非入井也；止且入井，止入井也。且出門，非出門也；止且出門，止出門也。若若是，且夭，非夭也；壽，夭也，（此三字不可解，或疑壽字爲止且夭止四字之譌，否則壽字下當脫止字）。執有命，非命也；非執有命，非命也。……此乃不（依胡適校增）是而然也。

（四）愛人待周愛人而後爲愛人，不愛人，不待周不愛人；不失（疑衍）周愛，因爲不愛人矣。乘馬，不待周乘馬，然後爲乘馬也；有乘於馬，因爲乘馬矣。逮至不乘馬，待周不乘馬，而後爲不乘馬。此一周一不周也。

（五）居於國則爲居國，有一宅於國，而不爲有國。問人之病，問人也；惡人之病，非惡人也。人之鬼，非人也；兄之鬼，兄也。祭人之鬼，非祭人也；祭兄之鬼，乃祭兄也。之馬之目盼，則謂之馬盼；之馬之目大，而不謂之馬大。之牛之毛黃，則謂之牛黃；之牛之毛衆，而不謂之牛衆。一馬，馬也；二馬，馬也；馬四足者，一馬而四足也，非兩馬而四足也；馬或白者，二馬而或白也，非一馬而或白。此乃一是而一非者也。」

此上所舉之例，分五類，今以一、二、三、四、五標之，合以證成「言之多方殊類異故」、「辭之侔也，有所至而止」、及譬侔援推，可「行而異，轉而危，遠而失，流而離本」之義。此五類之例，似可截然分別；然如何分別，則小取篇，並無嚴格之形式化的說明，而吾人如以西方邏輯之形式的法則衡之，即明有不可通者。

如以（一）與（二）中之例言之，「白馬馬也」，「獲之親人也」與「其弟美人也」，三者之形式同爲$a \cap b$（即 a 包涵 b 中）。「乘」之加於白馬與馬，亦當無異於「事」之加於獲之親與人，及「愛」之加於其弟與美人，其形式同爲$ac \cap bc$。則乘白馬固爲乘馬，獲之事其親，亦應爲事一人，而人之弟果爲美人，則人愛其弟，亦卽愛一美人也。仿此，則車船果爲木，入車船卽入一種木也；盜爲人之一種，多盜卽多盜之一種人，無盜亦卽無盜之一種人。此方爲合乎西方邏輯之形式規則之推論。然則何以小取篇謂（一）中之例爲是而然，而（二）中之例，則爲是而不然乎？

時賢多謂此（二）中之例，所根據之規則，乃依於種名（如車盜）個體名（如獲之某親）與類名（如木與人）之不同；故連於種名之辭（如乘車、殺盜）與連於類名之辭（如乘木、殺人、事人）不同；連於個體名之辭（如事獲之親）與連於類名之辭（如事人）亦不同。然果如此說，則在（一）中之例，「白馬」種名，「馬」類名、「獲」個體名，「人」又類名，此中亦有個體名，種名，類名之不同；則乘白馬亦應與乘馬不同，愛獲亦應與愛人不同。然則小取篇何以獨謂（二）中之例，爲是而不然，於（一）中之例，又謂之是而然乎？

由上文可知（一）中之例與（二）中之例，實不能依西方邏輯中同一之形式規則，加以說明。則二者之分別，果何所根據？曰：此根據，實非純爲邏輯的，而實兼爲心理的。所謂兼爲心理的，卽謂此二者之分別，乃初由人於此二類之例中，就其辭所抒之義之分別言，可見人心於事物之如何取故，在事實上之有所不同，故此二類之例爲相異。此中，既已如何取故，而依之以再進而引生某辭，其故與所引生之辭之關係，可爲純邏輯的。然人對不同之事物，如何取故，則並無邏輯上之必然法則，而純爲心理的也。

吾人今如依人之心理上如何取故之分別，以說明（一）中之例與（二）中之例之分別，此實甚易。譬如在（一）之例中，吾人問：何以乘白馬是乘馬？此卽以吾人之乘白馬，乃依白馬之實爲馬之故而乘之，乘驪馬之爲乘馬亦然。卽此中吾人在心理上，乃就白馬驪馬等物之爲馬之故，而取此故，以引生「乘白馬爲乘馬」及「乘驪馬爲乘馬」之辭也。又問：何以吾人愛臧與獲是愛人？此中之臧與獲，或謂爲奴婢之名。無論是否，要之吾人愛臧與獲，非因其與我有何親戚關係，而純因其實爲人之故而愛之，故愛臧與獲卽是愛人也。

至於在（二）之例中，何以獲之親爲人，而獲事其親非事人？又何以其弟是美人，而愛弟非愛美人？則此由於獲之親，雖爲一人，然獲之所以特孝事其親之故，卻非由於彼爲一人，而實由彼爲其親之故；而獲之愛其弟之故，亦因彼實是其弟之故，亦非以其爲美人之故也。仿此，故車船爲木，然吾人之乘車，入船，乃因車船之爲物之某種形構，而實能載人之故，而非因其爲木之故，故乘車非乘木，入船非入木也。又盜雖爲人，然吾人言多盜時，所思者實乃關於「盜」之「多」、盜之「無」，而非此爲「人」者之「多」與「無」，故多盜非多人，無盜非無人也。

由上卽知（一）中之例，與（二）中之例之所以不同，並非由其辭之形式之不同，而唯由於吾人在心理上於此二類之辭所指之事物，實際上就何方面去看，而如何取故之不同。此如何取故之本身，實無必然邏輯之法則。惟在人既已如何取故之後，乃可說此一定之故，與依此故所引生之辭，有一必然之邏輯關聯。如吾人既由彼爲吾弟之故，而愛之，非以彼爲美人之故而愛之，則吾之愛之，卽爲愛弟而非愛美人。此中之前陳與後陳，或前件與後件間，確可說有一必然性之邏輯關聯。然吾人之何以須就彼實爲吾弟之故而愛之，而不就其彼實爲美人之故而愛之，則純爲主觀心理的，並無邏輯上之必然理由。世間上亦儘可有一藝術家，覺其弟爲美人，而唯就其弟之爲美人之故而愛之也。則此中人之畢竟依其弟爲其弟之故而愛之，或依其爲美人之故而愛之，亦無必然之邏輯法則也。

（一）（二）中其他之例，可依此類推，不另一一釋。

上文所謂吾人之心理上對事物如何取故之分別，亦卽同時是：吾人在心理上對所用之語言之意義，或重此一方面與或重彼一方面之別（自此而言，亦可謂小取篇爲今日所謂語意學或內包邏輯 Intentional Logic 之前驅）。譬如問：何以乘白馬是乘馬？此是因吾人乘白馬，乃依其物爲馬之故而乘之，亦同時是因吾人在說乘白馬時，吾人所重者，在白馬之爲馬之意義，亦卽白馬一語之中，所涵之馬之意義，而非其中所涵之白之意義——故說乘白馬是乘馬，可，說乘白馬是乘白不可。又如問：何以愛臧與獲是愛人？此是因吾人之愛臧與獲乃因其爲人之故，亦同時是因吾人在說愛臧與獲時，吾人所重者，在臧與獲之爲人之意義，亦卽臧與獲之二名中，所涵之「爲二人之名」之意義。再如問，何以獲事其親非事人？此卽亦是因獲事其親一語，吾人所重者，非其親之爲人之意義，而唯是其親爲親之意義也。更如問：何以愛弟非愛美人？則因弟之一名，在一般義原無美人之意義。在一人之弟爲美人之情形下，對此一人，以「弟」名之，並視「弟」如一專名時，此「弟」之一名，固亦可在外延上涵有指某一美人之義；然在其愛弟時，儘可全不思及其爲美人，則其所用之「弟」之一名中，仍可無美人之意義，故愛弟之一辭，亦不涵具愛美人之意義也。其餘乘車、入船、多盜、多人之例，可以類推，不另釋。

十一　言之多方殊類異故——不是而然，一周一不周，一是而一非。

吾人如知（一）（二）中之例之別，乃依於人之心理上之如何取故之別，與人於其語言所重之意義之別，則對於小取篇（三）中所謂「不是而然」之例，（四）中所謂「一周一不周」之例，及（五）中所謂「一是而一非」之例，亦當知其立辭之方式，皆不能以西方邏輯之形式規則衡之，而其表面上之似相矛盾之情形，皆唯有依於人之心理上如何取故之別，或人於其語言所重之意義之別，方能加以解消。

在（三）中之例，如依邏輯上加辭法言之，則如a非b，ac卽非bc；ab既非b，abc亦非bc。讀書既非書，好讀書卽不同於好書而非好書；鬬雞既非雞，好鬬雞亦非同於好雞；且入井既非入井，止且入井亦不同於止入井。其餘仿此。然則小取篇何以言「讀書，非書也；好讀書，好書也。鬬雞，非雞也；好鬬雞，好雞也，且入井，非入井也；止且入井，止入井也……」？依吾人之意，好讀書之所以爲好書——或吾人之所以可由好讀書之辭，以引生出好書之辭——唯由人在好讀書時，人在心理上確對於書與讀，皆有一好，因而好讀書之辭中，卽包涵好書之意義。故吾人卽可依「好讀書」中，所包涵之對「書之好」或「好書」之「故」，以生出好書之辭。依此「故」立爲前提，以生出之辭，爲結論，其間之關係，固亦爲邏輯的。然於「好讀書」，何以只取其所包涵之「對書之好」之一義，而不只取其「對讀之好」之一義，則純爲心理的，而非邏輯的也。今吾人若於好讀書中，只取其「對讀之好」之一義，則由好讀書引出之結論，應爲「好讀」，非「好書」矣。好鬬雞之例與好讀書之例相似，可不另釋。至於「止且入井」之一例，所以能成立，則由於吾於「止且入井」時，兼有「止其入井」之義。今取此義，故可以「止且入井」爲前提，以生出「止入井」之結論。然若吾人承認「且入井，非入井也」，吾人於「止且入井」中所重者，在「止且」之意，則「止入井」中，無此「止且」之義，則「止且入井」，卽非「止入井」矣。唯在常人之一般心理中，於「好讀書」，恒取其中之「好書」之義；於「好鬬雞」中，恒取其中之「好雞」之義；於「止且入井」中，恒取其中「止入井」之義；此卽小取篇所謂「不是而然」者也。

在（四）之例中「愛人待周愛人而後爲愛人，不愛人不待周不愛人，不周愛，因爲不愛人矣。」

一段，依俞樾釋，「周猶徧也」，蓋謂愛人者必待遍愛人，乃得謂爲愛人；不愛人，則不待徧不愛人，而後謂之爲不愛人；即只須於人有所不愛，即爲不愛人矣。此釋正合於墨家之兼愛之教。然(四)中之下一例，爲「乘馬，不待周乘馬，不乘馬待周不乘馬。」以邏輯之形式規則衡之，此二例明互相矛盾。因若愛人，必待周愛人而後爲愛人，乘馬亦應待周乘馬而後爲乘馬；若乘馬不待周乘馬，則愛人應亦不待周愛人。因此二辭之形式構造爲全同也。胡適氏小取篇新詁，於此遂謂上一例中之小取篇原文，亦應爲「愛人不待周愛人」，以合於下一例之「乘馬不待周乘馬」。然果將小取原文，如是加以校正，則於其下所謂「一周一不周」一語，便無所交代。因此一周一不周，明非就一例內部言，而爲就二例之相似而不同處言。愛人之例乃周之例，乘馬之例，則不周之例也。胡氏謂依俞氏所釋，則小取篇無異自作一互相矛盾之說，此不應有。胡氏不知小取篇此文於各節所舉之例，表面觀之，正皆爲在邏輯形式上，可說爲互相矛盾者。其所以實不相矛盾者，則由於人之取故之不同。在此愛人及乘馬之一周一不周之二例中，人於乘馬時，或立乘馬之辭時，可只注意於其有所乘之馬，而只取「有乘於馬」之義，故乘馬不待周乘馬也。至於在愛人時，或說愛人時，則人非復只注意於其有所愛之人，而重在「去愛人」；而愛人之辭，亦不只涵有所愛之人之義，且涵「於人皆愛」之義；依墨家兼愛之教，更必須重此義，以求盡人而愛之。故小取篇謂愛人必待周愛人也。

在(五)中所舉之諸例，如依一般邏輯之形式規則衡之，亦明表面上有互相矛盾之情形。如謂「人之鬼，非人也；祭人之鬼，非祭人也。」又謂「兄之鬼，兄也，祭兄之鬼，乃祭兄也。」此二者卽互相矛盾。因如人之鬼非人，則兄之鬼亦非兄；如兄之鬼爲兄，祭兄之鬼爲祭兄，則人之鬼亦應爲人，而祭人之鬼亦爲祭人，方能免於邏輯形式上之矛盾。然小取篇之謂兄之鬼爲兄，祭兄之鬼爲祭兄，而人之鬼非人，祭人之鬼非祭人，卻自另有理趣，而爲常識之所首肯。卽人在祭兄之鬼時，人在心理上，恒如覺其兄之尚在，因而於兄之鬼之意義中，人乃重其實爲我之兄之意義，而不重其爲鬼之意義。至在祭人之鬼時，則吾人心理上，乃覺其已非人而爲鬼，人此時乃重其實爲鬼之意義，而非其曾爲人之意義。緣此人在心理上，對兄之鬼與人之鬼所重之意義各別；於祭兄之鬼時，乃取其兄之故，依其爲兄之義而祭之，故由祭兄之鬼所引生出或推得之辭或結論，遂爲祭兄；而於祭人之鬼時，乃取其爲鬼之故，依其爲鬼之義而祭之，故由祭人之鬼所推得之結論，遂非祭人，而爲祭鬼矣。

在「問人之病，問人也；惡人之病，非惡人也。」一例中，亦有同樣之問題。因問人之病，乃問屬於人之一事，惡人之病，亦是惡屬於人之一事，此二者之邏輯形式全同，此中並無「一是而一非」可說。而小取篇之所以說一是而一非者，唯以在問人之病中，人所關心注目者，實在人而不在病；在惡人之病時，人所厭惡者，實在病而不在人；故以問人之病爲前提或理由或故，所生之結論或辭，爲問人；而以惡人之病爲前提或理由或故，所生之結論或辭，非惡人也。

在「居於國爲居國，有宅於國不爲有國」之例中，如謂居於國爲居於國之部份之土地，則有宅於國，亦爲有宅於國之部份之土地。如居於國之一部份土地，可稱居國，則有宅於國之部份之土地，亦應可稱爲有國，方合邏輯規則。而小取篇之言二者之別，則唯有就人一般人之心理上，語言意義上，說居於國時，人所思者，實乃所居之國之全體之土地，此全體之土地，似皆爲人之行旅所及，故居於國卽居國；而說有一宅於國時，人所思者實乃宅之只佔國之一部份之土地，除宅所佔之此一部份土地外，其餘部份之土地皆在其外，故有宅於國非有國也。

復次，「之馬之目盼，則謂之馬盼」；「之馬之目大，而不謂之馬大」。二辭之不同，亦不在二辭外表之形式構造，而由於在此二辭中，吾人對馬與目盼及目大二者關之係，所了解之不同。於馬之目盼中，吾人所了解於馬目者，乃其活動，吾人視此活動可實屬於其目，亦可實屬於整個之馬；故吾人可依馬之目盼爲理由，以說馬盼。（或謂盼爲眇，眇爲一目之活動之停止。此活動之停止，仍可屬於全馬，故馬之目眇卽馬眇。謂盼謂眇，皆不關大體）於馬之目大中，了解於馬目者，乃其形相，此目之形相之大，乃實只屬於目者，不能說屬於整個之馬。此卽二辭之所以不同也。

至於「之牛之毛黃，則謂之牛黃；之牛之毛衆，而不謂之牛衆。」之例，與上者略同。此二例之別，則在吾人對「牛」與「毛黃」「毛衆」等之關係之了解不同。在吾人了解牛之毛黃時，卽同時知毛之附於牛之形體，其黃亦實如在其形體之上，故可以牛之毛黃爲理由，以說牛黃。至吾人了解牛之毛衆時，吾人所思及者，惟是此毛之衆。此毛之衆，實乃止附於此一牛之毛之衆，而非可用以指牛之形者，故不能以此爲理由，以說牛衆也。

小取篇之最後一例爲「馬四足者，一馬而四足也，非兩馬而四足也。」及「馬或白者，二馬而或白也，非一馬而或白也。」此二者之異，可說由於此二馬字，實代表不同之概念，在邏輯上爲二名辭。亦可說此二馬字雖皆是馬字，然吾人於此乃思及其不同之意義。吾人說「馬四足」時，吾人乃就「馬」之一字，實指一馬之意義而思之，由「一馬四足」之辭爲故或理由，固不能引出「兩馬四足」之辭也。至吾人謂「馬或白」時，吾人乃實就「馬」之一字指兩馬以上之意義而思之，由「兩馬或白」之辭爲故或理由，固亦不能引出「一馬或白」之辭也。

十二　小取篇之論辯之宗趣

吾以上二節，不厭覶縷，於小取篇後半篇，所舉之諸例，皆一一就其對偶成文處，以明其外表上皆非依同一之邏輯上推論形式而立，而吾人如以同一之邏輯上之推論形式衡之，將見其正爲互相矛盾衝突者。今吾人所賴以銷解之之道，則在於此對偶成文之辭，知其不同之義，並知吾人對外表形式上相類之辭，在心理上所思及之意義，而所立之爲理由或「故」以引出他辭者，儘可實不相同。因而此外形式上相類之辭，實非眞正相類。此卽所以明辭之多方殊類異故也。自小取篇後半篇之意，在明辭之多方殊類異故以觀，則此不特非意在建立邏輯上之普遍的推論形式，且正在證明外表上同一之推論形式，在實際上恒不能普遍應用，所謂「不可常用」是也。

然吾人雖謂小取篇後半篇之宗趣，不在建立邏輯上之普遍的推論形式，然卻又不可說小取篇無邏輯上之原則之提出，更不可說小取篇意在明世間無眞正相類之辭。其所欲人注意者，唯是辭之似相類者，可實非相類；而使人知「辭之侔也，有所至而止。其然也，有所以然也；其然也同，其所以然不必同。其取之也，有所以取之；其取之也同，其所以取之不必同」。此上對偶成文之諸辭，即皆其例也。由此而依小取篇意，吾人欲定二辭之是否相類，欲知吾人可否由一辭之然，以知他一辭之亦然，要在知吾人以此二辭爲然而取之之時，其「所以然」或「所以取之」之是否相同。簡言之，即吾人於此二辭，其所取之故或所依之理由，是否相同。辭若異故，則殊類，必同故而後其類同，此即小取篇所提出之邏輯原則。至於依故所生之辭，其本身之是否有效，而堪效法，亦在此故，與由此故所引生之辭，是否有邏輯上必然之關係。若立此故，必有此所引生之辭，是謂大故。經說上所謂「大故，有之必然，」是也。若立此故，不必有此所生之辭，而不立此故，必不能有此所生之辭，是謂小故，所謂「小故，有之不必然，無之必不然」是也。大故相當於西方邏輯中所謂充足之理由，小故相當於必須而非充足之理由。時賢論者已多，吾於此亦無異辭。此大故小故之名，雖不見於小取篇，亦爲小取篇之依故生辭之邏輯原則之所涵也。

然小取篇之宗趣，復不能說其只在提出上列依故生辭之邏輯原則，實又在指出吾人之如何「取故」，乃兼屬於人之心理中之事，並不能只由二辭之外表形式上之相類，卽謂其所取之故爲相同。外表形式上之相類，乃「其然也同」「其取之也同」；而「取故」，則是就其然之「所以然」，而有「其所以取之」。此人之如何取故，乃不必爲人所自覺，亦不必表現於辭之外表形式上者。吾人欲定人之所言之辭之是非，則要在就人在實際上所取之故，與其所生之辭，是否有必然關係而觀，而非在就其外表之形式以觀。故祭人之鬼與祭兄之鬼之二語之形式同，然人於祭兄之鬼，乃取其爲兄之故，是爲祭兄，而祭人之鬼時，則乃取爲鬼之故，遂非祭人矣。

依小取篇之義，人之如何「取故」之事爲心理的，而不必表現於辭之外表形式中者。此卽同於謂人之如何「取故」，並無事先之規定，亦無邏輯上之必然理由，如上所已論。而此依何故以生何辭之本身，亦可不必皆以語言加以形式化的表達者。如在前文所舉之殺盜非殺人之論辯，其所以能成立，唯在人於殺盜時，乃就盜之爲盜之故而殺之，非就盜之爲人之故而殺之。此中，如將所取之故，另以語言加以形式化的表達，卽可形成一西方邏輯中之普遍原則，或印度因明中所謂「因」及「喻體」。此普遍原則卽「『就盜之爲盜而觀，及待之以何道』不同於『就盜之爲人而觀，及待之以何道』」之原則。此原則復可依於一更高之普遍原則，如「『就一類（如人）中之一種（如盜）而觀此種之特性，及此特性所關聯之事（如殺）』不同於『就一種之屬於一類而觀此類之公性，及此公性所關聯之事』」之原則，或「『種名辭、種概念之內包之意義，及其所聯繫之意義』」不同於『類名辭、類概念之內包之意義，及其所聯繫之意義』」之原則。唯依此等普遍原則，墨者方能謂盜人也，而又別殺盜於殺人。然此普遍之原則，在墨者之殺盜非殺人之論辯中，並無形式化的表達，即唯是隱涵的原則。至在墨者之其他論辯，如上述之非攻之論辯中，其「虧人自利而當非」之原則，固非隱涵的，而爲明顯的表出者；然墨者之邏輯思想，終未進至了解：一切推論中所隱涵的原則，皆宜有明顯的形式化的表達之義，此即其不如西方邏輯印度因明者也。

墨者對於論辯中所隱涵之原則之形式化的表達，雖未能重視，然缺此表達，亦儘可無礙於辯論之進行。此乃由於辯論之雙方，可爲在實際上同承認此隱涵之原則者。而實際上若辯論之雙方，不同承認若干隱涵之原則，則其言不能相喻，亦不能有共同之結論可得，抑亦可根本無相辯之必要。如在殺盜非殺人之論辯中，墨者誠未如上文之指出其「別殺盜於殺人」所根據之原則，然墨者之論辯，亦正可不必待乎此。墨子於此只須指出世人與之對辯者，既承認「惡多盜非惡多人，欲無盜非欲無人」，則亦當承認墨者之「殺盜非殺人，不愛盜非不愛人」之論。其理由即在此與彼同類。此同類之根據，自在其依同類之故而立，亦即在其隱涵同一之「別殺盜於殺人」之原則。然此原則之未有形式化的表達，並不礙於人在知二者之同類時，即在實際上依於同一之原則，由承認其一以承認其二。此即小取之論辯，特重舉例爲譬，以比辭俱行，外表觀之，若皆爲西方邏輯中之類比推理之故也。

總上所論，故知小取篇之中心問題，實不在建立邏輯上之推論形式，而唯在述論辯歷程中之或、假、效、辟、侔、援、推、之七事。此中之要點，則在「立辭必明於其類」，辭之相類者，亦卽依相同之「故」而立者。凡依相同之故而立之辭，則此然彼亦然，承認其一，卽當承認其二，而取其一，卽當效之以取其二，是之謂以類行。而人之心術之大患，則在於辭之相類者，不明其爲相類；恒承認己之一，而不承認他人或其他之二。乃於「竊人桃李」「攘人犬豕雞豚」等，虧人自利之事，則知非之，而於攻國之虧人自利，則不知非；於「惡多盜非惡多人，欲無盜非欲無人」則是之，於「殺盜非殺人，不愛盜非不愛人」則非之。此皆蔽其於「己之內」之一，而不能以類行，以通達於「其外之他人或其他」之二，所謂「內膠外閉」是也。由此而有辯中之七事，以解此膠閉，以使人之立辭，皆明於其類。然辭有相類相侔，而實非相類相侔者，此卽由其所指異義，實乃依於不同之故而立，原爲殊類者。由此而有小取篇後一半篇之雜取諸似相類而實非相類之辭，而並舉之；以見凡異故者，其辭之形式雖相類，亦實爲殊類，因而人亦不當於此取其一以取其二。此卽小取篇論辯之宗趣也。大約大取篇所重者在人之如何取行，小取篇所論者，則皆在如何取言。蓋依墨子之教，重行過於重言，故於行曰大取，於言曰小取也。

新亞學報四卷二期　四十九年九月廿六日

第七章　原言與默：中國先哲對言默之運用

一　導言

中國思想之傳統中，對人之如何立論、推論之形式之研究，未能如西方與印度之邏輯因明，早成爲一專科之學。此爲中國學術之短，毋容爲之諱言。然於如何運用語言以表意表義，語言運用與行爲之關係，語言運用之價值，與其限制何在，則自始有不斷之反省與論述。此大體上略同現代西方所謂語意學之問題。吾前於荀子正名及先秦名學三宗與墨子小取篇之論辯二文，已指出先秦名家及墨子荀子之論名實關係，辯論之程序，及言之多方異故等問題，皆由語言之如何指實表義，人在對辯時，如何使己意喻諸於人而引起，並嘗謂其問題，與其說爲邏輯的，不如說爲更近乎語意學的。吾本文將更進而論者，則在說明中國思想，對語意之問題之反省，乃自始注意及語言與語言之外圍之默之關係，並視語言之用，唯在成就人與人之心意之交通。此中可說有一中國之語言哲學之傳統；並擬進而續對墨莊孟荀之言辯之異同，作一總持之討論與分析，以言此傳統中之語言哲學中諸基本型態之思想。

二　先秦儒墨道法四家對言默態度之不同

常言語言之用有指客觀之事物，表主觀之情志，及通達人我之意三者。指客觀之事物者，如科學之語言。表主觀之情志者，如文學之語言。通達人我之意者，如人倫間與社會中人之相告相命之語言。然人類之原始，尚有一種對客觀之事物之語言，即咒語。如咒彼「土反其宅，水歸其壑，昆虫無作，草木歸其澤」之類。此乃一方依於人之主觀之情志願欲，一方又視彼自然之物，亦能知人意，或有神能使之知人意，乃視人之語言，亦能對之有所命，如其對他人之能有所命然。此乃混合另二種語言所成之對事物之語言，而蓋亦人類之原始所共有者。作此種語言者，乃既信語言能指物，亦能表情達意，並完成此情意中之目的，而有其實作用。緣此發展，而人有一對語言自身之崇拜，並可有種種之詛盟與魔術中之語言，亦可進而視一語言之自身爲一形而上之存在，而自有種種之實作用者。如印度彌曼差派有聲常論。謂聲常，即謂若干具神聖性質之語言，能永恒存在，人唸之而有實作用，則成咒語。佛學初雖反對聲常之論，亦不重咒語，然大乘佛經如般若華嚴中，亦附有咒語，密宗之口密，更純爲咒語。在西方，則希臘之 Logos 之原義，卽言 Word，卽道。猶太教之舊約謂上帝創造天地，乃先說宜有光，卽有光，說宜有天地萬物，卽有天地萬物；是一切物，皆直接依上帝之語言而生。基督教亦重上帝對人言語上之啓示。自約翰福音，而以希臘之哲學中之 Logos 與上帝同在。Logos 卽言卽道，此道卽上帝之聖子。此道之成肉身爲耶穌，亦卽無異於此「言」之成肉身。猶太教徒與基督教徒之視新舊約爲上帝之語言者，亦若視此語言之本身，卽具一種神聖之實作用。此亦實皆遙承原始人類之咒語中語言崇拜而來。至在中國，則古之祝盟，亦皆有咒語之意義。緯書言倉頡造字，孔子作春秋而天雨粟、鬼夜哭、天降血書等，亦由信語言有實作用而來。後之道教佛教，亦皆有咒語。吾今亦無意作此咒語之必無效之臆斷。然在中國思想之傳統中，則此咒語之地位，顯然較在印度與西方爲低。中國無印度之聲常論。原始宗教思想中，雖亦謂天帝與人言語，如詩言「帝謂文王」。然孔子則明謂天何言哉，孟子亦謂天不言，緯書中之說，多不爲後之儒者所取。老子爲道教所宗，而老子之「道」，乃不可道亦不可名者。中國佛教於第一義，例以言語道斷、心行路絕爲說；中國佛經中之咒語，並不爲佛教學者所重視。重咒語之密宗，唐代傳入後，竟歸斷絕。今乃再由西藏日本傳入。卽中國佛徒之信咒語有效者，對其所以有效之故，亦另有解釋。如以作咒語時之心識之感應，解釋咒語所以能感動人及衆生與其所共變現之世界之故，便非只對咒語自身作語言崇拜也。故吾人可說中國人對語言自身之崇拜之心習，遠較西方印度爲薄。中國人蓋極罕相信語言自身能對實際事物有實作用者。

緣是而於語言之指事物之用，亦不直對事物而言，於語言指物記物之事，亦卽可不說爲直接對實際事物說話之事，而可只視爲方便他人亦了解此實際事物，或使自己之未來，亦能記得此實際事物之事。由此而語言之指物記物之用，亦卽可包攝於「對他人或自己之未來達我今日之意」之中。表情志之語言，其中亦必有意存焉。則無論對人對鬼神表情志，皆兼爲達意之事。卽一人之自嗟自嘆，亦可說爲自己對自己達意。自己對自己，亦是人對人也。於是上文之三種語言，皆可以「達人我之意」之一語以說之。而語言亦卽唯存在於此人與我之心意交通之中，或人與我之主體心靈之交通之間；卽唯存於今西方所謂 Inter-subjectivity 之中。然人之多存原始之語言崇拜之心習者，因其初信語言對事物，直接能有一實作用，故彼雖已不信語言之有實作用，仍將重語言之指物之用，而以語言存在於我與物之間，乃唯重語言與客觀事物之切合相應之一面，未必眞能重語言之達意之用。而重語言達意之用者，亦可更不重在求語言與客觀事物之切合相應之一面，如儘可以語言提醒人自懷某一意、或自往注意某事物而止。此則其機甚微，而差別至大。以吾觀西方印度人之用語言，卽在今日蓋仍爲直接重視語言之指物之一面者。而中國思想，則早將語言指物之用，包攝於達意之用之中，而於語言之指物之用，容有未盡量加以發展之處；故早有一視語言唯存在於人我之心意之交通中之一傳統。然語言固可成就人我之心意之交通，而語言又或不足以成就此人我之心意之交通，乃不容不默，而默又可爲無言之言，反能助成此心意之交通者。然彼重以言指物或對物與神作咒語頌讚者，則未嘗不可言無已時，乃反不知眞默之意義，與其可以助成人我之心意之交通何在。曠觀中國先哲對言與默之運用，而後知中國之重此語言之達意之用，確爲一傳統也。

中國思想之重言與默之關係，乃初由重言行之關係而來。中國古代之思想，皆在位之哲王哲臣之思想，在位之人，原重在行而不重在言。此與西方希臘人，初爲僑居殖民地，而惟務在仰觀俯察彼天地萬物之理者固不同；亦與亡國之猶太教基督教之徒，只能以言教人者不同；更與原出自祭師之頌禱之印度宗教思想相異。行在言外，行卽由默而後有者也。然特提默之一名，爲言行之樞紐，則蓋原於孔子。孔子有默而識之之語，又嘗謂予欲無言，並舉「天何言哉，四時行焉，百物生焉，天何言哉」以自況。則知言外之有默，言外有無言，乃始於孔子。而謂言皆對人而有，亦孔子之旨。故孔子曰：「可與之言而不與之言，失人；不可與之言而與之言，失言。智者不失人，亦不失言。」蓋言旣對人，卽必一方有我爲說者，一方有人爲聽者，語言唯存在於此說者聽者之間。則無其聽者，或聽者非能聽，自當歸於默；而聽者旣能聽，則說者亦卽當說。故失言不可，失人亦不可。失人不可，故顏淵於孔子之言，無所不悅，而孔子乃與囘言終日。失言不可，故孔子有余欲無言之嘆，而默與天契。人稱孔子之「時然後言，人不厭其言」，故孔門之教，亦有言語一科。子貢善言語，然子貢以言語方人，孔子又曰：「賜也賢乎哉，夫我則不暇。」冉有季路爲季氏辯，孔子又曰：「君子疾夫，舍曰欲之，而必爲之辭。」此則謂言而不當，不如默也。孔子固亦能侃侃言，便便言，然又謂「辭達而已矣。」

吾意此辭達，當如「立己立人」「達己達人」語中之達。孔子之此言，即謂只須言辭能達己意於人，以使人知此意，而通達人我之心意，則可更不言而歸默矣。至若言而不得其聽者，人我之心意，不能相通達，是謂言之窮。依孔子之教，人之立身行己，有進有退，有見有隱。合則進，不合則退；有道則見，無道則隱。孟子亦言孔子「可以仕則仕，可以止則止，可以久則久，可以速則速」。又曰「窮則獨善其身，達則兼善天下」。行道有窮達，而出處有異；言亦有窮達，而語默有異。故易傳曰：「君子之道，或出或處，或默或語」，二者對舉成文。行之有出處，言之有默語，依時而定。此即孔子所以爲聖之時。而亦見孔子于言默之際，最能執其兩端而用其中，未嘗陷於一偏，而爲中國思想中對言默之思想之一最高之典型也。孔子後之孟子盡心篇曰：「未可以言而言，是以言餂之也；可以言而不言，是以不言餂之也。皆穿窬之類也。」荀子非十二子篇謂「言而當，智也；默而當，亦智也。故知默，猶知言也。」易傳既言「當名辨物」，「鼓天下之動者存乎辭」；又言「吉人之辭寡，躁人之辭多」，「默而成之」。中庸言「邦有道，其言足以興；邦無道，其默足以容。」凡此孟荀以及儒家之傳，皆兼重言默，而同承孔子之教而來者也。

然孔子以後之墨子，則迫切於行道以救天下，乃知進而不甘於退。故墨子之行，如禹之形勞天下，三過其門而不入，乃有出無處。而其卓絕之精神，亦可說有勝於孔子之處。墨子重行，然起天下人之行，必待於言。墨子重言之足以起行，故上說下教，而尚談辯。墨子之耕柱篇謂「爲義……能談辯者談辯，能說書者說書，能從事者從事。」能談辯說書者不必能行。此即今所謂宣行家與宣傳家之分。是見在墨子之教中，言行之事亦可分爲二。而事談辯者，其任務在談辯，即有言而無默。墨家之談辯，非只表己意，亦意在服人，且必服人而後已。故莊子謂墨子强聒而不舍。墨子又信其言之必足服人而人莫能非。貴義篇謂「以其言非吾言者猶以卵投石也，盡天下之卵，其石猶是也。」又可見墨子自信其言之必能服人。然服人必有理由，必立故，而本之以成推論。墨子之言，乃皆具頭尾成體段，亦咸歸於一定之歸結，又爲人之所可淸晰把握而持循之敎條，欛柄，如兼愛非攻尙同是也。緣是而墨家乃有一談辯之術，而有墨辯中對談辯之本身之談辯，以與當時之辯士相訾應。孔子知時然後言，亦知言之不當不苟；故重辭達，亦論正名之要。孔子之正名，乃意在使人由其名之所在，而知其義之所當爲。孔子言辭達，只在表己意以使人喻。據論語記孔子語，孔子蓋亦唯直就義理之當然者而舉之，以告弟子，而罕有說辯。故陸象山謂論語一書中多有無頭柄底說話。無頭即無明顯之理由，無柄即無一定之結論爲欛柄，作敎條。如論語首謂學而時習之，不亦悅乎。孔子未嘗言何以當學而時習之，亦未嘗言學而時習而心自悅之外，有何欛柄敎條之可執也。論語陽貨篇載，宰我以三年之喪爲期太久，更自述其所以疑之之理由。孔子則只逕答以「食夫稻，衣夫錦，於汝安乎！」宰我曰「安。」孔子則唯曰「汝安則爲之。」是見孔子知重辭重名，而未嘗重說與辯。先秦重說辯之風與名家之流，謂皆開自墨子之教可也。

至於道家之老子莊子，則不似孔墨之徒，皆志在用世，蓋皆處士之流，期爲聖之清，而不期爲聖之任者。故寧退而不屑進，亦寧默而寡言。而其默也，非必待時而動，乃藉默以寄情於妙道之體證，而其言，乃唯所以指點其默中之所體證，及此所體證者之超於言意之外。於是老子有「道可道，非常道；名可名，非常名」，「行不言之教」，「善者不辯，辯者不善」，「大辯若訥」之論；莊子謂「辯也者，有不見也」，「孰知不言之辯，不道之道」（齊物論），而期在有得意忘言之人與之言。此則明與墨家之流，重言辯以上說下敎者，大不相同。墨子以言教行，以言論談辯之術，是以言立言，以言益言也。道家以不言爲教，以言教人證無言之境，是以言泯言也。此與孔子之言默相代以爲用者，又明爲另一型態之語言哲學。然其期在以言與忘言之人，互通心意，以相視而笑，莫逆於心，或期在萬世之後，得知其解者，以相遇於旦暮（齊物論），則又與孔墨之以言通達人我之意之旨，固未嘗不同也。

至於法家之流，則如韓非子謂「言行者，以功利爲的彀者也。」故於言行之價値，皆衡之以功利。功利者國家之富强。故法家於無益於國家之富强之言行，皆在所必禁；然視法令之言，又不能不有。循名核實與形名參同，以生賞罰，乃爲政之一端。則名言之要，唯見於「法令之規定人民之所當行與不當行」，與「考核有其名有其言者之是否有行」之中。法令期在民之行，而不期在其心悅而誠服，故可無事於辯說。觀名實形名之是否相應，操之者在人主之心術，而不在言。故法家不尙談辯，與道家相類；皆不似墨子之重對天下人施其說教，復不同於孔子之正名之意，在使人自知其名之所在，而知其義之所當爲者。法家唯以法令之言，與循名核實爲工具，以使人民之不得不有如何如何之行；而足以必此行爲之有者，則在爲政者之賞罰之行，固不在法令之言之自身也。賞罰行，而以談辯議賞罰之辯士與儒生，亦在所必誅。故循法家之道，必歸於焚書坑儒。此乃以政治之行，制談辯之言，使天下默；便不同於道家之以言泯言而獨默，不同於墨子之言多無已，以說服人而起人之行；亦不同於孔子以言默相互爲用，以正名達辭，唯使人依其名之所在，義之所在，以自起行者矣。

法家雖惡辯士之談說，然其書具在，固亦未嘗無談說。然其談說，蓋初非如墨子對天下人而談說，亦非如儒者之對學者而談說，復非如道家之徒之感舉世無所知者，乃對自己而談說。法家之言，蓋皆初只對君主一人而談說，冀得見用而行其道。故申子說韓昭侯，商鞅說秦孝公，李斯說始皇。韓非口吃，不能道說而著書。始皇見其書，而恨不見其人。韓非書中，屢嘆息於法術之士之不見用，則其著書，亦冀見用。其書之說與辯，蓋亦皆意在說服其心所想望之明主一人耳。然韓非見忌於李斯，終下獄以死，則見欲說服者雖只在一人，其道亦終有時而窮。韓非又著說難，更痛言雖善說者亦不能期當道者之必喻，亦不能杜絕聽言者之猜疑。蓋說者爲我，聽者爲彼，彼此異心而異情，則聽者對說者之所言，無不可另自作一解釋，以成一誤解，而心懷疑慮。說者之言無窮，聽者之誤解疑慮亦無窮。莊子固嘗論言辯之際，是無窮，則非亦無窮矣。而韓非之說難一文，則更彰顯聽者於說者之言之誤解與疑慮之不可無之義。此則無異於謂以言達意之事，有極限存焉。此則原於聽者恒能於言者之言所達之意外，能更自另生其意而來。此亦正可證明心意不通，則言說必窮，人勢必歸於默，言說唯存於心意之交通之際。是見韓非與儒墨道之言雖皆異，然在以言說唯存於心意之交通之際，亦未嘗不同也。

三　漢人之以言益言，與王充之辨言虛，及魏晉清談中之言默相望以俱存。

先秦之韓非，懷法術而不見用，著說難而終死於獄。李斯焚書坑儒，以裁抑天下之善口辯之縱橫游說之士，亦終不能盡絕之。故秦亡而縱橫之士再出。漢初如蒯通、鄒陽、主父偃，皆習縱橫之術。即儒道之徒，如陸賈、賈誼、淮南王之倫，其著書皆未嘗無為說以易天下之志。及賈誼被黜，鼂錯見殺，淮南王被誅，而當世乃知徒以其言說思想，以易當今之天下者，其道終窮。而傳經之儒，獨抱遺篇，以傳授學者，反為世所尊信。說經以求致用當世者，如董仲舒，乃得略行其道。經學既列於學官，通經致用為世之所趨，而說經不能致用者，亦儘可說堯典二字，累十餘萬言。此說經之儒，其初意當在通聖賢之經傳之意旨，此乃以說經者之心意，求通昔之聖賢之心意。其通經致用，則是更以此為媒，以通當時之君主與世人之心意。此即大不同於先秦學者之求直與當世人之心意，彼此相與「橫通」；乃其時之說經者，求與昔聖賢之心意相與「縱通」者也。然經書殘缺，口傳不同，而說者亦異，於是有今古文之爭。今古文中又有各家之爭。弟子承師，能傳其師說，斯亦可矣，乃有經師之家法。家法者，又一家之師弟相承，以縱通其說經之旨意者也。然以今說古，而古人已往，則終有死無對證之患。黨同門，妒道眞之禍，固勢所必至，而於昔人之言，若一一皆加以尊信，又必矛盾錯雜，積為虛妄之談。王充於此，乃自言於世書俗說，多所未安，而暢論「語增」「藝增」所致之傳言之多妄，載籍之多虛。乃本耳目之所實知，當世之所親見，以為辨古昔傳來之虛妄之所資。此則初重在語言之指物之用，及其心意與客觀之事物之相通，而不重在以己之心意通古人之心意矣。王充自紀篇言「幽處獨居，游必擇友，不好苟交」，則行類道家。人謂其書「稽合於古，不類前人」，當世殆無知者。然彼又謂「言恐滅遺，故著之文字」，又謂「文多勝寡」，故其書累卷不休，冀「名傳於千載」，則其重言說之多，亦同於說經之儒；而其所欲通之心意，則為來世人之心意。此亦仍是以語言文字唯存於與人心意之相交通之中者也。

王充著書以待後世之知者，而魏晉人之清談，則求人與人之心意之相契於目前之交遊聚會之際。此蓋原於漢末之清議。由清議之品評，而人之物望有其高下，即足為政治上察舉人才之所資。不經察舉而聲名在世，便只為名士。人於名士，恆求親接其風儀言論。浸至名士與名士相接，而清談興焉。

清談之所談者，恆玄遠而不及實際之事務，乃成名理玄理之論。談者之晤言一室之內，既可忘情於遠古與方來，亦可暫置天下事於不問。於是一朝之會，亦可快然自足，如當下絕待。清談固以義理爲歸，而談者之風儀之美，與言談中音聲辭采之美，其花爛映發，皆可使人披襟解帶，對所談之義理，更流連不已，而自然了悟，亦使人與人之心意，更易得相通。蓋義理在於心意，心意見於言談，而談者固自有其風儀音聲與辭采。此數者固原不相離。然能知其不相離，而使之相互爲用，以使人之心意中所懷之義理，更易得相通，則唯魏晉之清談中有之，而爲昔之所未有者也。

魏晉人之談家，固或終身標一理或數理，然亦或有更互爲主客者。如世說新語文學篇載：王弼見何晏，「晏問此理，僕以爲理極，可得復難不？弼便作難……自爲主客數番。」文學篇又載許掾詢與王苟子，共決優劣，許復執王理，王執許理，更相覆疏。此則談者中雖或有較量辯才之高下之意，然亦意在曲盡一義理所涵之正反之諸面，並見當時人以談義理之本身爲樂之興趣。世說新語文學篇又載：「支道林許掾諸人，共在會稽王齋頭……支通一義，四座莫不厭心，許送一難，衆人莫不抃舞。但共嗟咏二家之美，不辯其理之所在。」又載傅嘏與荀粲共語，「有爭而不相喻，裴冀州釋二家之義，通彼我之懷，常使兩情皆得，彼此俱暢。」此則見當時清談之風，乃以能互通心意，各暢其懷，其本身即一價值，故大可忘情於勝負，能兼嗟嘆二家之美，而不辯其理之所在。亦唯人能知此談之互相心意，各暢其懷之本身，即具一價值者，然後更能自爲主客，而無所不可也。魏晉人之清談，須整飾音節，並修飾文辭，且四座有他人正待機而言；故言者不能多言無已，恆須言簡意賅，而智者亦自能默悟。乃或妙語解頤，數言而足。故王夷甫問阮宣子，老莊與聖教同異，曰：將無同。世稱三語椽。衞玠嘲之曰：「一言可辟，何假於三？宣子曰：……亦可無言而辟，復何假一？遂相與為友。」（世說新語文學篇）或但喜聞人言而唯以默應。如殷荊州與慧遠談易，遠笑而不答，樂廣聞裴頠之論，笑而不言。支道林造即色論，示王中郎，王中郎都無言。緣是而魏晉清談中，人之言外之意，乃得大多於言。而多言是否即必能盡意，使人必喻，亦原是一問題。韓非有說難，則見言不必能盡意，使人必喻。秦延君以十餘萬言說堯典，而後世無傳，則言多未必勝寡。而魏晉人於此，又有言是否能盡意之辯。昔之謂言不盡意者為莊子，而莊子則期在忘言。魏晉人既有清談，即未嘗必欲忘言。不欲忘言，而談言是否能盡意，則「言盡意」，與「言不盡意」，皆在言談之中。言若不盡意，則待言外之默。以心知其意。言若盡意，則即言而人已可默識其意，更不待言外之默。今談言之盡意與否，則言與言外之默，與言內之默，又皆在討論此問題者之心意中。心意中存此問之意為默，今答此問，無論主言盡意或言不盡意，又皆為言。此中即有意與言，言與默之相望相涵以俱存，而意在言中，亦在言外；意在言與不言之間，而言亦可在有意與無意之間。世說新語文學篇又載，庾子嵩作意賦成，從子康問曰：「若有意邪，非賦之所盡；若無意邪，復何所賦。」答曰：「正在有意無意之間。」此即謂言在有意無意之間也。此與莊子之直言「言不盡意」，或「非言非默」或「言無言」者，又更多若干翻曲折矣。

四　佛家之科判與判教，與極言說之量以超言說，及禪宗之以言破言。

至於魏晉南北朝隋唐之佛學家，則初承清談家之風，以自標宗趣，繼學漢儒之註疏，以釋佛家之經論。此後者意在通佛與菩薩之心意，有如漢儒說經者，其意在通中國聖賢之心意。佛家經論，皆有組織，故爲之科判。佛家之經論，義有同異出入，則又爲之判教。科判判教者，皆以判者之言，判所判之教之言中之義理之次第、方面、層級之言也。然循科判判教以讀經論，以通佛菩薩之心，又必以超思議之境爲歸。欲達此境，賴於修證，亦由言而默之事。然佛學家之論疏，又皆卷帙浩繁。智顗、法藏、窺基、湛然、澄觀、宗密諸大師，尤力求充言說之量，以袪疑破執而顯正理，方更指示彼超言說之境。即佛經之較簡者，如維摩詰經，言入不二法門，亦須先列諸菩薩於入不二法門之諸說既盡，然後有維摩詰之嘿然無言，以見此無言，即所以入不二法門者。佛家必先暢說可說，然後及於不可說，則又與魏晉清談者及諸玄學家之言默相望俱存以爲用者異矣。

佛家之判教，在定諸經所陳教理之位次。然佛以一音說法，而衆生各得其解。天台有同聽異聞之秘密不定之教，而天台華嚴，又皆有不歷層次以絕言會旨，頓超直悟之頓教，澄觀華嚴玄談謂「天台四教皆有絕言，四教分之，故不立頓……賢首意云……欲頓詮言絕之理，別爲一類之機。」故華嚴五教，特標頓教。而禪宗之惠能，則直下對上上利根人說頓悟爲宗，於經教言說，皆重當機之自由運用，而不重其原有義理層次之解說。蓋衆生之機感，原自不同，一語固可對不同衆生爲異義，而衆生有異聞；則相異之語，亦卽可未嘗不同有引致其開悟之用。壇經付囑品，言「法相語言三十六對，若有人問汝義，問有將無對，問無將有對，問凡以聖對，問聖以凡對……二道相因，生中道義。」由此而後之禪宗大德教學者，乃或言卽心卽佛，或言非心非佛，或言「青青翠竹，總是法身；鬱鬱黃花，無非般若」；或言「黃花若是般若，般若卽同無情，翠竹若是法身，法身卽同草木？」（註）或言凡夫卽佛，或言佛卽凡夫，以致逢佛殺佛，逢祖殺祖。要在當機破執，更不容人如狗逐塊，以指爲月。而禪宗之應對，又必須以語接語，機鋒迅捷，不待安排，不容擬議。又佛之說法，維摩華嚴等經皆謂，揚眉動睛，微笑謦欬，現種種相，無非佛事。故禪宗施教，於語言之外，又有噓聲繪相，棒喝交馳，斬貓燒菴之行事，皆可代語言之用。而學者于此既會得宗旨，則此一切驚天動地之事，又皆歸於寂，唯留師徒之默然以心相印，是爲以心傳心。此佛家宗下之對談，異於教下之詮教，正如玄學之清談，異於兩漢經生之說經。而禪宗之對語，亦非印度之所有，乃遠承孔門師弟之對語，近承清談之風而來。然清談家之談言盡意與否，仍在言中，其言皆清言娓娓，奇文共賞。禪宗之五家，宗風雖各有不同，然皆喜以言破言，意在直指本心，而臨濟以下，其破言之言，尤簡截峻烈，如相呵罵。又清談中

註：傳燈錄慧海禪師語錄。

只有雅言美言，皆如爲精金美玉，又語皆有義；而在禪宗，則粗語與無義語，儘可雜然並陳。然以禪宗觀淸談家之雅言，則言必求雅，正爲大俗，言必如精金美玉，以更不異粗惡之糞土；言必有義，義理爲障，即成無義。今以粗俗無義之語，雜然並陳，以無義破義，以粗俗語掃蕩雅言美言，人乃更能得其言外之意。又禪宗以棒喝助言之所不及，亦有似魏晉人之以麈尾，助言之所不及。世說新語文學篇所載，「客問樂令旨不至者，樂亦不復剖析文句，直以麈尾柄确几曰：至不？客曰至，樂因又舉麈尾曰：若至者，那得去。」即此以明「指不至」之義。此正與禪宗之用棒爲語言之助無殊。然魏晉談家或終身執麈尾，或竟以麈尾送葬，無放下時（註）。禪宗之禪，則時時可提起，時時可放下，麈尾雅而棒俗，麈尾無力而棒有力。此亦如魏晉人之言有音節善長嘯，而不能大喝。百丈對黃蘗言當日被馬祖一喝，直得三日耳聾，黃蘗聞言吐舌。音節嘯聲更何有哉。至於斬貓燒菴，更爲貴游子弟之談家所駭聞。要之，魏晉之談家，雖即能知言外之意與默之爲用，以使言默相望而俱存，而尚未有如禪宗以言與言相斫殺，棒與喝相斫殺，以歸於寂天寞地之大默者。此大默中有心與心之相接相傳，而意也俱無。而此正所以顯語言棒喝之大機大用，而爲昔之談家所未嘗夢見者也。

註：如世說新語傷逝篇，載王長史病篤，轉麈尾而視，及亡，劉尹以犀柄麈尾著棺中。

五　禪宗之傳心，與宋儒之道統及心同理同之義，與宋儒之本自得以正面立言之態度。

禪宗之機鋒應對之言，以及參公案話頭，皆意在使人會得言外之宗旨，與話外之無話處，故只參話頭，而更無話尾。話尾是能傳心之心，而非話。然禪宗之語錄，又將此應對之話，與昔人所參之公案話頭記下。後之禪宗之徒專治語錄，並爲之分別宗旨，此則又無異於經生之業，於是昔人活句，亦皆成死句。又事過境遷，後世之人不知昔人當時之機感之所應者何在；而「拈古」「頌古」，談昔人之公案者，亦或幾同射覆。於是後之禪宗，乃不能不轉入禪淨合參一途，以求歸於平實。而在禪宗極盛之際，不求播弄語言上之精彩，而務在以語言平實說理者，則爲宋儒。宋儒以語言平實說理，始於周濂溪之太極圖說與通書，繼有張橫渠之正蒙。此皆自成一家之言，而又志在契昔聖賢之心。是則又不同於漢儒之說經。漢儒之說經，乃以己言註古昔聖賢之言，而周濂溪、張橫渠，則是自說其所見之義理，此似先秦諸子，而又志在爲往聖繼絕學者。宋儒亦可謂是志在以己之心，傳古聖賢之心。然又不同禪宗之傳心，乃師徒覿面，直接相傳。禪宗自言自迦葉於靈山會上，得教外別傳，以至一花五葉，越祖分燈，皆未嘗斷。而宋儒言道統之傳，乃上承韓愈之說。韓愈原道嘗謂，堯舜禹湯文武周公孔子之道，自孟軻死而不得其傳。而程伊川爲明道先生墓表，亦謂「孟軻死，聖人之學不傳。學不傳，千載無眞儒。先生生於千四百年之後……」云云。」實則濂溪橫渠，同志在遙接中庸與大易之旨。此皆同承認儒學之傳統之已先斷，而更使之續。此便不同于禪宗之不承認其傳統之有此斷，而自始相續者。故禪宗可自謂有眞正在歷史上相傳之傳統，而宋儒則無此義之傳統，而只有道統。道統者，以道爲統。道無今古，故雖晦而能顯，雖斷而續之則在人。豪傑之士，無文王猶興，故一朝而可頓接於千載不傳之道，以接聖賢之心。禪宗雖言頓超直悟，然不喜言獨覺禪。故必言傳燈。而宋儒言道統之傳，則直可平地拔起。禪者言匹夫頓登輔，一念相應，便成正覺，此不可思議之事。則居千載之後，而接千古聖賢之心，更爲不可思議之事也。陸象山於言東海西海南海北海有聖人出，此心此理皆無不同之前，先說「千百世之上，有聖人出焉，此心此理同也；千百世之下，有聖人出焉，此心此理同也。」一一聖人皆可自出，而同契一心一理，「孩童知愛長知欽，古聖相傳只此心」能推此心，則人皆能成聖；則世之相去，地之相距，皆不足以成限隔。此義乃同孟子之言文王與舜之或爲東夷之人，或爲西夷之人，「地之相去，千有餘里，世之相距，千百餘歲」，而「先聖後聖，其揆一也」之言。陸象山於此，固亦喜舉孟子之此言，然亦由陸子之所自悟，而自契孟子之旨。此與佛家之或言十方諸佛之各本無師智、自然智，而自成佛者之言無異。然佛家仍不許此一世間別有一佛，必謂其諸宗之教，皆自釋迦一人出。則與儒者言先聖後聖，原可異地異時而出，不相師而自心同理同者，又不同矣。

依孟子與陸子之言，則人之知先聖後聖東南西北之聖，其心同其理同，此中自亦應有心與心之相印。而孟子陸子，亦自能知此中之心與心之相印。然孰爲證之？此則終不可答。此中蓋只有內證而無外證。文王與舜，猶是實有之人，可舉其言行爲證。然對其外表之言行，皆未嘗不可另作解釋，則亦終不能證矣。陸象山之汎言古今四海之聖人之心同理同，尤無外證可得。然此內證又在何處？則要在由義理之無古今四海之別，以言其心之無古今四海之別而已。人之知義理無古今四海之別，則又唯由人自知之，亦人自證之。是亦初只能爲一默然之自證也。人能自證此義理之無古今四海之別，則亦能自證古今四海聖人之同知之，而知彼同證此義理者，其心之同；而此人之自證，亦儘可不待他人更爲之證，即能由自證而自信自肯，以更無所疑。禪宗之悟道者，固亦未嘗不可有同一之自信自肯，然要不肯明說其自信自肯，皆本於其無師智、自然智，此則終有依傍在。陸象山之此言，則更絕諸依傍以直說，則至少自其言而觀其義，固亦有所進矣。

宋儒之自著書，以爲往聖繼絕學，或接道之統緒於千載之後者，固與古先聖賢之言，或同或異，其所默然自證而自得者，亦有淺有深。宋儒之說經爲經作注疏者，亦或得其眞，或徒以己意爲之。然順此各求有以自得之態度，而將其所自得者，告諸學者，則人與我間，儘可無事於辯爭，亦不必求人之必信己之所言。故朱子與陸子辯太極圖說，往復數書，而朱子終於謂「各尊所聞，各行所知」斯可矣。此則不同於漢儒之各本家法，以自謂能傳經者之必斷斷相爭。亦不同於名墨諸家之必以說辯，求人之信己。宋儒之言，皆稱心而談其所自得，以告學者，又不同於魏晉清談之士以談論本身爲樂。而凡言之唯就其所自得以爲說者，則不可均視同於一可破之執着。蓋凡言之所以成執着，而可相破者，以所說之某一境界，原非偏面之言之所能盡，故言之乃成執着。若吾今所言者，非只對某一境界而說，唯是言我自己趨赴某一境界之行程，或已行者有幾何，以謂所自得者有幾何，則非同於對一境界之妄擬，而對一境界，亦初無所執着。我言我今之所自得者如此，而果又未嘗自限我之即止於此，即我對我之所自得者，亦可無所執；則我之自言其所自得，亦非他人所能破矣。又人之自言其今所自得如此如此者，亦不能自己旋說旋掃，因所自得如此如此，便是如此如此也。此中，縱他人之所得者，遠勝於我，然登高自卑，行遠自邇，亦當許我今日之所自得者之如是，爲學者所必經之一程也。夫然，故人之稱心而談其所自得之言，則其言莫不可相望以俱存。其間以人我所自得者，有淺深同異，固不能期一時之共喻。然人與我，皆不期一時之共喻，而共喻此「各尊所聞，各行所知」，共喻於「不期一時之共喻，不强求同於一旦」，則人我之心意，亦未嘗不交會於此所共喻之不期共喻之中，以俟有朝一日之共喻。此即宋明儒者之所以分別講學，各具宗旨，而所成之文與所留之語錄，皆各正面分別言其所自得，咸可並行而不相悖，亦咸可分別爲後世之所能解；而不似禪宗語錄，多爲當機破執之論，後世之人既不知其機感之所應者何在，或乃宛若無的之流矢，解之皆如射覆者矣。

六　清代學者之重輾轉互證以訓詁，與以言釋言。

至於清代之學之異於宋明儒者，則是清人多以聖人之道，乃存於聖人所制作之禮樂制度之中，而見於所傳之載籍者。紀載由文字之積累而成，字義依乎訓詁而定，而訓詁或又本於音聲。清人因重由音聲訓詁，以通文字，由文字以通聖人載籍，而冀得明聖人制作之意，此則大類漢儒之求通經。然清人之治音聲訓詁之學，又必輾轉互證以求通。故其實事求是之功夫，又過於漢人之固守家法，以成其章句之業者。清人之治漢學者，固亦重述漢學之家法，言宋學者，亦或守程朱家法，或守陸王家法。然其所歸，仍在以東漢之學還東漢之學，西漢之學還西漢之學，程朱還程朱，陸王還陸王，孔孟還孔孟。乃至於老莊墨韓，皆各就其書，爲之詁釋。此則不同於漢儒之爲今古文者，各自信其家法之所存，卽孔子之道之所在，乃本此意以爲章句者。又不同於宋儒之自著書爲論，以遙契絕學於千載之後者。此乃是分別求通古人之各家言之義理與心意之所存，而各求還其本來，亦不期其必歸於一統。章實齋文史通義朱陸篇，嘗謂朱陸之同異，爲千古不可決之同異，亦千古不可無之同異。又謂成家之學皆相異，而不可相無，故謂「業必期於專精，道必抵於全量」。焦循作無訟解，釋論語「攻乎異端，斯害也已」曰：『必攻治於相異之兩端，而後其害可已。』是可見清人之學，蓋亦有「其默足以容」

之一面。淸人於義理之學，殊乏創見。然戴氏之徒，欲由通聲音訓詁以通義理，或謂離訓詁則別無義理。章實齋重知言，謂「知言者，知其所以爲言」，又謂古人皆不離事以言理。是見淸人於訓詁及事外之義理，皆無心於究思，此其遜於昔賢之處。然訓詁者言「言」之事，必知言而後能言「言」，而知言要必知言所表之意。意之所在，無論在事或在理，或在不離事之理，要皆不離人之意。故知言卽知意，舍知意亦更無知言之學與訓詁之學。故戴東原亦嘗謂「六經者道義之宗，而神明之府也。古聖哲往矣，其心志與天地之心協，而爲斯民道義之心。」則其求通故訓，亦卽欲通古聖哲之述作之心意也。（註）唯淸儒之爲樸學者，雖欲得聖人述作之心意，然不同於漢儒之恒抱通經致用之志。唯晚淸之公羊家，乃有此志。又淸儒亦不似魏晉人之能欣賞善談義理之美，又諱言心學與宋儒之道統之說，故無以心傳心，或依理同心同，以通四海千古之聖之說。然舍所短以觀所長，則其由輾轉互證，以通聲音文字訓詁，而緣訓詁以求義理，冀得聖賢制作之意；固亦爲一代之學風所存，而未嘗非本語言文字以爲媒，以求通古今之心意之學也。

註：見戴東原集卷十古經解鉤沈序

七　總述中國思想對言默之態度與儒墨道之三型

上文總述中國各時代之思想對言默之學術態度之變遷，固代有不同，然要皆環繞於如何以語言成就人我心意之交通共契之一問題而生。唯此中於人我心意之交通，或兼重言默，如孔子；或重在言，如墨子；或歸於默，如莊子。又或以爲人我心意之交通之事，乃眞正可能之事，如上述之儒墨道三家；或以爲此事有其極限存焉，如法家之韓非。或重在變易當世人之心意，如先秦諸子；或重在以今人通古人之心意，如多數之漢儒；或重在通來世之心意，如王充。或人各著書，如先秦兩漢之學者；或重當面對談，如魏晉之談家。或以言達己意而止，如談家之言簡意賅；或必窮言之量，以顯正破邪，乃由言歸於默，如佛家之爲經論作註疏者。或爲科判與判教，以定義理言說之位次，如在佛家之教下；或自由運用經教，當機言說，不歷位次，如佛家之宗下。或以言破言，如宗下之機鋒問答；或以言稱心而談，直示其正面之所自得，以教學者，如宋儒之語錄，非人之所能破。或志在上承道統，見古今四海之聖人之心同理同，如程朱陸王之徒；或唯由輾轉互證，以通文字之音聲訓詁，而由訓詁以明義理，以冀知聖人制作之意。而此中各時代之人之學術態度之異，皆應有其對言與默及如何成就此心意之交通之理論，足資吾人之探索。然此所牽涉者至廣，亦非吾今之所能多及。約而論之，此中之基本問題，唯在言說對心意之交通之效用，何所至而止？大凡重觀其所至者，則必尚言，重觀其所止者，必兼尚默。兼觀此二者，則兼尚言默。先秦墨家爲尚言者，道家爲偏尚默者，儒家蓋得其中。此卽爲三種基本形態。後之漢儒尚註疏論說之言，魏晉清談則兼重默識言外之意。六朝隋唐之諸言佛教教理者尚言，禪宗則掃言以歸默。宋明儒之自得於道，賴默識心通，而又稱心而談，以告學者，是最得孔子之意。清儒則以言釋言成訓詁，以知聖人制作之意，而諱言默識。是皆不出儒墨道三基本型態之外。至在言之中，在先秦有名辭說辯之分，荀子正名篇嘗分別爲之釋。名以表單義，如今之名辭。辭以表一整全之意，如今之所謂語句或命題。說乃以一理由說明一辭之所以立，如今之所謂推理推論。辯所以明一辭之是非，此中更有雙方對辯者之各舉故或理由以說。孔子重名正與辭達，而未嘗重辯說，孟荀則皆嘗論辯說。墨家之墨辯與莊子齊物論皆論辯。唯辯能包括名辭與說。辯者，己之言與人之言說相遇而相爭，以冀歸一是或同一之言說，而期在達人我心意之交通之事也。故人在思想上之反省，恆由與人辯論而獲致。蓋在人與人對辯之際，人之心意卽自然與一對反之心意相遭遇，乃不能不折回而自作反省。人對其言說之反省，又必至于對此人與人何以會相辯之本身，亦作一反省，乃能極其對言說之反省之至。至於人在皆對此辯之本身作反省，而對此辯之本身之意義與價值，有不同之意見主張時，則人更有對辯之自身之論辯。如由尚言而尚辯，與不尚言不尚辯，而求歸默者，或兼尚言辯與默者，卽各爲一意見主張；而將不免對「辯」之自身，亦有論辯也。此在先秦，則可以墨家代表尙辯而維護「辯」之一型之思想；莊子代表求超辯之一型之思想；而孟荀之論辯，則上承孔子兼尙言默之教，而爲上二者之一綜和型態。此下之一文，則擬對此四家之論辯之言，一一分別加以解析，而由此四家之論辯，以見上述之對「言默與心意之交通」之思想之三型。而人眞能知此三型之思想，則中國思想史後此之言默之論，亦皆不難循序而通，亦可暫不煩更一一爲之解釋矣。

第八章　原辯與默：墨莊孟荀之論辯

一　墨家之論「辯」

吾於中國先哲對言默之運用一篇，已言墨家重上說下教，期在以言起行。儒家之立說先於墨。墨家之說起，與儒家之說相遇，卽不能不有辯。墨子書中，固屢載其與儒者之對辯之言矣。如儒家重禮樂，而墨子薄葬非樂，卽爲一儒墨對辯之大者。至於墨家之論「辯」，則當在墨家思想發展之晚期。蓋亦因墨者屢與人相辯不休，乃轉而論辯也。墨辯一書中論辯者，其涵義最富之一文爲小取篇，吾已于本書第六章申釋其義。此小取篇，要不外言論辯當有之程序，及語言之多方異故等所引起之問題。小取篇言人在辯論之際，應守之一基本原則。卽「有諸己而後求諸人，無諸己而後非諸人」，以「以類予，以類取」。蓋辯之所以成立，乃由欲吾之所是者，人亦是之，吾之所非者，人亦非之，此卽求人與我有同一之是非，以互通其心意。然吾欲人是我之所是，則我必須先確信此是；故必「有諸己而後求諸人」也。又吾欲非他人之所是，則我必須先確未嘗有彼非，故必「無諸己而後非諸人」也。此所謂我之確信此是，確無彼非云云，即指我之能恆持此是，我之思想與言說，能前後一貫自相一致，以持此是，而未嘗有自相矛盾而言。此即依於一邏輯之律令之遵守。我既信此是，則望由辯以說服他人，而此又賴他人之能知我言之所依以建立之理由、或故。此則合爲「由語言達己意，使人就我之語言，以知我意」之一「語意上之相互了解」之問題，或如何以語言成就心意之交通之問題。此皆墨子小取篇之所涉及，而可見墨子之論辯，初未嘗不扣緊人之心意之交通問題而論者也。

然墨子小取篇之言辯論之歷程等，尚不能概括其對辯之全部思想。小取篇所謂有諸己而後求諸人，無諸己而後非諸人，及以類取以類予等，唯在示人以在辯論時當遵守之律令，以自求其思想之一貫或一致，而免於自相矛盾。其謂當知言語之多方異故，以免除對人意之誤解，亦只是吾人了解語意時，所當注意之諸點。墨辯之重由辯以決是非嫌疑，亦不過言辯論之目的要求之所在。然在人與我相辯論時，何以有是非不一之情形，又最後畢竟如何加以決定以歸於一是，則非只是人之言能不自相矛盾，或能知人之立言之理由，並有求歸一是之要求，即能必達者。因人儘可各執一內部自己一致，或一貫之思想系統，亦互知其相異，而終不能決定孰是孰非也。

如墨辯主張「盜人也，殺盜非殺人也」，緣是而謂「狗犬也」而「殺狗非殺犬」。此爲一能內部自己一致之說法。然公孫龍一派，則依其白馬非馬之說，更可主張盜非人，狗非犬，而仍爲一內部自己一致之說法。而常識之謂殺盜亦爲殺人，如殺狗之亦爲殺犬，亦爲內部自己一致者。則試問持此諸說者如皆能自己一致，各皆從未嘗持不同之說，而互相對辯；試問將由何術以定其是非，又如何可歸於一是？此中持盜非人之說者，乃就盜之內容，不同於人之內容而觀。持盜爲人之說者，乃就盜之外延，包括於人之外延中而觀。而墨辯於盜之爲人，則自外延觀，而於殺盜非殺人，則又自內容而觀。此三者皆未嘗不可說，則亦無是非之可言矣。後唯有荀子論正名，乃直探人之所以立名之本，而對諸說，咸加評論，其詳已另見吾之荀子論正名與名學三宗。今觀墨辯之小取篇，其持盜人也，殺盜非殺人之說，亦實只能自道其說之如是如是，並謂他人之非其說者，既承認「欲無盜非欲無人」，故亦當承認殺盜非殺人云云（參考本書第六章）。然今假定他人謂：盜即爲盜之人，謂「欲無盜即欲無爲盜之人，」「殺盜即殺爲盜之人，」而亦一貫的自持其說，則作小取篇者又將奈之何？是見小取篇雖持「殺盜非殺人」之說，然若與持「殺盜爲殺爲盜之人，亦即殺一種人」之說者相辯，固不能期其辯之必勝也。此中如只循墨辯小取篇之所陳，自求思想言說之內部一致之原則以觀，則凡爲此其他異於墨子墨辯之說者，只須能自己一致一貫，即亦只能謂之皆是，或無所謂是非，而亦終不能由辯論以決定是非，固斷斷然也。

上文所謂持殺盜非殺人之說者，與持殺盜爲殺人之說者之異，及持盜爲人之說者，與持盜非人之說者之異，皆可能純爲屬於今所謂邏輯上之觀點之異，或對名辭自身之意義之規定之異，或各自約定之邏輯原則之異；而非對客觀性之事物之眞，求有所決定時之是非之異。然墨辯於經上，則又明謂「辯爲爭彼也，辯勝，當也。」經說上又釋曰：「辯，或謂之牛，或謂之非牛，是爭彼也。是不俱當……必或不當。」問某一對象畢竟爲牛或非牛，即爲求對客觀之事物之眞，有所決定。而此中對辯之雙方，既有同一之客觀之事物爲其所對，而人或謂是或謂非，客觀事物一，而是非有二，故必不俱當，而或不當。而人欲於此定是非，或欲於是非之二中去其一，以定於一，而合於事物之一——使只有求決定於此事物之自身，此即須看說是說非者之何者，能眞當於此事物而定。故墨辯曰「當者勝」。而此「辯：爭彼也」之言，於是亦爲一極恰當之「辯」之定義。必有「彼」爲爭論之焦點，乃有辯，必有超於兩造之是非之外之客觀事物，爲之標準，乃可有一是之可歸。只言人在辯時，各當求其內部之思想言論之一致，或只是諸相辯者之各一貫的遵守「有諸己而後求諸人，無諸己而後非諸人」之原則，固尚不足以使辯論必有一是之可歸，以結束完成一辯論。而此則皆小取篇所未嘗及者也。

墨家於客觀事物之辯，乃以言之是否當於客觀事物，爲決定是非之標準。而於人生社會之理，則以天爲義，天志爲決定是非之標準。天志在兼愛，墨家即本之以斥不兼愛而攻戰等說之爲非，而謂兼愛非攻及天子之尙同於天之爲是。是見墨家乃信有客觀之標準，以決定辯論之是非勝負者也。

因墨家信有客觀標準可決定是非勝負，故重辯。墨辯經說下又言「謂辯無勝必不當，說在辯」，又謂「以言爲盡誖，說在其言」，「非誹者誖，說在弗非」。第一語謂辯必有勝者，其理由卽在辯之本身。「辯」何以可爲辯必有勝者之理由，其意或是由「辯卽求勝，求勝卽已預設有勝者」以說，或是由「主辯無勝之說者，必自爲其說辯，而求『辯無勝』之說勝」以說。或卽是因：辯必有一客觀之論題，對一論題，或說是，或說非，不能俱當，而只有一當，而當與否又有一客觀之標準；故必有勝負也。至於第二語，以言爲盡誖，說在其言，則是謂主張一切言皆謬誖者，其說本身卽謬誖。此亦可卽由其言，以知何以其本身卽謬誖之故。此蓋謂：以言爲盡誖者，必不自謂其此一言之本身爲誖，則言非盡誖矣。第三語中之誹，卽反對之辭，非誹，卽反對一切反對之辭。非誹者誖，卽謂人如反對一切反對之辭，此亦爲誖謬。因如人反對一切反對之辭，則此一辭本身，卽爲一反對之辭，而此亦不當有，則人亦不當反對一切反對之辭，而「弗非」之矣。於此三語中，辯必有勝，則言非盡誖；言亦必有可非可誹者，而不能非一切誹。言若非盡誖，卽言非皆妄，則辯論中之人之言，必有可當者，而辯亦必應有勝者。又言有可誹，卽謂言非皆眞，則辯而相非之事，卽不可非。故此三語，可相依爲用，以言「辯中之是非之當有」「辯之必有勝」及「言之必有當」。辯中之相非，既當有又必有勝者，則一同天下之義之事，卽有可能。此蓋卽墨者所以上說下敎，强聒不舍，以與他家辯，以求一同天下之義也。而此上之論辯之必有勝之言，亦卽所以自爲其尙談辯之態度，更自爲辯護，而生之後期墨學之論也。

二　莊子齊物論之言「辯」與成心

然此墨家之論辯，謂「辯必有勝，人我可同意於一勝義以一同天下之義」之說，正爲道家一流之老莊，所不能同意。此同於謂「由辯可達人我之同意，或由辯必能達人我之同義」之一義，其本身非老莊一派所同意。而老莊之意，則毋寧在說：辯不能使人達於同意，而人亦不當由辯以求同意，而當另求人我之所以達於同意之方；或歸於：不求人之必同我意，而任天下人各有其意，不互求其同意；或相忘於其意之異，而皆無必求同意之意。是即所以使天下人之意，皆不見其異而無不同者。此即一道家一流之歸於忘辯忘言之另一思想型態也。此則可由莊子之論辯之言，略加分析明之。

莊子之所以論辯，而歸於忘言忘辯，蓋亦正有鑑於墨者之持其言與儒者相辯無已，終不能決而發，齊物論所謂儒墨之是非是也。墨家固信其言之有進於儒者之處，而墨子之書，亦屢載其與儒家之公孟子等對辯之言，以自見其言之勝於儒者。然墨子亦終不能服儒者與天下人之心。此則由於墨者雖善辯，儒者與天下之人之言辯，或亦皆不足以拒墨者之論；然儒者與天下之人，不可以言辯拒墨者，仍可以其默與不言爲拒。此默與不言，在一切言之外，即非一切言之所能勝。而此默與不言，又不必皆爲一超言語之境界，如孔子之無言之境；而亦可是一在人之言語之後面之成見與成心，或種種不願接受所聞之言之種種之內在的嗜欲情識。此皆爲可使一切言語辯論，到此皆成百無一用者。而此種種在言語後面之人之成見成心與嗜欲情識，正爲可深藏於天下人之心中，亦深藏於世之爲儒者之徒、與墨者之徒之心中，足使之互拒其言，各自以爲是，以他爲非，致彼此之是非無窮，終不能歸於一是者。此卽墨家之所未及知，而爲莊子所深觀而深識者也。

依莊子之言，以論辯論中人之自是而非他之事之所以起，其要並不在人所自覺的持以自是而非他之「故」，或人所自覺之「理由」，如墨子辯說時之所著重者；而是在人之自覺之理由之後之下之不自覺的成心、成見、習見、嗜欲或情識。此方爲人之自是而非他之眞正理由所在，而人在辯論中則常並未持之爲理由，或亦根本不知其存在者。而在莊子，則首溯人在辯論中是己而非他，於此人之成心。故齊物論曰：「未成乎心而有是非，是今日適越而昔至也」（註）。此中今日適越而昔至一語，可作二解：一解謂今日適越而昔至，乃絕無之事，此卽意謂人之是非，皆由其成心之先在。另一解，今日適越而昔至，乃惠子之言，意在泯今昔之分者，而今之所往卽昔之所至。莊子卽藉此以言人今日之有此是非，正是由其成心之在昔已成而已至。成心在昔已成而已至，則今日之是非，亦不過其成心之表現而已。成心已定，其自是而非他，亦終不可免，而不可挽。則未當作夫。因人有成心以自是而

註：此語中之成心，郭象視爲可加以任順，憨山內七篇註以爲卽眞心，實皆不合莊子原文意。莊子後文亦明言無成與毀，言物與我無成，則成乎心，以有世之所謂是非，其非美事可知也。

非他，故在辯論之中，人亦永不能見彼之是。故曰「自彼則不見，自知則知之。」又曰「辯也者，有不見也。」

此中如進一步言之，則墨子與莊子之觀點之不同，乃在墨子是以辯論之問題，爲一客觀之問題，最後可由吾人之言，是否當於一客觀之標準，以決定是非。而莊子則以辯論之問題，乃恒原自人之主觀之成心所向之異而生。故不能眞有一客觀之標準，以決定是非。因人卽有一客觀之標準，尙有此標準是否眞爲辯論雙方所同意之問題。同意與否，仍爲人之主觀之事。如墨子視天志爲義，爲一客觀之標準，此則非不信天志者所能同意，便仍只爲墨子思想中之主觀標準而已。卽墨子所謂客觀事物，是否眞可作爲決定是非之標準，亦看吾人對此共同客觀事物，是否先有一共同之了解爲定。今卽就墨子之所舉之牛與非牛之例，而以莊子之意觀之，便見墨子以爲有一客觀事物卽可決定是非，以使人意歸一是之言，仍不免於膚淺。今設有一人，在其主觀之成心中，於一客觀之事物，決不望其爲牛，則彼雖見之爲牛，亦儘可謂之爲非牛也。如在印度之拜牛教，卽不以牛爲牛，乃爲神而非牛者也。此中人謂此牛爲非牛之成心已定，則無論他人舉若干之理由：如此物有角，能耕田，能負重以謂其爲牛，此牛之仍可兼被視爲非牛之神也如故。而人亦儘可不見此牛之有角、能耕田等，而只視如神明。或乃於此牛生種種之錯亂感覺，如實見其爲非牛之神明等。再或人於此，亦可於一切謂其爲牛證明其爲牛之言，皆充耳而不聞，或聞之而不知其義，或知其義而加以曲解；則其中一切證明其爲牛之辯論，卽皆歸於無效，終不能得他人之同意，亦終不能自證其「當」於他人之前。而此亦世間一切善辯論者，皆同可遭遇之窮途也。

今吾人更尅就墨子小取篇所論，由辯論以說服人之道而觀，此要不外：人既能確信於己之後，更求諸人，望他人之亦能以類取以類予，使人自知其所取者之實同於其所不取，進以取其所不取。如使人之由自知其於一切傷害人之事，如竊人桃李等，皆嘗取一反對之態度，今又知攻戰之爲最傷害人之事；遂進而對攻戰，亦取反對之態度是也。由此言之，則一切由辯論以說服人之事，卽皆唯是使人自知其所原已承認者，而本之以作推論，以使人更承認其初所未承認之事。此卽同於謂：一切辯論，皆只能止於使人由知其原所已知者之本身，所具有之涵義，而不能更溢乎其外；亦不能於人原所已知者所具之涵義之外，另與以新知。則若吾人之所欲告人者，乃自始原在他人所已知者以外者，吾人既不能更引繹其涵義，以使人知，則一切辯論，到此卽皆對人無效，亦終不能使人與我同意矣。

卽如以儒墨之對辯而論。墨子反對儒者所尚之禮樂，其意是以儒者之厚葬與音樂爲無用。此見墨子之只承認社會功利之價值，而不承認厚葬之使人子之心得安，與音樂之陶養人之性情之價值等。墨子書公孟篇載，墨者問儒者何以爲樂，儒者答曰：「樂以爲樂」，墨子卽不以爲然，而舉何故爲室爲喻，而更自釋「何故爲室」，曰：「乃所以冬避寒焉，夏避暑焉，室以爲男女之別也。」此卽見墨者之問「何故爲」，卽問其功利之價值何在之謂。於此吾人試問：儒墨將何以相服？在墨者之心目中，既不認識樂之功利以外之價值，而彼又見爲樂之種種之害，則彼自必可舉出種種理由以非樂。而在儒者，則既能認識樂之其他非功利之價值，如審美之價值，使心安和之價值，則無論墨子本社會功利上之觀點，說出多少非樂之理由，儒者亦不能心服，且亦儘可充耳不聞。此中之儒者儘可說不出理由，而只能說樂以爲樂。然儒者仍可不被墨者所說服。反之，卽儒者能將其重厚葬與重樂之理由說出，如後之孟子荀子禮記之所說，而墨者心目中卻只承認社會功利之價值，則儒者亦終不能加以說服。是卽證辯論之效，必有時而窮。除在人已有共同承認之前提情形下，一切辯論，勢必皆爲無效。人唯在有共同之前提中，乃能辯論，此是東西邏輯家所公認，亦墨子小取篇所意許。然實則此共同之前提之承認，正爲最難之事。如墨子不承認功利以外之價值，而儒者承認之，或竟視非功利之價值高於功利之價值，則儒墨雖辯論一世，仍不能達彼此之同意也。此中唯一可達彼此同意之道，唯待雙方之能承認其所原不承認之價值，或承認其原所反對之價值。亦卽待於人之對其原來之所是所非者，有一自我之超拔，以觀他人之所是；而假他人之所是，以自見其是中之非，而自非其對他人之所非。此又惟賴於人之自拔於其成心之外。然人之成心既有，又有深植根於人心，則亦能使人心自死於成心之中，所謂「哀莫大於心死」也。今欲人自拔於成心之中，以更見於其成心所及者之外，卽爲一至難之事。故莊子嘆曰：「豈惟形骸有聾盲哉，夫知亦有之」（逍遙遊）。然人欲自去其成心，於此又唯有勉爲此至難之事。而人之去其成心，亦固有其道者也。

三　以明、兩行與道通爲一

去成心而使人我意通之道，莊子卽名之曰「以明」。此「以明」，非人在辯論之際，自證明其說之證明，欲以此證明「明之於彼」之心知之明；而是自超拔於其成心所執，而爲其辯論所據之前提者；以將其原欲對他人證明，而欲「明之彼」之明，離於「明於彼」之願望之外，以先「照之於天」，而更求往明彼之明也。所謂照之於天，卽照之於人我之相對境界之上。唯由吾人能將此明，照之於天，乃能再由上徹下，兼明人我，以知吾之視爲非而謂之彼者，彼亦自以爲是，而是「是」；吾之視爲是而是「是」者，彼亦未嘗不可以爲非，而視之爲彼。乃知：凡是皆彼，凡彼皆是，方能知我與人之同有所是，並因之以爲是，以通人我之意也。故曰：

「物無非彼，物無非是。自彼則不見，自知則知之。故曰彼出於是，是亦因彼。彼是，方生之說也。雖然，方生方死，方死方生。方可方不可，方不可方可。因是因非，因非因是。是以聖人不由而照之於天，亦因是也。是亦彼也，彼亦是也。彼亦一是非，此亦一是非。果且有彼是乎哉？果且無彼是乎哉？彼是莫得其偶，謂之道樞。樞始得其環中，以應無窮。是亦一無窮也，非亦一無窮也。故曰莫若以明。」

此段之意，卽言我固可自知我之是，而彼則不見我之是；我以彼爲彼，亦不見彼之是。而彼自視爲我，亦自知其我之是。則人我皆可視爲彼，而爲非；亦皆可自視爲我，而爲是。蓋物無非彼，物無非是，而人與我亦皆物，皆可爲彼，亦皆可爲是也。然我之謂彼爲彼而非，乃緣於我之自是；我之自是，亦緣於我之謂彼爲非。此卽見我之是與彼之非，乃相待而立。既相待矣，而彼又自知其是，而不自以爲非，彼唯自知非我，而以我爲非，則我亦待彼之非我，而更自以爲是。今彼不自以爲非，而自知其是，則我不能定彼之必非。我不能定彼之必非，則亦不能定我之必是。我自以爲是，而彼又謂我非，我亦不能定我之必是，更不能定彼之謂我非之爲必非。此卽同於謂：我說爲是者而可者，同時對彼爲非而不可，我說爲非而不可者，同時對彼爲是爲可。如死於此生於彼，生於此死於彼。則說是說非，乃相因而旋轉，永無定期。故聖人乃照之於天，乃唯有兼明人我，因人我之所是以爲是，則亦可無非可非，而人我之意通矣。此人我之意既通，則可說於此有人我彼此之分，亦可說無人我彼此之分。人與我，彼與此，不相對爲偶，亦不合與第三者爲偶，更無彼此相對之偶可得。而我之心乃得往來反復於人我彼是之間，以由人至我，由我至人，由彼至於此，由此至於彼，以爲此心之往來反復之道。而此中之超人我彼此之相待之境，則爲此往來反復相明之道之一中樞。唯因有此中樞，人乃能循之，以往來反復於人我彼是之間，如自成一環。人亦唯由宅心於此中樞以爲始，方可自得於環中，永不落於彼是人我之一偏；乃能雙照彼此之是非，而俱知之，以俱應之。則彼此之相是相非，雖無窮，而此心仍居於環中，以兼照而並存之，以知其非不礙是，是亦不礙非；則此心之所知所明所應之非無窮，是無窮，而此心實未嘗爲是所窮，亦不爲非所窮矣。

莊子齊物論，既由以明而照之於天，以通人我彼此之是非，其進而論者，則爲就當時之辯者之論題，以見其是非之觀點，皆可旋轉而相更易。凡依於物之所然，而說其然者，亦皆可依其所不然，而說其爲不然。人皆依然而說然，依可而說可，而物皆有所可，則吾人可就一切物之皆有所然，皆有所可，而並可之並然之；則萬物卽可通爲一。然此非勞神明以求爲一。勞神明以求爲一，乃先執一偏，而更往執其他之一偏，有執而不免於窒礙，則勞矣。莊子之下一段文曰：

「以指喻指之非指，不若以非指喻指之非指也。以馬喻馬之非馬，不若以非馬喻馬之非馬也。天地一指也，萬物一馬也。可乎可，不可乎不可。道行之而成，物謂之而然。惡乎然？然於然。惡乎不然？不然於不然。物固有所然，物固有所可。無物不然，無物不可。故爲是，舉莛與楹，厲與西施，恢恑憰怪，道通爲一……唯達者知通爲一。爲是不用而寓諸庸，庸也者用也；用也者，通也；通也者，得也。適得而幾矣，因是已。已而不知其然，謂之道。勞神明爲一，而不知其同也。謂之朝三。何謂朝三？曰狙公賦芧，曰：朝三而暮四，衆狙皆怒；曰：然則朝四而暮三，衆狙皆悅。名實未虧，而喜怒爲用，亦因是也。是以聖人和之以是非，而休乎天鈞，是之謂兩行。」

按此段文以「此之謂兩行」終，與上一段以「此之謂以明」終者異，不宜視爲同義之兩節。蓋上節言以明，乃重在超己之是，以照之於天，而知彼亦是，以拔於人我彼此之是非之上，而兼知之明之，兼因之應之，以不落於對辯者之兩邊。此節當是說：人既拔於人我彼此是非之上，不落兩邊，而兼知兼明之後；再本此心，以觀天下之萬物之無不然無不可，而通之爲一，以和是非，而休乎天鈞，爲兩行之道。此和是非，乃如此心由上降落，以再澈入於一切所兼知兼明之兩端之是非之中，以使之渾化和融，爲一天然之均衡，以成其往復之無礙，而卽往卽復，不相爲異，故謂之兩行。如吾人謂前節爲由相對者之互明，超相對以達於絕對，以應相對之事；則此節爲居於一絕對之觀點，以觀一切可能有之相對之是非之全體，而通之爲一，本此通爲用，「知其同」，而更不勞神明以爲一之和融境界也。

本節文之大意，如上文所說已足，至尅就文句大觀，則此中不無窒礙，而指馬一段更異釋紛如。吾意此段文明似藉公孫龍之指物論白馬論之問題爲說。而公孫龍子在莊子後，似又非指公孫龍子之問題。然此一問題，亦可能是在公孫龍前之莊子時人，已先討論者。又此齊物論一篇，亦可能非完成於莊子之手，而爲公孫龍之後之莊子之徒所補入。如此一段之問題，卽今存公孫龍子辯指與馬之問題，則按公孫龍乃由馬與白馬範圍之大小不同，而說白馬非馬。馬中包涵白馬，而白馬非馬者，以馬中尙包涵黃驪等他色之馬也。馬爲全，白馬爲分，分小全大，故白馬非馬。以此例之，則其所辯「物莫非指而指非指」中之下二指字，亦應自有其所涵者之範圍之大小之不同。公孫龍之意蓋是謂物莫非能指之所指，而所指非能指。所指非能指，可自能指之所能及者寬，實際爲所指者狹說。亦可自能指之實際上已及者又狹，而堪爲其所指者又寬說。至於莊子之意，其異於公孫龍子者，蓋謂吾人若以馬爲全，白馬爲分，以言白馬爲分，以喻此白馬爲非馬；不如逕就馬中之有非白馬者，喻此白馬之非馬。又若以「實際上爲能指所已及之所指者」狹，喻其不如「能指之所能及，而堪爲其所指者」之寬，而說所指非能指；不如謂因「能指所能及而堪爲其所指者」有非實際所指者，喻此所指非能指也。此即謂分之所以別於全，唯在全中之有他分，而非此分者。若合此分與非此分者，以歸於一全，如合白馬與非白馬，以成爲一馬，合所指與非此所指，以成「能指之所能及，而堪爲其所指者」之一全；則只有此全，而分皆和融於其中。吾人能去此「一分」與「非此分」之相對，以觀天地萬物，則天地即爲一「能指之能及之所指」之一全，而爲一指，萬物亦可視同一馬，以包括衆色之馬矣。

此節之下文，以歸於道通爲一爲宗。故莊子先就當時之辨者之問題，以引出天地可視爲一指，萬物可視爲一馬之旨。此簡言之，即天地萬物，原可自其全而觀，而視爲一者。而人之所以不視爲一者，唯因人之有可有不可，即有所是而有所非，則一全分爲二矣。然人之所以有「可」，乃依物之有所可而可。人之所以有「不可」，亦依物之有所不可而不可。此可與不可之分，乃由吾人分之。吾人既觀物之所可，又觀其不可，乃有此分。而此由觀「可」至觀「不可」，即爲吾人之心思所循之道。唯循此道，乃得次第觀物之所可而可之，而有諸所可者之成。諸所可者之成，皆由於吾人以言謂物，而見物之有其所然，有其所是之故。自客觀上說物之有其所然，有其所是，自主觀上說即爲吾人之對此所然所是之加一肯可。故「道之行而成，物謂之而然」對舉成文也。至於吾之謂物之有所不然，又初依於物之本有其所然，而然於然，方見及物亦有所不然，而不然於不然。不然依然而有，而人之心思循道以觀物者，即由物之不然於其所不然，而更知其所不然者之自有其所然，而更然於其所然。則吾人於一切物，皆當謂其然，亦皆當加以肯可，是謂無物不然，無物不可。能如此，則於一切異類之物，如莛與楹，厲與西施，恢恑憰怪，皆可不見其爲異類，則吾人之心思，可循一「一往然物」「一往可物」之道路，以通萬物於一矣。在此循一道，以通萬物爲一之心思之下，其見物之相分相異，即同時見其各自成。而於物之各自成處，又見此成由於彼毀，其分異而相非，與各自成而各有所是，二者乃相俱。「自成而各有所是」，亦與其「有所毀而亦有所非」相俱。遂知在物上，成毀原通爲一，而能循道以遥達者，知此通爲一，即可存之於心而不用，而唯寄寓之於日用之庸。此庸亦即一無用之用，爲人所賴以遥物爲一，而時時當幾以有其適得者，亦即時時當幾，以因其是而是之者也。人既因物之是而是之，亦依於物之原有所然而然之，乃更忘其所然，不留此對其所然之知，以使居道樞之心，得循道而更通達於他，以更應於他之然，而亦然之可之，方爲眞知通爲一。故曰「因是已，已而不知其然謂之道。」此眞知通爲一之心，不能有窒礙。而人不知其所往來通達者之同者，則其通達之事，又不能無窒礙，乃唯勞神明以求爲一。此則如衆狙之不知朝三暮四之同於暮四朝三，不知芧之名實皆同，而妄生喜怒。而眞知道通爲一者，則知由朝三以至暮四，由暮四以至朝三，不相爲異，乃能循此通彼，循彼通此，以往來無礙。此卽同於使一切可能有之是非相對，皆和融爲一，乃能兼懷喜怒以爲用，休止於一相對而不相爲二之一天然之鈞衡，以成「此心思之往來無礙而兩行於一絕對之全體」之事。此卽由上節之「以明」，見道樞之絕對而得環中，以應相對是非之無窮之後，更本此道以觀無物之不然，無物之不可，「道通爲一」，而視「天地如一指，萬物如一馬」之一更高之智慧境界也。

至於齊物論中下一段，則更由天鈞兩行之旨，言「古之人之知之所至所盡而不可以加」之境，是卽爲一未始有物之境。此乃相應於莊子所謂眞君靈台自身之虛靈明覺而說，亦卽相應於上節所謂「知通萬物爲一」之「知」之自身之初無物而說。次乃言由未始有物之境，降下至有物而無封之境。此實卽上節所謂知通物爲一，而不見有封界畛域之境，再降爲有封疆畛域之境。此卽天地之開爲不同類之萬物，或各有其規定之性質之境。然在此境中，吾人之明照，仍可由此而及彼，兼觀於彼是，而未嘗是此以非彼，故曰：其次以爲有封焉，而未始有是非也。再降爲緣彼此之封畛，而以彼此爲相對，乃是此而非彼。於是人乃執於相對之是非彼此之一面，而虧於通爲一之道之全，以自成其是非之偏愛矣。故曰「是非之彰也，道之所以虧也。道之所以虧，愛之所以成。」然此有成而有虧，乃初依於無成與虧之前境而來。自其依於「無成與虧之前境」而觀，則人可問「果且有成與虧乎哉？果且無成與虧乎哉」？此二問，乃所以使人注目於此無成與虧及有成與虧之交界處，以爲下文之地步。在此交界處，二者實相依。如昭氏能鼓琴而有成有虧，亦能不鼓琴而無成無虧，卽見二者之相依。此中有成與虧之昭氏之鼓琴，師曠之枝策，以及惠子之據梧，以與人相是非而相辯，皆屬於下一層次之境之中。此時惠子固自覺有其成而自好之。既自好其成，以異於彼或他人，乃欲將其所成所好所是者，以「明之於彼」。然惠子原與彼相對而相非。彼原非惠子之所明，惠子乃必欲以其所說，明之於彼，而亦即終不能使彼明，故惠子與彼，乃相辯無已，而仍以昧終，而歸於終身無成。若謂此辯而歸於昧終，仍爲成，則我不與彼相辯，不求明之彼，亦爲成也。若此不能明之於彼，即不可謂成，則此辯，亦正爲使物與我皆無成者也。則欲去此「無成」，即當不求有成於此。亦不當唯自好，以求「明之彼」；而當由對此中之有成無成之「兩皆可說，如滑昏而不能定之疑中，所呈之心靈之光耀，非此上之有成，亦非此無成」，而知此「滑疑之耀（**註**）爲聖人之所圖」；而更存此光耀而不用。此即爲求自拔於彼此是非之相對之上，以照之於天，以通彼此人我之是非，而緣其知通爲一之境，以寄寓於當幾之用，以兼明人我也。此即正賴於前文所謂以明之工夫，及前文所謂寓諸庸。故此節更終以「爲是不用而寓諸庸，此之謂以明」之語。即見此節所言者：乃由上節更推一層，以達於未始有物之靈台眞君之自是，更順下以達有物、有封畛、有是非之三境；乃再本「以明」之工夫，由有是非，至超於是非對辯，而通觀封畛中之彼此，更上達於「道通爲一」，以化物之封畛，以寄寓其靈台之光耀神明，於庸

註：王船山莊子解曰：滑疑之耀，以天明照天均，無可成之心，以爲己信，昏昏然其滑也，汎汎然其疑也。」「可無成，可有成而滑疑無非耀矣。」按大宗師言道溯源于疑始，則疑非劣名，故今畧取王意爲釋。

通得之中。此段之重言「以明」之工夫，意在以「以明」轉化彼只求「明之彼」之是非之辯，成就此上達之途，故其義與前文所言者雖無異，歸趣則向在無封畛以至「未始有物」之境，而更高一層矣。

四　言與無言

至於莊子齊物論下一段文，則蓋意在更客觀的討論上所言之境與人之言語之關係。依莊子之論，則一般是非之言辯，乃當加以超拔，以達於道通爲一無封畛，以至未始有物之境界者。則人可問莊子之所述亦爲言，亦有所謂。則又將何以自異於一般人在言辯之中，於物各有所謂，而自域於其封畛之見，以自是而非彼者乎？莊子此一節，蓋郎所以答此問題者。故首曰：「今且有言於此，不知其與是類乎？其與是不類乎？類與不類，相與爲類，則與彼無以異矣。」此語亦古今異釋。吾意此段中之是，蓋郎上文爲是不用之是（註一）。此乃莊子之所主張，而人亦可視爲與莊子所反對之「重是非之辯之他人」之「彼」相對者。今莊子對其「因是」之「是」「爲是不用」之是，固有言，則人固首當問此言與此「是」有何關係。此言與是相類乎？不相類乎？如又相類又不相類，合此相類與不相類，以爲此言之類。則此言既可與此是相類，又不相類，則莊子與彼重是非之言辯者，亦無分別矣

註一：王船山莊子解徑謂「是」指道；憨山內篇注，謂「是」指無是非之聖人。與本文所釋可相通。

（註二）。此卽爲一更深之問題，而莊子卽由之以引出其通「言」與「不言」，通「有謂」與「無謂」之論。然仍歸於不以一般之是非之辯中之言爲然，以回應其通篇之主張。故其下文答上列之問曰：

「雖然，請嘗言之。有始也者，有未始有始也者，有未始有夫未始有始也者；有有也者，有無也者，有未始有無也者，有未始有夫未始有無也者。俄而有無矣。而未知有無之果孰有孰無也。今我則已有謂矣，而未知吾所謂之其果有謂乎？其果無謂乎？天下莫大於秋毫之末而泰山爲小，莫壽乎殤子而彭祖爲夭。天地與我並生，萬物與我爲一。既已爲一矣，且得有言乎？既已謂之一矣，且得無言乎？一與言爲二，二與一爲三，自此已往，巧歷不能得，而況其凡乎？故自無適有以至於三，而況自有適有乎。無適焉，因是已。夫道未始有封，言未始有常，爲是而有畛也。請言其畛，有左有右，有倫有義，有分有辯，有競有爭，此之謂八德。六合之外，聖人存而不論；六合之內，聖人論而不議。春秋經世先王之志，聖人議而不辯。故分也者，有不分也，辯也者，有不辯也。曰何也？聖人懷之，衆人辯之以相示也。故辯也者，有不見也。夫大道不稱，大辯不言，大仁不仁，大廉不嗛，大勇不忮。

註二：王船山莊子解曰「既有言矣，則雖恰與是合，而亦儒墨之類矣，故唯無言則絕對而與道類，而有言固不能與道不類。」此與吾所臆釋者合。然船山則以此爲莊子自言其非一定之論者。吾則謂此乃莊子自設難以更於下文自答之語耳。

道昭而不道，言辯而不及，仁常而不成，廉淸而不信，勇忮而不成，五者园而幾向方矣。故知止其所不知至矣。孰知不言之辯，不道之道？若有能知，此之謂天府，注焉而不滿，酌焉而不竭，而不知其所由來，此之謂葆光。」

今欲對此一大段文作解釋，而不使之與前文所論相重複，並使之有哲學意味可尋，而又不如郭注成疏之過多翻折；吾意宜謂此段文，乃自人之心靈之能自拔於其所知之境，以回復於其虛靈明覺之靈台天君處說來。蓋當此心靈之知有物，卽可更思其物之始，至物之先。然彼既思及其有始，彼卽復能及於未始有此始之際，初無此有始之思。若其旣及於未始有此始之際，則彼又能兼及於未始有夫未始有始之際，亦不思此無思，而亦無此無思。當心靈思物之「始」，此「始」乃物之有與未有之無之交界，故思物之「始」，卽由一物之有，以及於其未有之際之無之謂。思物未始有始，卽及於其未始有此無之際之謂。至此心之及於「未始有夫未始有始」，卽同於其及於「未始有夫未始有無」之謂。約而論之，此中三層次之言，唯是說心靈之能超拔其所思之物之有，以及於其始之無；又超拔此始此無，以及於無始無無，而無「對此始此無之思」，以無思之後，復不「思此無思」，故亦無上述之「無始」「無無」，而無「無思」之可思也。此亦可簡括之於：「此心靈乃能超有亦超無，達無無之境而不言」之一語而已足，或「此心靈能超出其思與言之一切境」之一語而已足。則成玄英所說之離百非超四句，皆在其中。然此中之心靈，能超有超無，而達無亦無，而不言之境；亦可自降而有此無，以言此不言；再降而之有，而唯有言。此中之「俄而有無矣」一句，旣下文連於「有謂」，吾意不必如成玄英疏之更上翻一層，以說體說用，而無據於本文。此當是由上順下，以指通上下二層之中際之境。此之「有無」卽有上層之無無之境之「無」，故通於無言無謂，亦復是「有」無，而下通於有言有謂。如吾人今試問在「有無」之際，畢竟孰爲有？孰爲無乎？今試思之，若謂有爲有，則所有者「無」也。若謂所有者無，故無爲有，則所有者旣只此「無」，何得謂之有？若謂有爲無，則孰爲「有」無者？若謂無爲無，則何以又言「有」無？此卽輾轉皆不能定。是見此中由超有無之境，所降之「有無」之境，乃不能更分別單以「有」或「無」，以說此中之「有無」者。由此而吾人之說此有無之境之語言，卽一方看似有所謂，其所謂者卽人所「有」之無。此所有之無，卽上通於於無無之境之無者也。然此言之所謂旣爲無，則可謂之以「無」爲所謂，亦可謂之無所謂。則吾之說此無之言，可謂「有謂」，而謂之爲「有」，亦可謂之「無謂」而謂之爲「無」。此義思之自知。而能自知此義，則莊子之言其超是非辯論之言之境，雖是有謂，是言，而此有謂，卽同時爲無謂，此言同時爲無言；而其謂亦卽謂「無謂」之謂，其言亦言「無言」之言，如由無言之境而流出之言也。

至於其下文，卽不外由大小夭壽之爲相對而不通，進而言天地萬物與我可通而爲一。大小者空間之分，夭壽者時間之分，亦皆依心與物相對，並將物相對比較而觀時，所有之觀念。然相對爲大者，對更大者爲小；相對爲壽者，對更壽者爲夭，故對比泰山大者而言，泰山亦小；對比彭祖壽者而言，彭祖亦夭。若心不與物相對，亦不將物相對而觀，則無大於秋毫可言，而「莫大於秋毫」，亦無比殤子更壽者可言，而「莫壽於殤子」。故人能泯絕我與天地萬物之相對，亦不將天地萬物相對，而觀其大小久暫之別，則我與天地萬物，即並生而爲一。此並生而爲一之境，即上所謂道通爲一之境。在此境中，即可於我與天地萬物，更無分別。更無對其所然或所不然之想，則亦即無言之可說。故曰「既已爲一矣，豈得有言乎」。然當吾人思此道通爲一之境，而謂之爲「一」時，則又不得無言。則此所言之「一」，與「言」成二；此二，與此「一」之言，所指之「道通爲一之境」本身，則合爲三。而此三之一言，與此三之所指，又可合則成四；四之一言，與此四之所指再可合成五；則可推至無窮，而爲巧歷不能盡。此見吾人對此「天地與我並生，萬物與我爲一」之無言之境，如加以反省而觀，即可出一之言與二三之言。此即自無適有由言適言之例。無適有而出言，可至三、至無窮，則由有而言有，其言之無窮可知。此中人若停止其反省，止於無言，固可無一切問題，寓言篇所謂「不言則齊」也。而由無言以出言，則必有此言與無言之境不一致。寓言篇所謂「齊與言不齊，言與齊不齊」是也。然人之言，既有由無言而出者，則人皆當用之，還以反指此無言之境；而人亦可由言，以還向無言之境，而自得之，即因之以爲是，更不他適，以出言。則言皆所以導人歸於無言，一切由無言而出之言，亦同於未嘗言矣。故寓言篇曰「終身言，未嘗言；終身不言，未嘗不言。」則陽篇曰：「言而足，則終日言而盡道；言而不足，則終日言而盡物。道物之極，言默不足以載。非言非默，議其有極。」道物之極，非言非默。非言非默，謂言卽不言，言亦可同於不言之默也。此皆與齊物論之旨通。言與不言，能由此所說以通，則吾人亦不得以莊子之有言，而疑其離於無言之境；更不得以莊子之緣其「道通爲一」之境而有之言，同於有一般是非之辯論之言，以疑莊子之言與彼等無異矣。莊子之有言，與一般辯論之有言，固亦無異，若亦有其是非者。然其乃本無言以出言，其所言皆能還反指此無言之境，而導人達此境，則此仍以無言之境或默爲本，與世俗之徒事辯論者之尚言者，固仍不同矣。

五　葆光與物化

知莊子之有無言之境，而不礙其有言此無言之境之言，則知莊子可不去言而只譴辯。故其下文曰道未始有封，卽指道通天地萬物爲之一境，初無封畛。而人之更位於其外，以自作一反省，以思此道，而言此道之境界，則初不能免於由無適有，以至於三，更至於巧歷不能盡。此卽見人之由反省之心思，與人言之恒自孳生，而自離無言之境，以有適往。有適往，則不能常在此境，而無常矣。而人之一般之言，順人之心思之所馳，逐於此則離於彼，逐於彼卽離於此，亦言之有適往，而無常之證也。言有順心思之所馳，以有適往，而孳生，而或在此或在彼，乃於無封畛之一境之中，必求見其封畛而說之。而世間之封畛，則初爲一大全中之物，空間上左右並立之封畛；次爲成倫類各有意義性質之封畛；進而有知識上之分別，與有是非而相辯所成之封畛；再進而有行事上之各欲先得其所求而相競，或其所求者交會於一物而相爭，所成之封畛。此可合稱爲八德。然此一切封畛，並在於此六合之內。此六合乃天地萬物之全。而天地萬物之爲一全，則唯賴人之天君靈台之心之「以明」，而依道以通之以爲一全，則此天君靈台與道，卽實際能包括此六合，而在其外者。然此六合之外之道或靈台天君之明，則又爲聖人之所存之於無言，而不言之不論之者。六合以內之封畛，如物之相對而有之左右之畛，則聖人固言之論之說之，然亦唯直就其所見之畛如是如是，而並觀之並論之，而未嘗試爲之另作擬議。至春秋經世先王之志，則非目前現在之事，聖人不能不對之有所擬議，而明其經緯人倫之志義。然議其志義之所在，卽直如是如是議之而已。未嘗執此議以分別人我，以與世人相辯也。是則見聖人雖有論有議，而有分別，然亦知一切分別是非之辯之上，有超此分別是非之辯之道之全在。此卽聖人之所懷之於內，不如衆人以辯相爭，以言相示者也。至衆人之好辯，則正由於其不能懷道之全，乃只見於其一分，而餘皆不見之故。故曰「辯也者，有不見也。」衆人好辯，則在其自謂其是其善之時，彼卽與他人爲相對，以是其內以慢其外，而其是卽有所不是，其善卽有所不善。故人有道而自昭其道於外以臨人，則其道爲不道。言辯以服人，則見人有未服者，而亦見辯之有所不及。仁愛而限於其所常愛，則仁愛不能周遍普及，而其仁不成。廉者自淸而避世人之濁，則其廉尚未能自信，或未見信於世。勇有忮心，則知有在其勇之外者，則其勇卽未能成大勇之無敵。故大道不自昭，亦不自稱，大辯則知辯之有不及而不言，大廉不自清，而不嗛於人，大勇無忮於他人；則五者皆渾然圓通，而無外矣。若自昭自稱其道，以言辯爲美，自務於仁之常，廉之清，尚不免於勇之忮；則人我彼此相對相峙，其德卽由渾然圓通，而滯迹（據成玄英疏）以有定向與定方矣。由此卽見人之知，當求止於不知。能知止於不知，則能兼懷人我彼此之封畛，而不辯之以相示。此之謂不言之辯，不道之道。人存此不言之辯，不道之道，則能兼懷萬物之封畛，如天府之能無盡藏，注萬物於其中而不滿，酌取其所懷之道，而用之於世，以永無窮竭。人於此亦不知其何以能竟不竭無窮之所自來。此正是其靈台天君之光，能自保於內，方成其不竭。故曰此之謂葆光。據成玄英疏曰：「葆，蔽也。韜蔽而其光彌朗。」亦卽自保其光，以自成其不竭之謂也。

至於齊物論此下一段，堯問舜曰十日並出萬物皆照一節，不外喻此能葆光而德進乎日者，其光之照，猶有甚於十日。至齧缺問乎王倪一節，則不外言物之各有其所是所非、所好所惡，而至人則超乎死生之外，更無由偏是偏好而生之利害之見。瞿鵲子問乎長梧子一段，則不外言聖人之知通爲一，故能旁日月挾宇宙，爲其脗合，置其滑涽，一天下之尊卑，不役役而愚芚，以參萬歲而視爲一以成純，於萬物盡然之，而使之相蘊積於一是。並言及至人之超乎好生惡死之偏執之情之外，而自知其好生惡死之偏見之不去，如人在夢中之方其夢而不知其夢。必大覺而後知夢，故亦必能以天地萬物與我並生爲一者，乃能去此好生惡死之偏執也。此好生惡死之偏執，亦正由人在一大全中，以彼此是非之見，分別我之生於萬物之外，而後有之情也。此上言好惡、利害、生死、夢覺，皆是緣人之在一體之大全中，分彼此是非處說來，亦本篇之引申義。至於其後之一段，又似爲明論「辯無勝」，以抗墨家之辯必有勝之說者，其言曰：

「既使我與若辯矣。若勝我，我不若勝，若果是也，我果非也邪？我勝若，若不吾勝，我果是也，而果非也邪？其或是也？其或非也邪？其俱是也？其俱非也邪？我與若，不能相知也。則人固受其黮闇。吾誰使正之？使同乎若者正之，既與若同矣，惡能正之？使同乎我者正之，既同乎我矣，惡能正之？使異乎我與若者正之，既異乎我與若矣，惡能正之？使同乎我與若者正之，既同乎我與若矣，惡能正之？然則我與若與人，俱不能相知也，而待彼也邪？」

此段之要義，非純謂是非永不能定，而我若與人永不能相知；而是謂在我與若之相辯爭之心境之下，以「或同或異來分我若與人」之觀點之下，則同異於異，異異於同，則俱不能相正，人與我與若，亦終不能相知。而人與我與若之相知，唯待人之先不作此同異之對分，乃能通彼是人我之意，以使之相知。此卽應由前文所論以得之。若只取此節之文，而謂莊子爲詭辯論，或只言其爲言是非無定之相對論者，則未識莊子之意者也。故其下文又曰：

「化聲之相待，若其不得相待。和之以天倪，因之以曼衍，所以窮年也。何謂和之以天倪？曰是不是，然不然，是若果是也，則是之異乎不是也無辯。然若果然也，則然之異乎不然也無辯。忘年忘義，振於無竟，故寓諸無竟。」

化聲之相待，若其不相待二語，蓋言辯論中之應對之聲之變化相待而有者，吾人亦可視爲各自所發而不相待。若能視爲不相待者，則依辯論而相是非之糾結解。人於此所當爲者，則爲知有是者，必有其所不是，有所然者，必有其所不然。則此雖是，而與異此、非此是而不是者，可無辯。此雖然，而與異此、非此然而不然者，亦可無辯。而皆可就其自然之分倪，自然之義畛，如聖人兼懷之，而不以相示。乃可並因之以爲是，隨之以曼衍，以至無盡而窮年，以進而忘其分倪與義畛之不同，以振暢寄寓其所懷於無竟。無竟，可釋爲無盡，亦可釋爲無境。無境卽知道之通爲一，而泯化畛域境界之差別之謂也。

齊物論最後二段，一爲罔兩問景曰：「曩子行，今子止，曩子坐，今子起。何其無特操歟？」景曰：「吾有待而然者邪？吾所待又有待而然者邪？吾待蛇蚹蜩翼邪？惡識所以然，惡識所以不然。」成玄英釋曰：「待與不待，然與不然，天機自張，莫知其宰。」其解尚不切。今按景之行止坐起，固可說有待而然，有待而不然；但今不識其所以然與所以不然，則然者唯然於然，不然者唯不然於不然，而有待同於無待，相待者各爲絕待。此亦卽上文所謂相待若其不相待之旨。能於相待者見其不相待，而皆成絕待，然後乃可言其行止坐起，皆天機自張，莫知其宰。此中之惡識所以然所以不然，卽不更如墨子之「以說出故」以自辯其何故之謂也。必有此「惡識」，不以說出故，乃能知相待之同於無待，此卽進於上一段之文之義也。

齊物論最後一節「昔者莊周夢爲蝴蝶，栩栩然蝴蝶也，自喻適志與？不知周也。俄而覺則蘧蘧然周也。」按此段中謂莊子夢爲蝴蝶，則自爲蝴蝶，而適志於其爲蝴蝶，覺爲周則蘧蘧然自爲周。吾人說周夢蝴蝶，蝴蝶夢周，兩無不可。周與蝴蝶既若相分爲二物，而又相化，當其既化，更不知化之者，如蝶之不知周，是爲物化，物化者，全物而化也。故二物可相化，卽此爲彼，彼爲此。「此是此」通於「彼是彼」，而彼此乃各是其是而皆是，亦只爲一是。本只爲一是，而由化以各是其是，而以更使彼是相忘；以使此忘其外之有彼，彼忘其外之有此。此卽於上文所謂和之以天倪，以兼懷彼此，及於有待者皆見其無待之後，更任彼此之各暢其懷，以全其無待之情，以極其「自得」「自因其是」之極致；以使分卽是全，偏無非正，有化而不見有化之者，而化皆成獨化之境界。是亦卽由不辯而解除一切是非之糾結，其功之通乎逍遙遊篇之無待而自適之旨者也。

莊子一書除齊物論篇暢論言辯之外，其餘論及言辯之處亦多有。然要皆隨文散見。唯齊物論一篇之各節之言，層層轉進，直造淵微，亦爲莊子整個思想之基幹。而昔人爲此篇作釋者，皆未能扣緊言辯之一問題以透入，以觀莊子之義趣所存。故上文不厭覼縷，於各節之文理，略加分別，以便學者之更深入此中之義趣，則對莊子他處之文，皆可不煩言而可自得其解矣。今不更述。

六　孟子之論「辯」

此上所述莊子之論辯之宗旨，乃本於其知人之相辯者，皆不免於先受蔽於其成心，而有所不見，故人必自超拔於以辯求勝之心，乃能自拔於其成心之外，以通物我於一是。乃歸於雖有言有謂，而又當忘言忘謂，以因天下人之各是其是，彼此之各暢其懷，以全其無待之情；故能與天下人相忘於是非，爲「心之適」，如魚之相忘乎江湖，以相忘乎道術。此莊子之思想之所懷，不能不謂之能稠適上遂，宏大而闢，深閎而肆。然莊子之論辯之言雖善，亦尚有其未能思及之問題。此卽其所視爲原於人心之「成心」與「不見」而生之辯，亦儘可只爲人類之辯論之一種。人類固亦可有非出其成心，亦非原於有所不見而生之辯。人亦儘可有導人由偏邪之見，以入於正見之辯等，而此辯與莊子之所謂言，亦實難分。莊子自謂其有言，乃言無言，故不同於世間之辯。然言無言之言，亦可視作辯。如莊子之齊物論之言一般之有成心之是非之不當有，而主去成心，以忘此一般之是非之言等，在外人觀之，仍可說爲一辯論也。言可歸於無言，則辯亦未嘗不可歸於無辯，如以辯去偏邪之見以立正見，正見立亦卽可不須再辯是也。若言辯亦可歸於無辯，則非莊子之說之所得而非。而莊子之必欲舉天下之辯與是非而並忘之，而唯有其言無言之辯，視外此之儒墨之是非，皆爲不值辯之辯，則亦推類過當之言，而有其所不能盡者在也。

此中人之爲去偏邪之見而生之辯，其一種爲使吾人得如實了解他人之言——如吾人所崇敬之古聖賢之言——以及其行事志業，以去除彼由偏邪之見所加之誣枉，而有之辯。人謂孟子好辯，而孟子書所載其論辯之辭，其最多者，卽爲萬章篇等其弟子之舉時人之致疑於堯、舜、禹、武王、伊尹、周公、孔子，與其弟子之言行志業之言，而孟子皆不惜一一爲之辯者。孟子爲堯、舜之禪讓之事辯，爲舜之所以對其弟象之行事辯，爲人謂「至於禹而德衰」辯，爲武王伐紂至血流漂杵之事辯，爲伊尹之割烹要湯之事辯，爲周公之殺管蔡之事辯，爲孔子之出處辯，爲曾子、子思之行事辯，亦爲其自己之出處進退、辭受取與之事自辯。此孟子之諸辯，皆由於其不願其所崇敬之古聖賢，爲世俗之偏邪之見之所誣枉，亦不願其自己之行事，爲其弟子之誤疑爲失道。此卽一意在使一切古今人物有價値之行事心志爲天下人所共見，不對之更生偏邪之見之一辯。而此辯，乃從孟子之對古先聖賢之崇敬與篤信而發出，卽依於一極敦厚而莊嚴之道德情感而發出。而此則正爲莊子之所缺乏。莊子固未嘗如魏晉名士之非堯舜薄周孔，其內篇於孔子，亦嘗致嘆服之意。外篇則其門下之著，書中除盜跖等篇類小說家言外，亦未及於輕薄古人。莊子之書中，又多有所謂「重言」。其藉歷代公認之古人之言以自重，則亦非不知古先聖賢之言行，自具一客觀之價値者。然莊子則未嘗如孟子之視此爲古先聖賢之志業之辯爲必須，而唯引古人之言以自重。並或爲古人造作故事，以成寓言，自寄其意於古人之口，以使其言得見重於天下。此雖不同於藉茲以邀名，或以作辯論求勝之資，然要非直以崇敬之心對古人者。故亦未能如孟子之聞有誣枉其所崇敬之聖賢者，必爲之申辯之事。莊子齊物論言「春秋經世先王之志，聖人議而不辯。」聖人於春秋經世先王之志，固可議而不辯，然於世之人之誤解此先王之志與此聖人之議者，莊子又將若之何？此則必非「議」之所能盡，而有待於爲此先王聖人之後者，對此先王之志、聖人之議，更有所辯明。而莊子則徒見於聖人於此止於議，而不知眞由此議而知先王之志者，若見他人之妄議此聖人之議與先王之志者，則必不能已於辯。故孟子必爲孔子作春秋之志辯。而莊子則知春秋經世先王之志，而不知於世之誤解此志者，亦當爲之辯。此乃爲聖賢之志業之眞實所在辯，非爲一己之成心成見辯。是卽在莊子所論之辯之外之辯，而爲孟子之所及者也。

除爲吾人所崇敬之古先聖賢之志業所在辯之辯，在莊子所非之辯之外，又有爲義理自身之是非之辯，亦在莊子所非之辯之外。莊子之齊物論所言者，亦爲一套義理。彼之著齊物論，亦卽所以自道其所見之義理，亦實無異爲其所見之此一套義理辯。而人類亦皆可爲所見之義理之得伸而辯，固不必皆因此義理之爲其成心所執，方爲之辯也。此中人之自謂其爲義理辯者，固亦可實因其成心所執在此，方爲此義理辯；亦可因其成心之限制，而彼所見之義理乃止於此，其所見之義理，遂偏而不全。如儒墨之辯中儒者墨者之所見，皆可由各爲其成心所限，以至皆偏而不全是也。然人於此若能眞全心向在義理，則此人之心向在義理，亦卽可使人自拔於其成心之外。此卽因天下之義理本身之可相連，以由狹以及廣，由淺以至深，由偏以達於全之故。人之心眞在得義理，卽可自擴大其於義理之所見，而卽此所見義理之擴大，以自拔於其成心之外。不必先自拔於其成心，以忘彼此而通人我之分，方能由偏以達全，開蔽以成通也。人誠能念念在義理之本身之是非，或念念爲義理本身之是非而辯，則其言雖或當或不當，人亦可逐漸自矯其所不當，以自得其所當。而於凡他人與之辯之言，彼亦只須眞以求知一義理本身之是非之心，與之相遇；亦將能隨處得益，以他人今日所言之是者，易其自己昔日之所見之非。則人之辯，不必如莊子所說，皆依於人之有所「不見」，而亦正所以使人由不見至見者也。此中之關鍵，唯在人之辯是否以求知義理之本身之是非之目標爲定。然人固可有由知此一目標而生之辯論，此亦卽在莊子所非之辯之外之辯者也。

此爲求知義理自身之是非，亦卽所以伸義理之是者於他人之心，亦使他人之心亦得知義理之是者正者，而得自正其心之辯。故此種辯，亦卽爲正人心之辯，而孟子所不能自已之辯之第二種，亦卽爲求伸義理之正者是者於他人之心，以正人心之辯也。莊子雖自言其齊物論之義理，亦未嘗不望其義理之爲人所知，而皆能如莊子之能本道通爲一之旨，以齊物我，而去其成心之是非也。然莊子則未嘗期人之必喩其所言之義理，而申辯其說於天下，以正天下之人心，唯望萬世之後之有一人能知其解者，相遇於旦暮；若唯賴念此，聊以自安者。此卽緣其以天下皆爲沉濁，而世人皆爲不可與言者之觀念害之。而此亦卽其不免於寧爲失人之智者，而不肯爲失言之仁者之故。智者固可如孔子之不失言，亦不失人。然仁者則大可寧失言而不失人；則縱以天下為沉濁，仍當與之莊語，而望此天下沉濁之世之人心，得正於萬一。此卽孟子之所志之懇切之處，而非莊子之所及。今誠只順莊子之態度，於自申其所見以言無言之後，卽更不言，以與天下相忘；則亦將任天下之人，各自本其成心為用，各為是非，以相蕩無已，則天下將日沉濁而不可救，而莊子之言，亦將萬萬世不遇一人能解。此則徒自違其言無言之初衷，而彼又何必慨嘆於天下之人之以成心為師乎？於此卽見莊子自道其所見之義理之初衷，與其對世間之態度，終將構成一不可解之矛盾。此矛盾，亦將與為此莊子之學者之心情，長與終古，以徒增加其慨嘆而不能自拔者也。不能自拔，而視為無可奈何之命，而自安之，斯亦已耳。若欲拔之，則蓋必學孟子之辯，以求正人心為事矣。

孟子之所以不得已於辯，以其志在求正人心。而孟子之所以善辯，則在其能知言。蓋吾心所見之義理之正者，固賴吾之言，以與天下與人共見；而他人之心之所見者之不正者，亦可卽緣他人之言以知之。故知人之言，卽我之所以知人之心。我由人之言辭之偏邪之所在，卽可以知其生於其心，而將害於其政之偏邪之所在，使我得更為辯說，以得而正之者。人心既正，則偏邪之辭說自息。故正人心，卽能息邪說。非謂孟子之說盛，能將邪說壓倒而息之也。孟子公孫丑章曰：「我知言……詖辭知其所蔽，淫辭知其所陷，邪辭知其所離，遁辭知其所窮。」吾意對此四者，不當取趙岐之注，宜取朱子之注，連為一串以說之。詖者偏蔽，淫則由偏蔽而更陷溺，邪則由陷溺於一偏，而離其本以失正，遁則既失正而姑造作理由，以自欺欺人，而自飾其偏邪之見。總而言之，皆偏邪之辭，依於人心之所見義理之偏邪而發者也。

七　孟莊之相異與二家可有之契合

孟子固知言，莊子亦未嘗不知言。齊物論一篇之討論言辯，即知言之論也。然莊子之知言，乃就天下之人之言，而總論其與成心、人我彼此之是非、與天地萬物、道、無言之關係。此乃語言哲學上之知言，汎論一切之言而知之之知言；而非尅就一一所聞之人之言，或與我對辯之人之言，而具體的個別的聞其言，而知其所以爲言之存心，以定其之是否爲詖淫邪遁之辭之知言也。觀莊子於古今人之重言，皆自由加以引用，以自寄其意，並擅作寓言，而無當於史實之眞。則其興趣，蓋於古人之一一之言之分別，皆不必一一求個別的具體的知之。則其於當時人之言，或所遇之人之言，蓋更無意個別的具體的求一一知其偏邪之所在，而勞唇舌以與之辯，以正其人之心，息其人之曲說。即就莊子之只以古人之言爲重言，而擅作寓言以觀，已可知其於世間之言語，乃隨意加以運用，而對他人之言，亦初無鄭重之意；更無必欲由其言，以求知其生心害政之所在，以正人心而息辭說自任之志，固皎皎然矣。

至於莊子之所以不欲自以言辯申其所見之道或義理，以之正天下之人心，息天下之曲說，而孟子則必欲正人心息邪說，自信人心之可正、邪說之可息者；則在莊子深知人之知之有聾盲，人之成心之難去；亦深有見於人心之喜怒哀樂慮嘆變慹之種種情感之不齊，與其意見是非之種種之不一。故莊子雖信有道通爲一之道，而此道之是否爲人所知，亦初視爲無必然，故期之於萬世之後之得遇其解者。然孟子則更有見於人心之自有其所同然。口之於味有同嗜，耳之於聲有同聽，目之於色有同美，而人心所同然者，卽理也義也。故曰「理義之悅我心，猶芻豢之悅我口。」人心既同然同悅於理義，則一切義理之正者，皆人所可同以爲然而悅之者。聖人先得我心之所然之義理，而我亦卽可本此我與聖人之心之所同然之義理，以申之於天下，並知天下之人心，亦將於此義理皆同然而悅之，則人心卽可得而正，邪說可得而息矣。唯此人心於義理有同然能同悅，方爲孟子之必欲正人心息邪說，並信人心必可正，邪說必可息之最深之理由之所在。然此人心之所同然同悅在理義，則蓋非莊子之所識。故莊子之道，雖自視爲一至極之標準，然莊子於其內篇，未嘗言及人人之心亦皆有「同於彼之有得於道」，而「然此道悅此道」之心性。莊子蓋於人心之必悅必然於此道，未嘗有深信，而只見人之各有其成心，以自然其所然，自是其所是；莊子卽不信人心之皆能契於其所說之道，而由此以得其正矣。然孟子則深信人心之同然於理義，而同悅此理義；此乃依於其信聖人之與我同類，一切人之與我及聖人同類之故。孟子之信人心之有同然，又依於孟子之只自視爲人之一，而先有上承孔子之學與堯舜文武周公之行事之志；而不似莊子之不免自視爲能獨與造物者游，而自超於世俗塵垢之外者之故。莊子之自視彌高，則見世人之心之與之同然者彌寡，莊子乃益不敢自信其道，可爲人所共知共見，爲人心之所同然同悅，乃不敢言以其道易天下而正人心矣。孟子則承儒者之傳，而先自居於守先待後之地位，亦自處於人羣之中，以入孝出悌爲先務，無以自異於常人；故反得深知此人皆可以爲堯舜，人之心性之有所同然，而敢以正人心息邪說自任也。莊子以自視彌高，而於自申其心於天下之事反怯，乃歸於忘言忘辯；孟子初承儒者之傳，以上有所承，自處在人羣中，而其勇於以正人心息邪說自任，乃更有當今之世，舍我其誰之概。自視之高下異位而勇怯異情，此又天下之事之至詭者也。

莊子雖未嘗言理義皆人心所同然同悅，然循莊子所言，而推極其義，亦將與孟子之言此理義爲人心之所同然同悅之義，有相契之處。因莊子雖有見於人心之複雜萬端，然莊子亦言人之眞君靈台之心之至虛至靜，足以成其明照。唯人有此眞君靈台之心，乃能自超拔於其成心之是非之外，以知道，而知天地與我之並生，萬物與我之爲一。然人能知道，則道應不外於此眞君靈台之心。人能與天地萬物爲一而並生，則人之眞君靈臺之心，自能明照及天地萬物之種種義理。而此道與天地萬物之種種義理，既爲人之眞君靈台之心所明照；則此眞君靈台之心，應有此能明照之性。對此明照之所知，謂由外在之天地萬物而來固可，謂其直由其眞君靈台之明照所呈現，而初內在於此明照之中，亦未嘗不可。此道此義理，既內在於此靈台眞君之明照之中，則謂爲其性中之道之義理，而與此明照之呈現，俱時而由內而外以呈現者，又何爲不可？此固皆非莊子之所以已言，然順莊子之言以推極其義，亦自可生出此義。此義若成，則莊子所見之道與所知天地萬物之義理，皆化爲孟子之心中之理義；莊子之悅其道，卽同於孟子之心之自悅其理義矣。由是而莊學卽可通入孟學。如莊學通入孟學，而承認其所見之道所知之義理，皆原爲其靈台眞君之心中之道或理義或性；則莊子亦將承認他人之心中，亦有此道或理義爲性。則人之知雖實有盲聾之時，而亦有能自去其盲聾，而自開通，以自推擴，以知道或義理之性，而亦將能如莊子之自悅其道。若然，則莊子亦卽可深信其道之可以易天下，而必爲人心所同然同悅；莊子亦將自信其言爲一切人之所解，不必待諸萬世，而將亦以正當世之人心自任矣。

或謂依莊子之言而推極其義，莊子固可承認人皆能知其所謂通天地萬物爲一之道，人心有能知此道之性；然未必承認人皆能知其他種種義理，如仁義禮智，或孟子所與人討論之種種義理之性。因此道乃一統體之境界中之道，故人皆理當有知此道之性。而其他義理，皆特殊之義理，人於此可並無同然，則不能皆以之爲性，今欲由辯說以使人心歸於同然，便終歸無效。然吾人則以爲誠順莊子所重統體之道，以觀世間種種特殊義理，縱不以之爲性，仍將必承認其亦可爲人心所同然之說。因卽就莊子之所謂統體之道，能使我與天地萬物爲一而並生以觀，此道卽無「阻止我之見彼天地萬物中之種種特殊義理」之義理。就莊子之眞君靈台之心爲至虛至靜而說，亦更不當有任何特殊之義理，必非其明照之所能及，而非兼能內在於其明照者。若其有之，則眞君靈台中自有障礙，非至虛至靜者矣。又此諸特殊義理若可永在我之心之外，則我心爲有外之心，所謂我與天地萬物並生合一以成一大全之說，亦爲虛言。莊子將陷於自相矛盾矣。若欲不陷於自相矛盾，唯有謂天下之義理，無非能內在於此至虛至靜之眞君靈台之明照之中，亦莫非人心之所可同然者。而世人之於莊子所謂統體之道與種種義理之知與不知，見與不見，便只有先知先覺後知後覺之不同，此外更無差別。若然，則先知先覺者，既已知而以言說之，以辯喩之者，終必爲後知後覺之所同然同悅之義，即無所疑。而莊子誠知此義，即仍當同有此孟子之辯，而本道亦本其他種種義理以正天下人之心。則莊子縱仍不必全同於孟子，因其或將退而謂此諸特殊之種種義理，雖能內在於此心之明照中，可爲人心所同然，而仍非自其內心所發出，人心未嘗具此特殊之義理以爲性。然彼至少將亦有契於孟子之正人心息邪說之旨，而亦將有相視而笑，以莫逆於心者矣。世人嘗憾孟子之雄辯，未嘗遇莊子之狂言，或者想像二人相遇，必將翻江倒海，風雲變色。然以吾人觀之，則如孟莊相遇，此中可並無播弄精彩之戲可看。孟子蓋必先契於莊子之狂言，而莊子蓋將不待孟子之雄辯之已及，即可進而遡本其能知道之眞君靈台之心，視爲「以知道爲性而具此道於心」之道心，以謂孟子所言之理義，皆不外此道心之明照中之條理；莊子亦可言人人皆有道心，種種理義，皆天下人之所得而同然而同悅者。夫然，則莊子所期遇之於萬世之後者，當及身而遇之；孟子之守先王之道以待後之學者，亦並世而得之。其將有相視而笑以莫逆於心之處，乃必然之事。試爲此解，並學莊子之不更辯，以待人心之所同然。

八　荀子之論「辯」

荀子與孟子同重辯，而宗旨不同。孟子之辯，乃本人心之所同然，而以先知覺後知，先覺覺後覺，以正人心而息邪說。荀子之辯，則在維護禮義之統，即文武周公孔子之政教之統。此乃純本於其歷史社會文化意識而來，故孟子之辯論，要在使人自反而求之於心，或舉事喻以使人由此事喻，以得其心。此即孟子盡心篇所謂「言近而旨遠，不下帶而道存焉」之善言。孟子與墨者辯葬禮，唯舉「上世嘗有不葬其親者，其親死則舉而委之於壑，他日過之，狐狸食之，蠅蚋蛄嘬之……而其顙有泚……乃蓋歸返虆梩而掩之」，以言人之情必有葬。孟子反對墨家之非樂，亦以人之「樂則生，生則惡可已，惡可已則不知手之舞之足之蹈之」為說。此皆直指出人性情之表現於事以說，而使人知有此事，即自知其有此心、有此性情，以自契於儒者言禮樂之義。此處不管聽者初是否承認禮樂之價值，孟子只須將此中之事實，用具體之言，加以描述烘託，直陳於人之前；人亦只須有同一之心，有同一之性情，便可自然見得。此處孟子論辯之方式，實大不同墨子之論辯，必先以他人所已承認者為根據，以從事推論，以逼使人不得不然其說者。孟子固亦言推心推恩。然此亦唯教人直就其已知之恩，已有之心，而推之於人，並度他人之同有此心而已。此亦不同於墨子之就人所承認之命題或辭，以本之而作之推論。而孟子之言推恩推心，所重者唯在望人由自知其恩其心之所在，即本之以推及他人。故望人之有此自反而自知，即孟子之辯之目標所在。至於實際上之推恩推心，則爲每人自己之事。非如墨子之所謂推論之推，乃言辭或判斷之推，可由對方代爲者也。吾人能識得此義，便知孟子之一切辯說，亦如其辯禮樂，多是舉事而述之，以使此事直陳於人之前，惟賴人之反求其心，自見得義理之所在。故孟子之辯，皆可稱之所以使人自反求其心之指點之語。而此亦即可達孟子之「使人自知自覺理義原爲人心之所同然同悅，以正人心」之目標。然荀子之目標，則在維護歷史文化中「先王之禮義之統類」，故其辯論，亦以歷史社會文化之事實爲根據而說。其辯禮樂，亦重在自此禮樂之社會文化之意義，或對天下國家之政治之功效爲言。其尊周公孔子之爲大儒，亦自此大儒之對社會國家天下之功效說來。此即不同於孟子對孔子之心悅誠服，對先聖先賢之崇敬，乃直接原自覺其先得其心之所同然而來。由此而荀子之爲孔子周公辯、爲禮樂辯、爲一切禮義法度及儒者之富國強兵之道辯，皆分別有歷史社會文化政治上之理由，可自多方面一一加以舉出。於是荀子之辯，即亦同於諸子之辯之爲持之有故，言之成理者。荀子之注重有故或有理由，以成一推論之前提，亦大同於墨子。然此作爲推論之前提，皆由對歷史文化政治社會上之事實等，加以反省而發現者。此其所根據之歷史性之經驗事實等，乃自始爲古所傳，人所共認，而具公共之客觀意義者。此即不同於墨子所言之天志等，初非人之歷史性經驗事實，亦不同於墨子之「牛」之類，只爲一外在之自然物，而待人之說之，乃知其爲何物者。歷史性之事實必爲人所已共認，因若非共認，卽不能成歷史性事實故也。故荀子之本歷史性之事實爲根據，而本之以反省出之理由與義理，卽亦不同于莊子之所謂出自成心之是非，只以個人之主觀之情欲等爲根據而無客觀之意義者。于是荀子所持以立論之理由與故，與本此理由與故，而作之推論評論或是非，亦卽非莊子之論所針對，而人亦不能本莊子之說，以言其爲當超拔或當忘之是非矣。荀子之辯是非，乃以歷史性之事實等爲根據，並本之以立故成理而辯說。然卽爲荀子所反對之他家之論，亦未嘗不皆持之有故言之成理，卽亦皆可有其承於先王禮義之道者。則此中欲辯其所持之故與所見之理之是非，便須更有一標準。此標準，卽在所見之理之是否全而盡。「凡人之患，偏傷之也。」（不苟篇）如所見之理，偏而不全，或有見於此而蔽於彼，則其理有所是而亦有所非，如「愼子有見於後無見於先，老子有見於詘無見於信，墨子有見於齊無見於畸，宋子有見於少而無見於多。」（天論）以及「墨子蔽於用而不知文，宋子蔽於欲而不知得，愼子蔽於法而不知賢，惠子蔽於辭而不知實，莊子蔽於天而不知人。」（解蔽篇）等是也。夫然，故荀子之辯是非，遂重在使人之去其蔽，以見其所不見，「兼陳萬物而中懸衡」，不自限於道之一隅，進以知全盡之道。此卽合各方面而綜合統貫之所成之道也。道備各種類之理謂之類，各種類之理之綜合統貫謂之統。荀子最重壹統類之道。而其評他家之是非，卽以此統類之道爲標準，以謂其對此道之全之所見之處，卽其是處之所在，其對此道之全之蔽處，卽其非之所在。人言之是非，皆由對照此道之全之標準而見。而此道之全，則爲依於具客觀性之人類之古今歷史事實爲根據，由反省之所發現，而與此事實同具有客觀之意義者。本此客觀之道所論之是非，亦卽應爲人之公是公非之所在。人能知此公是公非之所在謂之智。人之所賴以有此智者，則又爲人之先自其所蔽之一偏一曲之理，解放超拔而出。荀子之重心之虛壹而靜，亦大類於莊子之教人知道，必先自成心拔出，以致虛守靜，使其眞君靈台，得本其內在之光耀，以成其明照。然莊子唯由此致虛守靜，以見「道通爲一」之道，而荀子則由此以見包涵各類之理而統貫之之一道，則其不同也。

由荀子之有一客觀之統類之道爲標準，而荀子之學卽在使人知此統類之道，而心與道合，以行此道，以守此道。故荀子之論他家之所見所蔽，而明其是非之辯，卽皆一對此道負責之表現，亦爲其知道守道之精神，一必然有亦當有之表現。由此而荀子乃主君子必辯（非相）。君子之所以必辯者，既以「君子之於言也，志好之，行安之，樂言之」之故（非相），亦因唯賴辯，乃能守此道於天下，以繼之於當今及未來之歷史社會政治文化之中也。而此辯既爲君子之知道守道之精神之表現，故荀子特重言君子聖人辯說時，所表現之風度與人格。此風度人格本身，亦有其客觀爲世之模範之意義與價值者。荀子於非相篇，嘗分別小人之辯、士君子之辯、與聖人之辯。於正名篇又分別論士君子之辯說，與聖人之辯說，並及於其辯說之異於一般之辯說者，純在其辯論乃來自其對客觀之道，求有所負責之義。若孟子之辯，因其務在使人自反而求之於心，則尚可不講求其辯論時，其所表現之風度人格，與爲世之模範之意義與價值也。

荀子非相篇論聖人之辯曰：

「不先慮，不早謀，發之而當，成文而類，居錯遷徙，應變不窮。」又論士君子之辯曰：

「先慮之，早謀之，斯須之言而足聽，文而致實，博而黨正。」又正名篇論聖人之辯、士君子之辯曰：

「心也者，道之工宰也。道也者，治之經理也。心合於道，說合於心，辭合於說，正名而期，質請（註）而喻；辨異而不過，推類而不悖；聽則合文，辨則盡故；以正道而辨姦，猶引繩以持曲直；是故邪說不能亂，百家無所竄；有兼聽之明，而無奮矜之容，有兼覆之德，而無伐德之色；說行則天下正，說不行則白道而冥窮，是聖人之辯說也。

辭讓之節得矣，長少之理順矣；忌諱不稱，祆辭不出；以仁心說，以學心聽，以公心辨；不動乎衆人之非譽，不治觀者之耳目；不賂貴者之權勢，不利傳辟者之辭；故能處道而不貳，吐而不奪，利而不流，貴公正而賤鄙爭，是士君子之辯說也。」

此中荀子論聖人之辯，乃純從其心之能為道之工宰，而本道以成就治國治天下之常法條貫處說。聖人之道能成治；心能合說；其一切提出故或理由之言說，合乎此心；其言說中之一一命辭，皆在一推論之線索中，而合為一說；一一命辭中之名項，又皆有其確定之意義，而可本之以期其所指之情實

註：請王念孫說應作情。

或實事，以爲人之所可喻，是謂「心合於道，說合於心，正名而期，質情而喩」。總而言之，卽不外謂聖人之辯，乃治、道、心、說、辭、名與名所指之情實，皆相從而互相貫徹之謂。而聖人之辯，又能分辨各種之差異而皆得其當，其依一定之義理，以推及於其同類之事物，亦適當而無過或不及以生悖謬之事。此卽自聖人之言之有統類而說。荀子非相篇之所謂「發之而當，成文而類也。」故當其聽人之言，則能合其言之義之各方面，而求加以了解，而其辯論，亦能盡各方面之義理或理，居錯遷徙，應變不窮，由此以明全正之道，以辨言之姦而誤者，遂如本一定之繩墨標準，以定他人之言之正直或歪曲。由此而其辯說，則非偏邪之說之所能亂，而百家之偏蔽之見，亦無所逃竄於天地間，以得爲人之所共見。此聖人之辯，其能兼攝兼聽他人之所言之是者，而貫通之，而無奮矜自是之容，有如天地之兼覆萬物，以兼覆道與義理之各方面，而未嘗自伐其功德。故此聖人之辯說能行，則天下因之而正，如說不行，亦能於明白此道之後，以自處於窮約，而獨善其身也。

至於士君子之辯之不及聖人者，則在其心之未必能知道之全，並依此道之全，使辯能盡故，亦不能如聖人之不先慮不早謀，復不能如聖人之能兼聽兼覆；唯自勉於聖人之途，以自別於一般之爭勝之辯而已。故當其辯也，首能得辭讓之節，而以少敬長，次則不稱人之所忌諱以傷人，不以禍福之祇辭以懼人，而唯本自己向道之仁心以說，以學於人之心聽他人之言；然後以公心辨是非。而在此辨是非之際，其心之所向者，唯在道或義理。故「文而致實，博而黨正」，不爲衆人之毀譽所動，不求以辯說治媚旁觀者之耳目，亦不爲貴者之權勢所貨賂，不利用一切傳說譬喻之辭以爲據；故能自處於道而無二心，其言皆能吐實而於實無所奪，亦皆通利而足以自達其意，不流蕩於偏邪。唯以公正爲貴，而賤鄙陋之求勝之爭。此則言士君子之辯之異於聖人，唯在其不能如聖人知道之全，而只能自勉於向道，以循道，而守道，以不離道也。

九　孟荀之辯與默

吾人以上謂孟荀皆重辯，而不同於莊子之既言其無言之境，則以天下沉濁不可莊語，而歸於只爲謬悠之說，荒唐之言，不屑與世人辯者。然孟子荀子亦未嘗不承孔子之教，而有不言不辯之時，則言辯與默，皆可爲孟荀之所重。此正如在立身行己上，孟荀與孔子皆同有進有退，有出有處。蓋依儒家之思想，道無不可行於天下之理，故必栖栖皇皇以求行道，然亦承認道有不能行之時。人於此，如枉尺以求直尋，則身與道俱弊。故孔子有無道則隱之言，孟子有獨善其身之語，荀子亦有白道冥窮之言。而在言辯上，則依孟子義，固可說一切道或理義，亦皆本爲人心所可同然同悅，依荀子義，道亦爲人心之可知可從者。然人於道，亦有尚未表現其然之悅之，而未能知之從之之時，此則亦非驟語於人，人卽必能相喻者。孟子於此乃有守先待後之言。言守先待後，固見其以先知覺後知，以先覺覺後覺之事自任，而非如莊子之姑寄情於獨唱。然既言待後，則亦承認其道之有非當世之人之所能喻者在，而荀子亦唯有著書以貽後世；此則皆與莊子之待萬世之後遇其解者，亦五十步百步之別耳。由此而孟荀同有不言不辯之義。孟子雖善辯，而於他人之橫逆之言行之及於身者，則不與之爭，不與之辯，而唯先自反省其對人之是否忠，是否有禮。孟子對人之教誨，有不屑教誨之一方式。不屑教誨，以待人之自知自覺，亦爲教誨之一方式也。孟子又言「不可與言而與之言，乃以言餂之」之不可。如上文第二節之所提及，則孟子固亦有不言不辯之義。荀子非十二子篇曰：「辯說譬喻，齊給便利而不順禮義，謂之姦說。」非相篇曰：「凡言不合先王，不順禮義，謂之姦言，雖辯，君子不聽。」儒效篇論君子之所能所知，止於禮義，君子之辯與察，亦非能「徧辯人之所辯之謂也，徧察人之所察之謂也。」修身篇曰：「夫堅白同異，有厚無厚之察，非不察也，然而君子不辯，止之也。」非十二子篇曰：「信信，信也；疑疑，亦信也；言而當，知也；默而當，亦知也。故知默，猶知言也。故多言而類，聖人也；少言而法，君子也。多言無法而流湎然，雖辯，小人也」此則或以言不合先王禮義之統，故不辯不說寧默，或以「默而當」故默，皆兼以默教也。孟荀皆重修身以自見於世。修身要在行。以行事自見，即不以言辯自見也。孔子曰：予欲無言，而以天之唯使四時行百物生之行事自見爲喻。孟子承之而謂「天不言，以行事示之而已矣。」荀子既言天行之有常，又言君子之行之可參天地。吾於原言與默一文第二節，已謂儒家於天，皆不似西方之宗教之重其在語言上之啓示，唯重天之以行事自見；

而人在天地間，亦當重在以其行事與天合德，「存心養性以事天」，「人有其治」以「參天地」。儒家無論在其「達則兼善天下」之行，或「修身以見於世」之行中，皆有其不事言辯之時。孟子曰：「君子深造之以道，欲其自得之也。」又曰：「博學而詳說之，將以反說約也」（離婁）。朱子註以「默識心通，以歸至約」之義。荀子所謂「君子至德，嘿然而喻，未施而親，不怒而威」（不苟）。固皆有孔子之重默識之旨在也。

至荀子之論言辯，尚有二義，使其言辯之事有所而止者。第一、荀子在一方面固力言談說之術，須全部精神貫注。如其非相篇曰：「談說之術，矜莊以莅之，端誠以處之，堅强以持之，分別以喻之，譬稱以明之，欣驩芬薌以送之，寶之，珍之，貴之，神之。」實能極狀談說之莊嚴之論。然在另一方面，則荀子又更明言君子之所貴之神之之言辯，唯所以自白其志義，以通人我之意之旨。故其正名篇曰：

「君子之言，涉然而精，俛然而類，差差然而齊，彼正其名，當其辭，以務白其志義者也。彼名辯也者，志義之使也。足以相通，則舍之，故名足以指實，辭足以見極，則舍之矣。」

此卽君子之言之深涉而精當，俯就事實而有類，差別而齊整，皆由其言語之目標之純一，而唯務自白其志義而來。蓋言惟在以白志義爲目標時，方能以其志義，統其言之多端，使歸於精當，有體類而齊一也。然亦正因其言惟在白志義，故其言辭，皆爲其志義所主宰，名能指實，辭能見極，則舍之，而更不務於名辭之多與繁。荀子有此舍名舍辭之義，則其不同於當時之辯士之惟務言辯者可知。第二、荀子於正名篇，又言如明君聖王在位，則邪說辟言自止，而無事於君子之辯。此亦使其言辯之事有所至而止者。故其正名篇又曰：「凡邪說辟言……明君知其分，而不與辯也。夫民易一以道，而不可與共故。故明君臨之以勢，道之以道，申之以命，章之以論，禁之以刑。故其民之化道也如神，辯說惡用矣哉，今聖王沒，天下亂，姦言起，君子無勢以臨之，無刑以禁之，故辯說也。」

荀子之此段文，意在言明君之政，唯以道一民，而不期於人民皆共知此政何以如此行之故或理由。蓋此故或理由亦本不能爲人民之所同喻，而亦不待於事先對人民而辯說。明君之政，可只以其勢、道、命、論、刑等，使邪說辟言不得起，則亦可無事於辯說。今唯因聖王沒，士君子無勢以臨，無刑以禁，而天下之邪說辟言起，乃不得不從事於辯說。此卽謂辯說在聖王之政下，有廢而不用之義。荀子此言，固有流弊。因以勢以刑臨人而禁人之言，正爲下開李斯韓非之以政攝教之說，導致焚書坑儒之禍者。荀子於非相篇，亦已有姦人之辯，聖王起，當先誅之之意。孔子之殺少正卯，正緣荀子此意而爲法家學者所傳，爲孟學者，蓋決無此唯以勢與刑臨人之論也。然荀子謂民不可皆與共故之言，則亦不可謂爲全非。墨子上說下教，初意在與人人共故，乃强聒天下人之耳而無已。而實則聖王之政，固可只以行事自見，使人民自然一於道，而不必求人人皆共知此故也。觀荀子之言，蓋亦非愚民政策之謂。而是依荀子之意，人所重者本只在其行之合於道，而不在皆能自知其行爲之合於道之理論上之理由；以知原不如行之重要之故也。孟子言「行之而不著焉，習矣而不察焉，終身由之而不知其道者衆也。」易傳言「百姓日用而不知。」此皆就事實以爲說。知此事實之不可免，以觀孔子之言「民可使由之，不可使知之」，與荀子「民不可與共故」之語；即非謂爲政者另有詭秘，必不欲使人民知之意，而同是重在使人有合於道之行，而不在使人知何以當有此行之理由之論。能知此理由，乃爲政者之智。然爲政者固不必期人人皆有此智也。在今日能知合於道之行之理由者，即爲學者、思想家、或哲學家之智。此智固人人所可有，如人必欲知此中之理由，亦固可自思而得之，或由他人以言相告也。然世人之行若皆自然合於道，則亦不必皆有此知。因此中之知，既原只所以導人之行爲合於道；行能合於道，則知即在行中，亦能自其行中，以自然生起。故荀子之謂民不可皆與共故，與孔子民可使由之，不可使知之，孟子終身由之而不知其道，易傳百姓日用而不知，皆藏知於行自行起知以攝智歸仁即仁成智也。能若是，則又何必日日以言辯與天下人論「故」乎。故思想家哲學家之喜論「故」者，亦世衰道喪，人之行既離於道，欲導之合於道之不得已之事也。儒者不幸生在亂世，乃兼爲思想家哲學家，而不能不有事於言辯，以去詖淫邪遁之辭或荀子所謂邪說辟言，亦不得已而爲之事也。誠當天下有道之時，則孟荀將同歸於無言。君子之道，不動而敬，不言而信。易傳曰：默而成之，不言而信，存乎德行。此則與莊子之全德忘言，而以歸於無思無慮之旨，未嘗不遙相契合。此又吾人之不可不善觀儒道之殊途，而未嘗不同歸者也。

第九章　原致知格物上：大學章句辨證及格物致知思想之發展

一　導言

禮記大學一篇，自朱子併中庸列入四書，八百年來之學者，蓋無不童而習之。中庸一篇，雖亦原在禮記中，然唐五代以前，已有別行本。如漢志有中庸說，隋志有戴顒之中庸傳，梁武帝之中庸講疏是也。宋學初起，如周濂溪、張橫渠之思想，皆主要原於易傳與中庸。宋初雖已有大學單行本，及失傳之司馬光大學廣記等書，然至二程子，乃始特表彰大學。朱子乃訂爲四書首卷，視爲學者入德之門。吾昔嘗觀宋明至今中國儒學之發展，實大體有類於繞大學中所謂八目之次第一周。蓋司馬溫公、程伊川、呂與叔、謝上蔡、楊龜山、尹和靖、胡文定、胡五峯、已各有其格物說（**註一**）。朱子承知

註一：御纂朱子全書卷九頁二四四書或問中近世大儒格物致知之說曰：格猶扞也、禦也，能扞禦外物而後知至道。（溫公）必窮物之理，同出於一，爲格物（呂與叔）窮理只是尋個是處。（上蔡）天下之物，不

可勝窮，然皆備於我，而非從外得。（龜山）今日格一件，明日格一件，爲非程子之言。（和靖）物物致察，宛轉歸己。（胡文正）卽事卽物，不厭不棄，而身親格之。（五峯）

川而大論格物窮理之義，而緣之以言致知、誠意、正心、及修、齊、治、平之事，可謂以格物爲始教。而以朱子觀周濂溪、張橫渠、邵康節之論天人萬物之道，亦格物窮理之事也。故朱子嘗以濂溪之太極只是理字，謂張子正蒙是盡窮萬物之理，又謂康節能盡得事物之變。自陸象山以發明本心，爲先立乎其大者，王陽明乃於吾人本心之知善知惡，好善惡惡而不昧處，指出良知，而以良知卽天理卽本心，而單提致良知之教，以攝格物之義，及儒學之諸要端。此可謂改而以大學之致知標宗。王學之流，枝分派衍，雖不無異同，亦皆同本此致知之教。直至東林學派顧憲成等，疑於陽明之良知本體無善無惡之言，劉蕺山繼於良知之好善惡惡之幾上，指出意根，謂此意爲知之主宰，而言學聖當以誠意愼獨爲宗，遂由格物致知之教，轉而以誠意爲宗。初、王一菴已別意爲念，謂意爲心之定向所存，亦知善知惡之良知之所根。至蕺山乃完成此以誠意愼獨爲宗之教，爲宋明心性之學內聖之學最後之一大師。先是，王龍溪嘗以誠意爲後天之學，其所謂「意」乃意念，不同劉蕺山之「意」。龍溪以正心爲先天之學，則重在正心。又王心齋、李見羅及明末之高攀龍，皆重安身修身之義，而皆本大學以立教。至明末清初之大儒，如王船山、顧亭林、黃梨洲等，則其精神所注，皆由內聖之學轉至外王之學。其中如船山、梨洲，雖亦深究理學中問題，然皆意在以內聖之學爲立本之資；至言達用之學，則宗在經史。

亭林以經學卽理學，雖遙承考亭之教，然理學中之諸問題，則非其所究心。唯於古今治道，郡國利病，辛勤加意。諸儒立教，如船山之暢發志爲一心之存主之義；別人禽，嚴夷夏，端在正其心志，亦無異於以正心之功，統致知誠意之事。而亭林之言行己有恥，更不詳析一一所當恥，及此中內心修養工夫之歷程，此亦無異統言人當修己修身。諸儒身當鼎革之際，其關心乃在天下之興亡，治道之隆汚，國族民命之絕續，則皆外王之學之所攝，大學中之治國平天下之事也。明末清初，學風旣轉，亭林、梨洲倡經學史學於先，而清儒之業，又未能繼其志，以建制立法；乃羣趨於考訂經史之名物制度，重事纂集注疏之功，再及於訓詁、文字、聲韻、校勘、版本之學。然清之學者，其工力所在，雖若與治平之業，直接不相干；然由其自居於儒者之林而言，亦未嘗不自謂其志在：由聲韻文字之學，纂集注疏之功，校勘版本之業，以使先聖先賢之書可讀，明訓詁以明義理，考名物制度，以知治道，而爲致太平之資。則清儒之學，亦顧黃之流風餘韻之所貫也。淸儒之足以言思想者，如顏元之重安天下、富天下、强天下，戴震、焦循之重遂民之情，同民之欲，及公羊家之經世致用之學，康有爲之言大同，孫中山之言民族、民權、民生，以及於民國以來人之喜言政治上之主義，實皆以天下國家、社會人民之問題，爲其用心之焦點，與顧、黃、王之精神，遙相照映，亦不出大學之治國、平天下、及古所謂外王之學之範圍。惟此淸學，重外王而忽內聖，顏元、戴震，首反對宋儒心性之學。凌夷至今，則凡言正心誠意之學，乃皆被視爲迂遠，卽修身齊家，亦人所不屑道。唯天下之擾攘，國族之危亡，則懸於中國人心之前，而又莫知所以撥亂而反正。溯自清季中西文化接觸以來，國人初反省中國之所以弱，首歸於堅甲利兵之不如人，次歸之科學知識之不如人，乃競尙科學之新知。而淸末人名自然科學曰格致，卽有取於大學格物致知之義。朱子釋格物致知，爲卽物窮理，而科學正爲格物窮理之學。於是大學之格物致知之名，卽爲百年來之中國人，賴以攝取西方科學之憑藉。而今日中國人，皆知尊尙科學，亦卽大學八條目中首二條目之再被重視也。綜上所言，是見八百年來中國思想之發展，實有如循大學八條目之次序，由程朱之以格物爲始敎，至陽明之以致知爲宗，劉蕺山之以誠意爲宗，歷顧、黃、王、而由正心修身之內聖之學，以轉至重治國平天下之外王之學。旣歷大學之八條目一周，乃再歸於淸末以來，以格致之學之名，爲引入西方科學之資，宛若二千數百年前之爲大學一文者，及朱子之列大學爲四書之首卷，卽意在預定此規模次第，以供此八百年來中國思想之潮流，循之以進行。雖曰偶合，亦足爲奇，而大學一文之重要，亦可姑假此以言之。

然此上所陳，唯是謂八百年來中國思想之發展，大體言之，如歷大學八目之次第一周。實則八百年來，中國思想之發展，其所以如是如是，自另有其歷史上之理由。而吾人若據此以謂八百年來中國之學者之思想，乃唯依大學一書預定之規模，以依模作彩，或謂其思想唯盤旋於此大學之一二千字之文之內，亦斷無是理。而程朱之言格物窮理，陽明之言致良知……以及顧、黃、王以降之言修、齊、治、平之道，就其具體之思想內容而說，匪特與大學一書之所說，繁簡相距，不可以道里計；而此中更明不斷有新思想之絡繹而出。今言此中有思想相承之迹，亦有一貫之儒學之傳說可見，人固無異辭。若謂後儒之思想，唯是先儒所言者之翻版或註釋，則匪特有悖於思想演進之實，抑亦將忽視後儒之新義之所以立，及其對思想史之貢獻何在。以吾人今日之眼光觀之，朱子之論格物窮理，陽明之言致良知，以及顧、黃、王以降之言修、齊、治、平之道，雖皆恆自謂不過發明古人之遺意，實亦諸賢之謙德使然。就中朱子與陽明二家之釋大學之爭，若各還歸於二家之思想以觀，皆自有千古，而各在儒學史上，樹立一新義，亦未嘗不與大學之思想，有相銜接之處。然若視之爲大學一文文義之直接註釋，則皆不免於枘鑿。而其思想與大學相銜接之處，亦皆不在大學之明文，而惟在其隱義。此隱義之提出，亦實一思想之發展，而非必即大學本文或大學著者之心中之所有，實不當徒視爲其註釋。朱子陽明，本其謙德，必欲歸其新義於先儒，而二家之後學，又各或爲朱子陽明爭其言之獨得大學之本意，或另爲大學之言作釋，於是宋以來言大學格物者，全祖望已言有七十餘家。八百年之公案，乃至今未決。實則吾人今若知朱子陽明，皆各於儒學，有新義之樹立，皆本不當視爲大學之註釋；則二家之爭解，而朱子陽明對儒學之貢獻，亦更彰顯其千古不磨之處。此亦卽吾人之所以兼尊崇大學及朱子陽明之道也。爰本斯旨，草爲此文，就吾人對大學之章句之重訂，以見朱子陽明，若自視其說爲大學本文之註釋，則皆非；而若轉而視之爲大學思想之隱義之引出，或進一步之儒學思想發展，則皆是；再及於清末以來以格致之學爲自然科學之說，其淵原所在，以及由此而導致之當今儒學思想發展中之一問題，合以證成八百年來儒學思想之關連於大學格物致知之教者，實不斷有新思想之孳生，咸超軼於大學明文之所及。則世之謂儒者之思想，唯以註疏爲事，恆停滯不進者，卽以此一例，已足證其妄。而由此一例，亦足見儒者之論，其自謂承諸古人之所在者，亦恆爲超軼古人之明文可徵之思想之外者。蓋此由承繼以超軼，以超軼爲承繼，正爲儒學發展之常軌，是治中國儒學之思想史者，所不可不深察而詳論者也。

至於尅就本文之內容而言，則吾人上文，既言朱子陽明於大學之思想有新義之樹立，朱子陽明之自視其言，爲大學本文之註釋皆非；此亦卽同於謂：吾人欲彰朱子陽明之功，當先明朱子陽明之過。然舍過無以見功，吾亦將不得已而爲是。故下文當首論朱子大學補傳及所訂章句，不合大學本文之所需，與原文之文理，次說明陽明以致知爲致良知，亦不合大學本文之系統。再次則更就朱子及晚明儒者，所疑於大學章句者，加以抉擇，以重訂大學之章句，並略疏貫其文理。此爲本文上篇，主要以辨證大學本文之文句爲主，所論較爲繁碎。至於本文下篇，則首當說朱子之章句雖誤，然朱子之思想，仍與大學相涵接，而其卽物窮理之說，亦實有進於大學之新義在。次論陽明之直接以大學之知爲良知雖誤，然通大學之言「明明德」及「知」而觀之，則必引出致良知之說，而此亦爲大學思想之一新發展。再次則略論淸儒顏元、戴震之言格物致知，其異於宋明儒之說，及其演進之勢，必歸於淸末人以自然科學爲格致之學之義；並見此義之實爲由大學本文之格致之原義，輾轉引出之新義，而亦表現中國思想之發展之一端者。最後二節，則論由此而導致之當今中國儒學思想發展中之一問題。卽爲如何將此今人皆知重視之科學知識之知，與中國傳統所重之德性之知，加以配合之問題，而此亦爲中西學術思想如何融通中之一問題。足見此八百年之格物致知之老問題，實直貫注至今。乃於此最後節中更述及師友之說，兼略陳愚見，以作結論。此合爲本文下篇。要以證成八百年來直接關連於大學之格物致知之思想之發展，而義理之疏解較多。讀者不耐上篇之辨證之繁文者，亦可先閱此下篇也。

二　朱子大學補傳之得失

朱子重訂大學章句，並作大學補傳，其異於大學古本者，在以大學古本，爲有顚倒錯亂，及缺佚。故除改篇首之「在親民」爲「在新民」外，更移置「康誥曰克明德」至「與國人交止於信」三章，於「其所厚者薄，其所薄者厚，未之有也」一段之前，又移動古本原屬於誠意章之「詩云瞻彼淇澳」至「沒世不忘也」一段，及古本之「子曰聽訟吾猶人也」至「此謂知本」一段，併置之於「與國人交止於信」之後，及古本之「此謂知本，此謂知之至也」之前。於是此兩個「此謂知本」，遂相連接。朱子乃據程子言，謂此中之一個「此謂知本」爲衍文，而旣刪去下一個「此謂知本」之後，則「此謂知之至也」一語，又上無所承，朱子遂於其大學章句曰：「此上應爲傳之五章，蓋釋格物致知之義者，而今亡矣，間嘗竊取程子之義以補之曰：

「所謂致知在格物者，言欲致吾之知，在卽物而窮其理也。蓋人心之靈，莫不有知，而天下之物，莫不有理；惟於理有未窮，故其知有不盡也。是以大學始敎，必使學者，卽凡天下之物，莫不因其已知之理，而益窮之，以求至乎其極。至於用力之久，而一旦豁然貫通焉，則衆物之表裏精粗無不到，而吾心之全體大用無不明矣。此謂物格，此謂知之至也」

按朱子所編章句，移動古本之次序者三，改字一，刪字四，新作補傳，共百三十四字。此於原文之改動，不可謂不大，而使人不能無疑。故王陽明必欲復大學古本，而宋明以來學者，凡非墨守朱子之言者，及淸儒之宗鄭康成注者，亦同皆不能無疑。而朱子之論大學之有闕文，並非全直接根據於原文之必不可通，初唯由其重訂章句後，使兩個「此謂知本」相連。一個「此謂知本」接上文，再刪去一個「此謂知本」，乃見「此謂知之至也」一語，上無所承，遂見闕佚。是此闕佚之見，乃朱子重訂章句之所爲也。而其重訂之章句，除將「康誥曰克明德」至「與國人交止於信」三章，移置於前，確乎有據，吾亦印持外；其餘將誠意章之「詩云瞻彼淇澳」至「沒世不忘也」，及「子曰聽訟吾猶人也」至「此謂知本」二章，移置於前，則並無堅强之理由。而不移置此二章，致使兩個「此謂知本」相連，則不致使大學原文，見有闕佚，亦卽大可無作補傳之必要。故吾人今論朱子補傳之非，將首論其將誠意章此二段文移置於前之不必要，及古本原文，原自可通，次將論其補傳與大學本文，不相貼切之處。

今按古本誠意章，除「康誥曰克明德」至「與國人交止於信」，吾人亦以爲當如朱子意，移置於前文外，其餘文如次。

「所謂誠其意者，毋自欺也。如惡惡臭，如好好色，此之謂自謙（自慊），故君子必愼其獨也。小人閒居爲不善，無所不至，見君子而後厭然，揜其不善而著其善；人之視己也，如見其肺肝然，則何益矣。此謂誠於中，形於外，故君子愼其獨也。曾子曰：十目所視，十手所指，其嚴乎。富潤屋，德潤身，心廣體胖。故君子必誠其意。詩云：瞻彼淇澳，菉竹猗猗，有斐君子，如切如磋，如琢如磨；瑟兮僩兮，赫兮喧兮，有斐君子，終不可諠兮。如切如磋者，道學也；如琢如磨者，自修也；瑟兮僩兮者，恂慄也；赫兮喧兮者，威儀也；有斐君子，終不可諠兮者，道盛德至善，民之不能忘也。詩云：於戲，前王不忘，君子賢其賢而親其親，小人樂其樂而利其利，此所以沒世不忘也。子曰：聽訟吾猶人也，必也使無訟乎。無情者不得盡其辭，大畏民志，此謂知本。」

鄭康成注，「詩云」以下，全是釋誠意之功。朱子則以爲「詩云瞻彼淇澳」至「沒世不忘」以上，皆屬於傳之三章，乃所以釋止於至善者。而聽訟以下，至「此謂知本」，爲傳之四章，乃釋本末者。今按上文「詩云邦畿千里，爲民所止」至「與國人交止於信」，已是釋「止於至善」，則亦不須又以此「詩云瞻彼淇澳」至「沒世不忘也」也之一段，以屬於傳之第三章，再釋「止於至善」。若然，則此古本亦不須改動。如人問曰：若此皆當依古本，視爲釋誠意者，則誠意章何以如此之長，而下文之正心章，又何以如此之短？則須知古人文章之長短，本不一定，此乃問非所問。而吾人如依朱子將詩云「瞻彼淇澳」至「沒世不忘」，移於釋「止於至善」章中，則吾人亦可問：何以釋止於善者，又如此之長？而上文之釋同爲三綱領之「明明德」及「新民」者，又如此之短？此亦同爲問非所問。此中重要之點，唯是「詩云」以下，是否必須分屬於朱子所謂三四章，而不可倂屬於誠意章？則此必須先證明其屬於誠意章，於文理必不可通。然吾人殊不見此中有必不可通之處；則古本既屬之誠意章，朱子卽無加以改動，而分屬於三四兩章之理由矣。

按此詩云「瞻彼淇澳」一段，所以原屬於誠意章者，蓋誠意章前文所講者，原是由「無自欺」「愼獨」之工夫，以「誠於中」而「形於外」，而使「德潤身，心廣體胖」。此段中之道學，自修，正爲愼獨與修德之事，而恂慄威儀，亦正爲德潤及於身，「心廣」而彰於禮貌之徵。鄭注謂恂慄之恂字，或作峻，讀如嚴峻之峻，言其容貌嚴栗。朱注雖釋恂慄爲戰慄，亦謂恂慄威儀，言其德容表裏之盛，則與鄭注，亦大體不殊。至於言「盛德至善，民之不能忘也」，「君子賢其賢而親其親，小人樂其樂而利其利，此所以沒世不忘也。」則正謂君子誠意之功，至於充內形外，則其所知、所止之至善，亦充內形外，而足感人化民，使民不能忘，而君子之風，乃化及小人。此正與前文相發明。至於「聽訟吾猶人也，必亦使無訟乎？無情者不得盡其辭，大畏民志」一段，鄭注謂「聖人之聽訟，必使民無實者，不敢盡其辭，大畏其心志，使誠其意不敢訟。」（註二）朱注謂「聖人能使無實之人，不敢盡其虛誕之辭……有以畏服民之心志，故訟不待聽而自無也。」此中朱注又實與鄭注，大旨無別。今依古本將此段仍屬誠意章，卽謂人能誠意至於盛德，至善，而化民，則人之無實而興訟者，亦不敢盡其欺罔虛誕之辭，而不敢不誠。故朱子語類卷十六亦謂「大畏民志者，大有以畏服斯民自欺之志」，是與鄭注全無別矣。故此聽訟一段，亦與前文之「小人閒居爲不善者，見君子而後厭然，揜其不善而著其善」，同爲誠意之極，至盛德至善，而民莫能忘之效驗；有如孟子之言君子之「所過者化」，中庸之言「至誠而能化」，實文從而字順者也。而朱子之注，原與鄭注大體相同，唯以其必欲將其中一段，移置於釋止於至善之第三章，再分出一段，成爲釋本末之第五章；乃凡於鄭注視爲誠意之效驗之處，皆改視爲「明明德而止於至善」者之效驗。此中唯就義理而觀，如朱子之謂「恂慄威儀，民莫能忘」，及「使無情者不得盡其辭」，爲明明德而止於至善之效驗，固未嘗不可。然謂爲誠意之極之效驗，又何嘗不可？而此二段文，古本既原在誠意章中，順上文之解釋，又本無不可通之處，則朱子又何據而必移置於前，以分屬三四章乎？王船山讀四書大全說，因曲順朱子之意，謂「朱子謂恂慄威儀，爲成就後氣象……又云嚴敬存乎中，光輝著於外。存字但從中外上，與著字爲對，非若存心存誠之存，爲用力存之也。」（註三）其引朱子此二語，蓋謂朱子釋此段，乃視爲聖學之極功，不同大學誠意章所

註二：禮記鄭注，孔穎達疏　六十。

論者，猶在存心存誠之勉力之階段，故不屬於誠意章中。然此二段所言者，是否卽聖學之極功，殊未可定。（註四）卽視爲聖學之極功，亦未嘗不可附諸誠意之一階段而論也。蓋存心存誠，固爲用力之事，然用力而至德潤身，心廣體胖，豈不亦爲成就後之氣象，而同於「嚴敬存乎中，光輝著於外」？朱子、船山於「德潤身」「心廣體胖」二語，旣不疑其屬於誠意章，則於下文之恂慄威儀之氣象，又何疑其屬於誠意章乎？

吾人上文，旣已詳辨古本誠意章之一段文，朱子無必須加以移置之理由。而不移置此二段，卽不見大學原文，在文理上之有闕文，亦無必須另爲之作補傳之理由，如上所述。今再指出朱子作補傳之內容，與大學本文不相貼切之處，以論補傳之不必作。

朱子補傳，就上所徵引之原文觀之，其所欲講明者，乃在「致知在格物」及「物格而後知至」二語。大學言「致知在格物」，未嘗言欲致其知者先格其物。則致知格物，雖爲二名，而可說爲一事，故朱子於此，不分爲二補傳，無可訾議。然大學本文言「欲明明德於天下者，必先治其國；欲治其

註三：王船山讀四書大全說卷一，太平洋書局本第八頁。

註四：按朱子語類（應元書院本），卷十六第七頁朱子唯謂「瑟兮僩兮，則誠敬存乎中矣，未至於赫兮喧兮，威儀輝光著見於外，亦未爲至善。」則朱子乃將恂慄與威儀並較，並不如船山所言之恂慄威儀，爲成就後氣象，以與誠意章之存心存誠對較，則船山亦未全得朱子意也。

國者，必先齊其家；欲齊其家者，必先修其身；欲修其身者，必先正其心；欲正其心者，必先誠其意；欲誠其意者，必先致其知。」此中明有先後之序，而大學本文，亦重在處處說明，何以必先有此而後有彼之義。故以「所謂平天下在治其國者」，「所謂治國在齊其家者」，「所謂齊其家在修其身者」，「所謂修身在正其心者」，各爲一章之始。唯於誠意章，未明言所謂正心在誠其意者。然誠意章前言誠意，繼言心廣體胖，卽下接正心，義亦無缺。果如朱子之意，謂大學有闕文，而爲之爲補傳，則朱子首當補釋「所謂誠意在致其知者」，以明大學所謂「欲誠其意者先致其知」之義，而不當只補釋「致知在格物」之義。因格物致知爲一事，則釋得「欲誠其意者，必致其知」，不另釋「致知在格物」，實未嘗不可。然釋「致知在格物」，而不釋「欲誠其意者必先致其知」，則萬萬不可。因此事，乃與其餘者同在一線索中之思想也。朱子乃不此之圖，唯以補傳釋「致知在格物」及「物格而後知至」二語，而未嘗釋「欲誠其意者，必先致其知」及「知至而後意誠」二語，是輕重倒置也。（朱子語類中，多有言知至而後意誠者，然皆未包括於補傳中）（註五）又尅就其補傳之內容而論，則朱子言知，首謂「人心之靈，莫不有知」，其言物也，則曰「天下之物，莫不有理」；遂謂惟於「理

註五：按朱子語類常將知至與意誠連貫說，多見語類卷十五十七頁至廿三頁，卷十六十六頁至十八頁。如卷十五頁十七謂知至則道理坦然明白，安而行之。今人知未至者也——然臨事不如此者，只是實未曾見得，若實見得，自然行處無差。然朱子大學補傳，卻未將致知與誠意扣緊說。

有未窮」，故其「知有不盡」。至窮理致知之效，則朱子言其在「豁然貫通」，以使「衆物之表裏精粗無不到，吾心之全體大用無不明」。此可說爲正心之始，而非誠意之始。朱子之釋格物，又初不直以物爲所對，而以物所自有之理爲所對，則朱子之言格物致知，卽爲一方冒過與誠意之關連，而一方又冒過物，而直達於物之「理」者。朱子又未嘗於其補傳言，人必知理而後意誠，亦未嘗言惟其理有未知，故其意有不誠。則朱子補傳，實未嘗補其所當補，而其所補，亦未嘗貼切於原文也。

吾人以上論朱子補傳之不當，乃純就文理而說。至於尅就此補傳之思想，而加以評論，則或如陽明之謂其爲求理於外，乃告子義外之說，泛求物理而少頭腦之論。或如阮元之論語一貫說，以「一旦豁然貫通焉」，此似禪家頓宗，「冬寒見桶脫大悟之旨」。而大學本文，亦明不見「理」與「窮理」之字。凡此等等，固皆不足以難朱子之學之本身，下篇當及之。然要之，亦足見朱子補傳中之義，非必大學原文所有之義，而有其不能使人無疑者在也。

三　王陽明以大學之知爲良知之說之得失

至於王陽明之說大學之致知爲致良知，其說與朱子相較，實更易解釋「知至而後意誠」及「欲誠其意者必先致其知」二語。蓋依陽明之言良知，原爲知善知惡，而好善惡惡者。好善而如好好色，惡惡而如惡惡臭，是卽誠意之實功。故人能眞致其良知者，卽必能誠其意；而人不能知善知惡，卽不能好善惡惡，亦不能好善如好好色，惡惡如惡惡臭。故欲誠其意者必先致知，而致知之教，卽貫徹於誠意。此實較朱子之惟論致知之待於格物窮理，而未及於致知與誠意之關係者，更能應合於大學之文句所涵之義。至其思想之高明，是否過於朱子，則可暫存而不論。

陽明雖以致知爲致良知，而異於朱子，然其以致知格物爲一事，又同於朱子；於是其說格物，亦不得不與朱子異。陽明謂「格物」之物爲事，朱子亦嘗訓物爲事。然朱子之說格物，重在卽物而窮其理，而陽明之訓物爲事，則同時以事爲意之所在。而凡意之所在皆爲事，亦爲物。由是而「吾意在於事親，則事親便是物；吾意在於事君，事君便是物」。意之所在，知卽隨之，「知」隨「意」之所在之事，而知其善惡，並眞切的好善惡惡，以爲善去惡；則知至而意念之不正者歸於正，而事亦得其正，此卽格物而致知矣。故陽明四句教曰：「知善知惡是良知，爲善去惡是格物。」此物格處，卽知至處，故曰致知在格物。此亦與大學之文句，亦未嘗不在大體上相契合也。

然陽明之以大學之致知爲致良知，雖與大學所言之致知，與誠意格物之關係之文句，未嘗不可在大體上相契合，此又非唯有以大學之致知爲致良知，乃可與大學之文句相契合之謂。如大學之致良知之知，非指良知，而別爲一義，亦未嘗不可與大學之文句相契合也。而尅就大學之本文言，大學明未嘗有良知二字。先儒唯孟子言良知良能，陽明又何得逕謂大學之知，卽必爲孟子之良知或其所謂良知乎？

如更嚴格言之，則上文謂陽明之言，可與大學上之文句在大體上相契合云云，亦卽謂其非能全相契合之謂。今循大學言知至而後意誠之意，雖可說爲知眞至處，卽意誠處，尅就二者之相關處言，亦無先後，而格物致知，亦原可無先後。然大學立言次序，要是先格物、次致知、次誠意、次正心。大學言物格而後知至，知至而後意誠，而未嘗言意誠而後知至，知至而後物格。如依陽明之說，循上所論以觀，實以致「知善知惡，好善惡惡」之知，至於眞切處，卽意誠，意誠然後方得爲知之至。又必意誠而知至處，意念所在之事，得其正，而後可言物格。是乃意誠而後知至，知至而後物格，非大學本文之序矣。（**註六**）

依陽明致知之教，必不能合於大學之先後之序，而其言乃歸於以格物、致知、誠意、正心、以及修齊治平之事，實爲一事而異名之說。故羅整菴依於大學之有八條目，而致疑於陽明單提致知之說爲不盡之後，陽明乃答之曰：「若語其要，則修身二字足矣，何必又言誠意？誠意二字足矣，何必又言致知？又言格物？唯其工夫之詳密，而要之只是一事，此所以爲精一之學。……故格物者，格其心之

註六：按高子遺書卷三第八頁亦嘗疑陽明之言顚倒格物致知之序曰：「陽明謂爲善去惡是格物。夫事物各得其正者，乃物格而非格物也。爲善去惡，乃誠意而非格物也。事物各得其理，格物也。是格物在致知，知至而後物格也。」

物也，格其意之物也，格其知之物也。正心者，正其物之心也，誠意者，誠其物之意也，致知者，致其物之知也。此豈有內外彼此之分哉；理一而已，以其理之凝聚而言，則謂之性；以其凝聚之主宰而言，則謂之心；以其主宰之發動而言，則謂之意；以其發動之明覺而言，則謂之知；以其明覺之感應而言，則謂之物。故就物而言謂之格，就知而言謂之致，就意而言謂之誠，就心而言謂之正。正者，正此也；誠者，誠此也；致者，致此也；格者，格此也。」（註七）此論誠可謂圓融之極矣。然此合為一事，無分先後之說，果大學之本義乎？即謂此先後，非時間上之先後，豈無義理次序上之先後乎？若義理次序上，皆無先後，任舉其一，皆足概餘，則陽明又何不以正心為教，以誠意為教，而必以致知為教乎？如致知一義居先，則將何以解於大學之以致知與格物、誠意、正心之並重，及格物之宛然為八目之首，又何以解「致知在格物」之一言？則謂大學之致知，直接與陽明之致良知之份量相稱，人誠不能無疑矣。

四　重訂大學章句及朱子陽明釋物為事之誤

上文既論朱子補傳之不當，及其所訂章句，有是有不是，則陽明欲全復大學古本，亦無當於理。

註七：陽明全書四部備要本，卷二一、二一六頁至二一九頁，答羅整菴少宰書。

蓋循上文第二節所論，足見朱子疑古本大學有錯亂，初未嘗無理。據二程遺書，明道、伊川，皆有大學改本，而彼此不同。朱子再加改訂，亦無庸非議。原大學一書，有綱有目，明爲一條理之作。理當順其文義次第，及章句先後所宜，爲之編訂。而尅就朱子章句之移動「康誥曰」以下，至「與國人交止於信」三章說，其功實大。蓋此三章，明爲分別釋明明德、新民、及止於至善之義者，實當移置於前文也。卽其改親民爲新民，亦非無理。因大學本文，原有釋新民者，而無釋親民者也。若依古本，將此三章，皆置於誠意章中，則對篇首所提三綱領之解釋，反落在釋誠意之第一段文後。而誠意章中，夾入此三段文，乃致首尾失黏。古人行文雖疏略，應無如此顚倒失序者。況大學原爲一有綱有目之作乎？

唯大學本文，既有錯亂，則其錯亂之處，亦當不限於朱子之所發見。據四庫全書總目提要，經部四書類中有毛奇齡著之大學證文。（**註八**）提要謂其書備述諸家之大學改本之異同。其中除二程改本，爲朱子所承外，尚有王柏改本、季本改本、崔銑、高攀龍改本、葛寅亮改本。提要又列胡渭大學翼眞（**註九**）及邱嘉穗考定石經大學經傳解（**註十**），與李光地大學古本說（**註十一**）皆嘗重編大學

註八：四庫全書總目錄提要八經部類二，商務版七五一頁。

註九：同上，四書類二，七八五頁。

註十：同上，四書類存目七八〇頁。

各章次第。毛胡李邱諸家書，未見單行刻本。毛氏所言，諸家改本如何，愚亦未嘗及知。唯見高攀龍之高子遺書卷三附錄，嘗引崔銑之說（**註十二**）。崔說謂大學之「詩云瞻彼淇澳」至「與國人交止於信」一段，卽是格物致知之傳文。高氏極然其說，並引申之而作大學首章之約義及廣義。（**註十三**）高氏又謂董文靖公槐，葉丞相夢鼎，王文憲公柏，皆謂傳未嘗缺，特簡編錯亂……遂歸經文「知止」以下，至「則近道矣」以上，四十二字，於「聽訟吾猶人也」之右，爲傳之四章，以釋致知格物。又引蔡氏虛齊說，謂當先以「物有本末」，續以「知止」一條，續以聽訟一條，以釋格物，終以「此謂知之至也，」云云（**註十四**）。又顧亭林日知錄，亦引董文靖槐說，謂大學「知止而後有定」二節，當在「子曰聽訟吾猶人也」之上，並謂「其說可從」。（**註十五**）毛奇齡口說王錫所纂之四書索解，於「知止而後有定」一段之編次，亦嘗致疑曰：「試觀先後二節，其功次秩然，纍纍如貫珠，而攙此節於其中，何以解之？」又謂「其後羣儒競起，如王柏、葉夢鼎、董槐、吳澄輩，皆不契章句補傳，

註十一：同上，四書類二，七四九頁。
註十二：高子遺書，原刻本卷三、十三頁。
註十三：同上，本九至十三頁。
註十四：同上，一至九頁。
註十五：顧亭林日知錄卷七，潘氏刻本三三頁。

欲攙此節於『知本知至』之前」。（註十六）毛氏所舉諸人，除同於高氏所舉者外，又有吳澄一人。是疑大學章句之有錯亂者，匪特二程朱子爲然，明末淸初之學者，不慊於朱子補傳者，亦同多有此疑。而陽明之逕欲全復古本章句之次第，固未必當也。

吾嘗據高攀龍、顧亭林、毛奇齡所引諸家之說，一一按諸大學原文之文理，加以勘對，而鄙見亦有不能全同任一家之說者。如高崔二氏於「克明德」一段，「湯之盤銘曰苟日新」一段，「邦畿千里，爲民所止」一段，皆視爲釋格物致知者。此乃大反於朱子之章句，而使三綱目中之明德、新民、知止至善、皆無傳爲之釋，而皆與格物致知，相混爲一事。吾實未見其可。於此吾寧宗朱子。高氏及蔡氏、董氏、葉氏、王氏之以「聽訟吾猶人也」一節，直連於「知止」一段，而不以之屬誠意章，亦不同於本文上節，視之爲釋誠意章，而不將古本原文，加以移動者。然諸家之疑及「知止而有後定」，至「則近道矣」一段，不當如古本之編次，則大有契於鄙懷。愚亦先於此有疑，乃繼見諸家之說，遂證此中確有疑點。唯諸家所重編定之次序，又不能全愜於心。因不揣冒昧，以古本爲據，爲大學之首二章，另爲之編訂如下文，再一加疏貫。竊以爲有差勝於上列諸家之說，而又足見大學之本無闕文者。但未知此所編訂，於愚所未及知之吳澄、胡渭、邱嘉穗、李光地之說，如何耳。

「大學之道，在明明德，在新（依朱子改親作新）民，在止於至善。古之欲明明德於天下者，先

註十六：毛奇齡四書索解卷二，商務、叢書集成本，十七至十八頁。

治其國；欲治其國，先齊其家；欲齊其家者，先修其身；欲修其身者，先正其心；欲正其心者，先誠其意；欲誠其意者，先致其知；致知在格物。物格而後知至，知至而後意誠，意誠而後心正，心正而後身修，身修而後家齊，家齊而後國治，國治而後天下平。」

此上爲大學之三綱及八目之次第，如朱子說爲大學之經文亦可。

上釋自明其明德。

「康誥曰：克明德。太甲曰：顧諟天之明命。帝典曰：克明峻德，皆自明也。」

「湯之盤銘曰：苟日新，日日新，又日新。康誥曰：作新民。」「詩曰：周雖舊邦，其命維新。是故君子無所不用其極。」

上釋新民——卽由自明其明德而明明德於天下也。

「詩云：邦畿千里，惟民所止。詩曰緡蠻黃鳥，止於丘隅。子曰於止知其所止，可以人而不如鳥乎？詩云穆穆文王，於緝熙敬止。爲人君，止於仁；爲人臣，止於敬；爲人子，止於孝；爲人父，止於慈；與國人交，止於信。」

上釋止於至善，卽謂明明德新民之事，在止於至善也。

「知止而後有定，定而後能靜，靜而後能安，安而後能慮，慮而後能得。物有本末，事有終始，知所先後，則近道矣。自天子以至於庶人，壹是皆以修身爲本。其本亂而末治者否矣。其所厚者薄，而其所薄者厚，未之有也。此謂知本，此謂知之至也。」

上釋致知格物。

「所謂誠其意者，無自欺也。……大畏民志，此謂知本。」

上釋誠意以下全據古本。

吾人以上重編訂大學章句，對古本大學原文之牽動，遠較朱子為少，亦不較他家為多。蓋只將古本「康誥曰」以下，至「止於信」，移於「天下平」之後，再接以「知止」以下四十二字，復遵朱子之改親為新而已。此外另無更動，今循之以論大學之三綱八目之宗趣，可先以圖表之如次：

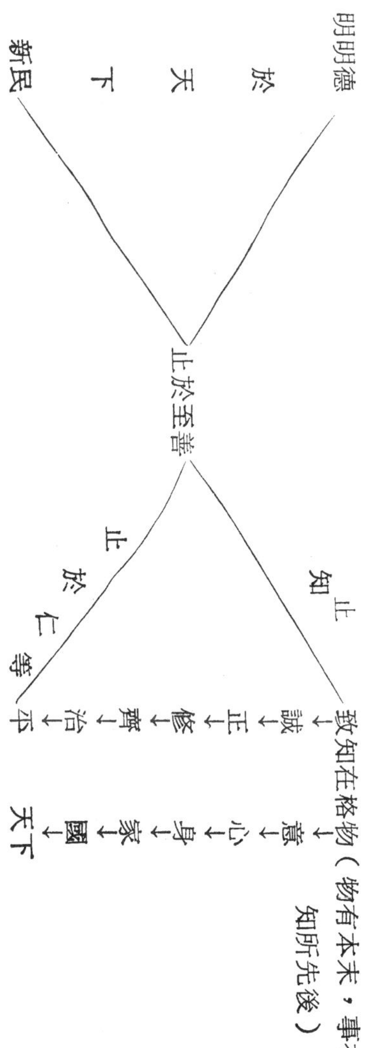

依此圖以觀大學之三綱八目，則其間之關連，實甚易明。八目中之致知格物二者，朱子陽明皆同以此二者爲一事，吾則以爲說爲一事，或說爲二事而相連，或說爲一事爲二義皆可。故列之爲一行。吾人之作此圖，與上文所重編章句，其目標在顯出致知之「知」，乃包涵「知止」之「知」，「知所先後」之「知」，及「知本」「知至」之「知」，此皆同爲一「知」。所謂知止，卽止於至善，（下文卽將「知止至善」視爲一名看）如「爲人君，止於仁；爲人臣，止於敬；爲人子，止於孝；爲人父，止於慈；與國人交，止於信」——之類。此中「知止」之「知」與「止」，乃從主觀方面說；君臣父子國人，則爲客觀所對之對象或物。至善，卽主觀之當知、當止之「對客觀對象之物之當然之道也」。主觀對一一之對象，皆止於一一之當然之正道而不移，則定、靜、安、慮之功，於是乎見。由是而大學之致知之要點，卽在於能知此「止」，以知止至善。進而就吾人所對之客觀之物之不同，而知其本末，因而於吾人之應物之事，亦當就其連貫，而知其終始，乃先其本始者，後其末終者。人能知先事其本，後事其末，是謂「知本」，而達於「知之至」矣。

所謂物之本末者，如天下之本在國，國之本在家，家之本在身，………上文所謂父子屬於家，君臣國人屬於國。本末之物，皆物也。事之終始者，如大學所謂治國爲平天下之始，卽平天下爲治國之終；齊家爲治國之始，卽治國爲齊家之終；修身爲齊家之始，卽齊家爲修身之終；正心爲修身之始，卽修身爲正心之終；誠意爲正心之始，卽正心爲誠意之終等等是也。吾人能確知此中物之本末，事之終始，並知所先後，由本而末，由始而終，由近及遠，由小而大，以自明其明德，而明明德於天下；並知無本始，無以成末終，知末終即所以備本始，此即「知本」而「知之至」，亦即知之致也。然此知之致，唯由於吾人之先有接於天下、國、國中之君、臣、國人、家、家中之父子等物，明其分別與本末之序，而後方知吾人所以應之之「修、齊、治、平，以及事父、事君、與國人交」之正道（即當止之至善之道），故曰致知在格物。格物之格，朱子訓爲至，鄭康成訓爲來，格又訓爲感通（如書云格於皇天），訓爲量，（如格高五嶽），此皆有可通。禮記緇衣篇謂「言有物而行有格」，此蓋爲古籍中唯一以「物」與「格」相連之句。鄭氏於此句曰：格同比式，又謂行有格，如行有類。合此格之諸義以言，則格物者，即吾人於物之至，而來接來感者，皆加以度量，而依類以有其當然的所以應之感之之行事而不過之謂。故禮記哀公問有「孝子不過乎物」「仁人不過乎物」之言。物來接來感者，有其本末之序，吾人應感之行事，乃依其先後，各有當然之正道，爲吾人所知。故曰物格而後知至也。

至於誠意正心以下諸段，則所言者爲：吾人既能於一一之物，知所以應之感之之正道——即至善之道，而又于止於此正道後，即使之眞實內存於中，而自誠其意；眞實爲主於中，而自正其心；乃見於身行，而得實修其身；以進而爲一一齊家治國平天下之事，終歸於以「絜矩之道」，「與民好惡」，「上好仁而下莫不好義」。斯可謂能新民而明明德於天下矣。

如循吾人上文所編訂之大學章句，及吾人之解釋以觀，即見大學之言致知格物，實與其整個思想系統，及前後文之文理，絲絲入扣，而無待乎增損。大學中之知之一字，只須兼包涵「知止至善」及「知本」「知之至」之義而說，亦無待於以良知釋之，而可自通。故朱、王二家之說皆非。然朱子之所以必視大學原文有佚文，陽明之所以必以良知釋大學之知，其共同錯誤之原，亦有可得而言。此卽在二家對大學本文中之事物二字，皆未能得其正解。二家皆以物同於事。此蓋上沿鄭康成之注謂：「物猶事也」而來。而朱子於「物有本末，事有終始，知所先後」二語，乃不連於修身爲本以說，亦不視爲解釋格物致知之文；而以爲是解釋三綱領之語。故其言曰：「明德爲本，新民爲末；知止爲始，能得爲終。本始所先，末終所後」。此亦惟因朱子謂物卽是事，方有此說。如依吾人上文之說，則德與民，可說是物；明德、新民，乃事而非物。大學物有本末，事有終始，乃相對成文，以言物與事之本末終始之相關。而朱子乃分物之本末爲二，以說「明明德」與「新民」，以「事之終始」爲專說「知止」以下事，則二語失相對成文之義矣。然朱子既視物爲事，又將「物有本末，事有終始，知所先後」，視爲說三綱領者，則大學之格物致知，卽與此二語不相干。而此四字，乃益見其爲虛懸無釋，遂更不能不有補傳之作矣。然如實而論，則物有本末之物，實應指家、國、天下等，而不同於齊家、治國、平天下之事。此不特有上文所引孟子「天下之本在國，國之本在家，家之本在身」之言可互證，亦有大學本文之言可互訓。大學末章言：「有德此有人，有人此有土，有土此有財；德者本也，財者末也」，德、人、土、財之序，卽物之本末之序，則德、人、土、財，皆物也。是見大學之物，應即指在內在外之種種具體之物。此具體之物之間有本末關係，而吾人對之有所事事時，即當先事於本，後事於末。此即物有本末，事有終始之所以相對成文也。而事之當先者，其所對之物，既為事之當後者，所對之物之本，則事之當先者，亦可說為事之當後者之本。故身為家、國、天下之本，意與心為身之本；而修身亦可說為齊家、治國、平天下之本，誠意正心，又即為修身之本也。依此義，則朱子以明明德之事為新民之本，亦可說。然要必先分開物與事，勿使淆亂，然後方可依物之本末，以說「事之始而當先者」，亦可稱為「事之終而當後者」之本。此非謂「物」與「事」自始不可分，而隨處皆可互訓也。如隨處互訓，物皆為事，則物之一字落空，而格物之一言亦落空。此蓋即朱子講格物，不直對物講，而冒過物字，而以物之「理」為所對之故。陽明承朱子而亦以物為事，並以事為意之所在，故陽明講格物，亦不對物講，而以正意念之不正，使歸於正，而使事得其正，即為格物。故在陽明謂意在於事親，則事親即是物，而親乃非物。如以此釋大學，亦將使大學之物之一字落空。（註一七）物字在于二家，既皆落空，則物之本末之次序，與事之始終之先後之次序之重要，即亦為

註一七：陽明之辨格物，詳在答顧東橋、羅整菴、聶文蔚等書，皆以事為格物之物，均見傳習錄卷二。又傳習錄卷一第四頁徐愛錄曰：「如意之所在便是物，意在於事親，即事親便是一物；意在於事君，即事君便是一物；意在仁民愛物，即仁民愛物便是一物；意在視聽言動，即視聽言動便是一物」此為一最簡明之以事為物之說。但在此中，如依陽明說而以仁民愛物之事為物，則所仁之民、所愛之物，皆不足言

物，而視聽言動之所對，皆不足言物矣。此乃明與大學之所謂物之原義不合者。

二家所忽視。緣是而大學本文之知所先後一語，亦視若無足輕重，非致知之要義所存，亦不視爲釋致知之語者矣。

然循吾人上來之說，則物與事固有別，而於物之本末，事之終始，能知所先後，實爲大學之一要義所存。故篇首「古之欲明明德於天下者」一段，全以論八目之先後爲宗旨。而世人之欲明明德者，其患亦恆在於不知先後，而欲一步躍過，其志其情，遂虛枵龐大而無實。大學於此，乃於所以明明德於天下之事，由小而大，由本而末，由始而終，層層加以劃開，而工夫則步步加以收進，以底於當前所可遵循實踐，而下手落足之處。此卽於物之來接來感者，先知吾所以應之感之，之至善之正道，而止於是，卽以此自誠其意，而正其心，修其身，以立本；再達於齊家、治國、平天下以成末。故必先自明其明德，乃有新民之功，以明明德於天下，使人皆止於至善。斯乃大學本文之要義所存，則「知所先後」一語之重要，不亞於知止。人亦必致其知，乃能實知此中之先後，而時時處處，知其所止，使不相亂。則致其知於「知所先後」，卽爲以下之誠意、正心、修身等一切事之先之一事，而致知亦自成一段工夫。此工夫，亦卽於物之來接來感，及吾所以應之感之而格之之事，皆知止於至善，而知所先後，故曰致知在格物。此具如前釋，茲不再贅。而朱子陽明則皆釋物爲事，將大學之物字落空，於知所先後一語，加以輕看；於是朱子乃意「物有本末，事有終始，知所先後」之言，與知止一段，同不堪爲格物致知之補傳，遂更不得不別之爲傳。而陽明乃必另以良知之知，釋致知之知，方見知之重要矣。

五　附論朱王二家以外與本文所陳者相類似之格物說

上文吾人旣評朱子陽明之釋大學，其共同之致誤之原，在物事二者之不分。此實非吾一人之私言，而昔賢之不契於二家之說，而又分別物與事，大體如吾人以上之所陳者，亦不乏其人。今就所知，列其數說，並較其與吾人所言者之同異於下。

（一）泰州學派王心齋所倡淮南格物說，明儒學案謂其主「格物卽物有本末之物，身與天下、國、家，一物也。格知身之爲本，而家、國、天下之爲末，行有不得者，皆反求諸己。反己是格物底工夫。」（註一八）其語錄又有言曰：「安身而得止至善也。……知止，知安身也。物有本末，故物格而後知本也。」（註一九）心齋之學以安身標宗，知安身卽知止至善，又以身與天下國家，整個合爲一物，雖與吾人前文所論不盡合；然其以天下、國、家、身爲物，亦格物之物之所指，則固的然而無疑，同於吾人之說，以異於朱子陽明之以物爲事者也。

註一八：明儒學案卷三十三，四部備要本第七頁。

註一九：同上，第八頁。

（二）陽明學派之不慊於陽明之以物爲事者，又有江右學派之羅念菴。其言曰：「莫非物也，而身爲本；莫非事也，而修身爲始。知所先後，而後所止不疑。吾與天下感動交涉，通爲一體，而無有乎間隔，則物格知至，得所止矣。」（註二十）又曰：「物者，知之感也，……感而正曰格。」（註二一）又曰：「於家國天下，感無不正，……乃可謂之格物。」（註二二）念菴論學，與聶雙江，同重歸寂以通感，此非必直承大學之義以說。其以知爲良知，乃直承陽明之教。然其分物與事，並重「知所先後」之義，以物爲所感，則與本文上之所陳，若合符契。

（三）楚中之陽明學派有蔣道林，高氏遺書言其謂「大學之道必先知止，而其功則始於格物。格物也者，格知身、家、國、天下之渾乎一物也，格知身之爲本，而家、國、天下之爲末也。格知自天子以至庶人，壹是皆以修身爲本也。」（註二三）蔣氏亦以大學之物，指身家國天下等。又謂大學之格物，重在格知身之爲本，皆與本文之意同。其謂格知身、家、國、天下之渾乎一物，乃同於上述王心齋之言，及下述之李見羅之言；則此在大學之文義上無確證。因不說家、國、天下合爲一物，而說

註二十：念菴此段言，據高子遺書卷三、十一頁轉引。

註二一：明儒學案卷十八、二十三頁。

註二二：同上，十八頁。

註二三：蔣道林此段言，據高子遺書卷三、十一頁轉引。

或為本或為末之多物，亦非不可通也。

（四）明儒學案止修學案，述李見羅之學。見羅不契於陽明之以致良知標宗，而以止修標宗。其所謂止卽止至善，修卽修身，此皆直本於大學。彼又通「孟子道性善，大學說至善，中庸要明善。」三者（註二四）而為言。其言修身，又與王心齋之言安身相近。其大學約言謂：「大學之物有本末，卽教人知止之法。物雖有萬矣，本末分焉；事雖有萬矣，始終判焉。……本歸於修身也，本在此，止在此矣。」（註二五）又謂「浩然一身，通乎天地萬物，直與上下同流，而通體渾然一至善矣。故止於善者，命脈也；修身為本者，歸宿也。」（註二六）又論大學之格物致知之所以無傳曰：「除卻家、國、天下、身、心、意、知，無別有物矣；除卻格、致、誠、正、修、齊、治、平，無別有知矣。」（註二七）今按見羅以「知」卽在格、致、誠、正、修、齊、治、平之中，而另無「知」之說，及其以知亦是物之說，與大學之致知格物無傳之說；雖皆與本文之說不契；然其以家、國、天下、身、心、意等為物，並言知止至善之一義，則固與本文所論者同也。

註二四：明儒學案卷三十一止修學案，四庫備要本六頁

註二五：同上十二頁。

註二六：同上十二頁。

註二七：同上十三頁。

（五）明末儒者，凡不滿於陽明所謂「無善無惡卽至善」之言者，皆同重標出大學止至善之一義。李見羅以外，東林學派之顧憲成高攀龍，尤重此義。顧高二氏，謂大學「知止一條，明係止至善。」又謂「自天子以至庶人，壹是皆以修身爲本。」……二條，正發明物有本末之義（註二八）。故二氏之說，亦不同於朱子之以「物有本末」，直指明德新民二者之說。高氏又謂「談良知者，致知不在格物，……吾輩格物，格至善也。以善爲宗，不以知爲宗也。」（註二九）又謂「格物卽致知。書不云乎，格知天命。」（註三十）是見顧高二氏之言，乃謂於物格其至善而止之，爲格物，以釋「致知在格物」一語，此亦正大體上與本文之說相類。唯其以格物爲格至善，以格物卽致知，則有語病在。蓋格物之義，唯是直就物之來接來感，而吾又有所以感之應之之事上說；而至善則自吾人之所以感之應之之正道上說。知止於此正道，兼知所以行此正道之本末終始先後之序，則爲致知之功。故不可逕以格物爲格至善，以格物卽致知也。唯可言知止至善與行之之序，在於格物。卽所謂「致知在格物」也。

（六）李二曲四書反身錄亦論格物之物，爲物有本末之物曰：「大學本文，分明說物有本末，事

註二八：高子遺書卷三，十一頁述顧涇陽說大學，而高攀龍之大學首章約義，正本此義而作。

註二九：明儒學案卷五十八第十八頁。

註三十：高氏遺書卷第七頁。

有終始，其用功先後之序，層次原自井然。古之欲明明德於天下，與物有本末，是一滾說。後儒不察，昧卻物有本末之物，將格物物字，另作的解，紛若射覆，爭若聚訟，竟成古今公案。今只遵聖經，認定身、心、意、知、家、國、天下之物，從而格之。格物原以明善。大人之學，原在止至善，故先格物以明善。」（註三一）二曲之言，與上引李見羅之言，若合符節，亦與高顧之言相類。蓋由諸人各自同見得此義。二曲與見羅，同謂知、意、心等皆爲物。中國古所謂物，原爲一切存在者之通稱，非同今所謂物質之物之狹也。依此故訓，知、意、心，與家國天下等，自咸可稱爲物。大學原文固只明言修身爲本，及德爲人、土、財之物之本，未明言心、意爲身之本。然據理推之，則大學中之事之終始，與物之本末，既相對成文，則事中有正心、誠意等，則物中亦應有「心」、「意」等。身既爲家國天下之本，則「心」「意」自應爲身之本；修身既爲齊家治國平天下之本，正心誠意，亦應爲修身之本。在正心、誠意二者中，亦自應以誠意爲正心之本。而修身之本，亦卽當歸在誠意。大學誠意章之末，結以「此之謂知本」，蓋亦涵有誠意爲修身之本之意。四庫全書總目提要，載毛奇齡大學知本圖說，謂「格物以修身爲本，修身以誠意爲本。」（註三二）毛氏言格物以修身爲本，不合大學本文之意，大學有修身賴於格物之言，無「格物以修身爲本」之言也。然其言大學之修身，以誠意

註三一：李二曲四書反身錄卷一，掃葉山房本第四頁。

註三二：四庫全書總目提要七七六頁，四書類存目大學知本圖說。

爲本，依理固當如是說，不可以人廢言也。

然二曲與見羅，於謂「心」、「意」爲物之外，又謂「知」爲物，則此未必合於大學本文之意。因大學之「知」，乃以物爲其所對所覺。如「知」亦是物，則孰爲知物之「知」？誠然，知亦可以知爲對，則所對之知，亦是物。然大學本文，未必有如此曲折之想法，則以知對物言，知不可說是物，如知亦可說是物，則致知卽致物，大學之敎，有格物而無致知矣。今大學之敎，旣兼有格物及致知，以知與物相對成名，則不宜直下將二名相混，逕說知亦物也。

（七）戴望顏氏學記，引黎立武大學發微曰：「格物，卽物有本末之物，致知卽知所先後之知」（註三三）。此言亦與本文之意合，唯吾人論致知，除知所先後之知外，兼攝知止至善之知耳。

（八）阮元研經堂集，有大學格物說一篇，謂「格有至義，卽有止義。小爾雅廣詁曰：格，止也。……譬如射然，升階登堂，履物而後射也。儀禮鄉射禮曰：物長如笴，鄭注云：物謂射時所立處也，謂之物者，猶事也。……凡國家天下五倫之事，無不以身親至其處而履之，以止於至善也。格物與止至善、知止、止於仁敬，皆是一義……必變其文曰：格物以格字兼包至止，以物字兼包諸事」。阮氏謂格物卽知止，止至善，並以物字兼包諸事。吾人雖以爲不須如此廣泛說，當說格物是事而物非事，又當說知止至善是致知，非卽格物。今若更略變其文曰：格物，卽於國家天下五倫中之物，親至

註三三：戴望顏氏學記卷四恕谷一。

其處而履之。則與本文之說格物爲至物而感物之說，亦相通矣。

此上所引諸家之說，並與本文前二節所陳，可相參證；故明其同異之際如上云。

第十章　原致知格物下：大學章句辨證及格物致知思想之發展

一　朱子論格物致知與大學之止至善

吾人於本文上篇，力辨朱子陽明之論致知格物，皆無當於大學本文之文理，及朱子重訂章句，與陽明一派固守大學古本，皆非是。其意皆不在指摘昔賢之誤，而實在由此以說朱子陽明之思想，雖其精神之歸趣，與大學無二，然尅就其所言者之內容而觀，咸有其進於大學所陳而自立之新義在，而見儒學思想之向前發展者。唯此下所陳，尙非就二家之整個思想而論，唯是就二家之釋大學格物致知之言，不視之爲大學本文註釋，而視爲一獨立之思想之表現，以觀其進於大學本文之所及者何在。

依吾人上篇，所重訂大學章句，已可見大學之文，原自具首尾，而文義完足。其所陳者，簡言之，卽「由止於一一對物之至善之正道，而知止、知所先後，由誠意、正心之功，以達於修齊治平之業」之一系統。然大學本文所舉之人當止之至善，如爲人君，止於仁；爲人臣，止於敬；爲人子，止於孝；爲人父，止於慈；與國人交，止於信等；皆儒者之公言，亦在原則上爲人所共認之善道。依此善道之先定，則人之修爲之工夫，自不出乎知止於此善道，而知所先後，以措之於行踐。吾人於此亦可說，凡人於已知何者爲善道之處，而直自求循道而行，以立志存心，充內形外者，則於大學之教，可切合。人果能本於吾人所已知爲善者，即止於此善，據爲標準，以勘驗判斷吾人之生心動念，及日常行事，而遷善改過，亦即希賢希聖之方，而足成就吾人篤實貞固之德者。然吾人在實際生活中，從事修養，亦時有種種問題，非直下爲定然無疑者。此一在人於已知爲善者之所以爲善之理由，人或未知，因而亦未能眞知善道之所以爲善道。一在人縱已眞知當然之原則性之善道，而人在一具體情形下，亦儘可不知其眞可在當下實踐，而又當止之善道爲何；則進一步之知止，及知所先後以實踐之之工夫，皆可在一時用不上。此中，人所感之問題，恆爲當然之原則性之善道，如何應用於現實存在之具體情境，而如何加以表現，以成具體之德行之問題。亦即抽象普遍之善道，如何轉化出次級之具體特殊之善道之問題。吾人須知，此次級之具體特殊之善道，仍是一善道。此中之問題又有二，一爲「何種抽象普遍之善道，當於一具體情境中表現」之問題，一爲「以何種具體之行爲，應具體之情境，此某一種之善道之具體表現，方成爲實際可能」之問題。

關於何種抽象普遍之善道，當於一具體情境中表現之問題，即如爲人子，止於孝；爲人臣，止於敬（或忠）；便皆爲抽象普遍之善道。然人當同時有兩種以上之抽象普遍之善道呈於心，而所在之情境，似只能容許實現其一時，如志士仁人，處忠孝似不能兩全之情境時，則彼畢竟將於此行忠道，以表現忠道，或行孝道，以表現孝道；則人卽初恒不能無疑。而當其有疑時，則在彼之心，雖已兼止於此二善道，然在其外表之行爲上，則不知其所當止之至善爲何。此時人之初不知此外表行爲上，所當止之至善，亦無礙於人之於此，必求有一決定。由其必求有決定，而彼亦必信此中仍有一當止之較善、或至善之道，爲其所能知。然彼此時，雖可自信其能知，而又尚未知，則此較善或至善之道，卽爲超越於其現實之心靈之上，而非現成的內在于其心知的，亦如虛懸於上，尚未從天而降者；則家國天下之物，雖來接來感而呈於前，彼亦將暫不知所以應之感之，一時不免於手足無措，而於家國天下之物，卽不得而格。此問題，乃明在大學本文所陳之系統之外，而論其如何解決，亦在大學明文所及之外矣。

卽在上一類問題解決，吾人尚有第二類之問題，此卽爲以何具體行爲應具體情境，使已決定之某種善道，得其具體表現之問題。如吾人之孝父母，爲一已知或已決定之善道。然吾人如何在實際生活中盡孝，如何養父母之體，如何養父母之志，此皆關連於我所處之具體情境，如貧賤、富貴等等，而有種種之具體特殊之盡孝之善道，而非只抽象普遍之「止於孝」一語所能包涵。今如只有此盡孝一語，亦實尚寬博而無當。依大學之系統，此問題之解決，在人之先知止於孝，緣知止而有定、有靜、有安，則人之心卽定靜而安於孝。既安於孝矣，則人自將思慮如何孝，以求得此具體特殊之盡孝之道。由此「慮」以求「得」，卽可答此問。然吾人於此，仍有一再進一步之問題：爲人於此當如何去思慮？此思慮，當以何者爲其所對？吾人於此唯有說，此思慮乃以次級之具體特殊之盡孝之道，爲其所對。而當此道，尙未由思慮而得，此道亦爲超越而非現成的內在於人之心知者。如吾之心雖已止於抽象普遍之孝道，尙未知其所當止具體特殊之盡孝之道爲何，則吾人之心，仍未全幅得其所止；而父母之爲物，雖來接來感，吾亦未知所以應之、感之，之全幅之至善之道，而於父母之爲物，亦卽不得而格矣。此問題，亦非大學之本文之所及者也。

　　吾人如知大學之思想系統未及之問題，亦卽可知朱子之說格物窮理，所以進於大學本文之義者之所在。朱子說格物，其要義在扣緊物之理以言，並指出人唯於「理有未窮」，而後「知有不盡」。朱子之所以重窮理，蓋一方意在使人知一切人所止之至善之當然，與其所以爲當然，而使人於已知之善之爲善，當然者之爲當然，更知其初所不知之理由，而決定無疑（註三四）。此卽使人由知之眞而達

註三四：朱子之窮理，重知當然者之所以然之理，朱子四書或問中嘗屢及之。如朱子全書卷九第七頁，「郭兄問莫不有以知夫所以然之故，與其所當然之則曰：所以然之故，卽是更上面一層。如君之所以仁，蓋君是個主腦，人民土地，皆屬他管。他自是用仁愛。試不仁愛看，便行不得。……又如父之所以慈，子之所以孝，蓋父子同一氣，只是一人之身，分成兩個，其恩愛相屬，自有不期然而然者。其他大倫皆然，皆天理使之如此。」

於行之切。再一方卽在使人由知抽象普遍之道，以進而求具體特殊之道。朱子嘗言道字宏大，而理字細密。故人言道，恒就抽象普遍之原則性之道言；而言理，則可兼指種種具體特殊之應物感物之道。人於原則性之道，不覺有問題者，恒於更具體特殊之道，或覺有問題。道若不待窮而後知，故無窮道一辭；理則若恒待窮而後知，而有窮理一辭。朱子之言格物，重窮理，亦卽意在歸向於「對一一具體特殊者，而初爲人所未知之應物感物之道」之尋求（註三五），而此尋求之不能不有，卽對上文之問題，而不能不有者也。

註三五：關於朱子之重在具體特殊情境，求應物感物之道，而以此爲窮理之要，朱子書中屢及之。今略舉數段文爲證

今按朱子語類卷十五、第三頁「問格物最難，日用間應事處，平直者卻易見，如交錯疑似處，要如此則彼礙，要如彼則此礙……」此可見朱子之格物，乃要在於具體情境中似衝突矛盾難於兩全之處用心之義。

朱子全書卷七，二十八頁：「但若以格物爲法度之稱，而欲執之以齊天下之物，則理既未窮，知既未至，不知如何爲法而執之。但守此一定之法，則亦無復節節推窮，以究其極之功矣。」此卽言只抽象普遍之法或道，不足以爲格物也。

又語類卷十五第十頁曰：「人誰無知，爲子知孝、爲父知慈，只是知得不盡。須是要知得透底。且

如一穴之光，也喚做光，然逐旋開剗得大，則其光愈大。物皆有理，人亦知其理，如當慈孝之類，只是格不盡。但物格於彼，則知盡於此矣。」此卽言只初步之知理爲不足也。

語類卷十五第六頁：「大學不說窮理，只說個格物，便是要人在事物上理會，如此方見得實體。」又「問道之不明，蓋是後人舍事蹟以求道，曰：所以古人只道格物，有物便有理，若無事君事親底事，何處得忠孝。」又七頁「大學說格物在裏，卻不言所格者爲何，學者欲見下工夫處但看孟子便得，如說仁義禮智，便窮到惻隱羞惡辭讓是非之心；說好貨好色好勇，便窮到太王、公劉、文、武；說古今之樂，便窮到與民同樂處。」此卽言道與理之須表現於具體之事也。

對上文之問題，吾人已言：人當求此具體特殊之應物感物之道或理時，此道或理，初必顯爲超越於吾人心知之所及，而非只內在於吾人現實之心知者。此道此理，爲善之所存，卽此善之具體內容，初亦爲未知。此未知之善，非是原則性之孝慈忠敬之類；而是在上文所謂：在一具體特殊之情境中，畢竟以盡孝或盡忠爲至善，或如何盡孝盡忠，方能具體特殊的表現此忠孝之類。須知在一具體情境下，縱然吾人已知忠知孝，而此知忠知孝之心，無一毫自欺，惟見一片眞誠惻怛；此中仍有一具體特殊之表現此忠孝之道或理，初爲吾人所不知；而非只順已有之知忠知孝之心之自然流行，卽必能求得，而待於吾人之先自認於此無知或未知，而思慮以求之者。至吾人之求知此道或理，則恒賴吾人之先知吾所處之情境之爲何所是，吾欲對之盡忠盡孝之親、君、家、國之何所是，我之所實能爲、實能施及於親、君、家、國者何所是，親、君、家、國之所需要於我者爲何，及我之所實能對之而爲而施者之中，何者實爲其所堪受而能受等；然後方能決定吾之所當以感之應之之具體特殊之善道，或當然之理之何所是。由是而此中之善道或當然之理之決定，乃賴於對具體情境中之「我之爲物」「君、父、家、國之爲物」之種種「實然及其所以然之理」之知（**註三六**），而受其規定；而此中所決定之善道與當然之理，亦即包涵物之實然及其所以然之理於其中，而互相交錯，因而亦可以理之一名統稱之。然因此中，吾人欲求知此善道或當然之理時，必需先知衆物之實然與其所以然之理，便恆須經一複雜之思慮歷程。物之表面如是者，裏面未必如是；粗如是者，精未必如是；一物如是者，衆物相連，未必如是；而此中人於所當知之善道或當然之理，初恆知之不盡或爲其表而非其裏，或爲其粗而非其精，或只可據之以應一物，而不當據之以應衆物交織成之情境者。於是人必緣其所已知者，進而深思熟慮，得其表如是，裏亦如是，粗如是，精亦如是，足以通貫衆物之表裏精粗之「物之實然與其所以然之理」，與吾之「所以應物之當然之理」或「堪止之善道」；而後吾人之盡忠盡孝之心，乃得循

註三六：朱子之所謂所以然兼二義，或爲當然者之所以然，或爲今所謂實然者之所以然。全書卷九，二二頁，「或問有當然之則，亦必有其所以然之故如何？曰如事親當孝，事兄當弟之類，便是當然之則。然事親如何卻須要孝，從兄如何卻須要弟，此即所以然之故。如程子云天所以高，地所以厚。若只言天之高，地之厚，則不是論其所以然矣。」

此理此道，以由內而澈外，由體而呈用，而有其具體特殊之至善之表現，以成吾人之忠孝之德。此卽朱子之格物補傳，所以言窮理之事，必待人之「據其已知之理而益窮之，以求至乎其極」；必「至用力之久」，方能「豁然貫通」「於衆物之表裏精粗無不到」；然後「吾心之全體大用無不明」也。

吾人於朱子格物窮理之教，循上文所釋以觀，便見其實起於大學本文原有其所未及之眞實問題，其所言之格物窮理，亦希賢希聖者，不能不隨時應用之工夫。其言「人惟於理有未窮，而知有不盡」，亦一實事之敍述。當人感其「理有未窮、知有不盡」時，此理之爲超越而非內在，理如尙在心外，亦爲一實事。吾人於物之理，如已全知，固可不以物爲外。然當吾人於物之理，有所未知時，則物理如在外，而物亦卽如爲外在。故此中言衆物之爲外在，亦爲一所感之實事之敍述。然吾人卻又不可說朱子之認理爲外，同於告子義外之論，如陽明之所評者。因此理之在未知時爲超越，並無礙於其在已知時之爲內在；吾人之初感衆物之爲外，亦不礙其理之繼爲吾人所知時之內在的呈現而爲內在；而當物之理內在的呈現時，則物亦不得說爲只在外。由是而吾人卽物窮理之歷程，便是一求知彼原能內在的呈現之理，成爲實際之內在呈現者之歷程。於是其初之爲超越而如外在之理，自其本性而觀，亦未嘗非內在。而一切超越而未現實之內在於心，而初如在外之理，皆當視爲超越而又內在之理（註三七）。

註三七：朱子全書卷七，二八：「孝述竊疑心具衆理，心雖皆蔽，而所具之理，未嘗不在。但當其蔽隔之時，心自爲心，理自爲理，不相賚屬。如一物未格，便覺此物之理與心不相入，似爲心外之理，而吾心邈然無之。及既格之便覺彼物之理爲吾心素有之理，夫理在吾心，不以未知而無，不以既知而有。然則所以若內若外者，豈其見之異邪？……曰極是。」此卽言心之理雖未知，而仍未嘗不在內也。

是卽朱子所謂性理也。由是而依朱子所說格物窮理之事，雖似爲致知以求理於外，亦同時是盡心以知性於內。固不可視同告子義外之論也。

至於朱子之言「豁然貫通」，如循吾人上文所解釋，亦不得視爲近禪，如禪宗之桶底脫之大澈大悟之類。而是「吾人於初不知所以應物感物之善道，而思慮以求之之後，驀然見得一善道，足以通貫衆物之表裏精粗時」之一實感。有此豁然貫通之實感，而知及此善道，而吾得循此道以盡心，卽心之全體大用之明。朱子或自釋其窮理之說曰：「或讀書講明義理，或論古今人物，而別其是非，或應接事物而處其當否，皆窮理也。」朱子又或約其說爲四言曰：「或考之於事爲之著，或察之於念慮之微，或求之於文字之中，或索之於講論之際。」（註三八）是見朱子之格物，仍同伊川之「今日格一件，明日格一件」，要在於一一具體特殊之事物上，卽物而窮其理，而其格物補傳所言之豁然貫通，亦卽人之具體特殊之窮理歷程中，時時可有者。一度豁然貫通，則一度有吾心之全體大用之明；時時有豁然貫通，則時時皆有此明，而可進至無不明。此固非必卽禪宗之頓悟心體，而一了百了之類。故阮元

註三八：朱子全書卷九第八頁。陽明嘗就約成之此四言，加以批評，如下文所述。

之據此以言朱子此言近禪，實爲無理。儒佛自有會通，近禪亦無不可，然不能動以近禪爲責斥之具也。淸人戴震爲阮氏所宗。戴氏孟子字義疏證權字條，嘗論「一以貫之」，亦有「一事豁然，更無餘蘊……心知之明，進乎聖智」之語，阮氏不以爲近禪，何獨以朱子之言豁然，卽爲近禪乎？

至於陽明評朱子之格物窮理爲少頭腦，如以朱子之言與象山陽明之敎，處處先扣緊立乎其大，或良知本體以立言者，互相比較而論，此評非卽不當。觀下節可知陽明敻絕處。但其謂朱子不當將上文之「察之於念慮之微」，與餘三者並舉（**註三九**），則亦未得朱子之意。蓋朱子之格物窮理，要在對具體事物之理，尙爲吾人所未及知者而說，故隨處於應接事物上窮理，卽其思想之歸趣。念慮與文字書籍與講論之事之呈於前者，皆事物也。故依朱子之敎，以言其格物窮理之頭腦，則「於應接事物時，沿對事物之已知之理，而進求知其未知者，並求決定的知之」之一原則，或「卽凡天下之物，莫不因其已知之理而益窮之」之一原則，卽其格物窮理之頭腦。而朱子之所以言察之於念慮之微，亦是視吾之念慮，爲吾內心所對之事物而說（**註四十**）。吾之念慮之顯爲如此者，乃恆爲表面上粗看是如此，故必就其隱微而察之，乃得其裏與精。當吾人自察其念慮時，此念慮之爲如何如何，有爲吾人所未及知者，而吾人之如何對症下藥，以何種之善道自勵，亦實有吾人所未及知者（**註四一**）。唯此未知而求知，方是格物之工夫。故此中之念慮，亦心之所對之事物之一，與其他事物，未嘗不平等。而

註三九：王陽明全書四部備要本卷三第七頁。

察念慮，與察其他事物，實亦未嘗不平等，不能居於頭腦之地位。此朱子之察念慮，亦不同於陽明之致良知。陽明之致良知，重在人悟及其原有知善念知惡念之良知，此良知乃居於善惡念慮之上一層次；乃進而循此良知所知之善惡之辨，天理人欲之辨，與緣知善知惡而俱時有之好善惡惡之心，去著實好善惡惡、爲善去惡、存天理、去人欲，以徹知徹行。所謂「今日良知見在如此，只隨今日所知，擴充到底；明日良知，又有開悟，便從明日所知，擴充到底。」（註四二）是也。而朱子之格物，即至於察念慮，亦是重在往知吾人之初所未及知者。此吾人之初所未及知者之存在，乃至少爲吾人在一

註四十：朱子全書卷三第一頁，論察念慮曰：「當一念慮之發，不知是屬惻隱邪？羞惡、是非、恭敬耶？須是見得分明，方有受用處。」此明爲以念慮爲我心中之所對，而求明其爲何物之說也。

朱子語類卷十六，十七頁論誠意之功曰：「君子謹其獨，非特顯明之處是如此，雖至微至隱，人所不知之地，亦常謹之。小處如此，大處亦如此；顯明處如此，隱微處亦如此；表裏、內外、精粗、隱顯，無不謹之」，此卽與補傳所謂致知「當表裏精粗無不到」之言配合，以由知表與粗，而知初所未知之隱與精之致知工夫也。

註四一：朱子全書卷九，二二頁言察念慮：「念慮才動，須要辨別那個是正，那個是不正……所以當精微要眇，不可測度者，則在眞積力久，默識心通之中。」此明謂察念慮之功夫，乃初不知其正與不正，而進求其正與不正，以及於精微要眇，不可測度者之工夫。

一具體特殊情境下，所必加以肯定者。吾人於此，卽必須循朱子之教，以格物窮理。此處朱子之教，亦有其原則性之意義，而有一永恒之價值。陽明之教，雖重在識得良知，以正本原，然其言自悟良知之所已知，以爲擴充之資，言致良知於事事物物，亦卽意涵必須表現良知之流行，於具體情境中之具體之事物之義。故不能離「節目時變」，而言致良知。如致孝之良知，不能離冬溫夏凊，晨昏定省之事是也。然由良知之知孝，至知行孝之節目時變，卻可並非只爲一直順良知之自然流行之事。陽明謂「良知之於節目時變，如規矩尺度之於方圓：規矩誠立，則不可欺以方圓；良知誠致，則不可欺以節目時變。」（註四三）而未言及此中人之求知節目時變，須先自認「其先之未知或不知此節目時變。」而由良知之知孝，至知孝之節目時變，亦並非只是以良知之所已知爲標準，卽必然能知者。故陽明之規矩方圓之喻，亦不諦當。因有規矩必能成方圓，而以良知之已知者爲標準，未必能知節目時變也。陽明喜言良知之無不知，此乃將良知流行之全程一滾說。實則良知之流行，亦自有節奏與段落。在每一段落上，皆有所不知，人亦可知其有所不知。而朱子則正是就人知其所不知處，教人以格物窮理。只須人眞能知其有所不知，則見得朱子之教，自有其確乎其不可拔之處，而亦非陽明之致良知之教所能廢者也。

註四二：傳習錄四庫備要本、卷三、第五頁。

註四三：同上，卷二第八頁。

二　王陽明之致良知與大學之知止及明明德

上文言陽明致良知之說，不能廢朱子之說。然陽明致良知之說，又自有其進於大學之教，及朱子之言者。此卽在上文已提及之陽明之良知，乃重在就人之所已知，以徹知徹行而說。所謂就人之所已知以徹知徹行，亦卽重在人之眞知其所已知，而更親切於其所已知；而不同於朱子之重知其所不知，以更擴大其所知之說者。夫大學之言止至善而知止，與知所先後，此初乃是就人之所共認所已知之至善，如慈、孝、仁、敬等而言。然人之眞知其所已知之善，則屬於更上一層樓之自知。尅就大學之知止至善之文句而言，其句法正有似乎荀子之言知止，求「止諸至足」。（見荀子解蔽篇）。故近人或謂大學爲荀學，斯言固不當，下文當及之。然尅就大學之此文句而言，亦實不能斷定大學之所謂至善，畢竟只爲人知之所對，或兼爲此知之本性。然吾人若能進而反省：吾人在知止至善時，此「知」與其所已知之「善」之關係；則吾人將見得：此善，非特可視爲此知之所對，而實爲此知之自身之內容或本性。如吾人在見父知孝，對人知仁時，此知之全幅內容或本性，卽是此仁、此孝，而此知與仁孝，渾然不二。此中，仁孝之善，亦卽此知之本性之善，而善與知亦渾然不二。吾人亦惟在知此「善」，與知善之「知」，渾然不二時，乃可言眞知其「知」，眞知其「已知之善」中之「善」與「知」之不二。此與善不二之知，卽陽明之良知也。

陽明之良知，卽「知」而卽「善」，亦同時知好善而惡不善或惡。如知仁知孝者，必知仁孝之爲善而好之，亦知不仁不孝之爲不善而惡之是也。我有知仁知孝之良知，亦可有原於私欲之不仁不孝之意念。然我知我有此原於私欲之意念，我亦知緣我之良知，以惡此意念而去除之；則我不能據此意念，以疑良知之善。而唯當據此良知之「惡此不善之意念」，以更證「良知之不容不善」之至善；並知此不善之意念之不容於良知，非良知之眞實表現，爲我順良知之知而行時，所必加以去除者。此順良知之知而行，卽陽明所謂致良知之工夫。而有此致良知之工夫，正賴於吾人之知：此良知之自身、或良知之本體之於「知此不善時，卽惡之而不容之」。故良知之工夫，賴於知此良知之「好善而惡不善」之本體；而眞能知此良知本體之好善而惡不善者，則良知本體之至善，卽已呈於前，而不善則漸自銷化於無形。故此知本體之自身，亦爲工夫。夫然，故致良知之工夫，亦非以另一心，去致良知，而實只是良知本體之自致，而自呈顯，以爲工夫。致良知，實卽良知本體之自己流行爲工夫或用。此中如卽本體而言，則工夫或用，皆屬於此本體，所謂「卽體而言用在體」是也。如卽工夫或用而言，則其中全幅是本體之呈現，所謂「卽用而言體在用」是也。推而言之，則卽流行，卽主宰，卽動卽靜，卽寂卽感，卽知卽行之義，於是乎在。其中精義絡繹，非今之所能詳。然要之，吾人欲了解陽明致良知之學，首待於吾人之反省：在已知止至善時，其「知」與「善」之關係，是如何一回事，而悟及此中「知」與「善」之不二。此則賴於人之不僅能知止至善，且須更上一層樓，以知此「知」與所止之「善」，而攝之于一良知，此方爲人之眞知其所已知之學。是卽陽明之學，超溢乎大學之「知止至善」之文句所表之義者也。

然陽明之言良知之義，雖超溢乎大學之「知止至善」之文句所表之義，然又未必卽能出乎大學全文之精神以外。此緣於吾人欲了解大學全文之精神，尙不能直就大學言知、言善之明文所及者，以爲說，而當就篇首卽舉出之明明德之涵義爲說。據大學之釋明明德，乃以人之明德，上原於天之明命，而爲一內在人心之光明之德。所謂明明德，亦非另一以明，明此內在之明德，而只是明德之自明。由是而大學之全文之精神，乃以內在於心之明德之能自明，爲第一義，卽決不同於荀學之重學於外者。而大學所謂明德之能自明，亦正同於陽明之良知之本體，能自致而自呈顯。大學之三綱領，先言明明德，繼言新民，及止於至善，則亦意涵：人之能知止於至善，其根據，在明明德之義。果人之止至善，其根據在明德之自明，則人之知止於至善，亦卽明德之自明中所涵之知，或此自明之所發之知，而與此自明爲一事者也。故通大學全文之精神而觀，則見陽明之言致良知，實無大異于大學之言明明德。故傳習錄載蔡希淵疑陽明之說，爲以誠意反在格致之前，與大學之次序不合時；陽明唯有以「大學工夫卽是明明德，明明德只是誠意」爲言。（註四四）是陽明已自覺其言致良知，乃直契於大學

註四四：同上，卷一第二九頁。

之明之明德義者。夫然，故良知之知，就文句而言，雖不同於知止至善之知，然吾人若將知止至善之知，視同大學之明德之自明中之所涵或所發言，則陽明之良知之知，固亦通於大學之所謂知止之知矣。

然循上文之解釋，吾人雖可說陽明之致良知，與大學明明德之相類，及良知之知，與知止至善之知之相通；然不可以此而說陽明之良知之說，只爲大學之敎之註釋，而仍當說陽明之良知之說，有進於大學者在。此乃由於於大學中之知止至善，雖可說爲明德之自明中之所涵與所發，然「知」與「明德」「自明」之語，在大學中之涵義，仍有所不同。大學言明德，初唯是就在於內心之光明之德上說，而大學之說知，則是對一一之至善，兼所接所感之事物說。謂由大學所謂天之明命、明德、而自明，能發出止至善之知，此固可說。然此只見一由上而下貫之縱的歷程。至於就人之知之所對，有種種之事物，人亦各有其所以應之感之之至善之道言，則人於此一一求知之，便爲一由內而外展之橫的歷程。依大學本文，於前一歷程中，言明德與自明，而唯在後一歷程中言知。吾人上文謂大學本文中可具有：此知爲「明德」自明中之所涵與所發之旨，是乃將此知直隸屬之於前一歷程言。然吾人之所爲，仍只限於將此知之義與明德之自明之義，直接相通貫而止。吾人仍未能使此知之義，與明命、明德、直接相通貫，以說明德之自身，只是一知或良知也。而依大學之用名，此亦爲不能容許者。其故在大學之所謂明德，乃純就其內在於心而立名，德之一字，固原指爲己所得而內具於己者；則固不可逕以知稱德也。依大學之系統，吾人可說明德爲本體，其自明，及自明中之知，是其用。此中可以體名爲用名，故明德之自身名「明」，其所發之「自明」之用，亦可名「明」。然大學未嘗容許以用名爲體名，故其明德自明之用中，雖可有知，而不可以「知」名「明德」，或以「明德」爲「良知」。此亦卽大學之所以只列致知，爲明明德於天下之歷程中之八目中之一事，而亦終不得與明明德並舉之故也。

然依陽明之言，則不特吾人可依體以說用，而以體名爲用名；吾人亦可依用以說體，而以用名爲體名。由是而吾人不特可由明德之體爲「明」，以說其發出之用爲「自明」，吾人且亦當由此「自明」中之所涵所發之「知」，名爲「知」，而以「知」，名此明德之體，而謂之爲良知。陽明所以能爲是，而大學未能爲者，則在大學之由天之明命、明德，說到自明及知，皆爲一由上而下貫之事，亦卽由形上之體，至其表現貫注於用之事。故此中可容人之依體以說用，以體名爲用名。而大學未嘗說及：就吾人當下之知與自明，以見天之明命、內心之明德之在此呈顯；亦未嘗說及：由下上溯，以卽用見體之事；故亦不容人之依用以說體，以用名爲體名。因而明德之自明，雖發而爲知，然致知之事，只能爲八目之一；更不得說明德卽知德，或良知。然陽明之所優爲者，則正在合本體與工夫，而徹體徹用，徹上徹下，故既可以體名爲用名，亦當以用名爲體名，如「知」果爲明德之自明之所發，則明德，亦卽知德，亦卽良知，而不得更有異。此中之兼徹體用上下之義，亦卽陽明之進於大學之一義也。

陽明之將大學之知止之善，上溯至明德之體，而以良知指明德，於是陽明之所謂致良知，遂亦不止如大學中之致知之爲八目之一，而成爲涵蓋一切修養之工夫歷程者；正如大學之「明明德於天下」爲涵蓋大學中之一切修養工夫歷程者。然此中卽以陽明之「致良知」與大學之「明明德於天下」對勘，仍見陽明之說，有簡截於大學之言者。此卽原於大學之所謂「明德」，原只爲內具於己者，而「天下」則初乃視爲外在者，此中惟賴明此明德於外，以貫通內外。然陽明之良知，則以其爲「知」，乃自始卽以通物爲性，而其本身，卽具有由內外展、以攝外於內之義。故陽明之致良知，直下爲一合內外之道。於是大學之由內而次第及於外，以散爲八目者，陽明皆凝聚收攝於「致良知於事事物物」一語之中。此致良知於事事物物，乃合內外以成渾然之一體，而此一體，則無前後內外之可分者。此又陽明之進於大學者也。

上述陽明之學之進於大學之教之二端，一在徹體用之本末，一在合內外之先後。於是大學之由體達用，由內而外之三綱八目之鋪陳，經陽明之手，卽化爲本末內外、一以貫之之圓教。陽明之說不同於朱子者，則在朱子之格物窮理，皆由人之知其所不知者，以開出；而陽明之致良知，則由人之知其所已知者，以開出。人由知其所不知，乃日趨於廣大；人之知其所已知，則所以日進於高明。廣大所以切物，高明所以切己；廣大者方以智，高明者圓而神。此卽朱子陽明之格物致知之敎，各有千秋，而實未嘗相犯。至二家之心與理，是否合一之爭，則雖牽涉較多，然亦非必勢同水火。蓋循陽明之言，以知吾人之良知之天理，而致此知，則此中之天理，皆呈現於心之天理，心與理自當合一。而自朱子以求知未知之理爲格物而言，則此中之理既初未被知而呈現，即初爲超越，則心與理自初非合一，此亦非陽明之所得而否認。唯依朱子言，心與理之初非合一者，既可由格物，而使理呈於心，以使心理合一；則其初非合一，亦無礙於其自始具有一超越的合一。此亦應爲朱子之所許。則二家之爭，仍可有其可疏通而見其各有所當者在，此當於原太極一文中更略及之。

三　德性之知聞見之知，及以格物致知爲致知識之知之說。

吾人於上文二節，論朱子陽明之言格物致知之說，皆各有其價値，亦皆爲將大學本文之思想，再引進一步而生之創闢之見。故二家所言之格物致知，咸非大學原文之格物致知之舊。至於陽明以後，既不契於朱子補傳，又不契於陽明之全復古本，及徒以致良知標宗者，則有如本文第五節所陳之王心齋及李見羅之格物以安身爲本之說，高攀龍李二曲以格物爲格至善之說，以及王柏、葉夢得、董槐、崔銑、高攀龍之謂大學本文無闕佚，而文句有顚倒，應加重編之說。此於本文第五節，已加以評述。然諸人之思想，蓋皆未能於大學本文，及朱王二家之說外，自樹立一獨立之規模。今不備論。而由清初至清末，逐漸引出之一關於格物致知之一新義，則爲以格物致知之學，乃是客觀之窮究事物之理，以獲得知識，而漸同於西方所謂自然科學之中之求知者。

溯此以格物致知爲客觀的求知識，而同於自然科學中之求知之說，其來原，蓋亦甚遠。自宋學初起，卽有聞見之知與德性之知之分。聞見之知，始於感覺之見聞，而及於外界之自然、社會、歷史中之事物之實然，與其所以然之理。德性之知，始於自覺吾人之一切意念、情慾、心志、行事之善惡，以及一切內在外在之行爲之當然之理。依先秦儒學之傳統，所重者乃在德性之知。漢人重注疏之業，而重聞見之博，記誦之廣。魏晉玄學，不重聞見記誦之廣博，而重談玄理。然於德性之知及當然之理之討論亦略。宋儒之周濂溪、張橫渠及二程起，乃分德性之知與聞見之知，以徒事聞見記誦，無當於希聖希賢之學。周張重中庸，已重其言誠而明，中庸之明卽德性之知也。程子提出大學，則蓋因大學以明明德爲始事，並重言正心誠意，又較中庸由天命說到人性者，尤爲能直下以德性之知，爲學者所先務。而大學所謂致知，如依本文所釋，亦要在知止於至善，如知仁敬孝慈信等，而知所先後，以明明德於天下。朱子承程子，以大學爲入德之門，則歸宗仍在德性之知。唯伊川已言窮理，朱子更重此義。窮理固以當然之理爲要，而知當然之理者，固唯是德性之知也。然吾人應具體事物，以何者爲當然，恒有待於吾人先知事物之實然及其所以然，由是而吾人知實然與其所以然之理，亦可助成吾人之知種種具體行爲上之當然之理。此卽朱子言窮理，而於當然之理與實然之理，未嚴加分別，而其注大學，唯統之以一理字之故。緣是而朱子于德性之知與聞見之知，亦平等加以重視。然陸象山尊德性，言先立乎其大着，王陽明言致良知，則明重在以德性之知爲體，而以聞見之知爲德性之知之用。（註四五）而聞見之知所知之節目之詳，則爲良知天理流行之節目。然陽明又言體用合一，則體上既只一德性之知或良知，如何用上又有一不同於德性之知之聞見之知？又如德性之知，必需聞見之知爲用，則人亦似未嘗不可以聞見之知爲首務。則學者自亦可轉而徒肆其聞見之知，而或乃趨於以致聞見之知爲致知，知種種實然與其所以然之理，爲格物。此卽淸儒之漸以格物致知，爲純粹求知識之論所由生也。

至於溯此淸儒以格物爲純粹之求知識之論，亦逐漸演變而形成。蓋自顧亭林將「行己有恥」與「博學於文」、「多學而識」與「一貫之方」並列，卽已意涵此二知並重之意，而非復宋明儒以德性之知爲主之精神。而淸儒之業，於「博學於文」「多學而識」上，多下工夫，而開爲淸代之注疏、考據、名物、訓詁之學，其精神卽爲重聞見之知者。至淸代思想家之反對宋學者，則首有顏元、李塨。其學雖亦重在實踐力行。然其實踐力行，乃重在習事方面。顏氏嘗謂格物之內容，爲格周禮之三物，卽六德、六行、六藝，曰「孔門之學而時習之，卽此也，所謂格物也。……蓋三物之六德，其發見爲六行，而實事爲六藝」（註四六）。故習齋之格物，乃歸於以習六藝爲格物。李塨亦謂「孔叢子諫格

註四五：傳習錄卷二，四四頁答歐陽崇一「良知不由見聞而有，而見聞莫非良知之用，……良知外，無別知矣。……」

虎賦，顏先生以格物之格如之，謂親手習其事也。……格物者，謂大學中之物，如學禮學樂類，必習其事。」（註四七）是見顏李言格物之格，原重在身體之習事。然人之習六藝之事，又須人先對禮、樂、射、御、書、數之學中，種種節目之詳，先有聞見之知。故李氏下文又釋致知格物曰：「行先以知，而知在學。故學記曰：人不學，不知道。董仲舒曰：勉彊學問，則聞見博而知益明。徐幹曰：白日照，則所求見；學者，心之白日也。」（註四八）此其以學求「聞見博」，以使「知明」，如「白日」之「照而有所見」，此正是重聞見之知之致知也。故格物致知之義，經顏李之解釋，乃逐漸化為為身體上之習事之工夫，與聞見之知之工夫矣。

清儒之反對宋儒者，繼有戴東原。戴氏亦承認人有仁義禮智之知，為人心所同然，是彼亦未嘗廢除德性之知。然戴氏之言理義曰：「理義在事情之條分縷析，接於我之心知，能辨而悅之，心之精爽，鉅細不同，如火光之照物，……光小者，其照也近，……光大者，其照也遠，……所照者，……不謬之謂得理。（註四九）其釋致知格物曰：「事物來於前，……不審察無以盡其實也。……格之云

註四六：戴望顏氏學記卷三，習齋三，商務本，六十四頁。

註四七：同上卷四恕谷一。商務本，七十九頁。

註四八：同上。

註四九：孟子字義疏證卷上，理字第六條。

者，於物情有得而無失，思之貫通，不遺毫末，……此之謂致其知。」（註五十）此則正宜於論聞見之知，而不宜於論德性之知。彼以仁義禮智之知，爲人心所同然，語本於孟子，而意在本此反對以一人之意見爲理之論，此亦未爲不是。然若只於此「人心之同然」，視爲一經驗上之事實，或自然界中之實然，則大異於孟子及程朱陸王之傳統，初由「每一人之自己內在之本心、理性、或良知對當然之理之知上，先立定腳跟」之說。而觀戴氏之力反對一切以理爲「得於天而具於心」之說，及其由「自然」以說「必然」，以及理之「當然」者之論，如謂「實體實事，罔非自然，而歸於必然，天地人物事爲之理得矣。」（註五一）；則其所謂人心之同然，亦蓋不過謂經驗事實上，如此如此而已。至就其喻心之知理義，如火光之照物之言而觀；則此正爲近於荀子之「以知，人之性也；可以知，物之理也。」以理唯在外物之論者。就戴氏一生之務在考據名物而言，則戴氏之所重者，明在聞見之知。蓋唯由聞見觀察，見人心皆同然於仁義禮智，故亦不廢仁義禮智之知耳。此實爲以聞見之知統德性之知之說，而直下開啓以格物致知爲窮究外在事物之理，爲獲得純粹之知識之論者也。

顏元之格物，重在格禮、樂、射、御、書、數等文化物。戴氏及淸儒之考據訓詁之業，如皆謂之格物，則所格者要在文字歷史之物。格文化物以富强天下，而安天下，以及由訓詁以明自然而兼當然

註五十：原善卷下，第七條。

註五一：孟子字義疏證，理字第十三條。

之義理，由考據以知古先聖王所立之文制，此與德性之知之關係，仍尙密切。至於專以格物致知爲格自然物，致吾人對於自然物之知之說，則未知始於何時。查明胡文煥編刻有格致叢書，皆古之考證名物之書。又清陳元龍有格致鏡原一百卷，據云爲博識之學。其中自包括各種自然物之名，然亦自不限於此。唯於清末，改革學制後，淸廷嘗以中小學之物理、化學等，合爲格致一科，此蓋爲專以格物致知爲格自然物，而致吾人對自然之知之始。由此而格致之一名，乃同於西方所謂自然科學，以爲國人據以接受西方科學，以納之於大學之系統之資。而其義亦與大學之格物致知之原義，及朱子陽明之論格物致知之原義，皆有大不同者矣。

然此種以格物致知之義，爲求自然科學之知，雖與大學及朱王之義大不同；然亦遙承朱子之兼重對客觀事物之知之精神而來，爲顧炎武所謂「博學於文」，「多學而識」中所當涵之一事，亦顏元戴震言格物致知之思想之發展，所宜歸至之一義。由此以使國人得接受西方自然科學之新知，同時使古所謂聞見之知，初爲以文化物、歷史文字之物，爲主要之內容者，轉而以客觀自然之實物，爲其主要之內容；則此亦不能不謂爲中國之學術文化之一發展。以人之研究自然之實物之態度，較易客觀，則由此再轉而對歷史文字文化之物，亦更能作客觀之研究，亦卽可開出其他種種獨立之科學之知識之領域，而與西方之分門別類之學術相接觸，以成就中西學術交流之實事。由此觀之，則清末之以格致之學爲自然科學，亦卽融通、連繫中西學術之觀念之始點，其意義亦大矣。

四　朱王之融通及德性之知或良知與知識之知之融通

然由清末憑格物之一名，以引入西方科學之新知，使科學漸成爲獨立知識之領域，雖爲中國文化之發展，不得不有之一端；然依中國文化之傳統，又素以德性之知爲本。觀西方人今之重分門別類之科學之知識者，亦承認科學知識之限度，乃常有一科學與其宗教生活、道德生活、及其他人生價值意識如何配合之問題。則中國今日之尊尙科學，便仍不能不有一科學知識，如何與以前之傳統之學術精神互相配合之問題。否則順科學之知之分門別類，以往而不返，而每一科學，皆成一獨立之天地，可供人終身馳騁於其中，而不知出，則道術將爲天下裂；而今日之科學之知識技術，若無德性之知爲之主宰，亦未嘗不可皆用之以殺人，而不足以美善人生。由是而中國思想之發展，又必再進一步，於既使科學成一獨立知識之領域之後，再求說明此獨立，唯是相對的獨立於傳統德性之知或良知之外，而非絕對之獨立於人之德性之知或良知之外。夫然，而吾人今日乃既須發展中國先秦儒學，及程朱陸王之言尊德性而道問學之教，以攝入科學知識之一支；亦須使此科學知識之一支，再綜合於傳統之精神之中，以合爲一更新之中國文化及中國思想之發展。此卽吾人今日之任也。

在吾人今日之問題之下，尅就對於大學之致知格物，及程朱陸王對此問題之爭言，則師友中有熊十力、牟宗三兩先生，對致知格物之義，再加抉擇，今亦略予陳述，並附以鄙見，以見此格物致知之老問題，實貫至今日之中西學術文化如何融通之問題中。亦藉見八百年來中國學者對此問題，一直有所用心，未嘗斷絕，而亦不斷有新思想之提出也。

熊先生於致知格物問題之主張，主要見於其讀經示要卷一。其言於致知之解釋宗陽明，於格物之解釋，則宗朱子。其訓格爲量度，以量度事物而悉得其理，即格物。如「於事親而量度冬溫夏凊，晨昏定省之宜，此格物也。入科學實驗室，而量度物象所起變化，是否合於吾人之設臆，此格物也。」然一切格物之事，皆當以致良知爲本。故一切格物之事及所得之知識，皆「良知之發用」。然致良知又必輔之以格物，否則只務識得良知之本體，將不免「耽虛滯寂，而歸於絕物；亡緣亡照，而歸於反知」。若能兼致知格物之功，知格物即「良知之發用」，「則其格物也，即良知之應物現形，隨緣作主，……是則良知自然之妙用，乃不可遏絕者。故曰致知在格物也。」「良知之明，周通於萬物，良知以其條理，融澈物之條理而無所閡，故物得爲知之所量度，是云物格。」（註五二）是見熊先生之說，實將人之求科學知識之事，攝於格物一目下，而再視格物爲良知之發用。此既不同於朱子之以格物窮理即致知，而未嘗先立德性之知以爲其本之說；亦不同於陽明之以致良知，以於意念所在之事，正其不正以歸於正，即格物之說；更不同於清代學風之重聞見之知，及清以來以格致之知，即求客觀

註五二：讀經示要卷一，臺灣廣文書局重印本一〇一至一〇七頁。

自然事物之知識之說；乃重歸於以良知，卽德性之知爲主、爲體，而以科學知識格物窮理爲輔爲用之說。是乃兼取陽明之意以立本，取朱子之言以爲輔，以攝淸儒所尙之聞見之知，及今人所尙之科學知識所成之新說，而亦非大學本文之原義所及，朱子陽明之本旨所在者也。

至於牟宗三先生之論格物致知之說，則主要見於其王陽明致良知教第三章致知疑難。其說尤能扣緊德性之知或良知與一般科學知識之知，或上文所謂聞見之知之爲不同類之知；以論科學知識之知，如何仍能統攝於良知之系統中者。此二知之所以爲不同類之知，在人之求知識，依於了別心；而良知則爲道德心。良知之道德心，恒表現於行爲，以通貫於物，故不與物爲對。良知乃卽主觀之人心，而同時爲客觀之天心者，是爲絕對。而求知識之了別心，則與物爲對，而有主觀客觀之相對者。故欲論良知與知識之知之統一，非只是於良知之發用中，攝入知識，而以之爲用之事。此須先識得：人之良知之如何轉化出了別心。依牟先生說，此乃由於良知自己之決定，而由其初之不與物爲對，以轉化出與物爲對之了別心。此亦卽無異良知之坎陷其自己，以化出此了別心。由此而吾人如順王陽明之良知之敎以立言，卽不當只有致道德上之良知之一套，且當包括由此良知所決定轉化出之了別心之一套。此了別心之一套，乃一方了別所對之其他之客觀之物，一方亦可了別良知之行爲活動，以形成對於客觀之物，及良知行爲活動之自身之種種知識者。譬如依良知而事親，此是第一套。此孝親，乃良知自己決定發動之行爲。然人在事親時，同時須求知此「親」之爲如何如何等。此時吾人之良知，卽須坎陷其自己，決定轉化出一與親相對之了別心，以便由知親之爲如何等，以成一套關於親之知識。此卽爲致良知之事親行爲一套中之附套。而當吾正發動事親之行爲時，吾又可以吾人之事親之本身，視爲一對象，以求知吾人事親之行爲之爲如何如何。此時吾人之良知，亦須決定轉化出：以我之自身行爲爲所對，而對之求知之了別心，以獲得關於我自己之行爲之又一套之知識。而此一套知識，則爲與我之事親之行爲之一套，可相並行之另一套知識。此中吾人行爲中，所包括二套之知識，任何一套皆爲吾之良知決定其自己，轉化爲了別心後乃形成者。因此求知識之活動，仍統屬於致良知之活動中；而求知識之活動，所成之知識宇宙，以其由良知之決定其自己，轉化爲了別心所形成，亦卽由良知之行爲之所成者。由是而此知識宇宙，亦卽自始由良知之行爲宇宙所成就，亦統攝於此行爲宇宙中。而吾人在將知識宇宙「會歸於行爲宇宙，而視爲其中之一員」時，（註五三）則知識宇宙固不能離良知之行爲宇宙，而絕對獨立也。

牟先生之言，由良知自己決定轉化出了別心，以與物爲對，以成就知識之說，有類於熊先生之於良知之發用中，包涵一量度物之格物之事之說。然又多了一層曲折。卽此中尙有良知之自己所決定之轉化爲了別心之一事在。由是而此了別心，及其所成之知識宇宙，乃眞有其相對之獨立性者。而此了別心與知識宇宙之成立之根據，仍在良知之如是如是自己決定之行爲。於是知識宇宙，仍統屬於良知

註五三：見王陽明致良知敎第三章，二十七至三十一頁，臺灣中央文物供應社。

之行爲宇宙中。此其爲說，雖仍在以陽明之教立本，然亦更能對一般聞見之知，或淸末人所謂格致之知，及今人所謂純粹知識之知或科學之知，與以一相對獨立之範圍。而其言吾人之良知，必須自己決定成立此知識宇宙，乃有此知識宇宙之成立，亦無異於謂中國重德性之知之文化學術，必須自己決定轉化出重知識之一義，乃能攝納西方之科學，開創入中國未來之科學，以爲通中西文化學術之郵。吾人承認科學是知識，然吾人之決定要科學之一決定，則非知識，而只是吾人之良知之決定。此決定，乃斷然在科學知識之上一層次者。科學本身，依於其上一層次之良知之決定，要他有而有，則科學之知，自亦不能攝盡一切之知，而必以良知爲之主。而中國傳統思想中之重德性之知及良知之教，在原則上決不可動搖，亦由此而見矣。

結論——知識之知與德性之知之四種關係

吾人於上文縱論大學本文之原義，及朱子陽明及以後學者，沿大學致知格物之文，而逐步發展出之新說之所由建立，及其意義價値之所在，以見此中實有一思想之進步與發展，而實非徒爲一古經之訓詁解釋之事。而此思想之發展，至於今日，則爲一德性之知或良知，與知識之知之畢竟之如何關連之純理論問題。而此問題之討論，亦儘可根本脫離大學本文原意及朱子陽明之說本爲如何，一學術史之問題而討論者。此在牟先生之論致知之疑難時，已不謂其言唯是大學及陽明之言之注釋。而吾今之此節，則擬更進而純理論的約略分析此德性之知或良知，與知識之知之四種關係，兼說明昔賢之說，大體上皆可綜攝於此四種相待關係之情形中，以爲本文之結論。

第一種情形爲德性之知或良知，直接通過知識之知而表現之情形。譬如吾人先依知識之知，知吾人當前之對象爲親，而又見親之面容憔悴，遂卽知其爲病。於是我卽往問病，而心懷憂慮。此中知其爲親，與知其病，皆爲知一實然之事，而爲一聞見之知或知識之知。吾之卽往問病，心懷憂慮，則吾人孝親之良知，或德性之知之自然流露，以向於吾親之事。此時吾人卽可依大學之教，謂此孝爲至善，而爲吾所當止。此中，吾之孝心或孝之良知之流露或發出，乃直接透過吾對吾親之聞見之知或知識之知，而流露發出；則此聞見之知、知識之知，亦爲開啓我之良知之流露發出，同時爲此良知或德性之知所通過貫注，以向於吾親者。於是此中之聞見之知或知識之知，卽復可視爲此德性之知之流行之軌轍、或可能條件，而可說其直接爲良知之所用以成就其自身之表現者。在此情形下，吾人又可喻此知識之知，如一平面，通過貫注之而流行之良知或德性之知，則如一立體。當此平面，爲此立體所貫注通過時；此平面，卽如只爲此一立體之一面相，而不能獨立自存者。而在德性之知之正流行中，吾人對良知或德性之知之自覺，乃卽止在此知中，遂不必能同時化此良知或德性之知之流行，爲一對象，以形成對之之知識者。此情形，亦卽陽明先生所謂聞見之知直接爲德性之知之用之情形。此中，吾人如將德性之知或良知與知識之知，加以分解以觀，亦可說其中仍涵有牟先生所謂知識之知之一附套，然此一附套，實又只爲其中之主套之德性之知或良知之所通過，而只爲其一面相。換言之，亦即此中之了別心，乃如只爲人之道德心，所通過貫注充實之一虛廓，而未眞顯爲一獨立之了別心者。凡吾人在根據憑藉運用已成之知識，而活轉之、升進之，以爲德性之知或良知通過流行，以表現其自己之軌轍時；此中知識之知，與德性之知或良知之關係，皆是此情形。在此情形下，人亦不必重此知識之知與德性之知或良知之分別，亦未嘗不可視此二知，只爲一知。前文論大學之言致知，雖謂此知實爲德性之知或良知，然大學亦未嘗言其非聞見知識之知者；正以此德性之知或良知，亦通過聞見知識之知而表現，而後者仍可視爲前者之立體之一面相、軌轍，而可言其無獨立之存在性者也。

第二種情形爲「吾人依德性之知或良知，以肯定具眞理價值之知識之本身爲一善，及吾人之當具有此善，於是肯定；知識自身之當求」之情形。在此情形下，吾人要成就知識，仍原於吾人良知之決定。然吾人之要成就知識，則可非爲以後之行爲，而唯是以得知識或眞理之本身爲目的。如吾人欲解決一純數學問題，而得一純數學之知識或眞理之類。於此，吾人既依良知之決定，而置身於純粹求知識之活動後，吾人心中，卽可只有求知識之目的或興趣，而渾忘此活動之決定與引發，初原於良知之以得知識或眞理爲善。此時吾人最初之決定引發此知識活動之良知，亦如於引發出此活動後，卽隱退於後，唯在其後面，支持此純求知識之活動。唯當此求知識之活動間斷，或吾人懈怠於求知時，此良知之知，乃再呈於前，而表現為「勿懈怠」「當求知識以得真理」之自命，以續此間斷。至在人之求知識之活動正進行時，此良知卽唯隱退於後，如靜居於一超自覺之境，以加以支持。其入於自覺之境與否，乃正與求知識活動之是否進行，互為對反者。於是此二者間，遂顯為一表面上之相斥而更迭以呈現之關係。人之只注意此表面上之相斥關係者，遂恆謂此二者間，無通路，乃或則一往尊尚知識之知，而忽德性之知；或只直本其德性之知，以運用已成之知識，而不見求知識之活動之本身之重要，此卽導致一人所自造之二知之分裂。實則人之求知識活動，初乃由良知而引發，故卽在其被引發後，而單獨進行時，仍有良知之靜居於超自覺之境，加以支持。此二者間之內在之關聯，自始未嘗斷。而良知之於引發此求知識之活動後，卽隱退而靜居於超自覺之境，加以支持，實無異以其自身之隱退，與自我超越，以成就此求知識之活動。如彼大賢之功遂而身退。此正為良知本身之盛德至善之表現。而自一切求知識之活動，皆有良知之靜居於超自覺之境，加以支持言，則一切求知識活動之進行，及一切知識之點點滴滴之成就，亦無非良知之在後支持之功之間接表現。而吾人真了悟及此義，則同時知一切以「良知與求知識之表面上之相斥，為真正相斥者」之妄，亦知一切將求知識活動與良知，加以分離決裂者之妄，而當求去此妄，以見其除表面之相斥之外者，內部之實際上相依之關係。此中之求去妄見真，亦為吾人之良知之一自命。而人既見真後，亦可說人之求知識之一套，乃依附於良知之一套。然未見真而徒就此情形下之良知與求知識活動，表面上有之相斥關係，而互相更迭以呈現言，則當說在此情形下，此二者爲相斥而相更迭呈現之兩套；此便與在第一種情形下之兩套共運，而良知之一套，通過貫注於知識之一套以流行者之情形不同。清代學者及今之科學家之重記誦考證，及求自然社會之知識者，恆不免於忽德性之知或良知之知者，亦卽由此二知之表面相斥關係，而遂只務求知識之知，以往而不返者也。

第三種情形，爲吾人既本良知以發動一當有之行爲，而吾人欲求此行爲在一具體特殊之情境下，得以貫徹而達其目的，而又覺不能只循我之良知，及已有知識之運用，便能實際貫徹時；於是吾人遂暫自節其良知初所發動之行爲，以安靜下來，而求對此具體情境，及如何對付此情境之進一步之知識，進而依此知識，以規定吾以後爲達此目的而當採之行爲之道。如親病，而欲達治親病之目的，遂暫節其孝心之表現於憂慮，及侍疾之行爲，而往知求親之病狀畢竟如何，以及如何治病奉養之方，以規定吾當如何奉養之道是也。在此第三種情形下，吾人乃爲致良知或達良知所決定之目的，而自覺的另建立一求知識之活動，以爲達此良知所決定之目的之手段。亦卽可謂自覺的在致良知之一整套中，建立一附套，包涵一附套。而一切爲達一實用目標，而求知識，如應用科學家之所爲，亦皆此一類。在此處，人之求知識，亦自覺是以未知之關於事物之理，爲吾人求知識之對象。此中卽有明顯爲屬於主觀之求知識之了別心，與所欲知欲了別之事物之理之距離。人於此亦總覺此事物之理，初乃在吾人之心知之外，而與吾人心知成相對者。緣是而吾由此知識之求得，所欲進而加以規定的吾以後所應當採取之行爲之道；吾亦將總覺其初爲在吾人心知之外，與吾人心知成相對者。吾人前文論朱子，其所以以理爲超越於現實之心知之外者，亦蓋卽主要依此情形而立論者也。

第四種情形，爲吾人所已知之「我所在之具體特殊之情境」，明顯與爲我之良知所認可而發出之全幅要求或命令相衝突之情形。此卽如吾人前文於論朱子一節，所提及之忠孝不能兩全之情形。在此情形下，吾人誠必須求一決定，且必相信有一較善或最善之決定之道，可爲我所求得；因而人必須肯定此道之先在，唯待吾人之思慮以求之，如前所述。然吾人復須知，在此中，吾人欲求一較善成最善之決定之道時，吾人之心情，乃初在一極端之緊張迫切之狀態中，而與以前之情形，皆不同者。在此狀態下，人初恆自覺當儘量求發現：此明顯與良知所認可而發出之全幅要求相衝突之情境，如何可加以改變或改造之理；而人之求知此理之知識活動，初乃如同時爲此全幅要求——如盡忠及盡孝——之所共直接加以驅迫以進行者。及其見此情境，只能容許人於此各要求中，實現其一時，則此各要求，卽自相衝突，以爭求實現。由此而吾人之良知，復須衡量：此相衝突之要求，及其實現之價值之高下大小，以選擇其較善或最善者，而作一最後之決定。然此最後之決定，必犧牲一良知之要求，使不得滿足，而此較善或最善之決定，遂仍爲悲劇之決定。由此而人之良知，卽須於事後或事先，再決定：其自身之承擔此情境之如是如是所導致之悲劇之命運，此卽承擔由此決定，而生之一切缺憾、罪戾、而無悔。而此本身，卽又爲人之良知之一最莊嚴神聖之表現也。

在此第四種情形下，吾人如分析其中之知識與良知之關係，明非如第一種情形之直接以知識爲良知之用，亦非如第二種情形之良知與知識活動之表面相斥，復非如第三種情形之良知之暫節其表現，以求得一知識爲手段，以達到良知所已決定之目的；而是良知爲完成其諸皆欲在情境中實現之要求，而不得不先往求此情境之「可以改變，以與其諸要求相一致」之理。此情境之初爲如是，乃人之知識之知之所知；今欲求得其可改變之理，亦即願望有一「改變此情境，以使之不如是」之知識。而此一知識，即良知欲求得，而建立之於事實者。及此知識終不能建立時，則良知又還須再自願承受：「此情境之只能如是」之一事實與知識，並承擔此一事實與知識，所關連之悲劇之命運與缺憾、罪戾，以見其自身之神聖與莊嚴。此中「此情境只能如是」之一事實與此知識，爲此良知所承受，正所以見此良知自身之神聖與莊嚴者。由是而此知識之承受，亦爲良知所自願，而視爲當然者。故良知於此，乃一方表現爲願望建立：一與其諸要求皆一致之事實與知識，一方再表現爲自願承受任何與其初願相違之事實與知識。在此二者中，皆表現此良知之德性。緣是而無論知識宇宙中之情形爲如何，良知皆可賴其心願，加以肯定；而此中之良知，其初之願望建立一知識，與後之自願承受與初願相違之知識之活動，亦即如成爲良知之活動之流行中之一陽一陰之二種節奏。而此中良知與知識之關係，即可稱爲一交互之並存關係。

吾人以上論四種之良知或德性之知與知識之關係。其中第一種，乃良知之直接運用知識而通過之以流行，則二者之呈現，可說爲俱時而呈現之同一關係。其中第二種，乃良知決定引發一求知識活動後，則良知即隱退於後，必前者間斷，後者乃再呈於前，以求續此間斷；是二者爲更迭呈現之相斥關係。第三種乃爲致良知或達良知之目的，而建立求知識之活動，以爲完成良知之行爲之手段，則良知與求知識之知之關係，爲目的與手段之相從之關係。此中，吾人肯定目的當有，即涵蘊手段當有，手段之有爲因，目的之達到爲果，而其間之關係，亦爲理論上之涵蘊關係，及實際上之因果關係。第四種中，良知初願望建立：「使此情境不如是」之一知識，繼復自願承受「此情境只能如是」之知識，良知於此，賴其欲如是建立知識，如是承受知識，以表現其自身之流行，而又非只視其所願建立或所願承受之知識，爲良知之行爲之手段；而皆視爲良知於始或終所願肯定，而願其爲眞知識，以使良知之如是如是之流行，得以可能者。此中之良知與知識之知之初爲相從而起，必歸於良知之自見「其自身之流行」與「所願建立或承受之知識之成立」，二者之不可相無，及二者之合爲一全體，而表現上所謂交互並在之關係。此四種關係，皆同須以良知或德性之知爲本、爲體、爲主宰而論之。其中前三種猶較簡單，昔賢之論已足夠。然第四種關係，則其中尙有深義，待於吾人之探索。自全幅之人生看，人生任何活動之發展，至一階段，蓋皆不能免於與其他良知所亦視爲當有之活動，或某一特殊具體之情境已有之事實及吾人對之已有之知識，顯出在一時之互相衝突而互相對反之情形。由是而前三種關係，即難於孤立，乃不能離此第四種之關係而自己存在者；而此第四種關係，自全幅人生看，亦即可說爲前三種關係之底據。是則非本文所能多及者矣。

清華學報四卷二期哲學專號

第十一章　原道上：老子言道之六義

一　序言

老子五千言，文約旨遠。解老之書，汗牛充棟（註）。約而論之，不外數途：一、按漢書藝文志，所著錄之書，有老子鄰氏經傳，傅氏經說，徐氏經說，劉向老子說四篇。據隋志及經典釋文所載，尚有河上公注，毋丘望之注及嚴遵注，諸書大都已佚。今存河上公注及嚴遵指歸，亦疑僞。唯漢人之章句傳注之業，要皆不外就原書之文字，分章斷句，加以訓釋，則老子之傳注，蓋亦類是。後之學者爲學，沿漢人學風，而於文字聲音訓詁之功，日益加密，並旁及版本校勘，以及對書中史事與成書時期之考證等，遂下逮清儒之業。其于老子，則近世如魏源之老子本義，及時賢對老子一書之校詁、考證，皆同此一途。二、魏晉學風，不同兩漢，王弼注老，異于經生。蓋大都順其妙會冥悟之所及，以申玄旨，或詳或略，皆非復原書章句之所能限。今即就其注文，離原書以別行，亦未嘗不可。斯其解

註：老子書目以嚴靈峯所編中外老子著述目錄爲最備，嚴氏並將有老子集成一書出版云。

老，卽別出一途。明焦竑老子翼，嘗輯歷代解老之文，自成體段者，分附于老子各章之末，共數十家，皆精粗不同，而體類不異者也。三、佛學東來，學者以老莊之義相比附，鳩摩羅什、僧肇並有老子注，惜皆殘佚。四庫全書總目提要，于道家書著錄者不多，而有蘇轍之道德經解。其書主佛老同源，而又引中庸之說。此乃假儒釋之言以通老，爲明末以來，會同三教之論之先河。憨山德清道德經解，斯爲巨擘。而近世西學東漸，凡以西方之科學哲學之理論解老者，咸意在觸類旁通，與昔之假儒釋以明老者，實同一轍。

此上數途，用以解老，皆本無不可，而各有其得失。揚子雲嘗謂「在則人，亡則書，其統一也。」則就書中文字，爲之章句傳注，以便學者之卽文就義，斯切而不泛。此第一途之所得也。然老子之人若在，本其所以爲老子，固不限於說此五千言。則後人苟有會於老子之所契，而言其所未言，亦不得謂其非老學，則第二途又何得爲非？又大道無方，常存天壤，非家派之所能限，亦非一家一派，所得而私，則三教之論，東西之說，亦自當有足以相明相發之處，故第三途亦可容人自擇。然守文之士，功在下學，或膠滯於章句訓詁之末，其弊也瑣。申發玄旨，觸類旁通者，意在上達，又或抑揚過當，引喻失義，其弊也誕。爲今之計，竊謂：只循訓詁以明章句，未必能通其大義，而徒求妙契於言外，則非中士之所能企，亦難以取信於當世。欲兼去此二弊，其道宜先類辭以析義，而觀其義之所存，則無復章句之拘，而有訓詁之實，下學之功斯在；既得義之所存，再濟以統宗會元之功，而上達之事無極。愚年來所著，解釋中國思想之文，皆循此道，冀去彼或瑣或誕之弊，以合於先聖下學上達之旨。此非謂尅就下學之業，上達之功本身而言，更無事在，唯謂此下學上達之交，必應有此一段工夫，而一爲此人之所忽耳。此文解老，仍本斯意，先析老子所謂道之六義，再論其關聯通貫之幾，及老子言形上之道，其局限之所在；或亦可爲世之專事下學之業及上達之功，以解老者，有所取資，以共免於上述之二弊也。

二　道之第一義——有通貫異理之用之道

老子書中，道之一辭，共凡六十七見。試析其義，略得其六。今按老子書中所謂道之第一義，爲略同於今所謂自然律則，宇宙原理，或萬物之共同之理者。韓非子解老篇謂：「道者，萬物之所然也。……萬物各異理，而道盡稽萬物之理。」韓非子解老，乃別理於道。萬物各異理，言物各有其不同之理。謂道盡稽萬物之理，即言道遍於萬物之異理，有通貫一切異理之用者。道何以有此用？或不易言；然將此義，連於道爲萬物之所然一語以觀，則此所然者，即萬物之所共是共然而共表現；而道之第一義即應爲：通貫萬物之普遍共同之理，或自然或宇宙之一般律則或根本原理也。

所謂萬物之共同之理，可非實體，而可只爲一虛理。故今此所謂第一義之老子之道，即就其尚非體只爲虛理說。所謂虛理之虛，卽表狀此理之自身，無單獨之存在性，雖爲事物之所依循，所表現，或所是所然，而並不可視同於一存在的實體。此義之道，乃由中文之道之一字之原義，卽人所行之道路，引申而來。原道路之所以爲道路，在其有爲人所行所經過之用。此所經過處，並非一存在的實體，而只是一空間中之路線或方式。儒家言人道，卽由此義直接引申，故以人所行於其父母者，爲孝道，人所行於其兄者，爲友道。此人所行之孝道友道，初固只爲一行爲之方式，非存在的實體，乃附屬於人之存在的實體，而不能離人之自身以存在者也。（至後儒之謂道自在天壤，不隨人而絕續，則當別說。）而道家之言天地萬物之道之一義，亦當爲天地萬物之所由行，而非一存在的實體之義。如謂此道之義，同於萬物共同之理，或自然律則，宇宙原理，則其爲理或律則，亦爲虛理虛律，而非其自身能實際存在者也。

對此老子所謂道之第一義，茲只舉一例以明之。

老子七十七章：天之道，其猶張弓歟？高者抑之，下者舉之，有餘者損之，不足者補之。天之道，損有餘而補不足。

夫日中則昃，月盈則虧，川谷日滿，丘陵日卑，凡此有餘者之日損，不足者之日益，皆可謂天之所爲。此天，固可視如一實有之存在者。然此天道，則只此「損有餘而補不足」之事中之一規律或其形式。此規律形式，簡言之，卽「凡極必反」，故以張弓之形式喻之。此凡極必反，亦卽道家與後之陰陽家及易傳，所共最重視之萬物之共理，或普遍的自然律，而可聯繫於其他種種對於自然之中國科學思想者。老子蓋爲首重此自然律之必然性者，所謂「天網恢恢，疏而不漏」是也。然喩之如網之疏，則尅就此義之道而言，固尚非一存在的實體之謂也。

三　道之第二義——形上道體

老子書所謂道之第二義，則爲明顯的指一實有之存在者，或一形而上之存在的實體或實理者。此與上述之一義之道，只爲萬物之共理，或普遍之自然律者，其分別在一虛而一實。所謂虛者，謂其本身不能單獨存在，非自有實作用、亦非自有實相者。如佛家所謂假法，西哲所謂抽象的有。所謂實者，卽謂其非假法、非抽象的有，而自有實作用及實相之眞實存在之實體或實理。此雖非如形體之具體，然亦非抽象的思維所對之規律形式之只爲抽象的有，而爲形而上之具體的存在者也。此義之道，爲論老子之形而上學者，恆最重視之一義。而尅就老子之論及此義之道者而言，亦決不能直接以上一義之道，爲之訓釋，茲亦舉一例爲證。

老子二十五章：有物混成，先天地生。寂兮寥兮，獨立而不改，周行而不殆，可以爲天下母。吾不知其名，字之曰道。

在此章中，老子言道，直謂之爲有物混成，而爲天下母，則道明爲一形而上之存在者，乃有生物之實作用，如母之能生子；且有寂兮寥兮，獨立不改，周行不殆之實相者。喻如有物，則其如物之具實體性可知。而自道之有生物之實作用言，亦卽爲物之所以成。故韓非子解老篇，又謂「道者萬物之所以成也。」此所以成，非只指其成之所依之律則、形式，而實有使之成者。此或爲韓非子解老篇釋道最重要之一義，而此義與上節所引「道盡稽萬物之理」與「道爲萬物之所然」二語，所合涵之「道爲萬物之普遍的共同之理」之一義，應彼此有一分別。此有生物成物之實作用之形而上之道，初非孔孟荀之言中之所有。唯中庸謂「天之道……其爲物不貳，則其生物不測」，此天之道，方可視爲形而上之生物者。而大戴禮記哀公問謂「大道者，所以變化，而凝成萬物者也」，亦可釋爲實有一道，凝成萬物。其言亦與解老篇之「道爲萬物之所以成」之言相類似。此皆儒家之形而上學思想之進一步的發展。至在道家，則莊子言道，在內篇中，除大宗師篇「夫道有情有信」一段，乃視道爲「自本自根，自古固存」，道如爲一實體而有實作用外，其餘言及道者，多爲下文所論之第五義之道。而莊子之內篇之精神，在論人生，亦尙不重此純形而上之生物成物之道也。然淮南子之原道訓等篇，論道之覆天載地，始生萬物，則道之實體義最重。後之道教思想，沿此發展，而道之爲物，宛然先天主宰，有如西方言三位一體之神，其第二位之爲道。然魏晉以降，王弼、何晏、嵇康、阮籍、郭象、向秀之言老莊，又皆不重此實體義之道，而求加以解消者也。

四　道之第三義——道相之道

老子書中第三義之道，乃以第二義之實體義之道之相爲道。第二義之實體義之道，爲物本始或本母之道體，此第三義之道，則可簡名之爲道相。（此相爲佛家之名辭，然其義正與老子之所謂象或大象，無大殊別）此道相初卽道體之相，故此第三義之道，亦可由第二義之道引申而出。

此上所述之老子之第二義之道，自其自身之爲形而上之存在者，而獨立不改言，初無相之可言，亦非屬於可說，可道，可名之範圍中。凡言相者，皆對他而顯；道體本身，固可無相可說。然此道體既爲生物者，而爲物之本始或本母，則對其所生之物言，彼固有異於其所生之萬物之相者。卽其相可由其對照萬物之相而見，亦可由其爲萬物之所自生之本始或本母，以對萬物而見。如自此道體之對照萬物之有形，而異於萬物之萬形言，則可說爲「大象無形」「道冲而用之」「虛而不屈」，而道呈「無」之相，及「冲」「虛」之相，而可以「無」或「冲」「虛」說之。又自道爲萬物所自生之本母處言，則萬物既有，其本母亦應有，而道亦爲有，遂呈「有」之相，而可以「有」說之，如上文之「有」物混成是也。此道之「無」相「有」相，卽皆道之對照於萬物，關連於萬物所呈之相也。卽上文所謂道之本身之非可說，非可道，非可名，如自其對照萬物之可說可道可名者言；則此「非可說」「

非可名」，亦爲道之「不可說相」、「不可道相」、或「不可名相」。簡言之，卽道之無名相也。又自道之爲萬物之本母，而可視爲有，並以有說之，以「有」名之，或「强爲之名」而「字之曰道」言，則道固有名，亦呈「有名相」「有字相」。卽在所謂「道隱無名」一語中，如吾人視此「無名」爲一名，則謂其爲無名，亦爲以「無名」名之之事，而使道兼呈一有名相也。斯則道之有名與無名，不可道與可道，不可說與可說，儘可並行不悖。其自道體而觀之，爲不可說，不可名者；自道相而觀，則儘是大有可說，可道，可名者在。因自道相而觀，則說其不可說，道其不可道，名其不可名，亦皆是有所說、有所道、有所名，而皆在「說」、「道」與「名」範圍中；說其無一切相，卽說其具無相之相，如老子所謂無狀之狀，無物之象，仍是狀是象也。

道相乃道體對萬物而呈之相，其義本與道體有別。然因道相依於道體，而道之一辭，遂可專指道體，亦可以兼指道相。進而人亦可以道之一辭，專指道相，並以道相卽道，或以能觀道相，能循道相以觀世間之心之所存，卽道之所存。此卽第三義之道。人之可以此第三義之道，代第二義之道者，則以人原爲萬物之一，而居萬物之中；人之知有爲萬物之本始或本母之道體，惟賴逆溯萬物之所自，並由此所自之本始本母之道體之相，其異於萬物之相者，以默識此道體；則人固可以道相攝道體，進而以指道相之辭指道，而意涵道相卽道體之義；而觀道相或循道相，以觀世間，卽亦可同於觀道矣。茲亦舉二例，以明此第三義之道。

老子四十章：「反者道之動，弱者道之用。天下萬物生於有，有生於無。」又二十五章：「吾不知其名，字之曰道。强而名之曰大，大曰逝，逝曰遠，遠曰反。」老子言道生萬物，上所引四十章，言「天下萬物生於有」，則此「有」應卽指目道，而此「有」固只爲上言之道之相之名，是以道相之名指道也。老子又謂「有生於無」，蓋言道之生物，初乃無物，又必先反其先之物，此卽道之一動。道一方反物，一方生物，而道卽兼呈此有相與無相；則此有生於無之「無」，卽所以目道。然此處直言天下萬物生於有，有生於無，更不言道。此卽以道之「有相」與「無相」攝道，是卽意涵道之一辭，可同於指道相之辭也。

二十五章於道，既字之曰道，又名之曰大，曰逝，曰遠，曰反。此大、逝、遠、反，皆爲形容辭，唯所以狀道之運行之相。四十五章「反者道之動」，此「反」亦可視如道之一相。今謂字之曰道者，卽名之以大、逝、遠、反者，是亦以道相指目道體，而意涵道之一辭，義可同於道相之大、逝、遠、反者也。

除上文之有、無等爲道相外，如老子以道爲常、爲久，又謂道生一，此「常」、「久」、「一」，亦皆爲道相。而老子言知常卽知道，襲常卽襲道，抱一卽道，是則明卽道相以言道也。

然尅就老子之書而論，以道相之言指目道體者，雖不少，然直以指道相之辭代道之一辭者，則不多。後之論釋老子者，莊子天下篇於古之道術之在於關尹老聃者，謂老子「建之以常無有，主之以太一」，更不另出道之一辭，則爲特重以「常」「無」「有」「一」等，原爲指目道相之辭，以代道之一辭者。至於王弼之謂道爲「無之稱也」，此卽特重無之道相者。又王弼喜以說自然代說道。老子謂道法自然，蓋言道只是自己如此如此之謂。此「自然」亦實只是道相。王弼沿此而謂「道法自然」，卽「在方法方，在圓法圓，」則觀一切物之如此如此，而任之自爲自造，卽法自然。是見此自然，只是物之「如此如此」之相，而非實體。今王弼謂法自然卽法道，卽一循「自然」之道相以觀物，而生之論也。因王弼之特重無與自然之道相，道體之爲「有」之義遂不彰。而爲萬物之本母或本始之道體，亦如歸於寂，而此寂然之境相，亦卽成本。此卽王弼之「寂然至無，是其本也」之論所從出也。

復次，玄之一辭，在老子初亦爲指道相之辭。老子第一章於言道之有名、無名、常無、常有（或常有欲常無欲）之後，又曰「此兩者同出而異名，同謂之玄，玄之又玄，衆妙之門。」則玄與妙，爲兼綜有無二相之道相。然老子書並未明以玄指道體。後揚子雲著太玄，葛洪著抱朴子，乃明以「玄」目形而上之道體。魏晉人復以玄學一名，攝昔之道術道家之學之所涵。此與王弼解老之重道相，實同表示有關道相一類之概念與言辭，逐漸增加其重要性。而魏晉玄學之論有、無、自然、獨化……等玄理，實皆本虛靈之心，以觀照理相道相，而新義日孳，遂與老子論道之明文，乃實有道體以成用而呈相者有異。此俟後文再及之。

五　道之第四義——同德之道

老子書中所謂道之第四義，爲同於德之義者。老子書中，道德二名，本有分別。依上文所述之道之第一義及第二義，道乃爲萬物所循之共理，或其所自生之本始或本母；則德爲人物之各得之以自生或自循者。如三十八章之所謂上德，下德是也。然自另一義，則道之能生物而畜物，亦爲道之德，如謂「道生之，德畜之」；道之反物而順物，亦爲道之玄德，如謂「玄德深矣，遠矣，與物反矣，然後至於大順。」「生而不有，爲而不恃，長而不宰，是謂玄德。」要之，老子之言德，或就人物之得於道者說，或就道之反物而生物、畜物、順物等處說，此皆爲連道與人物之關係而說者。此卽道德二名之別也。

然在老子書中，道德二名，雖大皆有別；亦復不可一概而論。道之義亦未嘗不可同於德之義。蓋謂物有得於道者爲德，則此德之內容，亦只是其所得於道者；此其所得於道者，固亦只是道而已。而道之畜物生物，亦只是以其自身去畜物、生物。彼雖畜物生物而有德，仍不失其爲道，則有德亦同於有道也。夫然，故道之一義，亦卽可同於德，或同於物所得所有之德，或同於道之畜物生物之德。如老子六十二章謂「道者萬物之奧，善人之寶，不善人之所保。」奧爲屋之一隅，寶者人之一物。今謂道爲萬物之奧，人之寶，則此道明爲屬於人物，而爲人物之所具得者。是見此道之義，明同於人物所得所有之德。至如三十四章之謂「大道氾兮其可左右，萬物恃之而生而不辭，功成不名有，衣養萬物而不爲主。」此則實言道之畜物之玄德之狀，而以此言道，卽同於言道之玄德也。

由上所言，老子之言道乃可別於德，亦可同於德。同於德者，卽道之第四義。自道之別於德上說，則道乃從天地萬物之共同之本始或本母上言，卽自天地萬物之全體之公上言；德乃從道之關聯於分別之人物言。人物之德，卽從人物之個體之私（私猶自己）之所得上言；道之玄德，則爲再就此德之屬於道體之自己而言。老莊在漢志列爲道家，然司馬談論六家要旨，則名道德家。老莊皆同喜言道德，而老莊之言道德，實不全同。大率老子尊道而貴德，重有德，積德，不失德，冀有得於無私之道，亦以成其私；而莊子則既游心於德之和，放德而行，遺德而往，以大通於道，而相忘乎道術，亦相忘於德行。故在莊子，道德二名之別經，分言則可互代，並言亦非卽相對成名。而在老子，則道德並言時，乃相對成名，公私義別；故道德二名之別，實較顯著，乃有失道而後德之言。昔人分老子書爲道經與德經，蓋亦有見於此。故老子所謂道之同於德之義者，此在老子書中，實較少。由此義以泯道德之分者，乃莊學而非老學。後之爲老學者，無論以老子之言，爲人君南面之道者，或由老子以得長生久視之道者，皆重老子之德義，過於道義。亦卽重此第四義之同於德之道，而又輕前三義之道，未能如莊子之放德，忘德，以大通於道者也。

六　道之第五義——修德之道及其他生活之道

老子書中之道之第五義，爲人欲求具有同於道之玄德，而求有德時，其修德積德之方，及其他生活上自處處人之術，政治軍事上之治國用兵之道。此義之道，就其本身而言，乃低於上述之德之一層面之道，亦卽純屬於應用上之道。如今所謂修養方法，生活方式，或處世應務之術之類，簡言之，卽人之生活之道也。如老子四十一章，謂「上士聞道，勤而行之；中士聞道，若存若亡；下士聞道，大笑之，不笑不足以爲道。」此所謂道，惟待人之勤行，則明不同於第二義之有物混成之道，亦非此形上之道之道相，復非第一義之自然律。人聞此道，或行或笑，則聞道不同於有德，而與第四義之道亦異。然此「道」之義，要不外人之求所以有德之修德積德之方。如老子所謂致虛守靜，生而不有，爲而不恃，專氣致柔，滌除玄覽，及治人事天之嗇道，及所謂三寶中之慈，儉，不敢爲天下先，及見素抱樸，少私寡欲等，卽皆老子修德積德之方。是皆老子以之爲教，上士聞之，則勤行，而下士聞之，則大笑不止者也。

除此修德積德之道外，老子復言其他種種人之生活上之自處處人，及政治軍事之道等。如只就老子一書所言者之字數而觀，則其言之涉及此第五義之道者，在老子書中，實最多。老子之思想，對中國之政治社會與一般人之人生觀，其影響最大者，亦在於是。然老子所言之此類之道，亦儘可離上述之數義之道，以爲人之所了解而奉行。此亦卽謂老子所言此類之道，儘可離其形上學而獨立。後人之持不同之形而上學者，亦可有相類之言，或於此逕採老子之說。至如老子之所以教人修積其所謂德之方，如致虛守靜、少私寡欲、生而不有、爲而不恃等，雖在其系統中，有特定之意義；在不同派別之學者，亦未嘗不可兼依之而行，以達不同於老子之作人目標。如荀子、莊子、及宋明儒者，皆尚虛靜而重去私欲；今之羅素亦盛讚「生而不有、爲而不恃」之言；佛家言慈悲，亦可容納老子之言慈，以爲其一端是也。又此老子書中之第五義之道，在老子書中，吾人雖可將其互相關連，使人見其乃相輔相成；然人之只取其一而不取其二，亦未嘗不可。如人之有取於老子之言慈儉，而不取其不敢爲天下先，有取於老子之言「專氣致柔」，而不取其「將欲廢之，必固興之；將欲取之，必先與之，」等類似權術之言，皆未嘗不可。此卽老子之此義之道，雖影響最大，而徒就此義之老子之道之一端，亦最不足以見老學之全與根本精神所在也。

七　爲事物及心境人格狀態之道

老子書中所謂道之第六義，爲指一種事物之狀態，或一種人之心境或人格狀態，而以「道」之一名，爲此事物狀態或心境、人格狀態之狀辭。老子第八章謂：「上善若水，水善利萬物而不爭，處衆人之所惡，故幾於道。」此所謂「幾於道」，猶近於道（爾雅釋詁：幾，近也）。此近自非空間上之接近之義。唯因老子以弱爲道之用，以處下、處卑爲敎，以慈爲寶，水至柔弱，而處衆人之所惡之卑下之地，而澤及於物，正有類於是，即可說其如能體現此道，而近於道；於是道亦如表現於水上，而可視如一加於水上之狀辭。此外，又如老子常言「天下有道」，此道之在天下，亦必非謂道爲「天下」之所得而具有，以成爲天下之德。因此天下一名，乃總天下事物之集體名辭，非如個體人物之能實有得於此道，以具爲己德也。故所謂天下有道，乃泛言天下之人之行爲或其政治社會等，合於宜有之方式或道之謂。然當此之際，人亦即可由道之普泛的表現於天下，以言天下有合乎道之狀態，而此道即可視如「天下」之狀辭也。

按老子十六章曰：「……知常容，容乃公，公乃王，王乃天，天乃道，道乃久，沒身不殆。」此中所謂「知常」「容」而「公」，可直說爲人能知道、行道、而有得於道者之德。然人既有此德，他人復見其有此德，則他人即可以此德，狀其爲人。是即見前所謂第四義之道（即德）與此義之道，本可相通。然此中仍有毫釐之辨。即謂人有此德，乃以人爲主體，而謂此德屬於彼之一人。此中所重者乃在人。至以德狀其爲人，則由於先念彼人之合此德之標準，然後舉此德以名其人。此中先所重者乃在德。是此二義，仍不得相混。而老子此章謂知常者之容而公，乃明是重在以容與公，狀知常者之爲人之心境或人格形態者，其義乃爲一狀辭。此下之王、天、道等之本身，初非德性之名；而在此章中，此諸名又非照其原義，各指一存在的實有之物；則更應唯是狀彼知常者之緣其容與公而有之心境與人格狀態者。所謂「容乃公，公乃王，王乃天，天乃道，道乃久」者，卽謂彼能容能公者，其心境與人格形態，卽同於王，同於天，而同於道，並同於道之長久也。此同於道，卽謂有一合於道之心境與人格形態，而此道及道之久，卽可轉化爲此心境與人格形態之狀辭。此處之道與久，乃皆附於人而說，故於下文又曰「沒身不殆」也。

又老子十五章：「古之善爲士者，微妙玄通，深不可識。夫唯不可識，故强爲之容。豫焉若冬涉川，猶兮若畏四鄰，儼兮其若客，渙兮若冰之將釋，敦兮其若樸，曠兮其若谷，混兮其若濁。孰能濁以止？靜之徐淸。孰能安以久？動之徐生。保此道者不欲盈，夫唯不盈，故能敝不新成。」此章所謂保此道，如直指形而上之道，則疏遠而不切。如直指前文之「靜之徐淸，動之徐生」等，則義較切，而此道卽指修德積德之方而言，而屬於上述之第五義之道。然如通全章以觀，則所謂保此道，亦可爲遍指「强爲之容」以下所說之善爲士者之心境與人格狀態，而保任之之謂。此亦未嘗不切。若然，則此道之一辭，卽所以指心境及人格狀態之合於道處，而此「道」，卽兼爲此心境與人格狀態之狀辭。至此章之謂「保此道者不欲盈」，則猶謂「爲無爲，事無事」，常虛而不盈，此乃以無工夫爲工夫，爲修德積德之方，以保任此心境與人格狀態。然此工夫，亦實不外此微妙玄通之心境與人格狀態之自保自任，另無外此之工夫，或修德積德之方。是卽以此義之道涵攝第五義之道也。

此第六義之作爲人之心境或人格狀態之狀辭之「道」，亦卽所以表狀此得道或有德之心境，與人格狀態，對外（卽對他人或對加以反省之心）所呈之相。此可名之爲人之道相。爲後世之道人一名所自始。道人之道，固所以表狀得道之人之道相，而爲一狀辭也。此得道之人之內具德，而有其外呈之道相，亦如形而上之道體之自具玄德，而呈其道相於人物之前。此二道相，可相孚應。故凡依上述之第三義，以道同於道相時，一切狀此道及此道相之言，亦無不可移用以狀得道之人之心境與人格狀態，反之亦然。如吾人前以玄與妙，爲形上之道體之道相。又十四章謂「視之不見名曰夷，聽之不聞名曰希，搏之不得名曰微，」此希、夷、微，皆形上道體之道相。今此十五章，謂「古之善爲士者，微妙玄通，深不可識。」此「玄」「妙」「微」，又成人之道相。斯卽道體之道相與人之道相之相通之證也。唯形上道體之道相，乃如由道體及其玄德之自身，自上而下而昭垂以見；而得道之人之道相，乃由人之積德修德工夫，以上合於道，由內而外之所顯。故二義之道相，仍畢竟不同也。

老子之論得道者之心境及人格形態上所呈之道相，除上述之第十六章外，二十章亦幾全章言及此。此外，則老子書中，言及此者不多。蓋在老子，以人之道相，依於其所得於道者之德；此正如形而上之道體之玄德，爲此道體之道相如玄、妙等之所依；而老子實有更重道體玄德之本身及人之內德之本身之色彩。故其言中，較少直指道相爲道，如前言之第三義之道，及今茲之第六義之道者。然在莊子，則上已言其不重道與德之分。莊子之放德而行，卽使德充於內者，皆形於外。由是而莊子遂更善於卽人之道相，以言人之所得於道之德。人之德之道，充內形外，而在外者卽在內，斯乃有「目擊而道存，不可以容聲矣」之言。故以老子與莊子較，則在老子思想中形上之道體，固有深隱而不可識處，而得道有德之人，其德其道，亦有深隱而不可識處；而在莊子，則放德而行，充內形外，此深隱者，亦全幅呈現，德充於內而形於外，其神乃可游於萬化。莊子天下篇論老子曰：「建之以常無有」「以本爲精，以物爲粗……澹然獨與神明居」，尙有內本外末物，由變復常之意。其論莊子，則曰：「芴漠無形，變化無常，死歟生歟，天地並歟？神明往歟？」「其於本也，深閎而肆」「不敖倪於萬物」。斯則其神明無定居，而無所不往，更無本末內外常變之相對，以游心於萬化，而可與天地精神相往來矣。此境界固別於老子，而莊子思想之精義，亦可無待於先立一形而上之道體。故吾人不可卽以釋老者釋莊。然莊子全書所言之至人，天人，眞人，固皆是就其人之心境及人格狀態所具之道相上說，而卽此人之道相之所在，以爲道體之所存。此正爲以人之道相爲道之義，而特重人之道相者也。

按漢之淮南子，承道家言，除重道之第二義等外，亦喜論眞人、至人之生活情態等，而爲著重言人之道相者。後之道敎之徒、神仙家、及隱逸之流，其修眞養性，皆恆自覺在求形成某一具道相之心境及人格之狀態，亦爲以人之道相，爲道之所存，而重此義之道者也。

第十二章　原道下：老子言道之六義貫釋

一　如何會通此六義之道之討論

吾人於上文分析老子書中道之一辭，涵義有六，並述及其他道家之徒、後之解老者與有承於老子之學者，於此六義，儘可畸輕畸重，而各有所偏。亦見此六義，並非彼此處處相依相待而成立，亦非決不可分離而論之一整體。吾人前於論及道之第四義時，謂人儘可取此第四義中，老子所言修德之道，生活之道之若干，而不取其他。此乃因此第四義中之道，與其他諸義之道，其不必然相依相待之情形，特爲顯著之故。實則其餘之諸義之道間，亦非處處相待，而儘可容人之或取或捨，而老學之流滋多。然人又不可因此而謂老子一書，唯是十口相傳之老人言之集結，無一貫宗旨之著。而吾人縱假定此書爲羣言之集結，編之成書者，亦必有其融鑄之匠心。則吾人於此書所陳之諸義，自不能不求有一貫之解釋，以求契合於編之成書者之用心。此中吾人所需之工夫，亦將與視老子爲一人一手之所著者，無大差異。唯吾人今如欲對老子所言之道之六義，加以一貫之解釋，又不能離老子之所已言，別出一義，以綜此六義。吾人今唯有就此六義中選擇一義，以爲此貫釋之始點，此一義又必須爲足引申其涵義，不經迂回，以次第直接順通其餘五義而無迕者，然後可更合於老子之原義，以完成吾人之目標。

吾人今如欲就此六義中擇一義，以爲次第順通餘義之始點，可先用淘汰之方法，以觀何者之決不能成爲次第順通之始點。吾人今欲言者，卽首不宜如近人之以第一義（如馮友蘭之中國哲學史之見）或第三義（如胡適之中國哲學史大綱中之見）以爲順通之始點。因第一義之自然律則，或宇宙原理之道，乃虛而非實。第三義之道相，如「無」「有」「玄」「妙」等，在老子書中爲道相之名。道相本身，亦虛而非實；如離道體而只循道相，以觀世間，亦不能得實體義之道。故由此二義之道，皆難於直接順通老子明文中道之實體義。吾人如知第一義之律則原理之道，爲虛而非實；則知第五義中之積德修德之方，與生活之術，尅就此方術之本身而言，亦爲虛而非實。又吾人如知第三義之形上道體之道相，爲虛而非實；則知第六義中之事物或心境或人格狀態之道相，尅就其本身而言，亦虛而非實。由此而吾人可賴以爲直接順通老子明文中之諸義之始點，遂唯是第二義之形上道體之道，及第四義之人有得於道時所具之德。此中人之所以有得於道，乃由於形上道體之先在；於是唯有第二義之道，堪爲吾人次第順通其他諸義之始點。吾人可由形上道體爲如何，言其相之如何；再由其體相之如何，以言其生人物時，其自身之玄德如何，人物所得於道者如何；及人物之由道生而所得於道後，其存在所依循之律則原理之實如何；以及人求更有所得於道時，其積德修德及生活之方術，宜如何；以使其心境與人格狀態合於道而具道相。斯則次第至順者也。

然吾人欲由第二義之道，以順通其餘諸義，亦非無困難。此卽在第二義之有物混成之道，畢竟依何而建立之問題。此處吾人固不能謂老子提出此形上之道體，乃如西方之科學家哲學家之視此爲一理論上之假設，而本之以說明萬事萬物者。因尅就此道體爲混成之物言，對萬物萬事之衆多之形色，亦直無所說明。吾人亦不能以老子於此有物混成之道，嘗謂其象帝之先，而視如西方宗教哲學中之上帝的頭 God-head ，爲人所必須無理由地信仰者。因老子未嘗有教條，命人無條件加以信仰也。吾人復不能由老子言此有物混成之道，爲天地萬物之所自生，爲天地之始，萬物之母，而謂老子之建立其存在，乃依於一「天地萬物必有其根原或本始或原因」一理性原則，如若干西哲之所持。因老子書中亦並無此理性原則之提出也。吾人今果效西哲之持此理性原則，以探溯天地萬物之根原與本始或原因，此中之思辨多端，亦不必卽歸於有物混成之道。如由天地萬物之有其物質材料，謂物質材料之地、水、火、氣等爲萬物之本始，如希臘米列塔派及恩辟多克之說可也。由天地萬物之各有其數量或形式，謂形上之數或形式之理念，爲天地萬物之本始，如辟薩各拉斯、柏拉圖之說亦可也。又由天地萬物之各爲兼涵形式質料之實體，而不同之實體，又依共同之形式，以成其種類；遂謂必有一綜攝諸種類物之各形式，而思維之之上帝，爲各種類之物之共同之本始，如亞里士多德之說，亦可也。吾人若由世間之物各爲一實體，以推知各實體皆同爲形上之存在，如多元論之說，亦未嘗不可也。再由一切人之心靈與人格，各爲一實體，以論爲此一切人之心靈與人格之本始者，應爲一超越之上帝心靈，上帝人格，如基督教之哲學所言，亦復未嘗不可也。然老子思想之言道，涵自然律之義，則非徒爲物質材料；有實作用，又不徒爲一形式之理念。老子亦未明言道爲一超越之上帝心靈或上帝之人格，復未證明其只能爲一，而不能爲多；然則老子果有何理性之根據，以謂必有此混成之道，爲天地萬物之本始或本母，且恆說之爲一，而不說之爲多乎？此在老子之書中，實未嘗有任何之論證。老子於此「有物混成」或「混而爲一」之道體，又直言人對之「不可致詰」，亦卽同於謂：此道體之有，不容人之作理論上之追問。則吾人更何得謂，此老子之道體，乃依理性上之原則以建立乎？

緣此老子之道，既不同於說明萬物之假設，又非人之宗教信仰之所對，復非依理性上之原則所建立；則老子之知有此形上道體，唯餘一可能，卽由老子之直覺此道體之存在。老子之所以能直覺此道體之存在，則必原於老子自己之心境與人格狀態之如何；而此心境與人格狀態之具有，則當依於老子之修養之工夫。此工夫，吾意謂其要在老子所言之致虛守靜等。吾人今果與老子有類似之修養工夫，而具有類似之心境與人格狀態，則亦將能悟此道體之存在。此卽同於謂，吾人雖取上述之道之第二義，以爲次第順通其餘諸義之始點；而吾人欲了解此第二義之道，復須濟以道之第五義項下，所言之修養工夫之實踐，以進而具第六義項下所言之合於道之心境與人格狀態。至少吾人對此道之第五義項下，致虛守靜等之工夫之涵義，及第六義項下，合於道之心境與人格狀態之相，宜先有若干會悟；然後吾人方能亦用吾人之直覺，以宛然識得此第二義之道，並與老子所言者相印證；乃能更循之以次第順通此道之諸義，而一一加以識取也。

二　道體之存在之直覺的印證及要終以原始之道體觀

緣何吾人於上文說，循道之第五義項下之致虛守靜等工夫，以具有合於道之心境及人格狀態，即可使吾人亦得用其直覺，以識得第二義之道體，以與老子所言者相印證？此似難而實易。蓋吾人果能有如老子所謂「致虛極，守靜篤」之工夫，則吾人即可同時如老子之於「萬物並作，吾以觀其復」。此即足以使彼混成之道，立即呈現於目前，爲吾人所直覺，而更不假手於「理性上之推論」，及「信仰」與「虛提假設再求經驗之證實」等事。吾人今謂致虛極守靜篤，即可同時如老子之「萬物並作，吾以觀其復」云云，即謂此二者實爲相依之事。原人之不能虛靜，唯以芸芸萬物之續呈於前；今吾能於芸芸萬物之續呈於前者，一一觀其歸根，而復彼命之生，成其始者，則致虛已極，守靜至篤矣。此所謂觀萬物之歸根而復命，即觀此萬物之呈於前者，所分別引生之感覺觀念概念，一一逝而已矣。逝曰遠，遠曰反（逝、遠、反、本爲道之表現之相，見下文，但亦可藉以言物所表現之相）一物呈，一物逝而遠矣，自反而返矣；次物再呈，亦逝而遠矣，亦自反而返矣。物物俱逝俱遠，而視之不見，聽之不聞，搏之不得，以返其所自生，則芸芸萬物皆隱，以混成而爲一，合以呈其混成相於吾人之前矣。人之有此混成相，斯爲有相，混成相中，另無象無物，斯爲無相。此無象無物之無相，亦與混成相之有相，同呈於吾人之前矣。然在常情，又恒欲於此再翻過此儻來悟得之萬物之混成相之有相，而謂彼萬物，仍自有其芸芸之互相差別之相，似隱而實存於此混成相之後之內，乃仍謂芸芸之萬物爲實體，而視此混成之相爲虛。然尅就吾人觀此混成相時之當下直覺言之，則此時之萬物芸芸相既隱，則此芸芸之物，當下應卽冲虛而無實。而眞實呈現於吾人之直覺之前者，正只爲一無物無象之混成相。今若謂此混成相中，另有芸芸萬物之實體，實存於其中，則須知自此當前之混成相，以觀彼芸芸者，乃同爲此混成相所涵蓋，卽不得爲芸芸。而自此當前之混成相，以觀彼所謂萬物之實體，此混成相，亦將泯彼萬物之差別；而其各爲實體之實體性，亦卽與此混成相，相與混成，而不得爲二，遂皆化爲此混成相之實體性。此混成相，既爲相而兼具實體性，卽可只名之爲一混成之實體，是卽老子所謂「有物混成」之道體也。而循上文所論以思，此道體固不難呈於人之目前，老子之謂「吾言甚易知」，誠不我欺；蓋凡能致虛守靜，以直觀彼芸芸萬物之歸根復命者，未有不能當下冥悟者也。此冥悟之心境，亦卽合於道之心境，而具前文第六義之道相者也。

顧老子之言，雖甚易知，而易中亦自有難處。此卽老子之既言「吾言甚易知，甚易行」，而又言「天下莫能知，莫能行」也。此中之難處，一在儻來之一冥悟，難于長保，一在入之避易求難之思，難於自止。今試設一對吾人上所言者之駁難，以明斯義。如人可問曰：若吾人只須觀物之歸根復命，有而復無，混成之道，便在目前；則夜霧迷茫，萬物皆隱，應卽見道；醉酒魂迷，萬事渾忘，應卽見道：又何貴老子之言？人之易發此問，而不安於上之所言，必以爲老子之道，另有奧妙難處；此卽所以證儻來之一冥悟，難於長保，及人之避易求難之思，難於自止也。今爲之答曰：夜霧迷茫，萬物皆隱；醉酒魂迷，萬事渾忘，凡此等等，本非非道。而其所以不能稱爲見道者，乃其於萬物萬事，本來無見，而非由有見而無見。本來無見，乃初無「事物之有相」，亦無「事物之無相」，卽亦無由致虛守靜之工夫，由觀有相而觀無相，而再觀得之「萬物無其差別相」所呈之混成相，則亦無道相之呈於前，亦卽不能有對道體之冥悟。是知本來無見，不可言見道也。言見道者，初非無見於萬物之有相，實先見萬物之有相，乃由致虛守靜之工夫，由觀一一之有之歸根復命，以見其無相，遂由有見而無見；乃轉而再見彼萬物之實體之有相，皆渾化於此無相之中，以爲一混成之道體；而再見此道體之混成相，以悟此道體之呈於目前。是則本來無見，實非見道，未可相例。人由致虛守靜之工夫而見道，非卽彼夜霧迷茫，物皆昏昧，醉酒魂迷，悶悶無知；而是卽此清明在躬，諸事既爾歷歷分明，而復如悶悶無知；卽此晴日當空，萬象既爾列列森羅，而復如昏如昧。此乃惟賴人於萬事萬物之「既有」而「復歸於無」之二者，如實深觀，而舉此「無」以涵蓋於萬物之「有」之上，再渾而一之，使一混成之物，躍然如見，並使以後之思想，念茲在茲，更無歧出，以舍近而求遠，舍易求難，方爲見道也。

然此不歧出以舍近求遠，舍易求難，正爲之難之事。一時之冥悟不保，一念更墜於萬物之芸芸，卽又將如西哲之追問萬物之形相何來？質料何似？……致詰無窮，離道彌遠矣。反之，人若能本其致虛守靜之功夫，以自保任其所冥悟，則一朝所見，沒身不離，更不須再有所致詰。人欲致詰者，亦不須更答。此中縱有無窮之問，亦唯證人舍近求遠，舍易求難之心習之牢不可破，此心習之化除實難；老子之言，固易知也。

吾人姑假定讀者已由上文之言，悟及此物混成之道體，更不於此第一義致詰，則吾人可知，此混成之道體之爲一形而上之存在，惟是由吾人之渾化芸芸萬物之實體以爲一，而見之知之。故於此混成之道體，實無直接原於不同之萬物萬形之觀念概念與名言，足以規定之表狀之，而如實相應。此卽老子之所以以此道體爲不可名，而不可道（可說），而其相唯可以消極名言，如「視之不見」、「聽之不聞」、「搏之不得」、「恍兮惚兮」、「窈兮冥兮」以表之之故。卽吾前人之謂其爲混成，爲混而爲一，而具混成相，亦只消極的自其非芸芸差別之相而說。老子嘗曰「正言若反」，卽謂唯有由反言，足以顯正也。至對此道體之本身，吾人之所以能直謂其有，則一方由此道體之觀念，原由「渾化萬物之實體以爲一」以成，則萬物爲有，道體卽不得爲無，而渾化萬物之相，所成之混成相爲有，渾化萬物之實體所成之混成體，亦不得爲無。再一方，則吾人既可觀此芸芸萬物之既生，復歸於此混成體，以唯見一道體，而更不見萬物；亦可由見萬物之生而復生，以謂萬物之根於混成體，如自此混成體，動而愈出。此動而愈出之物既有，則其所自出之混成體，亦不得為無。由是而自此混成體，爲萬物之所歸復，兼爲萬物之所自生上說，則此混成體爲根、爲始、爲本、亦爲母、爲樸，而芸芸之物則爲其子，爲「無名之樸」散所成之器矣。

然上文之由芸芸萬物之有，以謂其所歸與所自生之混成體，亦必爲有，此無意間已預設一理性之原則。即「萬物既有，則其歸處、終處、亦必爲有，其來處、始處、亦必爲有」之原則。此原則，亦即由形而下之萬物之有，以逆推形而上之混成之道體之有之原則。今謂此混成之道體，爲萬物之有之來處、始處、終處，亦即無異以「爲萬物之來處、始處、歸處、終處」一語，說此道體。是即一方使吾人將難免以原於萬物之思想、概念、名言，規定表狀此道體，似與吾人以前之說相矛盾。而在另一方，則吾人若果由萬物之有，以逆推此道體之有，則緣此道體而相繼以生，動而愈出之物既爲多，其相既彼此殊異；此豈不證彼道體之未嘗能自保其爲具混成相之混成體？其爲具混成相之混成體，既未嘗能阻止彼殊異之萬物，由之而生出；吾人又豈可仍說此混成體，乃原包涵萬物之殊異，而實非一混成體乎？然吾人若循此以用思，則吾人又落於吾人上所謂西方哲學之舍易求難之路數，非至其極，蓋不能復返於老子之簡易。然老子思想之足以直下截斷此疑難之孳生者，實亦無他，仍不外吾人前所言之致虛守靜，以觀萬物之復之教而已。蓋人果能觀萬物之復，則其由萬物之動而愈出，以逆推其所自生之混成之道體，亦須再連此萬物之動而愈出後，其一一之歸根復命，再歸於無處，以從事此逆推。

夫此動而愈出之萬物，當其正出，固各有殊異之形矣，固亦多矣。然當其一一歸根復命，再終歸於無，則殊異之形，一一皆泯，而其多亦泯矣。如物之多與殊異之形，皆同出於道體；則此「多之泯」與「殊異之多之泯」，亦出於道體。此道體，既出此多與殊異之形，又出其泯；則爲萬物之多與殊異之形所自出之道體之中，仍實終無此多與殊異之形矣。蓋若有之，亦必泯也。夫然，故吾人仍終不可說，此道體實包涵萬物之殊異之形，以亘塞於其中，而謂其非一混成體。若必謂其包涵此殊異之形，則當言既包而涵之，亦化而泯之，仍未嘗實有殊異之形也。至如西方形上學中之柏拉圖派及今之新實在論者與一切多元論者，由當前之萬物之各有其殊異之形，遂本之以逆推形而上之理型、潛在者、與實體、亦應爲多者，皆由只直就萬物之殊異之形之如是如是，推其原始亦復如是如是之說；而未嘗觀此芸芸萬物之終歸於無，而要此終以觀其始之故。今吾人果能兼要終以原始，則芸芸萬物之形形色色，雖自相殊異，以充塞於兩間；其形上之本原，則仍可只是一希夷恍惚寂寥冲虛之道體而已。此要終以原始，以論形上道體之形上學，其義所牽涉者至爲深廣，而要終之義，亦不只上所言者之一端，乃東方思想中之大慧，爲儒佛道之言可互通，且可絕去西方形上學之戲論之一道，而爲學者所不可不深察者也。

吾人如識得上段所謂要終以原始之形上道體觀，則前所謂直接原至萬物之感覺觀念、概念、名言，其不足以規定表狀形上道體之義，卽更不傾動，可無復疑。蓋此形上之道體之希夷、恍惚、寂寥、冲虛之道相，固與形形色色之萬物之物相，迥不相同也。而此亦固不礙吾人之說萬物之由道體而相繼以生，動而愈出，再復歸其根；或說道體之爲萬物之來處、始處、歸處、終處也。老子曰：「道之在天下，如川谷之於江海」。川谷之衆流，自各彼此殊異。然江海宏納衆流，則衆流相融而泯一，斯其殊異之相，乃無不泯矣。吾人又可喻道如樹木之本，而物如枝葉，枝葉扶疏而相殊異，乃皆由本生，然此本中，又實無此諸枝葉扶疏之可得也。再如母生衆子，衆子各有其不同之性格，而母之自身，亦實無此不同之性格可得也。唯此諸譬喻之辭，其實義唯所以喻上所言之義。若膠滯於譬喻，則人將求諸子之不同性格，於母之性格之不同方面，求枝葉之扶疏，於本之不同部分，求川谷之水，於江海中之不同處所；斯成固執不通之見，徒增迷惘，非設喻之旨矣。

三　辨道相之對照物而呈於人心，當次於道體

吾人上文論道體，而附及於道相與物相之異，即已見由第二義之道體而言，即可直接順通至第三義之道相之論。而此道相之論，所以必次於道體之存在之指出者，則不須說是由於必先有道體，而後道相有所附著，而當說是由於道相必對照道體所生之相而顯。蓋若世間無實有之萬物，或道未生萬物，則道體無萬物爲對照，其道相亦畢竟不可說，即其「不可說」亦不可說也。吾人今之所以於道體之道

相，能以消極之名言說之，說其爲「視之不見」、「聽之不聞」、「搏之不得」、「恍惚」、「窈冥」而「混成」，或說其爲「不可名」而「不可道」「不可說」；亦皆由吾人有意或無意以萬物之相，與道相對照，然後能說此等等也。以至吾人前所舉之較具涵蓋性抽象性之陳述道相之言，如有、無、玄、妙、常、一等，若離道體與物之存在，不與物相相對照，亦皆同不得而說。如道之所以可說爲無，而具無相，乃對照其所生之萬物之有，而其自身又非萬物之有，亦未嘗有萬物之亘塞於其中；方得說之爲無，而具無相也。道體之所以可爲說有，而具有相者，乃由其爲萬物所自生與所歸根；萬物既爲具有相；則彼亦不得只爲無，且必對照萬物之有相，而具有相也。至道體之又可說爲至玄至妙，而具玄相妙相者，則由其所生之物固有，既歸根而又若無，斯見其能生有，而又不滯於有；一物歸根而無，他物又繼生以有，斯見其不滯於無。此道體恒任萬物之歸根復命，又「虛而不屈」，以任萬物之「動而愈出」；斯見有無相生，有之與無，同出異名，此即道體之至玄而至妙。然此玄妙之道相，亦爲對照常情所執之萬物之「有則有，無則無，有時不無，無時不有，互不相生，更無玄妙」之相，然後能說。至於道之常相、久相、與周行相，對萬物之變相、與定位相說；道之混而爲一相，對萬物之殊異相、多相說；道之無名相，對物之有名相說；道之「强而名之」相，對萬物之「既已有名」之相說，人皆可思之而自知。夫然，故苟道不生物，物無物相，足資對照，則一切道相，皆畢竟不可說。抑猶有進者，縱道生物，物呈物相，足資對照，苟無吾人靈慧之心，持舉物相爲對照，以觀道相而體現之，以成玄覽，則道相亦不呈於心，亦不得而說。（此義在老子書無明文，理蓋如此。）必此道之生物，物呈物相，與此靈慧之心之玄覽，三者皆具，然後道相斯呈。此三者中，道與其所生之物，可謂先於心之在而在，而道相之呈，其關鍵遂全在此能玄覽之靈慧之心。人苟有之，則道之有、無、玄、妙、常、一之道相，皆無不呈。人苟無之，只有闇鈍之心，則此有、無、玄、妙、常、一之道相，亦將無一能呈於人前，而此諸道相之自身，亦若有而若無，此亦卽天下之至玄至妙。是不僅道有有、無、玄、妙之相。此有、無、玄、妙之相之本身，亦宛若自有其有相、無相、玄相、妙相。此乃由諸道相之對不同之心，或呈或不呈，既呈復不呈，不呈而又呈處說。然世間必有能知此諸道相之呈或不呈等者。此諸道相之呈或不呈，仍必對能知此之另一靈慧之心而後呈。苟離此心，諸道相本身之呈或不呈等，不得而說，此道相本身之有、無、玄、妙之相，亦不得而說。凡道相之呈，必先依於道之生物，物呈物相，繼必依於靈慧之心，觀道相而體現之，以成玄覽；是見道相不能虛懸，只循老子所謂道相如「無」「自然」等以觀世間，亦不能爲論道之始點所在，而當次於論道體後也。

四　道之生物及物之有得於道以成其德

吾人於上文既緣第二義之道，以順通至第三義之道，今再循之以通於第四義之同於德之道。此中須先明道何以能生人物，及其何以能使人物有得於道，以成其德之義。蓋於上節，吾人既說明道相之對照物相而顯，二者迥然不同，則道何以能生物，卽可成一問題。如道相既常既一，其所生人物，何以又變化無常，殊異而多？道相既至玄妙，有無相生，何以其生出之物，又有則不無，無則不有？然此一問題所自起，唯在吾人之既明道相物相之別，乃執道相以觀物相之異於道相，遂意物之不當由道生。按吾人於本文本篇第三節所答之問題爲：「何以道體混成，竟不如萬物之多而相殊異？」該問題所自起，乃在人之執物相以觀道相之異於物相，遂意道體亦當同於物。此二問題雖不同，然實依於一根。卽人必期於道相與物相之相同，方得言物之生於道，或道之生物而已。此中共同之誤，乃在不知物之生於道或道之生物，並無待於此二者之相同；果此二者相同，物相卽道相，則亦無道之存在可言，亦無道生物之事可言；此二者之不同，不特不礙於道之生物，乃正依於此道之生物而有者也。茲就問者之疑，循上節論道相之言，以次第說明此道之生物，及物之可有得於道以成其德，而與道又異相之義如下。

吾人於上節，已言道相與物相之相對照而見，而二者亦迥然相異。所謂對照而見者，卽上文所謂必先有道之生物，物具物相，復有靈慧之心，持物相以觀諸道相，於諸道相之異於物相，乃得而說也。此卽同於謂：諸道相並非固定附著於道體之上之屬性，而唯是在吾人將道體與萬物之物相相對而觀時，道體方呈現之相。如吾人只視常與一等，爲固定附著於道體之屬性，又視變與多等，爲固定附著於萬物之屬性；則此二類之屬性，既相異而相違，具前者之道體，便無具生後者之萬物之理，如一君不能生衆民，死水之不能有波。但如吾人謂：唯在將此道體與萬物之物相，相對而觀時，而後有如是呈現之道相之可說；則道相物相之異，卽唯依於此「相對而觀」，以俱呈而俱現。於此，吾人卽不能先執定道體之一相、常相，而問萬物之多與變，如何由此常與一而生？尅就「常」「一」與「多」「變」，其相相違上看，「常」「一」之中，自無此「多」「變」，而二者亦不能相生。然吾人若知此中之「常」「一」與「多」「變」之相異，唯依於此「相對而觀」，以俱呈而俱現；而其所以得呈現之底據，正在先有道生物之一事，因有道生物之一事，方有此常一與多變之俱呈而俱現；則吾人亦不能由常一之相中無多變，以疑及此道生物之事。此亦略如有母之生子之一事，而後子對母有子相，母對子亦有母相。母相子相，遂相對而有，以俱呈俱現；然母相中固無子相，母相與子相，亦不能相生，此固無礙於有母之生子之一事，爲母相子相俱呈俱現之底據也。

然此道生物之事之所以可能，只須循吾人於本篇第二節所言：吾人之所以知有一混成之道體，而逆反此知之之歷程以觀之，卽可見得。吾人於本篇第二節，謂吾人之所以知有一混成之道，惟賴吾人之致虛守靜，以觀萬物之歸根復命。此卽謂：吾人之超化萬物之相之多與變，以冥悟彼非多非變之混成之道體，爲可能之事。今反此歷程，則吾人之由冥悟此混成之道體，而重思及萬物之物及其多與變，或重思及萬物之自此混成之道體，再動而愈出，亦自應同爲一可能之事。此吾人之思想，能由物以之

（往也）道，又能由道以之物，卽至少可證：在吾人之內心，有此「由道之物，由物之道」之道。然此「由物之道，由道之物」之道，能見於吾人之內心，則不能謂其必不能見於外在之世界及其他人物中。則世界中亦應有此「由物之道，由道之物」之道。此世界中之由物之道，卽物之歸根復命之事，其由道之物，卽道之生物之事。而所謂「由物之道，由道之物」之道，卽合此二事而立名，非另有一道也。吾人於本篇第二節，旣已解釋人於「由物之道」之疑滯。今反其序，卽足以說「由道之物」之所以可能。則吾人於道之生物，又何疑乎？

上文旣釋問者之疑，今再訴諸吾人之經驗與理性，求證於吾人放眼所見之世界，以直觀萬物之多與變，如何由混成之道以生。今吾人試觀此雲行雨施，草長鶯飛之當前世界中，任何一物之出而呈現，吾人實不能不承認，當其未出之先，上窮碧落，下達黃泉，周遍世界以求之，皆未嘗有。是任一物之出，卽皆以「周遍世界之無此物」爲一寂寥沖虛之背景，而自其中冉冉而出，此卽「有生於無」之相也。然依吾人之理性，則凡有者又應自有而生，於是「有生於無」之「無」，又不能視爲虛無之「無」。再自此「無」爲一切已逝而實有者之所歸復而言，亦不能只視爲虛無之無。故必以此有生於無之無，唯是無物、無物相之義。此「無」應指一能實生而實現萬物之有之一混成之實有者。此卽吾人前所論老子有物混成之道體所由立也。今吾人如不承認此道體，而現見物之生，皆先無後有，由無而生，則此無卽成畢竟虛無之無。今吾人承認此混成之道體，以之代虛無之無，則吾人於現見之物之生，卽當說其由混成之道體而生。彼常人於現見物之由無而有，由無而生，不覺其不可理解，亦不視爲世界之自相矛盾；則謂物之由混成之道以生，應更非不可理解，亦應更無矛盾之可言。因混成之道，雖不同於物之具物相，尙同於物之爲有，而非純粹之虛無也。人如欲怪此混成之道何以能生物，而物又自具物相；則人更應怪此現見世界之物，何以由無而有。人如于此現見之物之由無而有，視若固然之事實，覺並無難解；則今謂由混成之道而有萬物，應更視若固然之事實，亦應更無難解也。

然人於物之由無而有，不覺難解，乃於混成之道之生物，反覺難解者，此中實尙另有一更深之理由。此卽緣於此世界之任一物，雖皆實是由無而有，然人之常情，並非先觀一物之無，而後再觀一物之有。人之常情，在其未觀此當下之此物之有之時，乃是先觀其前之另一物之有，方繼以觀當下之此物之有。必待其再求此當下之此物，於其前之物之中，而不見此物，乃知此物之先無而後有；又必待人把穩此物之先無後有，而又覺此無若爲空無，便不應生有，而有亦不應自此空無之無而生；人乃能思及：此先無之「無」之中，應自有一形而上之有，或混成之道，方知所謂「無」者，應唯是無形無物之義；乃謂有形之物之有，原自此無形無物之混成之道。是卽老子之道生物之思想。此思想乃由人先把穩物之先無後有，而進上一層之思想。然在常情，則卽於此所謂物之先無後有之義，亦未必能思及；而恒惟是直觀此當下事物之有，或唯是緣其知以前之事物之有，以自然推移，至知此當下之事物之有；再推移至：知未來事物之有。其心知於此之任運隨境而轉，儘可不自加反省。某初步之反省，亦恒唯由當下之物，移至以前之物而止。故當其問當下之物，自何而來，亦恒只思至以前之物而止。此即世間之常識與科學之以前事爲因，後事爲果，後事由前事來之說也。必待人之思維，再進一步，知世界之前後事，雖相承而起，然前事中，實無後事，吾人求後事於前事，乃上窮碧落，下達黃泉，終無所得；人乃能把穩事物之先無後有之義。人思想到此，而「欲窮千里目，更上一層樓」，方能有形上學之思想，如老子之道爲「萬物之母」或「道生物」之思想。然人既有此思想，知形上道體之有，人復尚可緣其觀世間之物之多，而具殊異之形之心習；以問此形上道體，何以不多？何以不亦有殊異之形，亘塞於其內？如本篇第二節之所陳；又可再問形上道體既一而無殊異之形，何以能生諸殊異之萬物？如本節所陳。此凡人之常情，平日用心之卑下，與其以物觀道之心習之難化，即老子與一切超物之形上道體之論，所以於常情爲難解。常情於此，乃觸途成滯，而所發之疑難，亦答不勝答。此則唯有待於好學者，實從事於老子所謂致虛守靜之工夫，捐棄其平日用心之方式，而加以提昇，並自化其以物觀道之心習，而以道觀道，方能絕棄一切疑滯之根，而去難就易也。

今吾假定讀者於一切道之生物之疑難，皆已銷化淨盡。道既能生物，物原於道，則物之能有所得於道，以成其德之義，即輕而易立。蓋道既生物，物原於道，則物之內涵，自有由道以得，而同於道者。如道爲一，則道生物後，物即可有得於此一。故老子謂「天得一以淸，地得一以寧，神得一以靈，谷得一以盈，萬物得一以生，侯王得一以爲天下貞。」此一雖爲道相之一，亦即所以指目此道體，則天地萬物之得一，卽天地萬物之各有得於道體，以自成其德者。此天地萬物之各有得於道之一，與吾人所謂天地萬物爲相殊異而爲多之言，儘可並行不悖。蓋萬物雖相對而爲多，然每一物，固自爲一。一物固亦自有其爲多處，亦自有其爲一處也。如樹之枝葉扶疏，其多；具本幹，卽其一。地之山峙川流，其多；　凝然寧靜，卽其一。天之日月星辰，其多；清虛一片，卽其一。此物之「一」處，與其「多」處之關係，卽其多處，乃依於其一處而存在，而生長。如山峙川流之依地，日月星辰之依天，枝葉扶疏之依本幹是也。茲姑就此枝葉依本幹之一，而存在生長之例，以說明何以本幹之一能生枝葉之多，並藉此以明本幹乃有得於道方生枝葉之義。須知吾人不能說，本幹之生枝葉，乃由本幹中已先有枝葉。因如其先有，何須另出枝葉？亦不能如吾人前所提及之說，謂本幹之某一部份生某枝葉。因此本幹之某一部份，仍只是本幹之某一部份，其中仍無枝葉。則所謂本幹生枝葉，唯是本幹有生枝葉之功能。然何謂功能？其中是否有枝葉？此必不可說。因若其已有，應不名功能，應名枝葉。又此功能中，是否卽必無枝葉？此亦不可說。如謂必無，則何能生枝葉？然則吾人將如何形成此功能之概念，或思此功能，而使吾人之所謂「本幹有生枝葉之功能」之一語，成可理解？此唯有謂：此所謂生枝葉之「功能」，既非枝葉，亦非非枝葉；吾人之思此生枝葉之功能時，吾人乃既思一枝葉，而又超化此思，亦卽思一「無形而有」之枝葉，或「有而隱於無」之枝葉。而凡所謂功能，皆一「無形之有」，或「隱於無之有」，其義乃正同於形上之道。吾人今謂幹之有生枝葉之功能，而此功能之自身爲實有，正同於謂本幹之分得於道，而有生枝葉之德。今自此本幹之生枝葉之功能，以觀其枝葉之多旣未形，豈不可卽說此功能爲一，而其一，乃由分得於道之一，以成其所得者或德之一者乎？

吾人如知物之功能，亦卽物之分得於道以自成其德者，則凡世間之物之具功能，而能有所生者，卽無不爲有得於道，而有其德者。萬物之各有所得於道，亦有如道之分化其自身，以分別內在於萬物之中，以成萬物之奧。此物之所分得於道者爲何，卽能有所生者爲何，二者乃同義語。至物之能有所生而能生者，在其生所生者之事中，可說包涵覆育此所生者之形式質料之全體，此卽物對其自身之所生者之德。而生一切萬物之大道，亦卽能包涵一切萬物之形式質料之全體者，此卽道自身之畜萬物之玄德。然物之能有所生而有德，乃由分於道之畜物之玄德而來，而道之玄德，亦復能畜得一切物由於得道而成之一切德者。是蓋卽「同於道者，道亦樂得之，同於德者，德亦樂得之」之義也。

五　道之爲自然律義及物之無常與道之常

吾人於上節言，物之能有所生，由其具生物之功能，卽有得於道而具德。功能爲無形之有，或隱於無之有，卽同於道。然當物旣有所生，則所生者有而非無，而功能遂漸耗竭，以至於盡，物乃不復能有所生，遂由壯、而老、而死，此卽一切萬物所共由之「由始而終，由有而無」之共理或自然律。亦卽吾人前所說之道之第一義。今吾人試再論此道之第一義，如何可由吾人上所陳之諸義，順通而釋之。

對此道之第一義，吾人可自二面，加以論列。一是自道體自身說，一是自物上說。如自道自身上說，則易起之一問題爲：道之生物，旣爲道之分其自身之一部，以爲物之所得，何以道不繼續分其自身，以爲物之所得，使物能長生而不老死？又其所生之物，旣無不老死，而不能長有所得於道，此又焉知非道自身之老死？吾人如何可說道之自身能長久而不老死？對此一問題之前一半，吾人直無可答。因問物何以有老死，卽問何以物之得存在得生之功能爲有限。此問之無可答，乃因所謂物，卽爲只具有限之功能之有限者之謂。而此問亦實不能問。至此一問題之前一半，如有意義，則唯以其連繫於此問題之後一半而來。卽物旣有老死，何以道無老死？於是，今道旣無老死，何以物又老死，卽成問題。然此問題之根，乃在吾人先假定：道與其所生之物之老死與否，必同其命運。然吾人前已言，吾人之不能執物相以觀道相，亦不能執道相以觀物相。二者之相，乃相對照而相異，又俱呈而俱顯者。則執道相之無老死，以問何以物有老死，與執物相之有老死，以問何以道無老死，卽無據而立；而道相之無老死，與物相之有老死，亦正當相對照以俱呈而俱顯者。卽因物有老死，故道無老死，亦因道無老死，故物不得不有老死也，此中理由，亦循吾人以前所論，加以引繹便得。

原所謂物之老死，卽物之歸根復命，由有而無之謂。而據吾人於本篇第二節所論，則吾人之所以知有道體之存在，正由於觀物之各歸根復命，由有而無。若物皆不老死，長存世間，則吾人之心念，一着於物，此念與物俱久，俱無老死，吾人卽惟知有物，更無緣超物以知道，而世間亦卽可說只有物而無道。必世間之物有老死，而能歸根復命；吾人心念方得離物，乃觀物之無，而得超物以知道。至此道之不以物之無而無者，則須兼由一物之歸根復命，他物卽代之而生，動而愈出，以證之。果道爲無，則物之歸根復命，將無所歸，而言他物之代之而生，動而愈出，卽亦無所自出。道不隨物之無而無，卽道之不隨物之有老死而有老死也。道之所以能不老死，正在其一面任物之老死，一面卽使他物代之而生，以動而愈出；其不老死而能長久之證，亦卽見於其「恒反物而恒生物」之中。是「道」正於此物之生死新故之相代中，以見其常，成其常，而得順其常。故曰「夫惟道善貸且成。」「玄德深矣，遠矣，與物反矣，然後至於大順。」是足見物之「有老死而不能長久相」，與道之「長久而無老死相」之相對照，而俱呈俱顯之故，正在此二義之原相依而立也。

如吾人深會於上文之義，則知老子之言「天地不仁，以萬物爲芻狗」，亦稱旨之談。道之於物，亦實不可言仁。蓋道之生物，乃既使其有所得於道而有德，具能生之功能；又於其既生而有所生之後，任其功能之竭，而離於其所得於道之德，以老以死；而道乃別另生他物以代之者。此道確是於其所生之物，既生之後，卽視同芻狗者。而此道之自身，則又正以於其所生之物，視同芻狗之故，得自古及今，長久固存。故此中道之於物，乃如一面推物自其自身出，而生之，有之，一面復納物以入於其自身，而任物之死，以殺之，無之。夫道之自身，吾人前已言其既可稱爲有，亦可稱爲無，卽兼具能有能無之有相與無相，以成其玄妙之常者。然彼道所生物，則當其未生爲無，便只具無相，不具有相；唯其未生，即尚未與道分異。當物既生，則具有相，而離其初之無相，即與道分異而與道相對。至當物復歸於無，則復無其有相，以再具無相，又不復與道分異。以道觀物，物之由未生而生，以再歸於無，即物之以其一生之歷程，分別體現道之能有能無之有相與無相，亦即由與道不分異，而分異，再歸於不分異者。此正所以使道之能有能無之有無二相，依次表現於物，使道得長表現其自己之道相於物，以成其自身之常久存在，而不得不如此者也。由是而物之一生，於其生壯老死之事中，表現更迭而呈之既有還無之二相，所成之變化歷程，便皆唯是道體之自身，求自同自是，以常久存在之所顯；而物之一生之變化歷程之眞實內容，即唯是此道之常久。依此道眼觀此歷程，實非一歷程，而唯是道於其常久中之繼續的自是其自身，而自同其自身，即道自己之如是如是。此蓋即所謂「道法自然」之本義。由此而物在其一生之變化歷程中，所依之而變化之自然律，如「由生而壯、而老死」之律，或「由始而終，由有而無」之律，即只爲道體之自呈其能有能無之二相，於物之「由始而終、由有而無」之變化歷程中，對物之所表現。此在根底上，即依於道體之自身所爲之「一面推物出而有之，一面納物入而無之」一無事之事（如老子所謂事無事）。緣此無事之事，道體乃呈其自身之能有能無之二相於物，以表現爲物之變化歷程中之自然律。故此自然律，初實由道體之自呈其能有能無之二相於物而有，亦內在於道體呈用之事之中，固不能抽象而外在化，虛懸天壤，爲一自存之虛理虛律也。

此上爲以道眼觀自然律之說。然吾人如改而以物眼觀上述之自然律，則情形又不同。以道眼觀自然律，可說自然律，乃內在於道體之呈用。以物眼觀物所依循之自然律，則此自然律，至少自其一方面言，乃超越於物之上者。如吾人之謂物之由生而壯而老死爲一整體之自然律，爲萬物所不得不遵循者；則當萬物在其始生及壯之階段，其「必老死」卽不在物中，而爲超越於物外，以規定其未來者。至當物之既老既死，則其壯其生，又不在物中，而爲超越於物外者。故以物望此自然律之全體，則此自然律，至少在其一方面，乃爲超越於物外者，有如虛懸於上之一自然律。吾人自自然律之有普遍性，不只表現於一物，且表現於其他之萬物上說，亦可說自然律，爲超越於任一特定之物者。由此而可視一自然律，爲在物之上虛懸，如爲物之宗主，以主宰規定物之變化者。自此在上之自然律，恒使物由生壯以歸向於老死，如以殺之爲其終局言，此自然律，卽可稱爲如對物無情之「司殺者」。

上述之物之生而壯，壯而老死之自然律，在根底上唯是前所言「物依其所得於道之功能以生，功能竭盡則死」之自然律，亦卽「物之所能有者皆成已有，卽必復歸於無」之自然律。當物之功能尚未竭而正富之時，其能有者尚未有，卽可如此有，亦可如彼有，尚未成定形之已有者，其存在與活動之狀態，卽呈一柔弱相。當其功能表現爲定形之已有時，則其如此，便不能如彼，其如彼，亦不能如此，遂呈剛强相。而凡柔弱或類似柔弱者，亦其功能尚凝聚積蓄而正富之徵；而凡剛强或類似剛强者，亦其功能已發用放散，而已耗竭之徵。夫然，而壯者、雄者、動者、企者、直者、跨者、自見者、自伐者、自矜者、功成自居者、皆剛强之類也；牝者、雌者、靜者、曲者、枉者、處下者、不自見者、不自伐者、不自矜者、功成而不居者，皆柔弱之類也。凡「剛强者死之徒」，凡「柔弱者生之徒」，此亦可以分別視之爲一自然律者也。

六　道爲生活之道義及自然律與生活律

老子之道之第五義，爲人之修德積德之方，及其他生活上之自處處人之術，及政治軍事上之治國用兵之道。總而言之，卽人之生活上之道，或人之生活上宜遵守之律則。此與上述之自然律，乃一屬自然實然，一屬宜然與當然，故二者不同。今吾人欲緣上述之自然律，以論此人之生活律，亦將不免於下列之問題。卽道體之自然律，旣爲人物之生，所不能自外，則人何不卽此自然律，以爲其生活律？人又何能外此自然律，而有其自行建立，自作主宰之生活律？人果有此自行建立、自作主宰之生活律，則此生活律，如何可言亦根於形上之道體？對此二問題，吾人首可如是答：卽老子所言之生活律，正主要爲人順其對自然律之了解而建立；而宇宙之自然律，亦實未嘗限制人之自行建立其自作主宰之生活律；人之自行建立其生活律，亦卽爲人求其生活，合於形上道體，而使其生活具形上道體之玄德之事，亦卽形上道體之表現於人之事也。

老子所言之生活律，雖方面甚多，亦可分別而加以去取。然在根底上不外：由致虛守靜，以自收歛凝聚其智慧精神、生命之力量、以及人生之一切，而歸於柔弱，乃不求勝人，而求自勝，處處以謙下自居而已。其所謂「大智若愚」「用其光，復歸其明」「和其光」「光而不耀」「俗人昭昭，我獨昏昏，俗人察察，我獨悶悶。」卽智慧之收歛也。其所謂「弱其志」「挫其銳」「守柔曰強」「見素抱樸」「治人事天莫若嗇」「大成若缺」「大盈若盅」，卽精神之收歛也。「衆人熙熙，如享太牢，如登春臺，我獨泊兮其未兆，如嬰兒之未孩，儽儽兮若無所歸，衆人皆有餘，而我獨若遺。」「爲道日損，損之又損，以至於無爲。」卽整個生命情調與活動之收歛也。「骨弱筋柔而握固」「虛其心、實其腹」，卽身體之收歛也。「大辯若訥」、「行不言之教」、「塞其兌」，卽言語之收歛也。「知其雄，守其雌，爲天下谿」，「勿矜」、「勿驕」、「勿伐」、「不怒」、「不武」、「不爭」，卽對人之態度之收歛也。「知其榮，守其辱，爲天下谷」、「至譽無譽」、「受國之垢」、「受國不祥」，「欲上民，必以言下之；欲先民，必以身後之」，「不敢爲天下先」，「功遂身退」，「名與身孰親？」卽人在世間之名譽地位權勢之收歛也。「五色令人目盲，五音令人耳聾，五味令人口爽，馳騁田獵，令人心發狂」，「身與貨孰多」、「金玉滿堂，莫之能守」、「雖有榮觀燕處，超然」，則言一切耳目之嗜欲，財貨之欲之當收歛也。「去甚」、「去奢」、「去泰」、「儉故能廣」、「知足者富」、「知止不殆」，此泛言生活上之事，皆不求過度，務求儉節自足，以爲收歛也。「善戰者不怒」、「用兵者有言，吾不敢爲主而爲客」，用兵之收歛也。「民之飢，以其上食稅之多」，賦稅之收歛也。「我無爲而民自化，我好靜而民自正」，行政之收歛也。「鄰國相望，雞犬之聲相聞，民至老死不相往來」，人民交際之收歛也。「聖人之在天下，歙歙爲天下渾其心，百姓皆注其耳目，聖人皆孩之。」「古之善爲道者，非以明民，將以愚之。」言治天下唯以使天下人心渾化收歛，皆大智若愚，如嬰兒赤子，方爲極至也。凡此一切收歛，皆所以使人之智慧精神與生命力量，加以凝聚，歸於柔弱，不求勝人而自勝，處處以謙下自居。此卽莊子天下篇之所以言老子之教，以「懦弱謙下爲本」也。至於老子人所以尚此收歛凝聚，歸於柔弱之教，正本於宇宙之自然律，「柔弱者生之徒，剛强者死之徒。」一切存在事物之功能之發用放散，而耗竭淨盡，必由存在而不存在，由有而無；故人既知此自然律，而人既已生而已有，又不願日近於死亡，以歸於無；則人卽自當求自免於剛强，而以收歛凝聚其智慧精神與生命力量爲事，而此亦卽所以長保其所得於道以生之德者也。彼宇宙之自然律雖曰：剛强者死之徒，然亦未嘗禁止人之由剛强而返於柔弱。彼宇宙自然律雖曰：一切萬物之功能發用放散至極，則將不復能存在，以由有而無；亦未嘗禁止萬物之處處以收歛凝聚爲事，不居於有而自居於無，抱其陽而負其陰，知其雄而守其雌。此卽道之似萬物之宗主，能宰物而實不宰也。夫然故自然之生命，雖爲由生、而壯、而老死之一歷程；而人能收歛凝聚其精神與生命力量，使永不達於壯之境，學彼嬰兒與赤子，人亦可永不至由壯以歸於老死。此卽老子所謂「深根固蒂，長生久視」之道。夫生命之壯，卽生命成定形之有，而離於道體之爲一無形之有，或隱於無之有。離此道者，道亦離之。定形之有，無其所更得於道者以生，則亦將由存在而不存在，以由有而之無。反之，人之生命若恒以返於嬰兒赤子爲祈嚮，而不求壯，亦不求成定形之有；則其生命之有，卽與爲「無形之有」或「隱於無之有」之道相近。近於道者，道亦近之，而人卽可以生命功能之不竭，而通接於道體之無竭之功能。人如爲子，道則爲母。人之以其生命功能，與道體之功能相通接，卽如嬰兒之在母懷，而吮其母乳，而以此母乳之「綿綿若存，用之不勤」者以自養。此卽老子之「守其母」「食母」之教也。人果能以其生命通接於道體，而道體之玄德，乃以覆育畜養萬物爲事者；由是而人欲求具道體之玄德者，亦當上德不德，能容而能公，而以慈心覆育萬物萬民，如母之於子，而「生之畜之」「生而不有，爲而不恃，長而不宰」，所謂「聖人無常心，以百姓心爲心」於「百姓……皆孩之」是也。至於後之爲老學者，能暢發此容公之義，以言「不塞其原，則物自生；不禁其性，則物自濟……物自長足，不吾宰成；有德無主，非玄而何」之義者，則爲魏晉之王弼。其言乃純用冲虛成玄德，體空無卽從道，則可更不重上文所謂功能之凝攝於內。此則老學之進一步之發展，非老子之本旨所能限，而更有其勝義者也。

七　道爲心境及人格狀態等之狀辭義及「不道」一名所自立

吾人如知循上節所謂之第五義中之生活之道，可使人之生命通接於其所自生之道體；則人之心境與人格狀態，自可合乎道而具道相，而道之一名，亦可成爲人之心境及人格之狀辭。以至人外之物，如水、如地、如牝、如雌，凡其性近柔弱者，亦可謂其具更多之「功能」或「隱於無之有」，而所得於道者更多，而幾於道，而道亦可爲其存在狀態之狀辭。是見第六義之道，亦不難由上所論，以引申而得也。

然此中吾人亦將附及一問題，卽吾人言人物之心境人格狀態及存在狀態，有合於道而同於道者，亦有不合於道不同於道者，則卽亦有不可以第六義之道狀之，而當以不道狀之者。老子謂「物壯則老，是謂不道，不道早已。」老子又或言「天下無道」，及「人之道」之或不合於天之道者。然老子旣言，天下萬物皆由道生，何以復有彼「無道」及「不道」者？如此無道不道者，初不由於「道」而生，則「道」非生一切者，而不得爲萬物之母。如其亦由道生，則道又何能生彼不道與無道者乎？

然此問題，似難而實易。因此所謂不道無道者，唯是對照道而立名。人物有道，道卽內在於人物中。而凡道不內在於人物處，卽人物之不道處，而此人物，卽如以「不道」爲其道者。然此不道之人物之外之上，仍自有超越之道體之道。亦唯此超越之道體爲標準，乃可言人物之不道。如物之壯者，日耗竭其功能於外，卽其內部之功能日近於無，是卽日成無德，而對道爲不道。此不道者，固亦宛然與道相對，以存於世間。然依老子之義，此存在者乃日近於死亡，而將由存在以成不存在者。此卽依於吾人前述之自然律使之然，亦卽自然律所根之道體使之然。此不道者之死亡而不存在，乃實根於道體，而爲合於道者。由是而不道者，雖宛然與道相對而並存，實並不能眞與道相對而並存。至問道之何以生彼不道者，則須知彼不道者之初生，原非不道；如壯老者為不道，而壯老者固非初生而即壯老也。試就一切不道者之初生，及其所自生而言，固皆同生於道，亦初無不合於道之處者也。至其生後成為不道之際，亦即其同時日近死亡，而趨於不復存在之際。此其日近死亡，而趨於不復存在，使「不道者早已」，亦非不道，而為根於道體之自然律使之然。此乃正合乎道者。如上所述。夫然，故通此「道之生所謂不道之物，而又使之早已」之全部歷程以觀，實無不道之物，亦無不道之道，堪與此「道」相對而並存；而吾人亦不須為之另求其所以存在之根原。彼道何以能生此不道之物之問，乃原於吾人之以道與不道之物，乃相對而相反，故疑其不可以相生。今吾人能明其雖一時宛然相對相反，終必歸於不成相對，而不復相反，則可從根上加以解消此問，無待另答矣。

八　老子論道之思想之外限

吾人以上所為，乃是由老子之所謂道之第二義，以次第順通其餘諸義。是見老子之論道，確為一具內部一致性之思想。此思想，在老子本人，或只得之於其超卓之冥悟，然吾人儘可助以一理智之疏解，以代釋其疑難。此即吾人上之所為。然吾人真欲把握老子論道之思想之全部，或尚有待於吾人之知其思想之外限。故茲就其與儒家思想之對較，以略說之。

吾人以儒家思想與老子之思想相較，首將覺老子之思想，雖可合乎吾人對宇宙之所以為宇宙之一種理性之直覺，然卻與吾人性情上之要求，或心靈上之價值感，不直接相干。老子書中，不見性情二字，而心字亦只數見，其所謂善，多只爲「利便地」之意，有如英文之 Expediently 。如「事善能，動善時」善言、善數、善閉、善教之善，皆涵利便之義。吾人今若依吾人性情上之要求或心靈上之價値感，以觀老子，則無論其思想如何能自己一致，而處處皆可說通；吾人終將覺其所陳者，爲一冷靜無情味之宇宙觀與人生觀。卽如吾人上文最後一段所述，老子之謂「物壯則老，是謂不道，不道早已」，此固可爲事實上之不得不然。然如持吾人性情上之要求，及心靈上之價值感，與此物之壯而老、老而死之事實，一朝相遇；則吾人不能不嘆惜於物之何以竟不能自求合於道，以免於早已而死。至於謂道之於物，乃無論物之是否合於道，道終可自成其爲道；又無論是道內在於物，以使物具德而生，或超越於物，使物之無德者死，皆無礙於道之自身之長久與常一；則依吾人之仁心以觀此道，便爲一畢竟無情，亦無善無惡之一中性之形上存在。又依老子之教，人之所以宜求亦當求其生活之合乎道，在根底上惟依於人之不願歸於死亡，不願由有而無之一念。然此一念，則爲人既由有得於道以生以後，隨其生命之存在而自然發出者。故只有主觀之意義，而實無客觀之意義。自客觀上道體之本身看，道體固無擇乎此其所生之物之長生或早死，亦無待於其所生之人物之生活必合乎道也。因人物之生活之不合道者，使之早已，卽無不合者矣。是見此道雖生萬物，而覆育萬物，實未嘗眞仁於萬物，而其生萬物，育覆萬物之事，亦非眞涵具價值之意義者也。老子言聖人之容、公與慈，如只是法此無情之道體，卽亦如子之仿效其母之所行，非眞有見於此行之爲當然之善而行之者矣。

今如尅就老子書之義，與儒家中庸易傳之義對勘，則天道之生物而覆育萬物之義，老子有之，中庸易傳亦有之；能靜而後能動，能柔而後能剛，能潛伏而後能昭顯，有陰而後有陽，則老子所重，易傳中庸之教，亦非不涵具此義。然中庸以誠說天道，易傳以元亨利貞說天德，而以善之長，嘉之會，義之和，事之幹等價值上之概念，說元亨利貞，以繼之者善，說一陰一陽之道之流行，則明爲與老子所言不同者。此中之故，一在老子不重人之性情與心靈方面之事，一在老子未能如易傳之以生生之易之一陰一陽說天道，而兼以乾坤健順，一闔一闢，論天之生物之富有日新之大業盛事，更統攝之於太極；復未能如中庸之兼以天之生物而發育萬物以成物，說天道；故亦未能如漢宋以降儒者以生生之氣、生生之理、生生之幾等說天道。夫老子之道，固能生物，此物之有得於道以生，亦卽物之成；又所生之物，復能生他物；則此中似亦非不兼具生成或生生之義。然老子之道體爲一混成者，其生物卽此混成者之開散而爲器，遂失其所以爲混成。惟賴物生之後，再復命歸根，以歸於無，乃不失其混成，是爲天門之開而再闔。故此混成之道之常久，亦惟賴由萬物之終必返於此混成以見。夫然，老子之天道，實以混成始，亦以混成終，如由玄始而以玄終，此亦玄之又玄也。然此中實有一問題，卽混成者既必開而生物，何以於此混成者，只說其具有相、無相、玄相、妙相、常相、久相、一相；不說此混成者亦自具生相、變相、發育萬物相、變相、開相、闢相？果此混成者具此生相、開相，而其所生出開出者，又復再有所生，再有所開，則又何不說此混成亦具生生之相，開而復開之相？此道體果無始無終，則亦不得以混成爲終，更不得以玄爲終。又道果能生物開物，復生而又生，開而又開，又何不說此混成者，原是以生生之易爲其道，或原是以生物成物之誠，爲其道？若然，則此道之在天地間，即化同於易傳之「富有」而「日新」以「開物成務」之道，中庸之「洋洋乎發育萬物」之道矣。

夫一形而上之道體，如只是開而生物，推物以出，復闔而藏物，納物以入；則其生、其推、其開爲「與」，此誠無私，老子所謂「天之道利而不害」是也；然其藏、其納、其闔，則謂之爲生而不有，固可，謂之爲自取其所與者亦可。此道之天門開闔，即先與而後取，無私以成私；則道之玄德，亦惟在其初之能生物，而兼覆育之生養之而已。此道體固未能舉其自體，以全賦與於所生之物，而一無私吝，以使此所生者，亦內具此道體之全，以爲其性，而亦自成一具生生之道、或生物成物之道者也。是即老子之道終爲不仁或非仁，而不如中庸易傳之道體，兼爲一既仁且智之體而至善者也。至儒者之所以知此天道之爲仁而至善，則原於儒者之能由知人之心性，而本之以知天。老子則未言人之心性之仁，亦未嘗循之以知天；乃唯由觀萬物之在天地間之由有而無，由生而復，以冥悟一混成之道；而彼之視人，亦實視如萬物之一，而與他物同依一自然律以生。唯此人其智足以知此自然律，與其所依之道體，遂能知其生活上之道之所宜然與當然，而由修德以上合於道體，而契彼玄冥耳。然此與儒家之修仁智之德，純在人心性之要求之不容已者上立根者，固不同矣。

第十三章　原太極上：朱陸太極之辯與北宋理學中太極理氣思想之發展

一　導言

周濂溪太極圖說，自朱子加以表彰，並據潘清逸敍濂溪所著書首太極圖說之意，列之爲所編近思錄之首篇；孫夏峯編理學宗傳，及清李光地編性理精義皆承之，而亦列諸篇首。周海門聖學宗傳，述周子之學，亦先錄太極圖說而後通書。然由黃梨洲發凡，全祖望續成之宋元學案濂溪學案，則獨列通書於前，附太極圖說於後；於太極圖之註解，又不錄朱子之註，唯詳載朱子與象山往復辯論太極圖說之三書，及劉蕺山、黃梨州、黃晦木，與黃百家按語。細察之，則梨洲、晦木、百家三人之意，又不盡同。百家之意，蓋近於其叔，而較遠於乃父。清董榕輯周子全書，並附朱子與李延平論太極之問答，及朱子與後之諸儒論太極之言，都爲七卷。陸王一派及明末王船山之言，更不在其內。今之學者復附益西方之說，爲之解釋，亦或當或不當。承學之士，覽此異釋紛如，苦難得其眉目。吾一年前教課及此，乃對此中之一一問題所在，略加條理，或亦有便於學者，近因佈之，以就教當世。

二　太極圖說之歷史性問題

關於太極圖說之問題，昔賢所討論者，應分爲歷史性問題及純理論性問題二者。大率凡關於太極圖之淵源，太極圖說與周子思想之關係，及太極圖說中之名辭概念，如太極、无極、陰陽之淵源，及此諸名辭之古義如何，與諸名辭之涵義演變之迹，皆屬歷史性之問題。而關於此諸名辭概念之意義，與環繞之之思想，依何而建立，吾人今將循何道加以理解、衡量、並確立其理論本身之價值，則爲純理論性之問題。此二問題，雖密切相關，然實不同其性質。而昔賢之論，則恒於此不明加以分別。其於歷史性問題及理論性問題之各方面，更罕有再加以條析者。今爲補昔賢之所忽，乃不厭覼縷，將此二類問題之各方面，其一一分別而論列之如下：

甲、關於太極圖說之歷史性問題，依其發生之次序言之，首爲太極圖說與周濂溪及程子之關係問題。朱子嘗謂濂溪之學其妙具於太極一圖。又謂「程先生兄弟，語及性命之際，亦未嘗不因其說，……先生既予以授二程云」。朱子既註太極圖說後，並以之寄張敬夫。敬夫首既致疑曰：「先生所與門人講論問答之言，見於書者詳矣，其於西銘，蓋屢言之，至此圖則未嘗一言及也。謂其必有微意，是則固然，然所謂微意者，果何謂耶？」朱子復書曰：「竊謂以此圖立象盡意，剖析幽微，周子蓋不得已而作也。見其手授之意，蓋以爲惟程子惟能當之。程子之秘而不示，疑亦未有能受之者爾。夫既未能默識於言意之表，則馳心空妙，入耳出口，其弊必有不勝言者。……孔子雅言詩書執禮，而於易則鮮及焉，其意亦猶此耳。」（註一）今按朱子之學，原兼綜周張之緣天道以立人道之義，及二程之由性理以一貫天人之義，此卽朱子之學之所以爲大。朱子之所以能兼綜此二義，亦卽因爲在理論上，此二義之原有可會通之處。然朱子必謂周子嘗以此圖授二程，二程又慮言之之弊而不言，則此純爲一歷史事實之問題，而朱子於此，則惟以推想出之。朱子平生喜論太極圖說。據周海門聖學宗傳王懋竑朱子年譜，謂朱子臨終前數日，猶與學生講太極圖說，未嘗慮言之有弊而不言。則又焉知程子必爲慮言之有弊，方不言乎？又二程從周子游，在十四五時，謂周子於此時，卽知二程堪受此圖，亦未必然。二程固未嘗諱其從周子游。然伊川則嘗明言某兄弟之學，非授自濂溪。又撰明道墓表，謂明道之學，直承洙泗之傳，於千四百年之後。後陸象山與朱子辯，又以「圖說言無極，而二程言論文字至多，亦未嘗一及無極字」爲言。則朱子之言周子以此圖授二程，謂二程於此直承周子之傳，於史實蓋未有合（註二）。然此固無礙於朱子之儘可求在理論上，融周子與二程之思想，於一系統之中，以見

註一：此乃據張伯行所編周濂溪集所引朱子太極圖說注自記語。茲按張南軒集卷一寄呂伯恭書、朱子大全之文集三十一與張敬夫書原文，與此謂朱子所記之言，頗有出入。然大意則不異也。

朱子之學之大也。

乙、關於太極圖說之第二歷史性問題，爲太極圖說在周子著述中，及其思想，在周子思想中之地位問題。朱子嘗謂周子通書之言，亦皆此圖之蘊。而其註通書，亦隨處扣緊太極圖說所言以爲註。乃本潘清逸敍濂溪所著書以太極圖說爲首之意，視通書若只爲太極圖說之附。而朱陸之辨太極圖說，則象山與朱子第一書，卽言其兄梭山謂：「太極圖說與通書不類，疑非周子所爲；不然或是其學未成時所作；不然則或傳是他人之文，後人不辨也。」則朱陸之辨太極圖說，乃以太極圖說在周子著述及思想中之地位問題發其端。畢竟周子是否嘗作太極圖說，此亦是一歷史事實問題。而象山梭山之疑有此事實，則又以通書所言之理論內容，與太極圖說之內容不類而言。此不類，是否卽可證成其非周子所著，或爲周子早年所著？如此不類，只是所言之方面不同，而非相矛盾，則明不能以此證其非周子所著。大約太極圖說乃是先論天道之無極太極，而下貫至立人極於人道。此與通書之不言無極，而多言立誠之工夫者，確是有所言之方面之不同。然通書首章以乾元釋誠，終於以易爲性命之原，此正與太極圖之首言天道化生萬物，終言易之原始要終之義，互相應合。唯太極圖說之次第論列天道之無極太極陰陽五行，再及於主靜立人極以原始要終……，其段落更分明，因與象山之發明本心以充塞宇宙

註二：案朱子大全卷三十，朱子嘗與汪尙書書，反復辯二程受學於周茂叔，謂本於呂與叔所記二先生語云。然以二程之其他言證之，則二程，受濂溪之啓發固有。然不可言其學皆受自濂溪也。

之言，更相遠耳。原象山之所以不契於太極圖說，根柢上亦唯在不契其所陳之思路。其舉梭山之疑，固爲歷史事實之問題。然觀象山之意，實不重在討論此問題之本身，而唯舉之以引端。今若孤提象山之此言，而當作一歷史性之問題而討論，則象山之謂其言與周子之言不類，而不能證其與周子之言必相矛盾，則固亦不能證其非周子之所著也。當世既傳太極圖爲周子所著，而依朱子所述，太極圖說與通書之言，其互相發明者，旣比比皆是，則二者自應同視爲濂溪所著。至於朱子之言通書與圖說之關係，謂通書必附圖說而行；則後賢固亦有疑之者。通書固不可只視爲圖說之附，而亦未嘗不可離圖說以別行而自完足。則梭山象山之只取通書，而不取圖說，在理論上看，固未嘗不可。然朱子就圖說原文之大體，視爲通書之總攝，就義理言之，亦有可通。吾人今亦可就二家立言之分際，而並存之也。

丙、關於太極圖說之第三歷史性之問題，爲太極圖之是否淵原於道教之問題。此問題亦爲朱子註太極圖時所察及。朱子自言嘗讀朱內翰震進易說表，謂此圖之傳自陳摶、种放、穆修而來，而五峯胡氏作序，又以爲先生非止爲种穆之學者。故朱子終謂：「以爲得之於人，則決非种穆所及……及得誌文（指潘清逸誌濂溪墓文）考之，然後知其果先生所自作，而非有受於人者。二公蓋未嘗見此誌而云云爾。」今按潘氏誌濂溪墓文，亦當有所據。朱子所言，亦只謂濂溪自作圖說。而黃宗炎之太極圖辨，清朱彝尊太極圖授受考，遂詳辨此圖之原自道教。依諸人所據文獻觀之，而今之道藏中又有此圖，則此圖初原自道教，蓋不容否認。然諸家既咸謂道教之徒，乃以此圖明修煉之方，此則明與周子之就此圖而顚倒之，以說明天地萬物之所以生成，及人之所以立人極之道者不同。胡五峯與朱子之言周子之學，非种穆所及，義自極成，亦不必以其原自道敎而諱之也。

丁、關於太極圖之第四歷史性之問題，爲太極圖說之名辭概念，與易經及先秦儒學之思想之關係問題。此問題乃朱子與象山反復論辯之爭點之第一點。依象山之意，易及道家唯言太極不言無極。其言曰：「無極二字，出於老子知其雄章，吾聖人之書所無有也。老子首章言無名天地之始，有名萬物之母，而卒同之。此老氏宗旨也。無極爲太極，卽是此旨」「易大傳曰：「易有太極，聖人言有，今乃言無何也？」「繫辭言神無方矣，豈可言無神？言易無體矣，豈可言無易？老氏以無爲天地之始，以有爲萬物之母，以常無觀妙，以常有觀竅，直將無字搭在上面，正是老氏之學。」而朱子則謂「伏羲作易，自一畫以下，文王演易，自乾元以下，皆未嘗言太極也，而孔子言之。孔子贊易自太極以下，未嘗言無極也，而周子言之。夫先聖後聖，豈不同條而共貫哉。」二者似針鋒相對，實則不盡然。因象山所論者，乃謂無極之名，非易之所有，意謂以無搭在有上，乃老氏立言之方式。此點朱子並未加以否認。朱子所爭，要在說明言與不言，無礙先聖後聖思想之同條共貫。於此點上，象山亦不能持異議。然徒就太極圖說之先無極而後太極，亦實不足證明圖說整個思想之內容，卽同於道家。而謂圖說之言無極，與易之言太極，同條共貫，亦無礙於無極之一名乃初原自道家。今按除老子知其雄章，有「復歸於無極」之言，朱子復書，亦未加否認外；莊子逍遙游言「河漢而無極」，在宥言「彼其物無測，人皆以爲無極。」又言「入無窮之門，以游無極之野。」淮南子亦言「游無極之野」，列子湯問並言「合天地者故無極，無極之外，復無無極。」則無極之名，初出自道家，固無疑也。韓康伯註易經，於易有太極註下曰「夫有必生於無，故生兩儀也」，又謂太極爲無稱之稱。此乃以陰陽以下爲有，而以「無」與「無稱」目太極。易傳言無思無爲，寂然不動，亦未嘗以言無爲諱。以道家之無釋儒家之易，古已有之。則象山亦不得以圖說言無極，則非儒學之傳也。

三　太極一名之古訓問題

關於太極圖說之第五歷史性問題，爲無極太極中之極之一字，古訓當作何解釋之問題。此乃兼爲訓詁學之歷史性問題，故別爲一節以論之。此問題亦朱子與象山之論辯之爭點之一。依象山意，極之一字，古訓爲中，「言無極，是猶言無中也，是奚可哉。」朱子則謂：易大傳之太極「卽兩儀四象八卦之理，具於三者之先，而蘊於三者之內者也。聖人之意，正以其究竟至極，無名可名，故特謂之太極，猶云舉天下之至極，無以加此云爾，初不以其中而命之也。至如北極之極，屋極之極，皇極之極，民極之極，諸儒雖有解爲中者，蓋以此物之極嘗在此物之中，非指極字而訓之以中也。極者至極而已。以有形者言之，則其四方八面，合輳將來，到此築底，更無去處；從此推出，四方八面，都無向背，一切停勻，故謂之極耳。後人以其居中而能應四外，故指其處而以中言之，非以其義爲可訓中也。至於太極，則又無形象方所之可言，但以此理至極，而謂之極耳。」是見朱子與陸子之不同，乃在朱子堅持極爲至極之義，以至極者爲理；於是謂先儒之訓極爲中者，乃由至極義而引出者。陸子再答書，於朱子之以極爲理，未有異議，而重申「卽其中而命之爲極」之義曰：「五居九疇之中，而曰皇極，豈非以其中而命之乎？民受天地之中以生，而詩言立我烝民，莫匪爾極，豈非以其中命之乎。中庸曰中也者，天下之大本也，和也者，天下之達道也，致中和，天地位焉，此理至矣。外此，豈更復有太極哉。」而朱子復書，又由極之極至義，引出標準之義，而就陸子所舉以中訓極之經文，一一加以解釋，謂其中之「中」，皆以涵標準及至極之義，方稱爲極。其言曰「極是名此理之至極，中是狀此理之不偏。雖然同是此理，然其名義，各有攸當。……若皇極之極，民極之極，乃爲標準之意。猶曰立於此而示於彼，使其有所向望，而取正焉耳。非以其中而命之也。立我烝民，立與粒通，卽書所謂烝民乃粒，莫非爾極。則爾指后稷而言。蓋曰使我衆人皆得粒食，莫非爾后稷之所立者是望耳。爾字不指天地，極字亦非指所受之中。中者天下之大本，乃以喜怒哀樂之未發，此理渾然無所偏倚，而爲萬化之本。然其得名，自爲至極，而兼有標準義，初不以中而得名也。」是見朱子所堅持者，乃在太極之極，由至極而得名，非由中而得名。而陸子再答書，則謂「字之指歸，又有虛實。虛字則但當論字義。實字則當論所指之實，則有非字義所能拘者。」乃進而謂「太極皇極，乃是實字。」其所指者乃此理，則此理謂之爲中，卽謂之爲至理，而兼至義；遂曰「曰極、曰中、曰至，其實一也。」朱陸於此又論「知至」之「知」之與「至」，孰爲虛字，孰爲實字，頗涉支離，今不贅錄。

今案：極字之古訓如何，乃屬純文字訓詁之歷史性之問題，至極太極之極，當以何義爲本，則兼爲一義理之次序之理論性問題。對前一問題，則依說文謂：極棟也，而棟居屋中，亦在屋上，而正屋必先正棟；則「極」應兼涵「中」與「至極或標準」二義。今據阮元經籍纂詁，所錄漢儒古訓，於極之義，固有訓爲中者。如范甯於書洪範之皇極注，王韓於易之失時極注，皆訓中。然亦或訓爲窮，如王逸之楚辭「又何路之能極」注。又或訓爲盡，如高誘之淮南子「游無極之野」注，及鄭玄之爲禮記大學「君子無所不用其極」注。又唐楊倞注荀子「辭足以見極」注，曰極至也。周髀算經「晝夜長短之所極」注，曰終也。窮、盡、至、終，皆有至極之義，亦涵爲最後之歸向標準之義。又北辰居北不動，爲衆星所拱，而極可以名北辰，亦由「極」涵標準歸向之義之故。是見訓極爲中或至極，皆同有合於古訓。象山之言極爲實字，乃謂極字所指所狀之理爲實。此亦朱子所同許。朱子注太極之理，謂兼爲「造化之樞紐，品彙之根柢。」言其爲根柢，乃就其爲至極義說。言其爲樞紐，則亦兼自其爲在造化之「中」，而主乎造化說。中之與至極，同爲表狀其所指之實理之辭。其所指之實理，既兼有「至極」及「在中而主乎造化」之二德，則陸子之訓太極之極爲中，於古訓既亦有所合，朱子固毋庸加以非議也。細按此中朱陸之所以必相爭，則實非此二釋之孰爲更合於古訓之問題。蓋以陸子之言此理，其根本思想，在以此理爲一「滿心而發，充塞宇宙」者。此乃人可一念反求，直下悟得，而不待推求爲之建立者。至於朱子之言此理，則由推求窮致之功，至乎其極，方能見得。此方爲陸子之重在以「中」指此理，而朱子之重在以「極至」指此理之根本理由所在。唯陸子以中指此理，故陸子以道不離陰陽；而朱子以極至指此理，則必先謂道體爲居有形之陰陽之上者。此在朱陸反復之書，皆未嘗直陳其意。然此實則又牽涉於二家思想之理論本身之異同，而非辯極之一字之古訓之當何若，所能解決者。朱陸反復之書，討論至此，亦即不能更有所論矣。

四　周子言太極之不同於漢晉諸儒之所在

對於太極圖說之理論問題，吾人今首當討論者，非朱陸二家思想之理論本身之異同之問題，而應首討論濂溪之圖說之本旨爲如何之問題。此一問題，則恒爲朱陸之辯及朱子對圖說之註解，所引生之問題所掩。朱子註圖說，乃明謂理爲太極。然圖說之原文，並未直指出理之一概念。則圖說原文之太極之義，是否卽隱涵理之一義，亦儘可以討論。又朱子於與象山第一書，推周子之所以兼用無極太極之二名之意曰：「不言無極，則太極同於一物，而不足爲萬化根本；不言太極，則無極淪於空寂，而不能爲萬化根本。」其答陸子第二書又曰：「語道體之至極，則謂之太極。語太極之流行，則謂之道。雖有二名，初無兩體。周子所以謂之無極，正以其無方所，無形狀，以爲在無物之前，而未嘗不立於有物之後；以爲在陰陽之外，而未不行乎陰陽之中；以爲通貫全體無乎不在，則又無聲臭影響之可言也。今乃深詆無極之不然，則是直以太極爲有形狀有方所矣。」此中朱子所推想，是否合於周子之意，亦有待討論。朱子以「無極」乃「無方所形狀，無聲臭影響」，而統歸於無形之義。此乃以形訓無極之極。便明與朱子於太極之極，直訓爲至極之理者異訓，而不能自相一致。故象山於答朱子書，謂其以形訓極，乃不明理。然朱子於此，若對無極之極，亦訓爲極至之理，則無極乃無極至之理，而「無極而太極」一語，同於「無極至之理而有極至之理」，便成自相矛盾。故朱子之於二極字作異訓，固有其不得已。然此亦見朱子之所註，是否與周子之本旨相合，爲吾人應有之一問題也。

吾人上雖提出濂溪圖說言無極太極之本旨之種種問題，然吾人於此卻未必能盡答。吾人今欲翻過朱子之解釋，以直探周子之意，實亦不易。吾今所能說者，唯是如將周子之言，對較以前之論太極者以觀，吾人當首注意周子之言無極太極，確有一劃時代之意義。次當以通書之言與太極圖說互證，以見周子所謂無極太極之名，原有數種可能之解釋。再次則當知朱子之以理釋太極，蓋爲循思想史之發展所自然引出之一種理論。由此以降，朱子理論對朱子之後學所引生之問題，亦即與「對易有太極，與對周子之言太極，如何加以解釋」所引生之問題，合流爲一，而不可分。而吾人今所當從事者，便宜歸於求對朱子及朱子以後之他家之太極之論，亦分別有一如實之了解，方能使各家之說，還歸本位。故吾人以下之所論，將如繞一大圓周，以披露諸環繞於易所謂太極與周子之太極圖說之諸思想。然行遠又所以至邇，果能使各家之說還歸本位，則一家之所獨至，亦因而彰顯，固非徒勞無功者也。

所謂周子圖說言無極而太極，有劃時代之意義者，此初步仍須就其用名，及文句之構造上舉證。按易傳及莊子皆有太極之一名。莊子大宗師篇中太極之一名，與六極等並立，無甚深義。中國思想史中太極之問題，皆緣易傳而出，非緣莊子之此語而出，故今不論。至易傳中「易有太極」之太極之義，果爲如何，易傳本文並無解釋。易傳謂「易有太極，是生兩儀。」據此二語，吾人所能確定者，唯是太極乃高於兩儀之一概念。如兩儀指陰陽或乾坤或天地，則太極應爲位於陰陽乾坤天地二者之上，而加以統攝之一概念。而太極之所指，則應爲天地及天地中之萬物之根原或總會之所在。此爲就易傳之文句之構造，吾人可如此說者。至於太極之一名所實指者爲何，則儘可容後人有不同之解釋。如孔穎達周易正義「大衍之數五十」句疏，引馬季長說，乃由上文所提及之極之一義引申，而以極指北辰。經典釋文注曰：「太極，天也。」卽逕以太極指天。孔穎達疏易有太極曰：「正義曰太極，謂天地未分之前，元氣混而爲一，卽是太初太一也。故老子云道生一，卽此太極是也。」此卽以元氣釋太極，兼釋老子之說。按前此相類之說，有漢書律曆志謂「太極元氣，涵三爲一。極，中也，元，始也。」之言。而以氣釋太極，蓋本緯書，亦爲漢儒他家之所持者。如易緯乾坤鑿度曰：

「太易始著，太極成；太極成，乾坤行；乾坤行，太極大成。一大之物曰天，一塊之物曰地，一氣之鄂，名曰混沌……是上聖鑿破虛無，斷氣爲二。

文選李善注張茂先勵志詩注引「大儀，太極也。鄭玄曰：極，中之道，淳和未分之氣也。」

此皆涵以元氣或氣釋太極之意。而以氣爲萬物之本原，亦漢儒大體上共持之主張。此以元氣或氣或天，釋易之太極，實皆同爲對易傳所謂太極之根原或總會義，作進一步之規定而有之思想。無論直謂太極爲天或元氣或氣，皆是實有一物，而不免從質實處看萬物之原。由此而漢之緯書尚有以元氣萌而有形有質，「形質皆具，謂之太極」之說（白虎通陳立疏卷九，採劉仲逵鴻書所引鉤命訣）。而魏晉韓康伯承王弼注易有太極，又曰「夫有必生於無，故太極生兩儀也。」又稱太極爲「無稱之稱」，此則其思想背景，明不同於漢儒之從質實處看萬有之根原；而以萬有之原，應爲無者。此即與王弼注老，以無爲本之旨契合，乃原於一從空靈處，看萬物之根原之態度，而代表其時代對易之太極概念之又一規定；而亦與上述就易之文句構造，而見得易中之太極之原義，不必相矛盾者也。

至於周子之無極而太極之言，所以又爲一劃時代之說者，則可由此語之先劃開無極與太極，復合之爲一，以見其既別於魏晉人之以「無」看太極之空靈，亦異於漢人之以元氣或氣或天或北辰之「有」，看太極之質實者。此中，無論吾人對無極之極，太極之極，作何解釋，而此二名之如此組合，亦即代表一看萬物之根原之觀點。此新觀點，最低限度包涵對萬物之根原，欲兼以無與非無之有，加以規定，而又欲通此二爲一之新態度。此即已具一劃時代之意義矣。

至於對周子之言無極而太極，其所指之萬物之根原，畢竟尚可作何種更尅實之規定，則此中復有不同之可能。如朱子之謂太極爲理，無極謂無形，卽其一路。吾人亦可沿漢儒重氣之思想，而謂此氣爲天地萬物之本，此氣爲形而上，無形而至虛，乃以太極卽氣之太極，如張橫渠王船山之說。此又是一路。邵康節、胡致道、皆嘗謂心爲太極；陸象山更謂太極皇極之極，只是中，中之所指卽理，而理不外心。緣此而如明末之劉蕺山、李二曲等將此周子之無極、太極之言，純扣在一心上解釋，亦有可通。以心之虛靈不昧，固原亦兼通有理與無形二義也。凡此等等，皆爲吾人求對周子之無極而太極之言，作進一步之規定時，原有之種種可能，或可能有之思想之發展，皆不必與濂溪之此言相矛盾，而未嘗不可說者也。以至吾人今如欲謂周子之太極之所指，乃指一無形而絕對之上帝或絕對理性心，及絕對精神，只須與濂溪之言不相矛盾，亦同非必不可說。而由此之所說，與濂溪之所說，亦儘可在實際上指同一之實在，唯言可有詳略，及各方面之異耳。此亦如說水爲能熄火，與說水爲可分爲輕養，及其所涵輕養之質量如何，皆指同一之實在，而爲對同一實在之思想之發展也。

五　太極圖說之太極與通書之誠道及周子所謂無極一名之詁釋

對此上所說者，一更進一步之問題，則爲畢竟濂溪之以無極而太極之一言，說萬物之根原，究竟說到何程度，而彼本人於此根原，除以太極之有，與無極之無說之之外，有何其他更尅實之規定。此則非吾人徒就圖說本文之所能確定，而唯有參之以通書之所言，方能得其線索。而通書之概念，可與圖說中之太極相當者，則是誠或乾元之概念。誠之概念，原自中庸。吾人如以誠之概念爲同於太極，爲足以規定太極之涵義者，則吾人復可說濂溪在儒學史上之特殊地位，即在其綜合易與中庸之思想爲一，或以中庸釋易。而此亦昔所未有。後張橫渠之學，亦以通中庸與易傳爲宗。伊川進而兼以中庸論孟之旨注易，是皆開宋代易學之義理一路之先河，而別於王弼韓康伯注易，求兼通於老子之玄理者也。

茲先抄錄周濂溪通書與圖說，論萬物之根原之旨，其可相發明之重要諸章如下：

誠上第一

誠者聖人之本。大哉乾元，萬物資始，誠之源也。乾道變化，各正性命，誠斯立焉。純粹至善者也。故曰一陰一陽之謂道。

誠下第二

誠、靜無而動有。

聖第四

寂然不動者，誠也，感而遂通者，神也。動而未形，有無之間者，幾也。

思第九

無思，本也；思通，用也。幾動於彼，誠動於此，無思而無不通爲聖人。

順化第十一

天以陽生萬物，以陰成萬物。生仁也，成義也。故聖人在上，以仁育萬物，以義正萬民。

動靜第十六

動而無靜，靜而無動，物也；動而無動，靜而無靜，神也。動而無動，靜而無靜，非不動不靜也。水陰根陽，火陽根陰，五行陰陽，陰陽太極，四時運行，萬物終始。混兮闢兮，其無窮兮。

理性命第二十二

厥彰厥微，匪靈弗瑩。……二氣五行，化生萬物，五殊二實，二本則一。是萬爲一，一實萬分，萬一各正，小大有定。

吾人如本上所引通書之言與圖說互證，則明見通書之誠與圖說之太極之相當。通書言誠之爲源，謂即乾元，即萬物所資始；正同於圖說之以太極爲萬物之所自生。是即萬之所以爲一也。自誠之立於乾道變化，由元亨而利貞，使萬物緣二氣五行而化生，以各正其性命處說；正同於圖說之謂無極之眞二五之精，妙合而凝，以見於人物之生生而無窮。是即一實萬分也。通書言誠爲聖人之本，正同圖說之言人性之本於太極，爲人極之所以立。通書言誠以寂然不動及無思爲本，以感而遂通之神或思通爲用，以「幾」言其動而未形之有無之間，並以「彰且微，靈且瑩」爲狀；則語句正類似圖說言無極而太極。圖說之言太極動而生陽，靜而生陰，亦卽通書之由元亨而利貞。圖說之言靜極復動，靜而無靜，一動一靜，互爲其根，則與通書之言「非不動不靜」；而又「動而無動，靜而無靜」，文句略異，而相資以相發者。依通書以釋圖說，則靜極之所以復動，正所以見靜而無靜；動極之所以復靜，正所以見動而無動。曰靜曰動，則分陰分陽。陰陽之所以互爲其根，亦正在靜之不能自有其靜，而無靜，動之不能自有其動，而無動。而此靜而無靜，動而無動者，則通書復名之爲神。圖說固亦言人之神發知矣。夫然，吾人如欲由通書之言，以釋圖說，則正當本通書之誠之以神爲用，以見圖說之太極之亦以神爲用，亦當由通書之誠與神，以規定太極之涵義，而周子之所以必言无極而太極之故，亦將由此而可識矣。

何以言依通書之誠與神，以規定太極之涵義，卽可識周子之所以必言無極而太極之故？因本通書之誠之以神爲用，卽直接彰顯一寂感動靜有無不二之義。周子言神，初就感而動以言。曰動而無動，乃言其不自有其動，故動而未嘗不靜。再輔之以靜而無靜，以言其不自有其靜，故靜而未嘗不動。而其言誠，則初就其無思無爲，寂然不動而靜以言。而曰「幾動於彼，誠動於此」，以言此誠因幾而動，卽由無而有。則誠之寂、靜、無、雖爲「本」，而此本未嘗不貫於「用」之感而動有之中。而神之感而動有，雖爲「用」，亦未嘗不見其「本」之寂而靜無。靜無而動有，是卽寂感、動靜、有無之所以可統於一幾也。今本此意以釋圖說，誠既相當於太極，則太極之本，只當以無說之，而宜說之以無極。此正猶通書之以無思無爲、寂然不動、說誠也。而太極之用，則首見於動有，正如誠之動之爲有。此卽圖說太極動而生陽一句，所以直承無極而太極之一句而來。此正相當於通書之所謂神之感通之始。至太極圖說言一動一靜而動靜互爲其根，以至言萬物生生之變化不窮，皆本於太極，亦卽言其本於無極之眞；正合以見通書之所謂神之動而無動，靜而無靜，至感而寂，至寂而未嘗不感者也。

如吾人以上將圖說與通書比對而觀之說爲不誤，則圖說言無極而太極，及以太極之動靜，爲陰陽五行與萬物生生而變化無窮之原，與人極之所以立；卽無異以一無思無爲之誠之本，其呈用於動而無動，靜而無靜之神，爲五殊二實與萬物化生，及聖人之道之所以立之原。濂溪於此，未嘗謂太極之先另有無極，亦無太極不能有動之意，復未嘗對太極另作其爲理爲氣爲心之規定，語意甚明。唯以通書之誠，原出中庸，而誠在中庸，原爲一道德性之天道天德與人道人德，涵具眞實存在及至善之義者；則吾人今以誠之義，規定太極之義，便可確立太極爲一涵具眞實存在之性質及至善之性質者。至無極之一名，則蓋唯所以表狀此太極之超於一般所謂思想行爲之上，而爲無思無爲者。凡吾人之思爲，皆有極至極限，則無思無爲者，皆爲無極。而中國古所謂無極，如左傳昭十三年有貢獻無極之句。正義曰：「極謂限極，謂無已時。」無極固原爲之無限極之義也。荀子修身篇言馬之不能窮無窮、極無極，此極亦爲限極之義。老莊所謂無極，亦原爲無有限極，無有極至之謂。無極之義，原只表彰得道之人之心境，不爲一定之極至或限極之所限。則無極初是遮辭，而非表辭。亦卽初非直指一眞實之存在者。而易傳之太極之一名，可以指一眞實之存在者，則正同當時人之言太一或大一。一般之一皆小一，小一則有極限，大一則欲極之而不可極。不可極之極，卽無窮無盡之太一或太極也。極之本義，在道家原爲限極，而太極則應爲不可限極者。此如大方之無隅，大制之不割，亦道家立名之所可許。而儒家之易傳，蓋卽改大之遮義爲表義，以言太極之爲兩儀之所自生。而易傳之太極之一名，固亦原非一般之有極之極，而涵不可極之義，亦卽原可涵無極之義者。周子蓋卽據此以言萬物之生生及聖人之道之所以立之本原，乃爲一不可極而無極之一眞實存在，而一貫天人之誠道（統誠德而言之），故曰無極而太極也。按明末之王船山周易外傳序卦篇，嘗謂：「易有太極，無極而太極，無所不極，無可循之以爲極。」無所不極，猶言至極太極。以無可循之以爲極，訓無極，蓋卽略同本文以不可極爲無極之意也。

循吾人以上之解釋方式，則吾人於周子圖說之所謂無極而太極，便可據通書之言，作進一步之規定。如規定太極之爲眞實存在，爲至善，爲無思無爲，超思維而無極限等。然吾人於此，卻未嘗如朱子之確定「太極」一名之所指者爲極至之理，自亦不須如朱子之於無極之極及太極之極，分作二解，謂一極指形，一極指理。而唯是據通書，以將圖說中之太極之一名之義，翻譯之爲一眞實存在之天人一貫之誠道，而無極之名則只爲遮詮。易之太極之名，亦正賴吾人之此翻譯，而得其進一步之實義。

此亦如漢儒之謂太極指天或指元氣，魏晉人之以太極指無，皆爲對太極一名之翻譯，以求得其進一步之實義者。吾人今據通書以釋太極無極之涵義，亦只能至此而止。至於朱子之謂理爲太極，及橫渠之再由氣之至虛之言太極，邵子等以心爲太極之論，其皆爲更進一步對太極之實義，有所規定而成之論，亦皆原爲可能有之思想發展；卽亦由上之所述，而可洞然無疑矣。

六　張橫渠之依太和神兩一以言太極義

至於吾人所以謂此各種可能的對太極之解釋中，朱子之以理釋太極之說，爲思想史之發展上自然引出者；則吾人當先看張橫渠邵康節之論太極，及程子之卽性理以言天理；便可知朱子以理爲太極之說之所以立。張邵二氏之思想，固非直承周子之思想而出，亦非意在對周子之所謂太極，作進一步之規定者。然其實際上之所爲，則至少在一方面看，明是對太極之義有進一步之規定。茲將上文所提及者，再略詳之於下。

據上文所言，周子之言太極，乃止於言其爲一萬物之生生及聖人之道之本原，眞實存在之天道之誠。然此所謂誠，果爲何物？如此誠只是一道，則吾人首所思及者，必然爲此道之何所附屬？如無所附屬，則所謂眞實存在果爲何義？而人於此首先一步之思想，恆以此道此德，或需附屬於人或物或天地。然此道此德，如只爲分別附屬於一一具體之人或物或天地者，則無共同之一道，足爲天人一貫之道。而明末清初之儒者，卽有循此思路，而謂太極只爲萬物之總名，或諸形器之道之總名者。而統體義之太極之概念，在此卽終不免於被解消，而落入純經驗主義個體主義之思想，如戴東原之所持。今暫不多討論。然與濂溪並世之橫渠與康節之思路，則尙非循此而發展。而由彼等之求建立此一共同之道，橫渠則有本其太虛與氣不二之義，所形成之太和及神化之論，康節則有依於其一套易數之理論，所形成之以道爲太極，及心爲太極之論。

此中橫渠之理論之要點，在由一切存在之事物，皆存在於一神化之歷程中，以見其不可只視爲分別並在而相對峙之物，而應視爲原自一統體之太和，亦還歸於此統體之太和者。此太和卽道。然此太和之道，卻非只是一抽象之道理之道，其中乃有具體之內容者。此具體之內容，卽坱然太虛之氣之「中涵浮沉、升降、動靜、相感之性」而生之「絪縕相盪，勝負屈伸。」此中動靜相感之可能，則根於氣之本體爲太虛，其淸虛而通，卽可成就散殊可象之氣之相感。淸通以相感而無定方，名曰氣之神，相感而相應以生變化而無定體，則名曰氣之化。由氣之化而萬物聚散於太空，以出入不已，天地間之有無隱顯，乃通一無二。人乃既不可只語寂滅，以往而不返，以溺於虛空之大；亦不可徇生執有，物而不化，自居神化之糟粕。由此而張子之言天地萬物之根原，遂爲一統體之虛氣不二之太和，乃卽以之代周子之所謂太極。張子之言太極，唯偶一言之。如正蒙參兩篇曰：「地所以兩，分剛柔男女而效之法也。天所以參，一太極兩儀而象之性也。一物兩體，氣也。一故神，兩故化。此天地之所以參也。」太易篇曰：「一物兩體，其太極之謂歟」。此中之兩體指兩儀，而兩儀卽動而健及靜而順之乾陽之氣，及坤陰之氣，則一物，乃指此兩體之氣之能依其淸通而相感。依淸通而相感，則見神。神本於兩之能一，相感而有生化。生化又本於兩之先在。故曰「一故神，兩故化。」而兩體之可說爲一太極，亦卽惟據二氣之依淸通而相感處說。至於對太和之一概念，在張子乃以之統神化之歷程而綜攝之，是太和之義豐。而太極之義，則唯就太和中兩者之能一而名之，亦惟依太和之爲眞實而爲眞實；固不足自爲一最後之眞實，以成爲動靜陰陽之所自生，如周子之說也。而其依太和，神化，兩一之概念，以言太極，其爲對太極之一概念，乃另作一進一步思想上之規定，亦彰彰然矣。

七　邵康節之合陰陽之象之和以言太極，及其道爲太極、心爲太極之說

吾人如謂周子之敎在立誠，橫渠之敎在窮神知化，則邵子之學在觀象、觀數、觀物。邵子之易學，卽其象數之學。其言象數之易學，不同漢儒言象數之易學者，在其先奠立一象數次第演生之原則。此卽爲一生二、二生四、四生八、八生十六之加一倍法，由此以說明兩儀、四象、八卦、六十四卦中

之陰陽爻位分佈，及相沿而次序衍出之象。其於諸象數中特重四之一數，而重觀四象，則兼成爲其觀一切事物，皆分爲四類而觀，一套由自然以貫至倫理文化歷史之哲學。此皆非今之所及詳。然由其重觀數、觀象，而重觀四象，則使其心思之所對，成處處兩兩平鋪之廣度之世界；非復如濂溪由無極太極，而陰陽五行、而化生萬物之世界，爲一上下貫通之世界；亦非如橫渠之世界之爲一始於太和，歸於太和，之一絪緼相盪之世界矣。康節固亦如橫渠之喜言神化，而尤重神。然彼卻非如橫渠之就氣之清通以言神。而重在由主乎氣、乘氣而變化，能出入有無生死之間，無方而不測者以言神。邵子又言「能出入有無死生者，道也。」則神之不測即是道。然此所謂主乎氣之神或道，是否眞可說爲一形上之實體，則甚難言。邵子謂「一動一靜交，而天地之道盡之矣。動之始則陽生焉，動之極則陰生焉；一陰一陽交，而天之用盡之矣。靜之始則柔生焉，靜之極則剛生焉；一剛一柔交，而地之用盡之矣。」道盡於動靜陰陽剛柔之交，另無爲動靜陰陽剛柔之形上實體之道（註一）。康節又釋「易之神無方而易無體」曰：「滯於一方，則不能變化，非神也。有定體，則不能變通，非易也。易雖有體，體者象也，假象以見體，而本無體也。」此則明言體惟假象以見，而別無體。故康節之所謂神或道或易，實

註一：朱子語類卷七十一謂「康節之學，與周子程子小有不同，康節於那陰陽相接處，看得分曉，多舉此處爲說。……貞元是指貞元之間言」。又謂「康節只爲要說循環，便須指歸消息動靜之間。」可見朱子亦以康節之所重者，在消息動靜之間也。

惟是就諸兩兩相對之動靜剛柔陰陽之象之更迭，而互爲出入有無死生而不測處，以立名。康節之言太極也，則或言「道爲太極」，或言「心爲太極」。而未嘗於諸兩兩相對之象之上，別出一太極。其觀物內篇先天卦圖說嘗言：「一分爲二，二分爲四，四分爲八，太極既分，兩儀立矣。」然此圖實只綜此二分爲四，四分爲八，以至六十四卦之象之全體，而名之爲太極。未嘗如周子於陰陽之上，別出太極而圖之也。康節在其經世衍易圖，於動靜之象之交之中，有「一動一靜之間」之一名。其意明在以此一名，統動靜之二者。則此一動一靜之間，又即太極之所在也。至對於無極，則彼嘗謂「無極之前，陰含陽也；有象之後，陽分陰也。」則無極與有象之別，乃惟自陰之含陽與否，或陽之是否由陰分出上說。是無極之概念，乃依陰陽之概念而後有，不得與上文之太極並論；乃與濂溪無極而太極之說，大不同矣。

察康節之意，其謂道爲太極，一動一靜之間爲太極，蓋亦如其以「出入有無，死生而不測者」爲神或道或易。神或道或易，惟假象以見，而別無體，則太極亦非動靜剛柔之象之上之體。動靜之象以外無象，故太極亦無象，而亦不可別爲之圖。乃惟可名之爲一動一靜之間，而位之於動靜陰陽之象之交者。是康節無太極圖說，而只有太極不圖之說矣。太極之所以不圖者，因太極即在一切兩兩相對之動靜之象，更迭以出入有無、死生之交處，亦即內在於天地間一切兩兩相對之動靜之象之和或全體之中，而別無象外之太極也。故康節名其易學，爲衍易之學。衍易之學者，衍之於觀物，衍之以經世，而不離世物，以見易與太極之學也。

至對康節所謂心爲太極之說，亦須以一言說明。康節嘗謂「先天之學，心也；後天之學，迹也。」又言其一生二，二生四，四生八之易圖之序，與所成之八卦，爲先天圖。其尊先天，亦尊心也。而其擊壤集中，尤屢及「造化在乎心」之義。然細察之，則見康節之尊心爲太極者，其旨正同其言神爲太極。原吾人既可於天地間之動靜之象之更迭而不測處言神，則能知此天地間之動靜之更迭而不測者，即吾心之神之不測。天地間之神之不測，惟顯於此心之神之不測；亦惟因有此心之神之不測，乃見天地間之神之不測。二者若相爲內外，而於義無別；則天地間之神之不測，即吾心之神之不測也。人於天地間之神之不測，謂之道，謂之太極，則於此心之神之不測，亦可謂之道，謂之太極，自亦可言心爲太極矣。然此所謂心者，乃其神之不測，與天地之神之不測，見於動靜之象之更迭者，兩兩相孚而俱運之心。亦即一純隨順客觀之動靜之象之更迭，而與之俱運，渾忘其主體之自己之心。此即一純觀照心，或康節所謂以物觀物，而不以我觀物之心也。此以物觀物不以我觀物之心，可名之曰客觀的觀物心。此客觀的觀物心之至高發展，則爲將有此心之人之自己，亦置之於客觀之世界中，而將其與萬物平觀。故康節乃由有觀人若物之論，而有人爲「物之物」之言。所謂人爲物之物者，言人之「目能收萬物之色，耳能收萬物之聲，鼻能收萬物之氣，口能收萬物之味。」故爲萬物之物也。康節又言「聖人爲人之人」。此則自聖人之能以「一心觀萬心，一身觀萬身，一世觀萬世」而說。則康節所謂聖人者，亦無異「物之物」之「物之物」也。聖人之心，即「物之物」之「物之物」之心，而能觀萬心萬身萬物之動靜之象之更迭，以出入有無死生，而其神不測者。斯可言「造化在乎心」矣。而此心亦即運於一切更迭，出入，死生之象之迹中之一心也。迹屬後天，則心爲先天，此心固尊矣。然此心者，乃一純隨順物之象之更迭，而與之俱運之純客觀心，而非屬於我之主體之自己之心，亦可與我之主體之自己之一切道德之實踐不相干之客觀心。此實大類似莊子所謂游於萬化之心。此心旣觀物之象，而與之俱運，則亦與之俱化，而可同化於物，則美之爲至妙至神之心固可，而謂之爲最高級之全幅物化之心亦可。謂此心或此心之道之神之所在，爲太極之所在，謂此太極之見於一動一靜之間者，爲至妙至神固可；而謂之爲與我之主體自己一切道德實踐，全不相干，而只浮沉於客觀物象之動靜之中之太極亦可。其所謂聖人，亦蓋可淪爲一往觀物觀象，本易理經世，實無所事事之聖人。是則不免有異於儒學傳統，重成己成物之實踐精神矣。康節詩曰「若道先天無一事，後天方要著工夫」。然依邵子之論，此後天之工夫，要不外不以我觀物，而歸於以物觀物之工夫。然若只歸於處處以物觀物，則亦將歸於先天之無一事，而至多只有此如是如是觀之一事，此蓋非儒者之成己成物之事，而除觀物以外，可實無工夫之可用矣。

八　二程即人道以言天道即性理以言天理與氣之生生不息義

由吾人上述張邵言太極之論，便知二人於太極之義，實皆只是客觀之虛說。在橫渠乃以虛氣不二之太和爲實有，太極唯自太和中陰陽二氣，依淸通相感而能一處，以立名。在康節，則即以一動一靜之象之更迭，爲易之體，而此易則另無體。而道或神或太極，皆唯是依此一動一靜之象之更迭，而出入有無死生，以立名者。二子之言太和之道與易象，皆自客觀說來，而於人在天地間之地位，亦從天地一邊說來，或自人爲萬物之靈一邊說來，則初亦只是視人爲天地中之萬物之一。於人之心，則在橫渠，乃是隸屬之於一客觀之氣之依其淸通而相感處說。在康節，則只視此爲一客觀之觀物而出入萬物之心。而二程之大不同於二子之說者，則在直接就人說人，謂「人自人，物自物，道理甚分明。」（註二）人可直下以天地萬物爲一體，而不須將此人客觀化爲萬物中之一物，再說其地位之高於其他之萬物，以及人之能上合於天等。二程論心，亦直說其能與天地一般，謂不可小看了。又將此心處處扣緊人身自己上說，故曰「心要在腔子裏」，以連繫於身行之實踐。至於此心之能有此實踐，則由此心

註二：二程遺書一「堯夫嘗言：能物物，則我爲物之人也；不能物物，則我爲物之物也。人自人，物自物，道理甚分明。」實則堯夫所謂能物物之人，即「物之物」之「物之物」也。

之自有內在的爲之主之性，而此性卽理，亦卽其立身行己或一切實踐之道之所存。由是而此道此理，卽指此心之體而言者，而可名之爲形而上之道體理體。此心由寂然不動，以與萬物感通，應之以身行，而此身之氣與萬物之氣，卽皆爲此理此道之所貫徹運行之地。至若彼萬物之象之變化，或所謂易象，則爲吾人賴以知吾人自己如何實踐此理此道之所資。此儒學思想之一轉向，實明道開之，而伊川承之。明道與伊川二人，於此義亦無不大同之見。伊川之沿此義以說經，乃於張邵之易學以外，別出一途。伊川之於其易傳序曰：「易變易也，隨時變易以從道也。其爲書也，……將以順性命之理，而示開物成務之道也。」又曰：「至微者理也，至著者象也，體用一原，顯微無閒。」其言易以從道，明不同於橫渠之於太和篇之言「見易」，亦不同於康節之由觀象而玩易；乃歸宗於至微之性命之理之爲體而順之，而以至著之象爲用，示人以開物成務之道。是則二程之更能接上中庸之盡心知性，以成己成物之傳，於其論易處，已足見之。此亦思想史上轉變之迹之不可忽者也。

明道伊川之言理與道，初皆扣緊吾人自己之心身上說。明道嘗謂「吾學雖有所受，然天理二字，卻是自家體貼出來。」此所謂自家體貼出來，卽在自己身心上體貼出來。又曰「上天之載，無聲無臭，其體則謂之易，其理則謂之道，其命於人則謂之性，其用無窮則謂之神。」又謂「生生之謂易，生生之用，則神也。天之付與謂之命，稟之在我謂之性，見於事業謂之理。理也，性也，命也，三者未嘗有異。」此中將生生之體，或生生之易，與其理，其道，及命於人之性，與其理之見於事業，及其用之無窮之神者，一貫直說下來；亦卽就此人之性之原於天，而言其爲原自一生生之易，生生之體，而其理卽道；更就其發於用，而言其爲無窮之神，與見於事業之理。此卽依於一「玩心神明，上下同流。」（註三）而徹上徹下，亦徹內徹外之說法，而不同於橫渠之言人當爲乾坤之孝子，乃以下承上，以合內外之說法；更不同於康節之一往向外觀物，以至將人與其自己之心，亦客觀化爲吾人之「觀」之所對之說法。明道之言此生生之易、生生之體之無聲無臭，亦卽略同濂溪之言太極之無極限或無形。故朱子注太極圖說，卽以無聲無臭釋無極。是見明道之所謂生生之體、生生之易之無聲無臭，正相當於濂溪所謂太極。然濂溪之所謂太極，卽通書中之誠。此誠之爲誠，乃重在其眞實義，動而無動，靜而無靜義，生物成物而無思無爲義。此則實偏於靜。故濂溪言主靜。明道則直下以生生，言體言易，以無窮言神，則性體爲活潑潑地，如鳶飛魚躍之義彰。而其所謂天理天道或體，亦卽當在其生生之用中識取。而此理此道或此體，卽一與天地萬物感通，與之爲一體，而以生意貫徹之——亦卽以生生之用貫徹之——之仁體。故明道之言識仁，亦卽識此渾然與物同體，或與天地萬物爲一體之體。此卽足見此體之爲天人不二，而更無內外之一渾然之全體。在此思想中，天與人，不容分別說，則太極人極，不容分別說，乾坤與人，亦不容分別說。明道雖稱道西銘，謂其備言此體。此乃謂西銘之言「人爲乾坤之孝子」之一事之全，爲能備言此體。非如橫渠之實只以乾坤或太和之道或天地之神化爲體也。而明

註三：二程遺書卷七。

道之所以竟不言太極，蓋亦即由以前之言太極者，皆尅就宇宙或天地之原而立名，亦即初是由分別人與宇宙或天地而後有之說。至明道之直下言「天人本不二」者，自可無別立之太極之可論矣。

至於伊川言道或理，則世皆謂其更重分別形而上之道與形而下之器，而分別理與氣。然其義則皆啓自明道。二程遺書所載，分別形上形下之語，究出於伊川或明道，亦殊難定。明道之生生之易，生生之體，無聲無臭，固即形而上者也。明道於自己心身上體貼出天理，即伊川之言性即理之所本也。明道固嘗言「性即氣，氣即性」，又嘗謂「神氣相極，氣外無神，神外無氣。」神即生生之體之道之用，則道外亦無氣，氣外亦無道。然此亦非必即明道不分性與氣、不分道與氣之證。而只可謂明道之重道之貫徹於氣，重性之貫澈於氣之證。此義，伊川亦有之。唯明道才高而質美，故能直下識得此理，便不須防檢，不須窮索，而誠敬存之，即直見心氣之從理而合道。故喜將此二者渾合說。而伊川則更能識得人之氣質之清濁、純駁、與偏正之不同，與人爲學之工夫之不易，而特有見於理之有爲人所未易知未易行者；乃特重此理與氣之恒不相合一而爲二處，及道與氣間之距離；而多分別理與氣，形上之道與形下之器之論。故此道此理之不雜於氣之純粹性，其不爲堯存不爲桀亡之永恒性，與大公而無私之普遍性，及此理此道之尊嚴性，亦因伊川之言而彰著。而伊川之所以能尊嚴師道，亦正在其能確立此道此理之尊嚴，於形下之器與氣之上也。

原夫形上形下之分，理與氣之分，如只自客觀之經驗事物而論，則爲說多端。尅就經驗事物之器之有理而論，並不能確立理與器或氣之爲二。故由橫渠之本天道以立人道，其於天道亦可屬之於氣，而視之爲氣之道；由康節之觀物觀象，亦未能於象外物外見道。在人之道德生活中，若人之志之所往，所知之理之所在，氣即隨之，則此中亦唯見理氣之渾合。如明道之言理氣不二是也。然在人道德生活中，亦確有心所知之「理」，與身之「行」爲二，或「理」與「心知」爲二之一境。此心明知理當如此，而未之能行，則所知之理，遂顯爲超越於行之之氣上，而若對吾人施一命令，命吾人行之，而吾人乃如爲尚未能順此命令者。又或心之於理，初不知之，而唯待窮索以求知之。於是此理亦初超越於心知之氣之上，亦若命吾人知之，而吾人乃未及知之者。然此中之理，雖超越於吾人之行爲與心知之上，此理又必求貫徹於吾人之行爲，而顯於吾人之心知，則此理又非外在於吾人，實即吾人之行爲所實現之理，吾人之心知所顯之理。故此理應即爲吾人之行爲與心知之性，而此性此理乃內在而非外在。吾人於是可自此性此理之超越而大公言，謂之天，自此性此理之內在分別屬於一一之人而言，謂之人。合以爲一「即天理即人性」之性理之論。此中，尅就此性理之求充量實現，並呈顯於吾人之心知與行爲言，此性此理固必歸於與心身之氣合而爲一。然尅就此性理之未能充量實現呈顯言，則理與氣，即不得不相對爲二，而理乃恒若居於氣之上，不論氣之是否能實現之呈顯之，亦恒自如其爲理，以長存於天壤；亦不論人之知之與否，感之與否，而若恒自在者。又此理此道之恒自在，亦即所以見此理此道之未嘗不昭垂於人前者。故曰「寂然不動，感而遂通，此已言人之分上事，若論道，則萬理皆具，更不論感與未感。」（遺書十五）此亦卽人在道德生活中，所以對此理恆有畏敬之感之故。而明道伊川之所以重誠敬或主敬，亦卽所以凝聚此身心，以求契應於此天理之昭垂，以使之實現呈顯於吾人之身心，而見此天理之流行於日用常行，並使此身心之氣，得恆順此卽性卽命之理者。此便異於橫渠之先窮天地萬物之理，再盡吾人之性，以上合於乾坤父母之志，乃得立吾人之命於天地間之說。此中之理，必依其爲一純粹之理之本來面目，以昭垂於人前，則又異於橫渠之卽天地萬物之氣，而言其道其理者，尙未能見此純粹之理之昭垂於人前，以人之誠敬，直接與之相契應者也。

在伊川之思想中，其言理，除爲以吾人之誠敬，與之相契應之「天命於吾人之當然之性理」外，自亦言及天地萬物之生生之理。而此天地萬物之生生之理，卽天地萬物之性理。天地萬物之性理，與吾人之性理，實同是一理。此義乃發之於明道。原明道既言人與萬物之一體，則人不得私天理爲人所獨有，謂爲天之所獨命於人者；遂當謂天之所命於人之理，亦天所命於物之理。唯物則氣昏而不能推，（註四）故不能如人之能實體此天理。此義爲伊川所承，而更重人物之氣質之差別，再爲朱子所承，卽成其「觀萬物之一原，理同而氣異」之說。今暫不及。伊川既承此說，而更重人物之氣質之差別，亦卽重不同之人物所顯之理之不同，乃更重於事事物物分別窮理之義。然於天地萬物皆同本此生生之理，以生以成，則未嘗有異於明道。唯因其更重理之超越於氣之義，故亦更重由理之原爲生生不

註四：二程遺書卷二。

窮，以說氣之所以生生不窮。氣既生生不窮，則無所謂往而復來之氣。（註五）然橫渠之以氣爲虛而實者，則有氣之往而復來之義。氣有往而復來之義，則氣雖化而非化。「氣」乃在橫渠思想若爲主，而「理」與「道」乃若爲賓。然在伊川思想中，氣之息者往者、屈而散者，則不再生爲方伸再來重聚之氣，故疑氣有往來之說爲大輪迴；而謂氣之生生不窮，乃原自理之生生不窮，或此理之原是一生生不息之理。於此氣之直自理生者，伊川又或名之爲眞元之氣，以別之於外來之氣。至此氣之依理而屈伸、聚散、生息，卽所以見天地闔闢之機（註六）。是在伊川，乃以生生之理爲主，並以依之而有而生之氣爲賓。此卽下開朱子理先氣後，理主氣從，以論天地萬物之生生之說者也。

然伊川雖有理氣爲二之義，並有理主氣從之義，亦未嘗論及太極之問題。其易傳一書，未及繫辭傳，其經說中之易說中繫辭傳項下，亦未見其及太極之義。唯遺書卷二言及「極爲天地中是也，然論地中，儘有說。」此所謂極，亦非太極之謂也。伊川更未嘗直言其所謂生生之理爲太極，亦未嘗深及於理氣之如何關聯之諸問題。伊川之思想之所以未言及理氣關係之問題，蓋由其雖分別形而上之道與

註五：遺書十五謂「屈伸往來只是理，不必將既屈之氣，復爲方伸之氣，生生之理自然不息」，又「凡物之散，其氣遂盡，無復歸本原之理。既散之氣豈有復在？天地造化，又焉用此既散之氣？以至於潮水之生與涸，伊川亦謂「日出則水涸，是漸退也，其涸者已無用也。月出則潮水生，卻非已涸之水。」

註六：二程遺書十五。

形而下之器，而肯定一「冲漠無朕，萬象森然以具。寂然不動，感而遂通」之理之世界，然彼仍只重此理爲人之誠敬之心所契應，以爲人所知所行之義；乃只泛言萬物之依此理而生生不窮，未嘗將此理作爲反省之所對，進而視之爲能客觀的統攝一切之統體之理；故未嘗加以太極之一名，亦未嘗論及其與萬物之氣之種種複雜之關係，以形成一宇宙論之系統也。而朱子則進此一步，逕謂此生生之理即太極，逕謂太極爲理，以使二程之言性理，與周子之言太極，重相涵接，亦與張橫渠邵康節之求客觀之「見易」「觀象」，以論天地萬物之理之精神相呼應，而遙與漢儒陰陽五行之論相交涉。朱子論氣之神化與心之虛靈，尤多取諸橫渠。於是其言理與氣之關係，尤善能多自方面，分別以觀，而形成一宇宙論之系統。然以其理氣之論，散見語錄者，多不相統屬，亦有似相矛盾者。故下文述其太極理氣之論，不取尋文繹義之方式。擬首將此中所論之問題，推開擴大一步，而視爲一客觀之天地萬物之根原之問題，先泛論其可能之解答，以爲比較之資，使吾人於朱子之太極之理氣之論，可逐漸湊泊其義。更於朱子言理氣之諸大義，爲其書所屢及，而人所共知者，循今日之哲學思維方式，代爲說明發揮，以見其言之在今日，猶有不可磨之價值。此亦所以助吾人對之有一更眞切之了解。是即本文中篇之所論，所以必須觸類旁通，肥辭廣說，而與本篇之謹約矜愼，文不相侔之故也。

第十四章　原太極中：天地之根原問題，與太極一名之諸義，及朱子太極理氣論之哲學涵義

一　對天地萬物根原問題之諸說與太極一名之諸義

吾人所謂天地萬物之根原之問題，初乃尅就吾人今所經驗之客觀之事物，而問其所以生之原因或理由之問題。此原爲人類所共有，西哲所擅長，亦爲中國先哲之所常論，而恆連於太極之一觀念之一問題。對此問題之答案之一般思想型態，主要者蓋不出七者：

一爲以吾人所經驗之天地萬物或種種事物，即種種現象。此諸事物現象，實另無根原；所謂世界，即此種種事物或現象，加以總述之總體或全體之和。此即以取消此問題，爲解答此問題之思想型式，如西方之現象主義者所支持。而在中國思想中，對此一總體或全體之和，後儒亦有以太極名之

者。如劉蕺山謂「太極者，天地萬物之總名，非與物爲君也。」此言雖不代表蕺山論太極之思想之全部，然尅就此語而觀，卽以除此天地萬物之總體以外，更無所謂爲其根原之太極之說也。

今按：此說之謂一切事物一切現象，合爲一全體，不須另求其根原，乃由於忽略一切事物，並非能合爲一現成或已有之全體者。原此一切事物，乃在生生不已之歷程中。故於人所經驗之已有事物外，乃不斷有新生者。吾人雖可將所經驗之已有事物，合之爲一全體，然此新生未生者，則初不在此全體之中。以此已有事物之全體，觀新生之未生者，則此新生未生者，原可有亦可無；則於其竟非無而爲有，吾人便不能不求說明其所以有之故。此卽以下諸說之所由生也。

二爲以吾人所經驗之事物或現象，其界劃未分明者，乃逐漸變爲分明；故今日吾人所見之芸芸總總之萬物，其界劃若已分明者，溯其本原，應由界劃未分明者而生。有如枝葉之分，始於一渾圓之種子。由此而印度神話中有世界生於一金卵之說，希臘哲學中有世界生於一無定限之氣，或無「限」者，或無數種子之混合體之說。中國則有天地萬物生於一元氣或氣，或太初之混沌之說。而漢儒之謂太極爲元氣或氣，亦卽將此型之思想，與太極之名辭概念相結合而成者也。

今按：此說之謂一切界劃分明者，由界劃不分明之混沌或元氣而生，如作爲物之生之歷程之描述語看，亦非不可說。然混沌元氣之所以能化生出萬物，仍應有一理由或說理，則非此說所及矣。

三爲本於人能造物，使物自無而有，並主宰物而利用之；遂推擴之爲一天地萬物必有創造之者之思想；乃謂天地萬物初由神之創造，亦由神加以主宰。在西方思想中，因有鑒於人之造物，人必先有一定之理想，一定之觀念；遂有神或上帝之造物，亦必依一定之型模、一定之計劃之說。然此則非東方思想之所重。印度思想之言梵天之創造，重其能自由作無限之創造之義，而衆生無盡，世界無盡，則非一定之型模計劃所能限。中國宗教思想中之上帝或天，乃時降新命者，於此若言其創生萬物，便只可言有一定之程序，而亦不能言一定之型模計劃。如董仲舒之所謂天，實即一有意志有情感之人格神。而其言天生萬物，即只依於陰陽五行之次第表現之程序，或春夏秋冬之程序，而無一定之型模計劃者也。中國思想中之言人之創造活動，亦罕專自人之製造物上說。而恒自各種道德上、藝術上、政治上，人之精神之變化無方之運用上說。此中亦正不能有預定之型模與計劃者。中國思想中之太極之觀念，初固無神或帝之意義。然前引之馬融說，謂太極指北辰。北辰、北極、天極三名，又常通用，而昔人或謂爲太乙之神所居。如史記天官書謂「中宮天極星，其一明者，太一常居也。」史記正義謂「泰一，天帝之別名也。」又史記封禪書謂「天神貴者太一，索隱云樂汁徵圖曰：天宮紫微，北極天一，太一。宋均云，天一，太一，北極神之別名。」則以北辰爲太極，即亦可涵以北極或太一之神爲太極之義者也。

今按：此說以物由神造，可只由於一原始之擬人的類推，亦可由一哲學思辨之所逼出。如只爲一擬人的類推，則人造之物由人造，並不能證明自然物必有造之者。以人造物與自然物，固不必全相類故也。如由一哲學思辯所逼出，則此說自有其深義，下文於論事物之存在之目的因及實現原則處，當及之。

四、爲以一切事物皆由無而有。此說乃尅就任何一事物在其未有時皆爲無，其有，皆爲一空前之唯一無二之有；乃推擴及於一切事物，以觀一切事物之有皆自無生，或皆以寂寥虛曠之無爲背景，在此背景上生起呈現之說。西方宗教思想中，言上帝自無中創造萬物，此中亦包涵，萬物初自無生，而呈現於虛無面上之思想。現代西哲之海德格，以無爲凸顯有者，亦涵此義。列子天瑞篇，有「聲動不生聲而生響，無動不生無而生有」之說，則明有「有」自「無」動而生之言。因凡「有」之生，原皆可說爲「無中」之一動也。然列子天瑞篇又言：「不生者能生生，不化者能化化」；此不生不化者，則又不必是無。至於魏晉之王弼釋易之幾曰：「幾者去無入有」；此則雖不涵「無之動」之義，亦依於一觀有之始於無之心境而來。韓康伯注易，謂太極爲「無之稱也」，謂易之一陰一陽爲「無陰無陽」，是卽言陰陽皆依「無」之太極而生，而爲合「無」與「太極」之論也。

今按：以萬物原於無，作一心境之描述語看，亦無問題。如以客觀上只此一無，便能生萬物，則下說卽與之相對反，而可見此說之不足也。

五、爲以一切事物之有，皆依於一「全有」而有而生，而此全有之自身，又不生不化者。此乃本於：一切有只能依有而有，不能依無有而有，方能免於其有，與所依而有者間之矛盾，而成立之說。

此思想在西方乃原自帕門尼德斯之所謂太一 One。此太一之概念，乃尚無精神性之意義者。如依貝勒特 Burnett 早期希臘哲學一書之解釋，則尚涵物質性之意義者。然帕門尼德斯之所謂「太一」，通過柏拉圖，亞里士多德之哲學中，造物主或上帝之概念，而化爲普羅提羅 Plotinus 之精神性之太一，再化爲在中古哲學中具全智全善之全有，卽同於上帝一概念之內涵。依中古哲學，謂萬物原自上帝而有，亦卽同於謂上帝之本其無限之全有，而流出或創出種種有限之部份之有之說。然此思想，亦不能否認此有限之部份之有，在未流出創出時之仍爲無。此思想，在印度吠檀多之哲學中，亦有之，在中國亦非全無相類之說。如晚周及漢儒所謂太一，卽亦被視爲一切萬物之多所自出。如說文釋一字曰：「惟初大始，道立於一，造分天地，化成萬物。」卽以此大始爲一，而名之曰大，是大始卽同於大一之義。此大一不必卽太乙之神，然大一又可指太一之神，如前所說。則此與西方之帕門尼德斯之太一之義，通於神帝之義之情形，亦未嘗不同也。

今按：以萬物之有之生，皆依於一全有，而有而生，卽由有而有之謂：此可合於邏輯上之同一原則。然自宇宙之萬物之實際存在上看，則萬物未生時，仍畢竟亦爲無，此卽上一說之所據，此說亦未之能易者。是卽見此說與上說相對反，而同有所不足也。

六、爲以一切事物之有，皆分別依不同之因緣或原因而有，不能只以同一之因，說明一切之有之所自生之說。此在西方希臘哲學中，則有亞里士多德之本其前之哲人所提出之質料因，形式因，動力因至目的因之說，所成之「一一個別事物各有其不同之因；所謂同有某因，只爲一類比之說法」之論。近代科學之於一一事物，分別研究其物質材料與形式、結構、原則、定律、前事後事，並以前事爲後事之因之論，亦由亞氏之說演變發展而出。在印度思想中，六派哲學皆較原始之宗教思想，更重因緣之陳述，而以佛家思想爲最重因緣者。佛家之法相唯識之學，則爲於一一不同之事物之不同因緣，喜作最詳細之分析者。依此說，一切泛指一因，以爲萬物所自生之論，所同有之一缺點，皆爲忽略一物所自生之特殊之因緣，亦忽略「一物之何以不於任何時任何處生，而只在一特定時空特定情境下生出」之理由或原因。此說則能特重視不同事物之不同之特殊因緣，而或進以論一共同普遍之因爲不必須者。在中國思想中之重視此一一事物之在一特定時空發生，與其特定之原因之思想，應說以中國之陰陽家爲代表。陰陽家之重曆法之時間，重陰陽五行之氣之複雜的組合變化，亦卽意在求應合於個體事物之特殊性，而分別加以說明者。依此種思想方式，最後亦宜歸於無共同普遍之原因，亦無統體之元氣爲太極之說。故在陰陽家之說中，太極之名，亦有只以之指一時空之運轉中之一樞極星之北辰者。此北辰，雖爲時空運轉之樞極，亦實只一特殊之個體事物而已，非統體之萬物之原矣。

今按：循此形態之思想，則萬物之所以生，有分別之原因理由，而可無共同普遍之原因理由。然吾人又確能總萬物而思之爲一全體，則人亦應能思此全體之所以生之原，而不能免於此全體之所以生之一原爲何之一問題。對此問題，亦不能不有一解答之方。

七、爲以一切事物依一共同普遍之道或理而生，凡道與理亦皆不同於世間之存在事物之有，而又非無者。故爲一般所謂「有」「無」之間或之上之一概念。然道與理有二種：一爲就一一事物所以生之分別之道之理而言。若上所言之一一事物之形式因是也。一爲一切事物之共同普遍之道或理，此可名爲統體之道統體之理。在中國哲學傳統中，於宇宙論上言統體之道者，蓋始於老莊，而在宇宙論上言統體之理，則王弼已有以一理統宗會元之說。然老子、王弼，皆未言生生之理生生之道。而王弼、老子之理之道之生物，又是生之而任之復歸於無者，故其說終不免歸於「以無爲本而虛載羣生」之論。此理此道未必足稱爲生生之理生生之道，而以使物生生不已爲事者。中國哲學家中，最重生生之道之理，而視之爲萬物之一原所在，而詳發其蘊者，則爲宋儒之朱子。朱子之所論，既近承周張二程之言生生之理生生之道，遠本於易傳之言生生之易，與中庸之言天之生物之道，而亦遙契孟子之言「生則惡可已」，與孔子之言天道之見於「四時行百物生」之旨。朱子之所論，其影響於今者，又歷八百年而未已。故吾人不可以輕心視之。細觀此以生生之道生生之理，說明萬物之所以生生不已之原之論，如以西方宗教及形上學思想，爲較論之資，此實無異是西方三位一體思想中之第二位之道爲主，以涵攝第一位之上帝於其中之說。依西方之說上帝爲全有，則道應爲全有之本質，而表現於其創造萬物之事業，此事業乃迄今未已者。故無論上帝之化爲耶穌之救贖事業，及創生萬物之事，皆未已者。而在中國思想，則尤重此宇宙萬物之創造、生化，或流行之歷程之未濟而未已，天德之流行與聖賢之德澤之流行而未已處。此不已，乃悠久無疆而永純一不已，由此乃特重此道之永遠在前爲導之義。而自萬物之創生言，則萬物未生之際，只能說寂，其由未生而生，此中之先有者，亦只能是一由未生至生之一道一理，在前爲導，而物則依此生之道生之理以生。此卽見天德天理天道之流行，於萬物之相繼而生生不已之歷程中。此則中國傳統思想共有之大義，而爲朱子之所發揮，以成其以此理此道爲太極，以主乎一切流行之氣之中之思想，而爲西方之宗教思想與形上學思想所未之能及者也。

吾人之所以說此思想爲西方思想所未之能及者，此乃由於西方思想雖有以上帝之全有，爲一最高之實體之思想，然在西方宗教思想中，則上帝之道之表現於其創造萬物之事業，實尚未已而謂可已，是卽於此體之必行於用中，或必顯於流行中，實未能加以重視，故有其世界末日之論。人果謂世界有末日而其流行可已，亦卽見其於所謂天或上帝之創造性，實並未加以正視。創造之所以爲創造，在由無生有。此可爲東西思想所共認。然創造既爲由無生有，卽無論創造者爲誰，所創造者爲如何，此創造者要終不能眞自足於其自身之爲全有，而必有一義上之自己之超越，以另有所生，而彼亦唯在有此自己之超越，而另有所生時，得成爲其自己。換言之，卽彼無此創造，則不能眞有其自己，而彼亦不能已於創造，而不表現於流行。在西方中古形上學思想，謂上帝爲全有，則恒謂此流行或創造，對上帝爲可有可無之外加之事，而此世界之創造與流行，乃對上帝爲偶然。反此說者，乃被視爲異端。此卽未能深契於「體之必行於用」以表現爲流行或創造之義。然此表現爲流行或創造，既爲由無生有，則一切物於尚未現實有之先，只能先有此「去生有」之事中，一「生有之方向」、或「生有之一理或道」。此道此理之所在，即創造者之所在，而創造者即可同於此理此道。此即以理道攝創造者之朱子思想，其所以不外此道此理，以言天言帝，而以天帝同於此理此道之故也。按程子謂「以主宰言謂之帝，以理言謂之道，以形體言謂之天」，是即明言天即此理此道。故朱子註經，於言天帝處，乃皆以理釋之，謂「獲罪於天，即獲罪於理」，又釋「帝命文王」曰：「理合如此，便是帝命」（語類八十一）按古經所謂帝天，蓋實爲人格神，未必如朱子所訓釋；而朱子之必如此加以訓釋，則所以完成此以第二位之道，攝第一位之上帝之思想之發展者也。

二　統體之理之所以必須建立之理由與實現原則

然吾人欲了解此統體之理或道之所以必須建立，宜一先略說一般所謂事物之所以生之因緣、或分別之原因或分別之理，實不足以說明事物之所以生之故。

一般所謂事物之所以生之因緣或原因，多爲指一事物之生之前事。如芽之所以生之前事，爲種子之遇日光，而接收養料。一般之常識及科學，遂以此前事爲芽之所以生之原因或因緣，此自一般義，自爲可說者。因某一定之事物，確有其所承之一定之前事也。此中，人若只以此所承之前事，爲一事之外緣，亦原無問題。然如以前事爲後事所自生之原因或理由，則人可問此前事中是否眞有後事？如其已有後事，則不須說後事由之而生。如其中無後事，則後事又如何可說由之而生？一般所謂由前事化爲後事者，亦卽意涵前事既化而由有歸於無，後事乃由無而有而生之意。今若問：前事既化爲無，乃有後事生，則應說由前事之無，乃有後事生，又如何可說後事由前事生？此中，人如愈注目於後事與前事形相之不同，如芽與種子形相之不同，則愈於後事之何以由前事生，愈不得其解。以前後之事之形相既不同，吾人便不能於前事之形相中，求得後事之形相，所以有之原因或理由；則後事之形相之所以生，便亦不能以前事之形相，爲其所以生之原因或理由。由此而哲學家乃有一形式因之觀念之提出。此卽謂一新事物之本以前之舊事物而生，乃唯取舊事物之質料，以爲其質料；至新事物之形式，則不由舊事物來，而另有其根原。此根原，卽在如此如此之一新事物之形式之自身。此一形式之自身，初不屬於現實事物之世界，而只在一形式或理念之世界者。此形式或理念，亦可存在於上帝之心，或爲人心所先意想及，然要爲先虛懸於現實世界之事物之上，而唯待爲舊事物者之變化，及舊事物之質料捨其原來之形式，以表現此新事物之形式時；此新事物之形式，乃由虛懸於上，而得實現於其下面之現實世界者。在西方近代之哲學科學思想中，則有事物之變化，乃循變化之律則，而由此律則以規定事物之變化歷程，或律則自身之次第表現歷程之說。至在印度之唯識法相宗，則於一事物之生，除以其前事爲增上之外緣之外，又立一事物之種子，以爲一事物所以生之親因。所謂一事物之種子，卽一事物之潛伏的功能。此不同於一般所謂種子。如一般所謂種子能生芽，依唯識法相宗義，則此一般所謂種子，稱為外種，乃與日光水份等，同只為芽之外緣之一者。然除此諸外緣外，尙有生芽之功能之自身，為芽所自生之親因，此方為眞正之種子，或稱為內種。然此二說，各包涵一更根本之問題。前說之問題是：如謂後事物未生而其形式已先在，則此先在而未現實化為現實事物之形式，如何得現實化之問題，或其現實化之理由或原因何在之問題。吾人謂事物依律則而變化，亦涵此律則已先在之義，有如火車之軌道之先火車而在。此中仍有此律則如何為事物之變化歷程所表現，而得現實化，以為事物之變化歷程中之律則之問題。在後說中，則謂事物之親因為內種或種子或潛伏之功能，亦同有此潛伏之功能如何得現實化之問題。唯對後一問題，在法相唯識宗中，因重在講一切事物之種子，在如是如是之已現實之外緣下，而如是如是現行（卽現實化），此乃法爾如是；便亦可不必問為潛伏之功能之種子本身，如何能轉為現實。又所謂現實，如指現實於心識之前，則唯識法相宗可說：此心識之知之，卽其所以得現實化之理由。此心識之知之，亦卽可稱為其所以現實於心識之前之實現原則。而對上述之形式或律則，如何得現實化之問題，則依西方亞里士多德之哲學，於此有動力因、目的因之說。依此說，一新形式之所以得實現於舊事物之質料，乃由另有一動力為因，以使舊事物變化，兼使其質料，捨其原本之形式，而表現一新形式，遂使新事物得成。此新事物之成，又有其用及目的，此形式之所須現實於舊質料，亦卽為求實現此目的。故新事物之所以生，亦卽由有動力因，以使舊質料實現新形式，而實現一目的以生。如人用力於石，以使吾人心中之一人像，實現於石成一雕像，以供人之欣賞，即為吾人心中之人像之形式，由人之動力而實現於石，以達一目的之例。而此亦即已現實於人心之目的中之形式，貫澈於其質料，使質料得實現其潛能，以表現一現實之形式之例。今將此說加以推擴，以應用於自然界之事物之所以創生，即歸於以新生之自然物之形式，皆先現實於上帝之心靈，而由上帝實現於其質料之中，以達其創造此新生自然物之目的之說。此中，吾人如將上文之形式，易為自然律，則當說自然物之變化所依之自然律，乃先現實於上帝之心靈，而後由上帝加以實現，以使之成為自然物之變化，所實際表現之律則者。凡此使形式律則，不只虛懸於事物之上，而實現於事物之中之原則，在西方哲學即遝稱為一形上學之實現原則或現實原則(Prinsciple of Realization)或(Principle of Actualization)。此實現原則或現實原則，乃人追問一新事物之形式，何以能實現於其質料，或潛能之所以化為現實，以使新事物得創生而存在，所逐步逼出，而必須加以肯定者也。

三　生生之理與形式之理之不同，及氣與西哲所謂質料之不同

西方哲學之分別一般形式之理與實現原則，乃西方哲學自亞里士多德，經中古思想，至近世之來

布尼茲，以及今之懷特海之哲學中，一極重要之形上學觀念。而在中國方面，則中庸之誠，易傳之乾坤，皆具有實現原則之意義。而暢發其重要性者，則爲承周張二程之傳之朱子。朱子之所以重理，即重其爲一實現原則。朱子之所謂理，固有二義，其一義爲：一物所具之理或一事一物之極至之理。此可爲就一事一物之特定之形式構造相狀而言之理，而相當於西哲之形式之理者，於此可說物有許多，理亦有許多，物各有其理或律則，而各有其極。（註七）朱子所謂格物窮理，亦初重在分別就物之不同，以知其不同之理。然朱子所歸宗之理，則又爲一統體之理。此統體之理，即一生生之理，生生之道，而相當於西方哲學所謂實現原則者。然朱子之論此統體之生生之理生生之道，與西方哲學之論實現原則，又有大不相同之處。此即因西方自亞里士多德，經中古哲學之傳，至近世來布尼茲，其言此實現原則，恒以上帝之心靈之神智，先知其所欲實現之形式律則爲根據。是則意涵此形式律則之理，乃先在，而此實現原則，又內在於上帝之實現其所知之意志之中。此又意涵：實現原則唯依於上帝之

註七：朱子之物各有理、物各有極之理，可爲下所謂統體之理之表現於一物者，亦可是爲一物之形式之理。則物多理多，可指形式之理之多，如語類九十七謂「花瓶便有花瓶的道理，書燈便有書燈的道理，水之潤下，火之炎上，金之從革，木之曲直，土之稼穡，都有性，都有理。人若用之，順這理始得。若把金來削做木用，木來鎔做金用，便無此理。」又語類九十四「事事物皆有個極，君之仁，臣之敬便是極，此是一事一物之極。總天地萬物之理，便是太極。」

意志而後可說。由此以言神造天地萬物，乃勢必歸於一神學上之由神知神意預定一切之預定論。惟現代懷特海之言實現原則，乃反預定論，而連於其創造原則，以言實現原則。此則當別論。在朱子之思想中，其言統體之生生之理，生生之道，固亦爲先天地萬物而自有者。然朱子唯直言天地萬物之依此道此理而生。至對物之形式之理，則視爲後於物之生而有，以爲人所知者。故語類九十四謂：「未有一物時，是有天下公共之理，而未有一物所具之理。」則朱子無形式之理先在之說，亦無形式之理先爲上帝所知，由其意志加以實現之說。其以人物直依此道此理而生，此道此理亦即直接爲人物之所以生之理由或實現原則。故此道此理，即可視爲人物所以生之性，而直接內在於人物者。此亦無礙於自此道此理之爲不同人物之公共之本原，而稱之爲天道天理。由是而朱子詞所謂「無盡今來古往，多少春花秋月」中之人物之相續生生不窮，亦即此天道此天理之賦於物，命於物，以爲其性，之一天命流行之歷程。此即由於吾人前所說：中國思想素不重上帝或天之創生物之型模或計劃，及其創生者之爲如何如何（What），與中國思想重此天之創造性之本身；方發展出此朱子之直以此道此理，爲人物之生生之原，以說天命流行之思想也。然此固不礙朱子之此道此理，同於西哲之所謂實現原則，同爲說明事物之創生所以可能之原則，亦同爲吾人問新事物何以創生而存在，自然逼出，必須加以肯定者也。

吾人如知此生生之理生生之道，乃使新事物得生而得存之理，則此理決不同於一新事物之爲如何如何、爲What、表現何形式何自然律之理，如芽之爲綠、爲長條形、等形式之理；而唯是「此綠而爲長條形之芽之物，何以能生能存之理。」亦卽「此綠與長條形之如何如何之一What，何以得其所附之That」之理，或「此具What之That，如何得生得存之理。」故此理，乃與此What或形式之理本身，不同其層次者。如吾人謂一物之形式之理，爲先一物之有，而自己有，或潛在者，則於此理，應如西方哲學家之逕稱爲一實現原則或實現之理。吾人如謂一物之形式，乃屬於一具體物，後於具體物之有而有，以爲人所知，或謂一物之形式之What，亦爲屬於一物之That者；則此實現之理，應直稱之爲一「創生此整個具What之That之具體事物」之理。如自此理所創生之具體事物，乃生生不窮者言，則應稱之爲生生之理。此生生之理，乃唯以使一一「具What之That」次第得生爲事，故卽一一「具What之That」次第得生而存在之事之理由，或眞因所在。亦一切「具不同之What之不同That」，或一切不同事物所以得生而存在之共同眞因之所在。故此理爲一統體之理。朱子於此理之所論，其進於初言此理之二程者，則在其對此理，更名之爲太極，並就其與氣及物之關係，而與以分別之說明。

此分別的說明之要，在說明此統體之生生之理或太極與氣及物之諸關係，此俟下文詳之。吾人今所當先及者，是除吾人須知朱子所謂統體之理，不同於西哲所謂形式之理外，亦須知其所謂氣，不同於西哲如亞里士多德所謂一物之質料。此乃由於亞氏所謂一物之質料，乃可於一物變其形式時，改爲他物之質料者。一物之質料改爲他物之質料時，仍是其自身，則如自爲一定質。然朱子所言之氣，則上承程子之說，而視之爲依生生之理，而生生不窮者。物變化而不同其故，則其氣亦不同其故。伊川謂「不能將既屈之氣，還作方生之氣。」朱子亦謂「大鈞播物，一去便休。（朱子語類卷一）此卽大不同於西哲之言一物之質料，可改爲他物之質料，如自爲一定質之說。溯中國宇宙論思想中，氣之觀念之所以立，初實由觀物之能自化而立。在物之自化之際，則一物原表現之一形式，固化而不存，其質亦化而不存。在此中，物固無定形留滯於後，亦無定質可改爲他物之質。當此形質既化，尚可言餘存者，卽只此有形質者，所化成之無形質之一「動態的有」。此一有，卽名爲氣。所謂氣之化而爲物，亦卽此氣之由爲無形質之一有，而化爲有形質者之謂。故依中國先哲所謂之氣，以觀西方哲學中所謂物之形式與質料，皆第二義以下之概念，而後於氣之概念者。氣之本身之有或存在，亦卽一物之形式質料之存在性之所在。吾人今所謂一物爲存在，謂物之形式質料爲存在，依舊語，亦卽說其涵有氣之謂。故氣之義，亦卽略同今所謂存在之義。（註八）此氣乃初不可言其有一定之形式者。亦唯有一定之形式之氣，未變而若不可變者，方可言有定質。唯此有定質者，乃可由爲一物質之質料，而改爲他物之質料時，仍是其自身。故無一定之形式之氣，亦不可言有定質。而無定形定質之氣，亦非「有卽常有，存卽常存」之氣，而只能是一在生生歷程中或流行歷程中之氣，亦卽其本身在生而化，化而生之歷程中之氣。此氣之生而化，化而生之歷程之相繼，尤不能無理以貫乎其中，而主乎其中。因此氣既在生而化、化而生之歷程中，便不比西哲之原始物質或質料之可自存自在者。今若無理以貫乎

註八：謂略同不言全同者，因氣外之理亦有存在義，詳見本篇第六節。

其中，而主乎其中，則氣之既生，不應更化，氣之既化，亦不應更生，便無其生生化化歷程之相繼。若無此歷程之相繼，則天地毀而萬物息，更不應有天地萬物之生而化、化而生之生生不已。今既有天地萬物之生生不已，則必有氣之生生化化之歷程之相繼。而有氣之生生化化，即有一生而能化，化而能生之生生之理，貫而主乎此氣之生生化化之中，以使其相繼，成爲可能。故此生生之理，又初乃由氣之生生化化而見；氣之生生化化，又由萬物之生生不已而見。若無此萬物之生生不已，則無氣之流行，無氣之流行，亦不能說有生生之理。此則朱子有理不離氣義，及太極之理行乎動靜，而又超於動靜之上之義，以說之。此生生之理，其義又不同於氣之流行與萬物生生不已，其所以不同，則由理氣之爲二而不相離，亦不相雜之義，以說之。而於理氣之相涵，則有理先氣後、理生氣之義以說之。此則朱子言理氣關係及太極之大旨之所存。茲更分別詳之於下文。

四　朱子之理不離氣義之說明

上文已言朱子之所謂統體之生生之理或太極之理，非西哲所謂自始先在之形式之理，其氣亦非同於西哲之所謂質料，以分別承載各形式之理者。故朱子所謂理不離氣，亦決不能直由一物之形式與其質料之渾合——如芽之長條形與綠，及其細胞組織之質料之渾合——處了解。如從此處了解，則可說理不離氣，亦可說理離氣。因物在變化歷程中，實卽不斷改變其舊形式——如芽之由長條形而成葉之橢圓形——此舊形式之理，卽離其氣矣。又當物之體現一新形式也，在此新形式尚未被體現之先，亦爲離其氣者。故在物之不斷變化之歷程中，亦卽不斷有原與之相離之形式，暫與此氣相卽相合，更不斷離之而去者。依此說，爲質料之氣，有如一電影上之銀幕，而理如銀幕上之影像，不斷在此銀幕上飛逝。或又喻氣如一泓池水，任天光雲影之暫得徘徊其中；此所映所照之天光雲影，卽喻諸形式之理。然此諸喻，雖有其美妙之處，實不合於朱子言理不離氣之義，此卽因朱子之承程子之言氣之生生而言氣，其氣非定質，而唯在一流行之歷程中。朱子言生生之理，則直就此氣之生生之所以然而言，此理乃貫而主乎此生生之氣之流行中，而爲其理者，故曰理行乎氣之中。此理之行於氣之中，亦姑可說卽在其恒承先之氣，起後之氣，以行於氣之中。而此所謂不離氣，亦卽自其不離其所承之氣，與所起之氣，而如位於已化已息之氣，及方生方起之氣之間而言。理乃如前掛於所承之氣，後搭於所起之氣者。故曰「無此氣，則理無掛搭處」。若以上舉之例爲言，而以銀幕喻氣，則此氣之生生，便如特製之銀幕，時時隨其上所映之影像之更新，而亦更新。至於此理之位，卽如在先後之銀幕之更迭變易之際，而恒在「送舊銀幕之往，而迎新銀幕之來」之交。至若吾人以池水喻氣，則當視此池水爲一有原之活水，活水不斷流行，以新陳代謝，而此理卽如位居於此活水之流行，而新陳代謝之交。此方爲善喻。此中所重者，不在銀幕上所映，或池水所照之理。此皆爲所謂形式之理，而在此銀幕池水自身之更新之理。有此銀幕池水之更新，自不斷有其所映照，此非難事。而若無此銀幕與池水之更新，則銀幕池水，亦將疲於映照。此中，唯使此銀幕池水得更新之理，方爲眞正之生生之理。而此生生之理，則唯可喻如位居於池水銀幕之不斷更新之際，貫而主乎此池水銀幕之不斷更新之際者。方見其爲統攝此池水銀幕所映照呈現之一切形式之理之一統體之理，或統攝萬理之一太極之理也。吾人於此所又當了悟者，則是此統體之理所統攝者雖至廣，而其自身則至爲單純。卽此理雖爲眞正之內在於氣之流行之理，而其自身實又不同於其所統攝之理之多姿多采；而又遍在於一切氣之流行中，非如其所統攝之形式之理，不斷爲物所體現，不斷離之而去，可有時而不在者也。

五　朱子之太極動靜義之說明

朱子之言此生生之理或太極之理，其更進於明道伊川之說者，則在就理氣之關係，而詳及此理爲氣之所以動靜之理。此乃承伊川之言「道非陰陽也，而所以陰陽者道也」之言，以說明此道此理爲陽動陰靜之原者。然如何一道一理，可兼爲動靜二者之原，則不能使人無疑。如此道此理，兼爲動靜之原，則此道此理之自身，似應亦有動有靜。然若此道此理亦有動有靜，則此道此理，似又落入動靜範疇之下，而只在陰陽之中，不能兼在陰陽之上，以爲「所以陰陽」者。而就理之爲理而非氣言，又如何可言其有所謂動靜？朱子於此問題，蓋亦極費苦心。朱子初謂「太極、理也；……不可以動靜言。」張南軒卽致疑，謂太極不能無動靜，如太極無動靜，則氣何以有動靜？此確是一問題。語類卷九十四又載：「或云太極兼動靜，」朱子曰「不是兼動靜，太極有動靜。」是太極又可言有動靜矣。同卷朱子又曰：「動亦太極之動，靜亦太極之靜，但動靜非太極耳。」謂此動靜非太極，蓋爲其太極不可以動靜言之本旨。此外同卷又載朱子曰：「太極自是涵動靜之理」「有這動之理，故能動而生陽；有這靜之理，故能靜而生陰。」則又似有動之理與靜之理二理，非一理矣。此皆足啓疑竇。朱子嘗言於太極「有時看來頭痛」，可知其於此問題之思想，亦非無轉折。彼又自言初嘗以太極爲體，動靜爲用，後又謂其言有病，此卽爲其思想之一最大之轉折所在也。

今按朱子語類卷六載其釋體用之義曰：「體是這個道理，用是他用處，如耳（能）聽目（能）視，自然如此，是理也。開眼看物，着耳聽聲，便是用。」又謂「定見在的是體，後來生的是用。此身是體，動作處是用；天是體，萬物資始便是用；地是體，萬物資生便是用；就陽言，陽是體，陰是用；就陰言，陰是體，陽是用。」此中前一義是謂理是體，後一義是謂先有者是體。依其先有者是體之項下所舉之例，皆具體事物與陰陽之例。此非道體理體之體。今姑不論。依前一所謂義理是體之說，則太極是理，自可稱爲體，而動靜若果是依於理而有，則動靜自可稱爲用。如開眼見物，依於目之能見，自可說前者爲用，後者爲體也。然朱子後終自謂太極爲體，動靜爲用之言有病，何也？

推朱子後來之意，其不自慊於太極爲體陰陽爲用之說者，蓋是言太極爲體，陰陽爲用，則一理之體，與其二用，若不相關涉。朱子爲欲明太極在陰陽動靜中之意，乃終改而曰：「太極者，本然之妙也；動靜者，所乘之機也。」而本之以註太極圖說。此爲朱子對此問題之定論。依此義而朱子乃更重在說明太極卽在陰陽動靜之中。故謂「太極自是涵動靜之理，卻不可以動靜分體用。蓋靜卽太極之體，動卽太極之用也。」（語類九十四）又謂「喜怒哀樂未發，也有個太極；喜怒哀樂已發，亦有個太極。只是一個太極，流行於已發之際，斂藏於未發之時。」（同上）又曰：「動則此理行，此動中之太極也；靜則此理存，此靜中之太極也。」（同上）。故其太極圖說註又曰：「靜者，性之所以立也；動者，命之所是行也。然其實則靜亦動之息爾，故動靜皆命之行，而行乎動靜者，性之眞也」，性之眞卽理之眞，太極之眞。是此言亦重在自太極之行乎動靜，在動靜之中，以說此太極與此理者也。

然此上所謂太極行乎動靜之中，惟是就動靜爲太極所乘之機而說，至於就太極之爲本然之妙而說，則太極亦應超乎動靜之上。按朱子語類五載：「先生太極圖解言，動靜者所乘之機也。蔡季通聰明，謂先生下此語最精。蓋太極是理，形而上者；陰陽是氣，形而下者。然理無形，而氣卻有迹。氣既有動靜，則所載之理，亦安得謂之無動靜？又舉通書動靜篇云：動而無靜，靜而無動，物也；動而無動，靜而無靜，神也。動而無動，靜而無靜，非不動不靜也。物則不通，神妙萬物。動靜者，所乘之機也。」如季通解朱子意是，則朱子言「太極本然之妙用也」，卽是自太極之動而無動，靜而無靜上說。動而無動，靜而無靜，卽不滯一偏，故妙。謂動靜爲太極所乘之機，卽明非以動靜說太極本身之意，此則通於其初言太極非動靜，不可以動靜言之本旨。謂太極乘動靜，旣涵太極行乎動靜之氣之中，與氣不離之義，而乘字又涵超越其上之義。然於此，如直謂乘動靜之氣之實，則太極若黏附於氣之實之上，則氣動靜，太極亦將隨之而動靜；而太極之理之乘氣，將如死理乘活氣，死人之騎馬，隨馬之動靜而動靜，而落入動靜之範疇之下。此卽後之吳澄之疑之所以出也。今不直言其乘動靜之氣之實，而言動靜爲其所乘之機；則此中所謂動靜，非動靜之氣之實，而只是指動靜相生之機。（註九）太極於此只在爲氣之動靜相生之機之意義上，以與氣相關而不離。卽可見太極雖乘此動靜之氣機，而實未嘗黏附於氣，亦非復只爲隨氣之動靜而動靜；而得恒位居于氣之動靜之上，以保其超越性；而太極之理，卽爲活理，太極之乘氣，亦當喻如「活人騎活馬」。此亦卽曹端之所以釋吳澄之疑之語也。（曹端之文，編入周子全書卷五）

由上文可知朱子實嘗極費苦心，以求說明太極與氣之動靜之關係，以見太極旣超越於氣之動靜之上，又內在於氣之動靜相生之機之中，以乘於此機之上，而行於氣之動靜之中。故通朱子之言，以觀其所謂動之理靜之理，所謂太極涵動靜之理，便知其實非謂有動靜二理之謂；而唯是謂「太極有動

註九：朱子語類九十四「機是關捩。踏着動底機，便挑撥得那靜底；踏着靜底機，便挑撥得那動底。又機言氣機也。」可見機卽動靜相生之氣機。

靜」或「一理之行於氣，便有動靜之二相可說」之謂。然吾人在今日，自外求了解朱子者，仍不必能知一太極之理之行於氣，何以能有動靜之二相。人於此超越的太極之理，何以能內在於二動靜之氣之相生之機中，仍不能無疑。此則須承吾人上節之意而詳說，方得其解。

原彼一道一理，所以可說爲生生不息之動靜之二氣或陰陽之二氣之原，乃由氣在其生生之歷程中，原有一氣之化爲過渡。氣乃由生而化，亦由化而生。由生而化，爲由陽而陰，由化而生，爲由陰而陽。此由生而化，依於理之暫息其用；則可說爲理之靜，而如只存其體。由化而生，依於理之復呈其用，則可說爲理之動，而如自行其體。此即朱子之所以言「靜則此理存，動則此理行」，「靜即太極之體，動即太極之用」，「太極流行於已發，收藏於未發」也。此中如無理之靜，則生者不能化；若無理之動，則化者無更生。生者不化，化者不生，則無氣之生生，亦無物之生生。故天地間之有物之生生，氣之生生，正賴有此理之靜，理之動。而本篇第三節所謂理行於氣中，而承先之氣，與後起之氣，而如位居其間云云，亦非理爲與之在一層面上之氣與氣間之中介之謂。而是謂氣之由生而化，乃依上一層面之理之靜；其化而生，乃依於上一層面之理之動。此理之靜，乃「生而化，化而生」中之「化」之所依；而理之動，則爲「化而生，生而化」中之「生」之所依。氣在生而化時，乃氣之靜，亦氣之陰。然此理之爲體而自存，乃靜而無靜，即同時爲後起之氣之動，氣之陽之所自生；亦即同時爲此氣之動，氣之陽之機之所在；而亦爲其所自生之理，遂得兼爲動之理陽之理矣。至氣在化而生時，乃氣之動，氣之陽。然此理之自行其體，乃動而無動，卽同時爲後起之氣之靜，氣之陰之所自起；卽同時爲氣之靜，氣之陰之機之所在；而亦爲其所自起之理，遂得兼爲靜之理陰之理矣。此理之靜而無靜，既卽動與陽所自生，此理之動而無動，又卽靜與陰所自起。故動靜陰陽，雖同本此理，而此理乃行乎動靜中，而又超乎動靜之上。故謂其有動靜者，實乃由其見於氣，而吾人由氣之動靜，以還望此理，以反照上溯之辭。若唯自其自身，以下望氣之動靜，則惟是其自身之呈用以自行其體，與息用而自存其體之別。呈用而自行其體，卽見於氣而內在於氣；息用而自存其體，卽不見於氣而超越於氣。此理無論呈用或息用，爲內在或超越，皆只是此理。唯此理呈用時亦能息用，息用時亦能呈用；故自理上着，其呈用與息用，亦無二無別；乃動而無動，靜而無靜也。

然此上之義，惟賴於吾人將理與氣分爲上下二層面，乃能分別加以識取。如視理與氣在一層面，謂氣既有動靜，理之有動靜亦應如之，此則成混淆二層面之說。此說之不可通，則在其不知謂氣有動靜，乃謂氣動時有能靜之理，氣靜時有能動之理之謂。若理亦如氣之有動靜，則當言理動時應更有其能靜之理，當理靜時，又更有其能動之理，以爲理之有動靜之更上一層次之理。而此上一層次之理，若又有動靜，則犯無窮過。若此上一層次之理，無所謂動靜，則理不能如氣之有動靜亦明矣。由此故知理之與氣，決不能視作一層面而觀。吾人亦不能由氣之有動靜，而謂理之有動靜亦如之。便唯有言所謂理之動靜，唯是由其見或不見於氣，吾人由氣還望此理，以反照上溯之辭。此有如人於行雲之下，望月之隱現雲間，便謂月有出沒動靜，而月實並無此出沒動靜也。

然此中人之仍不能無疑者，則在言氣之所以動靜之理云云，此中動靜二字，畢竟代表二概念。此與言此理爲一，便似終有一衝突。人於此亦可問：何不謂太極只是動靜二理之和，而必謂太極爲一理？此則仍須將理連繫於氣以觀，由理之行於氣中，內在於氣之流行處以觀，方可實見其必說爲一理之故。蓋氣在由生而化時，不能不說是靜。然此氣之化，則原自其先之生。一氣之生，必成一段落之生，而後可言有所生。而成一段落之生，亦卽此生之有所成；有所成，卽有所終；有所終，卽有化。故化正原於生。當氣生時，卽已同時向於其化，此化亦再向於生。氣之生，原於此理之呈用；氣之化，原於此理之息用。理之呈用，而有所呈之用，以有所成，有所終，卽必有所息。故可謂其呈用，卽向於其息用。此理既原爲生生之理，其息用自亦將再向於呈用。其呈用既向於息用，則息用爲呈用之所涵；其息用再向於呈用，則呈用亦息用之所涵。是見此理之動靜，應自相涵。吾人於此，如必欲理之動而無靜，則必須其呈用之事，永無暫息，而所生者皆無化無終而後可。然若所生者皆無化無終，則亦無成，無成亦無所生。此理若無所生，則不爲生物之理。生必有所生，有所生則必有所成，有所終，而有化。此理之不息於其所生，唯在有化而再有所生處見。唯有萬物之生而化，化而生，方見此理爲生生不息之理。生生不息之理，亦唯有待物之化爲過渡，而自見於萬物之相繼以生生之中。吾人今亦實唯由見萬物之生生，方知此生生之理之有。若必欲舍「化」爲之過渡，已生者卽一成而不化，則必無此萬物之生生之相繼而後可。若然，則將無此理之可見。人之思想，一朝念彼已生之物，此念亦將長與終古；而此念既生，應亦不能自化。是則天地萬物與哲人之思，同歸僵硬，無復可更論。今論者之疑思既「生」，又何必期於求答以自「息」乎。

六　朱子理氣爲二而不相離亦不相雜義之說明

朱子恆言理與氣決是二物，又言在物上看則二物渾淪。此言似自相矛盾。因在物上看，二者既渾淪，何可定言其決定是二物？若是二物，則孰將其聯繫以成渾淪之一物？似更宜有第三物，以使之成一物。然若有第三物爲聯繫，又應有第四物，爲聯繫，……則犯無窮過。近人於此，乃以西哲之說釋朱子，謂其言理氣是二物，乃對一物之概念，作邏輯之分析，而視同質料與形式之和而說。依西哲如柏拉圖、亞里士多德之說，亦儘可謂一物離其形式，其原始質料自在。一形式離其質料，復可爲觀想之所對，而自存於理型之世界，或上帝之心。故理氣二物，亦原可分離而論。然如此加以分離而論之理氣，是否爲眞實存在者，卽大有問題。蓋吾人既由物以知其有形式，則形式可永只爲一物之形式，亦可永只爲其質料之形式。若離此質料，則此形式儘可爲虛構，亦可只爲在思之之心中存在者，亦卽不能離思之之心氣而存在者。吾人如何於此證明物之外，氣之外必有理？則此中問題繁多。而朱子所重之統體之理，吾人上已說其本非一物之形式之理。朱子並以形式之理，爲後於物而有者。朱子所謂統體之理，唯是物之所以生生，氣之所以生生之理。則於朱子之言，不可依上說加以解釋甚明。吾人於上文又言，朱子明有理行於氣中，承先之氣以起後之氣等義，則如何可說理離氣以爲二物，亦窒礙孔多。故吾人於朱子之言理氣決是二物之言，必須另作解釋。

吾人說朱子所謂理氣是二物，決非理可離氣，氣可離理而存在之謂。自存在上說，則理氣二者，爲乃一互爲依據，而互相保合以存在之關係。如吾人問：何以氣生而能化？則答曰：以有理之動卽有理之靜故。又問：何以氣旣化，有氣之更生？則答曰：以有理之靜卽有理之動故。是氣之生生不窮，乃依據於理之爲生生之理，之動之靜，而有者也。又如吾人問：何以知於氣之正生時，或正有陽氣而有理之動時，理乃動而無動，而能靜？則應答曰：以吾人見氣之生者能自化，陽氣能自化故，陰氣能繼陽氣故。又問：何以知氣之化，或正有陰氣而有理之靜時，理乃靜而無靜，而能動？則應答曰：以吾人見氣之化者，有繼之而有之氣之生故，陽氣能繼陰氣故。而此非循環論證者，以所答之問題，不同其類，前二者爲一氣之何以流行存在之問題，後二者爲吾人何以知理之超流行而存在之問題也。由此理氣之互爲依據以存在，則不可只謂氣爲眞實存在者，乃理之所以得存在之根據；亦不可只謂理爲眞實存在者，乃氣之所以得存在之根據。此二者之存在性，實當一齊並論。如只謂氣爲眞實存在者，而理非眞實存在，則舊物之氣，既化而爲陰，而無陽氣之所以生之理；豈不將頓爾山河破碎，大地平沉？新氣新物將何而自生？又新物之氣，既生而爲陽，而無陰氣之所以起之理，豈不將永有此物以至終古，舊物將焉得而化，以有更新之物生？反之，如只謂理爲單獨眞實存在者，而無氣之生化，無陽氣之依理之動，以始以生，無陰氣之依理之靜，以終以化；則此理卽成冥然死體，更不見其呈用與息用，吾人又如何知其爲眞實存在？再反之，人若謂氣可單獨自爲眞實存在者，則吾人可更試問：言氣之單獨自爲眞實，是自其生處說？或自其化處說？如自其生處說眞實，則何不就其化處，而說其非眞實？則氣爲兼眞實與不眞實者。若謂化必有生，故氣恆眞實，則此正是依理而說其必有生。若非實有此「生」之一理，氣之化豈必有生？氣豈能恒眞實？此氣而眞實，豈非如陳安卿所謂「空氣」？（戴東原孟子字義疏證天道項下注引陳安卿曰：二氣流行，萬古生生不息，不成只是空氣，必有主之者，理是也。）

吾人如知理與氣之存在，原是互爲依據以眞實存在，卽可言理與氣原是互相保合，以眞實存在，而理氣二者之間，亦不須第三者加以聯繫。此乃因陰陽二氣之相繼而生，卽由此理之一動一靜；而理之動靜，不礙其爲一理，正由陰陽二氣之必有此相繼而見。此中一理正所以綰氣之相繼，氣相繼正所以顯一理。則無待乎第三者之綰此理與氣，以成其保合矣。西方哲學中之形式與質料如何相連之問題，於此卽根本不立。故朱子所謂理與氣決是二物之意，實非理與氣，爲可分別存在而不相涵之二物之謂；亦非謂「理氣之概念，唯原自吾人對於一存在事物之內涵，施以邏輯之分解而立，此中唯氣代表存在之意義，理代表非存在之意義」之謂。復非只以理代表存在之意義，氣代表非存在之意義之謂。

實當唯是謂：此理氣二者，原互爲依據而相保合，以皆有其眞實存在之意義，各有其性相，而不可混雜之謂。此卽所謂理氣之不相雜也。

析此所謂理氣各有其性相，而不可相混雜之義，亦可分爲此下數義。

甲、**理全而氣偏，理常而氣變**。所謂理全者，卽指理之兼涵呈用而動、息用而靜之二義而言。所謂理常者，指理之本身無動靜變易而言。所謂氣恒偏者，指氣只能或爲陰而見理之靜，或爲陽而見理之動，不能同時兼爲陰陽，兼具動靜而言。所謂氣恒變者，指陰陽二氣之相繼流行而言。然此陰陽二氣之所以能相繼流行，正由太極之理之兼涵呈用而動、息用而靜之二義，以萬古不易而來。此太極之萬古不易，又正當於此陰陽二氣之相繼而流行中見之。此則方才所已及。是卽證理之常與全，及氣之偏與變，二者雖不同而實未嘗不相涵也。

乙、**理一而氣多**。生生之氣卽生生之物之氣。生生之物之氣，依其形式之理之不同，而萬殊，而至多，則氣亦萬殊而至多。然此萬物萬殊中之生生之理，皆同爲一生生之理，萬物之萬殊，亦同爲一統體之生生之理之表現。自此統體之生生之理而觀，多一物之生，此理不增，少一物之生，此理不減。此物在今，此理不只在今；物在昔，此理不只在昔；物在近，此理未嘗近；物在遠，此理未嘗遠。此理乃通今昔遠近，萬殊之物之氣，而爲其一本之理。此一理爲一太極，故曰「統體一太極」。至於尅就此理之表現於萬物萬殊之物之氣而言，固亦可說萬物萬殊之氣，皆有此理，則當說「一物一太極」。

此中若有理之分，又實不分，而未嘗不一也。吾人通常言氣、言物，可直就氣與其所具之諸形式之理之萬殊而言之，而氣多物多；此統體之理之連於此形式之理而有之諸分別表現，亦因之而爲多。然此氣之多、物之多、其諸形式之理之多，與此統體之理之分別表現之多，皆同依於此一統體之理，是謂萬殊原於一本。氣之多、物之多、及形式之理之多、統體之理之表現之多中，皆有此一統體之理在，是謂一本在萬殊中。故此理之一、與氣之多、物之多，雖見理之氣爲二，亦未嘗不相涵也。

丙、理無情意，無計度，無造作，氣有此造作等。朱子語類卷一曰：「疑此氣是依傍道理行，及此氣之聚，而理亦在焉。蓋氣則能凝結、造作，理卻無情意、無計度、無造作。」此義乃由上述之理常而氣變，引申而出。情意計度造作，皆有動有靜，而生生不已之事。此皆依理之動靜，以生以化，而成其變易。然此理之自身，則不可以動靜生化言，乃歷萬古，遍天下，而貞常不易者。故只是一「淨潔空濶之世界」，亦無情意計度造作等。然若無此理，則人之情意計度造作，又不能進行——情不能由喜而怒，由哀而樂，意不能由此而及彼，計度不能知近以知遠，造作不能由難而易——生生不已而成事。情是情，而化情以生情者，非由此中之情；意是意，而改意以立意者，非由此中之意；知是知，而由知近以知遠者，亦非由此中之知。此皆賴於冥權密運之生情、生意、生知之「理」使之然。此理與其所生，不在一層次，故不能以此中之情意等之名，加於其上。此理在人，只爲一內在之性，然此理此性，亦卽由人之情意計度之氣之運行以見。故朱子於語類四又曰：「天理固浩浩不窮，然非是氣，則理無所湊泊，無所附著。」是亦見理與氣為二，而亦未嘗不相涵也。

丁、理無形，為形而上者；氣有象，為形而下者。朱子嘗以「形而上者，無形無影，是此理；形而下者，有情有象，是此氣。」此義由上述之乙義卽可引申出。氣運行於其所生之物中。物有萬殊，有其不同之形式之理而有形；而氣之運行於物，亦有生化動靜之態。將此生化動靜之態，合而觀之，卽一太極或一理之動靜於氣中之象。分為一生一化，一動一靜二者而觀之，卽陰陽之象。於生於動，於化於靜，再各分始終，則成四象。更二分之，卽成八卦之象。……又合二以成三，為太極陰陽之象，合四與一，成五行之象。緣是次第衍生，而此一理之動靜於氣中所成之象數，亦可無窮。總而言之，則運行於物之氣（包括物）之世界，卽有形有象之世界。至於尅就氣所依以生之太極之理，或生生之理言，則初唯是一能生之理。若不言其所生之物，與表現於氣之流行之段落，此理便無形無象之可言，而只是一純一之理。然此純一之理，表現於有形象之氣之生而化，化而生之歷程中，則此有形象之氣之生而化、化而生之歷程中，亦隨處見此無形無象之生生之理之無所不在。是又見此理氣之為二，而未嘗不相涵者也。

七　朱子之理先氣後及理生氣義

朱子言理氣為二，恒言理氣無先後，然又謂「必欲推其所從來，則須說先有是理。」又謂「未有天地之先，畢竟是先有此理。」（語類卷一）以見此理氣二者中，理之爲生物之本，氣只爲生物之具。然此所謂理先氣後，畢竟作何解，亦是一問題。後儒之疑朱子言理氣爲二之說者，亦疑其理先氣後之說。依朱子之言理不離乎氣，理氣互爲依據，而相保合之旨，則理又何得先於氣？近人於此，乃謂朱子所謂理先氣後，是自邏輯上之先後說，而非自時間上之先後說。朱子亦固嘗言：「理先氣後，非今日有理，明日有氣」之類。謂理先氣後，是乃指邏輯之先後者，其大意不外謂：物有理，卽物之概念中涵有理之概念，亦預設理之概念，故必有理乃能有是物。物之概念亦連於氣者，則理之概念，在邏輯上先於物，亦卽先於氣。吾於此，在二十年前，卽嘗作朱子理先氣後說疏釋（歷史與文化第一二期）詳論之。大意謂如以邏輯上先後說，則依朱子，物旣爲理氣之渾合，便不僅當謂理之概念爲先於物，亦當謂氣之概念先於物。而當兼言氣先物後，不應只言理先氣後。吾於該文，卽歸於謂朱子之理，應指生之理或生生之理，而非指物之形式之理。該文於理先氣後之說明，則首取證於人之道德生活中，恒是先知一當然之理，而後志氣隨之，以證理之呈現於先，氣之隨從於後。略如本文上篇第八節論伊川之理氣處之所陳。由此以言萬物之生，自亦當是有生生之理爲導於先，乃有生生之事生生之氣，隨之於後，故此先後乃形而上之先後云云。該文雖語有未瑩潔，然迄今二十年，吾仍持舊日之見，以爲朱子所謂理先氣後，初唯是形而上之先後，非邏輯上之先後；而吾人亦復當首在道德生活中，人之志氣，隨其所知之當然之理而起處，先有所取證，進以觀彼萬物之生生，皆是以上一層次之生生之理爲導於先，生生之事、生生之氣、隨之於後。而此理之恒居上爲導，卽由吾人上段所謂由理之動而有氣之動，由理之靜而有氣之靜，卽足資說明，不須更論。

然吾人今將進一步說者，是此中所謂形而上之先後，亦可包括寬泛義之邏輯上之先後，以及一義上時間之先後。因吾人可以氣專指已表現之氣，已表現之氣，卽爲理之表現之氣；則此爲「理之表現之氣」之內涵，既包括此理，卽預設此理，故可說理在邏輯上先於此氣。至於亦可說有一義上時間上先後者，則以氣在流行之歷程中，其依理而生生，卽成先後之段落。此中後一段落與前一段落，同根於一統體之理。後一段落之氣未生時，此統體之理已先表現於前一段落，則當視此理爲前一段落之氣之理時，卽可說其在時間上亦先於後一段落之氣也。抑蓋因此理之先於氣，亦有其時間上之先於氣之義，然後方可引申出邏輯上及形而上之在先之義也。

吾人眞能識得朱子所謂理先氣後之義，則亦不難識得朱子所謂理生氣之義。所謂理生氣之理，若指一物之形式之理，此氣指其質料，「生」指一前提之涵蘊結論，而可生出結論之生；則此形式之理之有，實不涵蘊質料之有，此理自不能生氣。若謂理之生氣，有如包涵某物者，將其中之物生出，如母之生子，而吾人又將理視爲在氣上一層面之形而上之理，則此理之義中，既不包涵氣之義，亦不能生氣，如石女腹中無子，不能生子。然吾人如視理原不離於氣，則此理之生氣，卽氣之依理而生，依理而行，如人之依道路而自有其「行走」；則理之生氣之義，卽不難解。如方氣爲陰，而依此理之動，則有陽之氣生；方氣爲陽，而依理之靜，則有陰之氣生。卽皆依理而生氣之事也。須知吾人於此，若依程朱之氣爲生生不已，新新而不同其故之說，吾人實不能說此中後來之氣，由以前之氣之所生。因此中後來之氣，乃由以前之氣之化而後生，卽由往者過，而後來者息，便不能說此後氣，由前之氣之所生，而只能說由以前之氣之過而化所生。然以前之氣既過而化，卽其已由有而無，而歸於寂，此無、此寂，又何能生以後之氣？則以後之氣之生，如有原因理由可說，卽只能直接依於生生之理而生。此中後來之氣，初原無有，故其依生生之理而生生，自氣上着，實卽自無而生，自寂而生，有如自無中之躍起一有，寂中躍起之一感。亦如開天闢地之一創造。此創造之爲開天闢地之一創造，正在於以前之氣之過化，爲一寂天寞地之過化也。此中吾人如必欲追問，何以一無形象之理，能生此有形象之氣。則吾人須扣緊吾人上所謂此生原不同於母之生子，或一前提之生其結論之生，而只是依之而生之義，以思之。今若吾人不謂氣依理而生，則吾人又試問其依何而生？如謂氣乃依另一實在事物，如一般之陰陽之氣之外，另一元氣或上帝而生，則當問此元氣或上帝等中，有無此氣？如其已有，何須更生？若其本無，而謂唯是因元氣或上帝必能生此氣；則須知謂其「必能生此氣云云」，仍只是一道一理，而此氣仍是直接依此道此理而生。如謂氣自能生生，此生生之條理，卽理，更不須依一在前爲導之生生之理以生；則須知此氣之生生，並非一已完成之事實。如其是已完成之一事實，則可說此理只是此氣之生生中之條理，不須是一在前爲導，爲氣所依以生生之理。然氣之生生，乃一未完成之事實，而尚有其前路者。則後起之氣之生生，即不能無此生生之理，為其所依，以在前為導。否則其何以能生生之故，即終不得而解也。至於吾人如必欲追問：此所依者唯是無形象之理，何以所生者，乃有形有象之氣？此有形象者，何以能依無形象者以生？此則似終不可答。吾人於此即謂：另外尚有與此生生之理相結合之超越的諸形式之理在，以為不同形象，所依以自生者；問者亦仍可再說，此超越的諸形式之理未實現之先，仍無實際之形象，則此諸形式之理與生生之理結合，應仍不能生出實有諸形象之物。然問者之疑，蓋緣其預設有形象者，宜依有形象者以生而來。然吾今試問，若有形象者，果必須亦依有形象者而生，則此所依之有形象者，若與依之以生者，二者全然同一，則能生已是所生，何須更生？若二者相異，則此能生者中，無此所生者之形象，此所生者之形象，豈不仍無所依而生，而為依此形象之無而生。彼所生之物，既能依此「形象之無」而生，又何不可依無形象之理或道而生。如問者再謂「有形象者」之依「無形象之理」而生，此二者終為異質者，Heterogeneous，而不能相協。則吾人可說：凡有所創生，此所創生者與其先之事物，皆同有此不能相協之處，以所創生者皆昔之所無，而亦皆與其先者為異質也。故一切事物之創生之歷程，亦即「一宇宙之自異於其昔，而對之成異質之宇宙」之歷程。則依異質而生異質者，亦宇宙之常道所存，何足怪異？而此恒自異於昔之宇宙，所以不前後相礙，及「有形象者」之依「無形象之理」生，而亦不相為礙之故；則在此包括一切有形象者而恒自異於昔之宇宙，實在一時時自化之歷程中，以時時更生，在此一統體之生生化化，或大化流行之歷程中，一切有形象者，原皆出於無形象，而復歸於無形象。故恒自異於昔之宇宙，實恒自異而未嘗有異，唯是一純亦不已之宇宙，則依無形象之理，而生有形象之氣，亦似互爲異質，而亦未嘗不純一而無閒。蓋通此形象之相繼生生而化化，以歸於無形象處，以觀此氣之流行，便唯見一生生之理之貫徹充周，而無復形象之可見，尚不止如上文所謂此理無所不在而已。而此流行，亦即無異此一生生之理之流行，或天理之流行。或朱子所謂「無形之流形表」之事。是則待於好學者之深思，而默識之者也。

第十五章　原太極下：朱子太極理氣論之疑難與陸王之言太極及即心言太極之說

一　後儒對朱子之太極論之疑難與對太極之異釋

吾人如了解上文論朱子之太極理氣之論之多方面，則知朱子於此問題之所論，實大體上能旁皇通達，曲盡其蘊。其臨終前數日，仍與學生講太極圖，正見其窮老盡氣，猶念茲在茲。吾人生於朱子八百年後，觀後儒對於朱子之言太極理氣之論之種種疑難，如細加考察，便知其皆不足以難朱子。而似與朱子立說不同之諸說，如善會朱子義以觀之，亦多非必不可說，更不必與朱子之論，有不可解之矛盾。朱子之言之不足，實不在其言太極理氣，仍在其言心與理之關係。而象山與朱子之辨太極，亦實皆未揣其本，而欲齊其末，故亦終不能有一共契也。此上諸點，當於下文諸節，次第論之。

對於朱子太極理氣之論，當時之張南軒，已多有懷疑，前已略及。後明儒之薛瑄，一生宗朱，嘗謂：「考亭以來，斯道已大明，惟待身體力行耳。」而獨不慊於朱子之理先氣後之言。羅整菴力辯性與心之不同，亦獨疑於朱子理與氣之爲二之說。至於與朱子思想本不同之蔣道林、劉蕺山、王船山，至清之顏習齋、戴東原等，更無不反對朱子之理氣之論。而諸人所不慊於朱子者，則或如薛瑄之謂：「理氣間不容髮，如何分孰爲先、孰爲後？」（薛子條貫卷二）或如羅整菴之問：「太極（理）與陰陽（氣）果二物乎？其爲物也果二，其未合之先，各安在耶？」（明儒學案四十七整菴學案）又或如劉蕺山之謂：「一陰一陽之謂道，卽太極也。天地之間，一氣而已，非有理而後有氣，乃氣立而理因以寓也。就形下之中，而指其形而上者，不得不推高一層，以立至尊之位，故謂之太極，而實無太極之可言。」蕺山繼謂：「使實有是太極之理，爲此氣從出之母，則亦一物而已，又何以生生不息，妙萬物於無窮乎？」（宋元學案濂溪學案所引）而戴東原孟子字義疏證之評朱子，亦屢謂朱子之以理爲得於天而具於心者，乃以理同於一物。此諸說咸歸於以理爲氣之理，理只爲氣中之理，或氣上之條理之說。而於太極，則或復返於漢儒之以太極爲元氣之論，如御纂周子全書中所載陳錫之無極而太極論，謂：「洪荒之世，混沌一氣，是太極也。」或如王船山之以陰陽之渾合言太極。或如劉蕺山、李二曲等之歸於攝太極於人心之論。此當於下文分別論其言與朱子之言異同得失之所在。

二　理不離氣之二義及後儒之說與朱子之說是否可並存之討論

吾人首當論後於朱子諸儒對朱子理先氣後理氣爲二之論之批評，實於朱子有誤解，次當論諸儒之善說理不離氣或理爲氣之理者，亦未嘗不可與朱子之說並存。因朱子謂理先氣後，理氣爲二，原無理氣不相涵，及理必離氣之意；朱子固亦屢言「理行於氣之中」，「理不離氣」，「有是理必有是氣，有是氣必有是理」也。朱子之謂未有天地，亦有此理，天地毀壞而理不毀，只是從「理爲氣之所自生之本，不以氣之不在而不在」之一面說。其說未有天地，亦有此理之言，與有此理必有天地，儘可互成。天地毀壞而理不壞之言，與理不壞則將再有天地之言，亦可互成。而觀朱子之不承認一光突突之理，則固不得謂朱子必主理離氣，理氣不相涵也。

然所謂理不離氣有二義。一則視理全在氣之中，或只爲氣之理，氣中之理，氣上之理，或氣先理後之理；於是理之義乃全在於氣，而不能有溢乎氣外者。朱子後儒之說，或有趨於此者。或則以理雖不離氣，然理之義，復有超越於氣之外之超越義，乃先於氣，而非無先後，更不可說氣先理後者。此卽朱子之說。此說與以理全內在於氣之說，誠不能不謂之不同。然吾不難說明，朱子所謂理之超越義，實亦非他家所能眞加以否認者。而謂理爲氣之理，亦非必須否認理之具超越於氣之義。此如言父母為我之父母，國家為我之國家，並不能否認父母或國家對我之超越義也。所謂理為氣中之理，氣上之理，亦不必即能否認理對氣之超越義。如吾人謂島為海中之島，海上之島，並不能否認此島之有溢出於海面以上之超越義也。唯如戴東原之謂理為氣中之條理，而就理字之本義，為玉石之紋理為喻，則此為意在全否認此理之超越義者。西方一般之經驗主義，自然主義之哲學家，對理與事物之關係之觀點，亦確有以為理乃全自事物中抽象而出者，而有類似於戴氏之以理在事物，有如玉之紋理之在玉者之說。然此說實不能成立。其所以不能成立之理由，即在忽略吾人前所屢及之事物或氣，乃在生生之歷程中，而非一已成或現成之全體之義。如一切事物或氣，為一已成之全體，則一切事物之理，自必皆內在於此諸事物或氣之中，而無任何超越於事物或氣之理。然此一切事物或氣，非一已成或現成之全體，則諸方生之事物，其所以生之理，即不能皆在現有或已有之事物之氣化或氣之流行中，而必為具超越於氣之義，而在上或在前為氣之導之理。此理即應為形而上的先於現有之事物或氣之流行者。吾人如必欲否認此超越義之理，謂一切超越者，皆不能眞實有，則吾人可指出：此事物之變化，氣之流行之本身，亦即原有此超越義。因氣在流行中，物在變化中，即已是自己超越其自己。現有事物與其氣，皆無不超越于舊有事物與其氣者。未來之事物或氣，亦皆為超越于現有之事物或氣者。然吾人如肯定有此「具超越義之事物之變化或氣之流行」之世界之存在，則不能不承認有使此事物之變化，氣之流行成為可能的具超越義之理，如本文中篇之所論。如謂此理終只是氣之理，非離氣之理，亦有內在於氣之義，此不成問題。然此並不礙於此氣之理，同時爲具超越於氣之超越義者。如謂小孩具能成大人之理。吾人于此固可說此「能成大人」，爲小孩之理。然此固無礙於此「大人」、或其「能成大人之理」，或「能再生長之理」爲超越於小孩之現狀者。故言理之內在義，而否認理之超越義，乃決不可能之事。如戴氏之喻理爲玉上之紋理。此乃舉靜物爲喻。玉上之紋理皆在於玉中，故不能於此見理之超越義。然吾人如舉能動之物爲喻，則無論小孩成大人之理，草木之發芽生長之理，水之流行之理，無不同具此超越義。即就戴氏之例以觀，吾人亦可說人之謂玉上之紋理爲理，亦實兼自此紋理之貫於玉之各部爲說。而此即同於謂：此理爲超越於玉之任一部之上，以貫於玉之他部者。此中仍初未嘗能絕去理之超越義也。唯以此玉之各部，皆爲已成者，故此超越於玉任一部之理，乃如只在此各部之和之中，而更無超越於各部之上之超越義耳。然一切能動而變化生長之事物，一切一時似靜之物，如玉，若自其分子觀，或自長時間觀，皆未嘗不變化之事物。而整個世界之全體，或宇宙之事物之變化之流行之全體，更決非已完成者。則其理決不能皆爲內在於其中，而更無超越於其上之義者。故戴東原雖極反對朱子理先於氣之說，而舉玉之紋理爲喻，仍承認有物之必有則，及宇宙之生生而條理。故曰：「生生者化之原，生生而條理者化之流，……生生者仁乎，生生而條理者禮與義乎。」（原善上）其言生生而條理，蓋謂此條理只在此生生之中。然在已有之生之中之條理，同時亦超越於已有之生，而貫於後起之生，則此條理仍有超越義。而其謂條理專指禮與義，亦於義未可。因生生之仁，豈卽非條理乎？至於其謂：「善其必然也，性其自然也，歸於必然，適完其自然之極致。（孟子字義疏證道字項下）此所謂善，豈非卽理？旣謂善爲必然，謂歸於必然，乃自然之極致；則當其尚未歸此必然之際，此必然者，豈不亦涵具超越於現有之自然之義？則此必然，亦涵具先自然之氣之義矣。是見全欲否認理之超越義，實不可能之事也。至於朱子以後之儒者，如薛瑄、劉蕺山、王船山等，皆重視當然必然之理，更不能否認此理之超越義。而此諸儒所謂理爲氣之理，實亦大皆涵有理卽氣之生生之「所向」或「所之」之義。其所反對者，唯是謂理可離氣自存，全超越於氣外耳。朱子後學不善解朱子言者，或有此說。而只本朱子理氣決是二物等言，以設想朱子義者，亦可以如此設想。然朱子固未嘗謂理全超越於氣外，朱子固亦有理不離氣之義也。而謂理爲氣之生生之「所向」「所之」，以爲氣之理，亦明非能否認此理爲超越於氣之超越義者，亦卽不能依其說以反對朱子。循朱子之說，於諸儒本於理爲氣之所向所之，而主理爲氣之理者，亦未必卽須加以反對。細觀朱子之說，與此諸儒之說之不同，實唯是重點之不同。朱子之重點，在說氣皆依理而生，故氣爲理之氣；而此諸儒之說，則重在言理爲氣之理。此二者之分別，實如人之欲學聖人，而吾人可說「人之所欲學者，聖人也」，亦可說「欲學聖人者，爲唯人耳。」前者以聖人爲主，後者以欲學聖人之人爲主。如以人喻氣，聖人喻理，則依前者，人爲欲學聖人之人，如氣爲理之氣。依後者，則聖人爲人所欲學之聖人，如理爲氣之理。此二者之涵義自不同，而其言之效用亦有別。如吾人欲使人由氣以向理，使氣皆合於理，則目光所注在理，而期於使氣皆成依理而生之氣，卽當學朱子之尊理。至如吾人於既知理之後，欲由踐理，而使此理更充量表現於氣，則目光所注在氣，而期在使理皆成爲表現於氣之理，則人當效船山之尙氣。又對外氣言理者，則宜說理爲氣之理；而對外理言氣者，則宜說氣爲理之氣。此皆見二說之未嘗不可併存。唯吾人言氣爲理之氣時，不可謂理只超越於氣，而否認理之亦內在於氣；吾人言理爲氣之理時，亦不可謂理全內在於氣，而否認其亦超越於氣耳。

至於後儒之不滿於朱子之理先氣後之說，不滿於朱子之只以理釋太極，乃改而以氣或氣之理釋太極，或以心釋太極者，此皆本未嘗不可。以太極一名，唯指宇宙最大之極至，吾人固可對此爲宇宙最大之極至，有不同之觀念；而以中國思想史之發展觀之，亦原對太極有種種不同之觀念也。至若問何者最宜用之於解釋周濂溪之太極圖說所謂太極，則此是一思想史上之問題。依吾人於本文上篇之見，則濂溪之太極圖說之太極，如與其通書互證，只可言其同於天道之誠。彼固未說其是理，亦未說其是氣或心也。故謂其爲理，爲氣或爲心，皆是對其言之一增益，而亦皆代表後儒對太極作進一步之規定，而有之思想之一發展。無論以氣或氣之理或心釋太極者，只須其不否認此心此氣之具理，並承認其具一種超越於氣之超越義，則亦皆未嘗不可說，而各代表一種對宇宙之最大之極至者之一種思想之型態，而與朱子之說，亦不必然相矛盾者也。

在朱子之後儒中，其重在以氣說太極，謂太極爲陰陽之渾合，而具乾坤健順之理者，則以王船山爲巨擘。後之顏元之言太極，亦相類似，而不如船山之宏大而眞切。船山之以陰陽二氣之渾合說太極，乃重在更由二氣之流行，以暢發宇宙人生歷史之日新而富有之變化，有非成型之理之所能限者。故人亦惟當即事以窮理，而不可立理以限事。然人之立理限事者，其所立之理，實皆唯是本文中篇所謂事物之特殊形式之理。此形式之理，即依上文中篇第三節，所引朱子語，亦爲後於事物之有而有者。夫然，故即本朱子義，于事物之生生不已，既不能加以限定，則方生事物之形式之理之如何，亦不能預爲規定。人亦不能期彼方生之事物之形式，必合於已成之事物之形式，或心所定之成型。是亦不可立理限事也。然此非謂朱子之所謂統體之生生之理不可立之謂。因此理爲事物之生生之理，正爲使事物得不已於生生，不限於其所已表現之形式之理者也。船山雖力主人不可立理以限事，固未嘗不謂此陰陽之渾合，及此陰陽二氣之流行，涵具乾坤健順之理，而主「乾坤並建」。船山固亦未嘗否認此使一切宇宙人生歷史之日新富有之變化得「成爲可能」或「根據」，之乾坤健順之理之自身，爲萬古不易，而不加以建立也。是知船山之言太極，雖以氣爲主，而其言或有進於朱子之處，然亦非與朱子之言太極必然相衝突者也。

至於以心爲太極之說，除前謂邵康節，胡致道，曾有此言之外，陸象山、王陽明之言，皆隱具此義未伸。然陽明弟子王心齋則有「心……無所聞無所見，便是無極而太極」之言。後劉蕺山更直就人心之獨體及其已發未發，而以之釋太極圖說。其言曰：「無極而太極，獨之體也。動而生陽，即喜怒哀樂之未發謂之中；靜而生陰，卽發而皆中節謂之和。纔動於中，卽發於外，發於外，則無事矣。是謂動極復靜。纔發於外，卽止於中；止於中，則有本矣。是謂靜極而動。」故蕺山又作人極圖，以代太極圖。而明末清初之李二曲爲學髓圖，以人生本原爲「無聲無臭，廓然無對，寂而能照，照而恒寂」（註一〇）自謂其學髓圖之「渾淪一圈，卽太極之渾淪一圈也。」（註一一）又謂：「周子之謂無極而太極，陽明無善無惡心之體，其旨一也。」（註一二）請代御纂周子全書所載陸隴其、魏裔介，皆卽人身人心以言太極，而魏氏以太極寓於人心，而言立心極，亦足資啓發。然此皆由陸、王之心學之流既盛之後，乃有本此人極人生與心極，以言太極之論。而此諸論之旨歸，亦非與朱子之說太極圖說必不相容，因周子太極之後半，原自人分上說，而朱子注此圖說之後半，亦未嘗不自人心之性情上取證也。

然朱子之言太極爲理，雖與承陸、王之學之流，以心言太極者不必相衝突。然此以心言太極者，亦不能不說有更進於朱子之義。此則原自陸、王之論心與理之關係，卽已有更進於朱子之義，足以更顯此心之尊，方有此晚明以後攝太極於心之論也。原象山與陽明，固罕論太極；然依朱子義，太極卽

附註：十　二曲全集卷二。

十一　二曲全集十八答朱子錄書。

十二　同右。

生生之理，則象山、陽明之論心與理之言，亦無殊於論心與太極之言。象山、陽明之言心與理合一，亦確有可補充朱子之言者在。朱子亦實未能如象山、陽明之眞肯定此心、理之合一，故只能言理爲太極，性爲太極，而未能有心爲太極之義也。

原朱子之所以未能眞肯定心與理之合一，蓋由其言心或不免承橫渠之說，而卽「氣之靈」、或「氣之精爽」或「氣中之靈的事物」而言心，乃或未能卽心之知理而踐理處以言心。心本可下通於氣，而上通於理。此亦朱子之所知。然如以其通於氣爲起點，則必歸於卽氣之靈而言心之說。故朱子雖屢言佛氏以心與理爲二，吾儒以心與理爲一，而終不能眞建立心與理之合一。必自理之呈現於心，而理內在於心處爲起點，或朱子所謂道心爲起點，乃能眞肯定心與理合一。此中其幾甚微，而關係甚大。須加以分疏，乃能說得明白。今別爲一節以論之。

三　朱子之言心與氣之靈

朱子之言心之論，歸結於其與張欽夫書宋元學案所編爲中和說之第三書。此中之言心，要在下列數語：

心者所以主乎身，而無動靜語默之間者也。方其靜也，事物未至，思慮未萌；而一性渾然，道義全具，其所謂中，乃心之所以爲體，而寂然不動者也。及其動也，事物交至，思慮萌焉；則七情迭用，各有攸主，其所謂和；乃心之所以爲用，感而遂通者也。然性之靜也，而不能無動；情之動也，必有節焉。是則心之所以寂然感通，周流貫徹，而體用未始相離者也。

而其言工夫之要旨，則在以敬貫乎動靜語默曰：

未發之前，是敬也，固已主乎存養之實；已發之際，是敬也，又常行乎省察之間。方其存也，思慮未萌，而知覺不昧，是則靜中之動。……及其發也，事物紛糾，而品節不差，是則動中之靜。有以主乎靜中之動，是則寂而未嘗不感；有以察乎動中之靜，是則感而未嘗不寂。寂而常感，感而常寂，此心之所以周流貫徹，而無一息之不仁也。

朱子大學註言明德亦卽無異於言心。其言曰：

明德者，人之所得乎天，而虛靈不昧，以具衆理，而應萬事者也。

又朱子弟子陳安卿嘗作心說，經朱子印可，亦可藉以說明朱子之思想，其言曰：

體雖具於方寸之間，而其所以爲體，萬理無所不具。用雖發於方寸之間，而其所以爲用，……萬事無所不貫，……凡理之所在，其思隨之，無所不至；大極於無際而無不通，細入於無倫而不備，前乎上古，後乎萬世，而無不徹。

由朱子之言，可知其意是自此心之具衆理而一性渾然，道義全具言，則太極之理卽心之性；而自心之應萬事，而七情迭用，各有攸主言，則此理卽見於氣之流行。心之能動能靜，能寂能感，則見心之虛靈而不昧，故能「思慮未萌，而知覺不昧」，而靜中有動；亦能「事物交至，而品節不差」，而動中有靜。此其言心，亦可謂極其尊貴。此心旣主乎此身，而自此心之大極於無際，細入於無倫，上古萬世，無所不運言，亦明非此身之形骸之所能限。而當其能「卽凡天下之物，莫不因其已知之理，而益窮之，以求至乎其極」言，則天下之物之一切形式之理，與所以生之生生之理，或太極陰陽之理等，「凡理之所至，其思隨之」，此心誠「無所不至」。至於此心之能動能靜，能寂能感，而自爲陰陽，則由其具統攝萬理之太極之理以爲其性爲其體。由於此理之一動一靜，互爲其根，故此心乃靜不能無動，動不能無靜；靜中有動，動中有靜，以使性理之體見於七情，七情之用止乎理。由是而其動而感，卽所以始萬物、生萬物、以見其仁；其靜而寂，卽所以終萬物、成萬物、以見其義。斯卽此心之性理之體之大用流行，所成之人德。而此性理，卽天理之賦予於吾人，以爲吾人之明德者，亦卽天命之流行之及於吾人者。故由此性理之體之大用流行，以成人德，亦卽人之所以立命，而自明其天賦之明德，以繼天之生成終始萬物之天德者。此卽人之所以事天，使人德與天德共流行；而亦人之所以立人極以配太極，以使此太極之天理與人之性理，由人之盡心以實見其未嘗二者也。此卽朱子之天人合一之聖學之精義所存，而其於此所言者之廣大悉備，亦非今之所能盡論者也。

由朱子之重言此心之能具理以爲性，盡心以知此性，而此理卽天理；故有心之人與萬物，卽不同其類。萬物雖亦依此理以生，然不似人之有此心者，能自覺其內具此理爲其性，而自盡其心以知之。萬物之依此理而生，此理如只爲其所以生之超越之根據，而位居萬物之上之後，故萬物不能自覺此理之爲其性，亦不能自盡其心，以知此理之爲其性，故亦卽不能如人之自覺其內具此理之爲其性。何以物之所不能者而人獨能之？此則關鍵全在人與物雖同此理以有氣有形而有生，而物之氣則不如人之氣之靈。人之特有心，卽原於其氣之靈，而心亦卽指此氣之靈而言。此所謂其氣之靈，亦卽其氣之淸，氣之中正，而恒能運行不滯，無昏暗，無偏倚，故能動能靜，能寂能感，而使此天理性理，直接呈現於心，而人乃得有盡心知性等事。然所謂氣之靈者，當卽不外就氣之依理而生，復能回頭反照其所依之理而立名。如人只有依理而生之氣，此氣無靈，則人亦卽同於萬物，此理將只爲人之氣之超越之根據，而非人所自覺爲人所內具之性者矣。惟因人有此氣之靈，故人乃有心；而可回頭反照人之所依以生之理，方能自覺其實內具此理以爲其性也。

如吾人以上之所言爲不誤，則朱子之言心，實以心爲貫通理氣之概念。心乃一方屬於氣，而爲氣之靈，而具理於其內，以爲性者。心之具理以爲性，卽心之體之寂然不動者。心之爲氣之靈，卽心之所賴以成用，心之所以能感而遂通，性之所以得見乎情者。故依朱子，心之所以爲心，要在其爲兼綰合理氣。故陳安卿之心說，一方面謂心內具理，而上通天道，謂「天道無外，此心之理亦無外，天道無限量，此心之理亦無限量。」一方面又謂心爲氣之靈，與此身之氣以及萬物之氣，相感而相通，而使「此心之理，無一物之不體。」如「天道之無一物不體」之說，認爲甚善。若然，則心應爲一眞正貫通理氣之概念，則吾人不能不問：何以朱子不以此心爲最大之極至，稱之爲太極，或宇宙之第一原理，乃只以性爲太極，理爲太極乎？又此心既具理以爲性，又何以不直就此理以言心，只說此心爲一具理性，而能自盡其心，以知此理性之心，而必說此心乃氣之靈乎？

沿吾人之問題而追尋至此，則見朱子之以心爲氣之靈，無形中卽顯出一重心與氣之關係，而輕心與理之關係之色彩。其所以重心與氣之關係，而忽心與理之關係，則關鍵在其言天之生物雖以理爲主，而言人物之受生，則以氣爲主。天之生物，乃理先氣後，而理行於氣中，此天理流行於氣，是爲天道。而人物之受生，則是緣此天理之流行於氣，或緣此天道，而後「氣以成形而理亦賦焉。」（中庸註）卽吾人之生乃先由天以稟得此氣，而後可言理具於其中，以爲其性。此以今語釋之，卽吾人之存在，是依於先有其所以生之理或本質，此理此本質，乃先於人之存在而有，人初固不存在者也。而言人之具理，則是依於人之既存在而後可說。無人之存在，固無所具之理之可說也。人必存在然後有心，以自覺其具此理，故心必依於人之存在而說，卽後於人之有氣而說，故只有說心爲氣之靈。而此義亦原非不能成立。然此義卻只是先由外面之天之生人，以看人之存在，再由人之存在以看心之存在之觀點；而非出自一直在內部卽心以看心之存在，由心與理之關係，以看心之如何存在之觀點也。

四 心之昭明靈覺與生生之理之自覺

如吾人直接在內部卽心之本身以看心之存在，則心只是一昭明靈覺，或如朱子所說之虛靈不昧者，此無問題。亦宋明儒者所共許之義。而謂心為主乎此身，能使此身之氣，隨心之性之見乎情志者之所往，而與之俱往，以為心之所貫徹周流，此亦無問題。然是否必須說心只是氣之靈，或氣之精爽，如朱子之所屢言者，則有問題。因就心之貫徹周流之於氣說，說心為氣之心，氣之靈固可；而謂此氣唯是心之氣，或心之所貫徹周流亦可。吾人如扣緊心為主宰之義以言心，則心之主宰必有所主宰。此所主宰者，應有身之氣。然心之氣卻應與身之氣有別。心之氣只屬於心，不可謂卽身之氣。今如泛言心為氣之靈，則此氣指身之氣乎？抑心之氣乎？如謂此心亦可視為身之氣之靈，則何以能主宰此身氣？若謂以心能知理，理下貫於身之氣，卽能主宰，則心於此乃成為一虛脫之閒傢具，何不逕言理為主宰？故言心為主宰，此心必有別於身，而心亦決不可只視同於身之氣之靈。至如謂心為心氣之靈，則不成辭。以心之氣乃屬於心，心氣之靈，卽指此心之昭明靈覺或虛靈不昧者，而非有他也。若然，則何不逕以此昭明靈覺或虛靈不昧者指心，何必以氣之靈為說，以納心於氣，而使之屬於氣乎？

吾人如只視心為一昭明靈覺或虛靈不昧者，而不重其與氣之關係一面，卽當改而重在說心與理之關係一面。從此一面看，吾人首可發見者，卽心與理之關係，實不同於一般之存在事物之氣與理之關係。一般存在事物之氣，可說爲依理以生，而理初只爲超越於氣之上者。然於心則甚難言其只爲依於超越其上之理以生，以存在者；而當說此似超越其上之理，實皆由心而得呈現實現其所以爲一眞實之理，以見其爲此心之性者。夫然，故超越於一般事物之氣之上之理，正當同時爲內在於此心者。吾人於此如欲言此理之具超越義，則吾人亦須言此心之具超越義，並見此超越之理與超越之心，仍兩兩相孚，互爲內在，不可只言理之超越於心之上矣。

原吾人之觀心，固亦恆見若干心理活動之產生，乃由超越其上之理爲根據，而使之生者。此如一般心理學上所論之心理活動之產生，卽皆如循一初爲人所不自覺，而如超越其上之心理定律，以使之生，而亦可說爲依於一超越其上之生生之理，以使之生。然此所謂心，實非吾人之本心。此本心，乃吾人之能自覺此心理活動之爲如何如何之心，而此心則初只是一昭明靈覺。此昭明靈覺，知此心理活動之如何如何生，亦能知其如何如何生之心理定律，則其地位，乃在此心理活動心理定律之上。此心能知此心理活動依生生之理而生，則此生生之理，亦初未嘗外在於此心之昭明靈覺。誠然，吾人可說依此生生之理，而生之心理活動，不限於已有之心理活動；吾人昭明靈覺之自身，亦在生生之中，而亦自依生生之理而生。然此實不足證明有生生之理，在此昭明靈覺之外之上。茲更細論之于下：

所謂昭明靈覺之自依生生之理而生生，不足證此理在昭明靈覺之上者，卽因此昭明靈覺之生生，同時爲此昭明靈覺之所自覺。此不同於一般萬物之生生，不爲萬物所自覺，萬物之生生，不爲萬物所自覺，則此生生之理，卽只超越於萬物之上之後。然此昭明靈覺之生生，同時爲此昭明靈覺之所自覺，則此生生之理，卽內在於此昭明靈覺之中。吾人不能說昭明靈覺之生生中，無生生之理在，亦不能說此生生之理，在此昭明靈覺之外；復不可說此能自覺此昭明靈覺中之生生者，爲另一昭明靈覺。而當說此昭明靈覺，卽同時爲自覺之昭明靈覺。吾人初固可說，在已呈現之昭明靈覺之後之上，尚有繼起不斷之昭明靈覺，如從心之本原，相繼流出，而生生，而呈現。此昭明靈覺之所以得生生而呈現之生生之理，初如只深密微隱，以爲吾人之心之性，而爲一具超越義之性理。然實則當此昭明靈覺相繼呈現時，同時有內在於其中或爲內容之生生之理，相繼呈現，則吾人不能說此生生之理，初乃孤懸獨立，以爲一具超越義之性理。而當由此具超越性之性理，乃與此昭明靈覺，俱呈俱現，以謂吾人原有具超越義之昭明靈覺，爲吾人之本心，謂此本心卽具超越義之性理爲其內容，而此性理亦自始內在於吾人之本心者。此中無論吾人今如何說此性之深密微隱、莊嚴神聖，此本心亦與之同其深密微隱、莊嚴神聖，而具此性理爲內容。如吾人否認此本心之具此性理爲內容；則吾人將何以解於此心與性理之俱呈俱現，其呈現時，乃直以此性理爲其內容乎？在事實上，當吾人自謂有一具超越之性理時，吾人亦卽自超越其已有之昭明靈覺，而呈現一「知此具超越義之性理」之昭明靈覺，以使吾人之本心有進一步之呈現。此本心之進一步之呈現，與具超越義之性理之呈現，又正爲俱呈俱現。吾人亦正當于此時，一方自證其性理之具超越義，與其本心之亦具超越義；兼自證此具超越義之性理，原不外在而是內在於此具超越義之本心者。若必謂只有性理具超越義，而此本心不具超越義，則吾人何能知此性理之具超越義？知性理之具超越義，則此性理之具超越義，已內在於此知，而此知即必然爲具超越義之知，而亦爲此本心之呈現矣。

五　生物成物之事中之本心之呈現

此外自吾人之本心之發於欲生物成物，愛人利物之情之事，以行道成德上看，則此心與理之俱呈俱現，而合一之義，尤顯而易見。

如吾人在欲生物成物，表現吾人之愛人利物之情，於愛人利物之事時；此欲生物成物、愛人利物之情，固顯然依於吾人之仁義之性，而此性亦即一生生之理。然吾人此時之心，欲生物成物，則此生生之理，即同時呈現於吾人之心之昭明靈覺；然後乃對人對物，發爲愛之、利之之情，更有愛之利之事。此事即此心之主乎身，而見於身之行之所成。此性理見於情，見於身之行，亦心之此理，流行於身之氣之中。然吾人試問：此心與此生物成物之生生之理，是何關係？此時可否說有此理到而心不到，或此心到而理不到之處？吾人於此一加反省，即見其皆決無。因如理到而心不到，則心未嘗主乎身；如心到而理不到，則此心卽非一眞正之生物成物之心，而可只是一未呈現其性理之內容之昭明靈覺。此未呈現其性理內容之昭明靈覺，其所對者可只是事物之形式之理，而非事物之存在。有性理之內容之呈現之昭明靈覺，則直接以事物之存在，爲其所對，而顯爲一助事物存在得生長完成之昭明靈覺。此卽一爲生生之理所充實之昭明靈覺心，亦卽一眞正之行道以成德之心。此中之心與理，卽爲必然合一者。至於此無性理爲內容，而知事物之形式之理之昭明靈覺心，固可說當其知事物之形式之理時，其性理未能眞實呈現，此性理乃若對此心純爲超越者。此亦誠然誠然。然此中之性理之對此心爲超越，正因此心之尚未呈現其爲一性理所充實之心，亦卽此爲性理所充實之本心，尚未呈現；此本心，乃尚如超越於此只能知形式之理之昭明靈覺心之外者。若此本心呈現，則此性理亦俱呈俱現；則此性理此時之超越義，與此本心之超越義，正仍爲兩兩相孚者。是見此性理之對此未爲性理所充實之心爲超越；並不足以證此超越之性理，對超越之本心爲超越。而由此本心與充實之性理之俱呈俱現，其所證者，正是此性理之恒內在於此本心，而與本心之合一者也。

六　象山之言心與理及己分內事與宇宙內事之合一

由上二節，吾人由心之自覺其有性理，知其有性理處看心，或自心之表現其性理，於欲生物成物之情，與對人對物之行事上看心，皆無處可容心理爲二，而性理孤懸於上以自超越於心之說。依理之充實於本心之義，以言此本心之發，則此本心在接人物、接世界、接宇宙時，此心之所到，卽理之所到，此心之發，亦卽此心之理之發；二者實無往而不俱呈俱現，俱「未嘗有所隱遁」，（象山語）以與其所接之宇宙之一切存在事物，相感通而合一，而以生之成之爲事。故陸象山謂：「萬物森然於方寸之間，滿心而發，充塞宇宙，無非此理。」又謂「心卽理」，東西南北千百世之上之下，之聖人，皆心同理同，宇宙卽吾心，吾心卽宇宙，宇宙內事卽己分內事，己分內事卽宇宙內事。此實洞明「心」與「理」及「心所接之宇宙萬物」與「對萬物所爲之事」之合一無間之言也。

象山此種言心與理合一、心與宇宙合一、及宇宙內事與己分內事合一之言，唯待吾人之直接就本心之呈現以觀此心，乃能直下契合。朱子之言心具萬理而應萬事，心之能通貫今古遠近，而無乎不運，亦實必待人之多少直接就心觀心而後能說。而朱子之所謂道心，尅就其自身而觀，亦非只爲一以心往合於道之心，而應爲一「道與心合一」之心，而其實義，亦與象山所謂心卽理之心無別。然吾人於此一轉念，而謂心乃屬於我之身，則此心之與宇宙同大之義，立卽隱而不見。再觀我之本身，不過天地間之一物，則此心亦不過此物中之物耳。然此種將心屬之於我身以觀心之看法，卽由此心自己之退墮，而如程子所謂「自軀殼起念」而來。故陸象山亦恒戒人之自軀殼起念。人之自軀殼起念，一方固使人千方萬計，維持此一軀殼，而自私縱欲，一方亦使人自身觀心，而不能自心觀心，乃終於不識心之所以爲心，不識心與理合一，心與宇宙合一及宇宙內事與己分內事之合一之義。朱子之學，固力戒人之昧此天理而徇欲自私，以使心主乎此身。然其以心爲氣之靈，而此氣又儘可釋爲身之氣，則無意間已使心屬於身，而墮入於以身觀心之失。此以身觀心之失，則蓋由於心之原有可暫不主乎此身之時而來。此卽心之未眞呈現其自己之本心，而任身之氣所成之氣習用事之時（氣習用事，卽所謂由身體與環境接觸之自然生活所成之習氣，以支配吾人當前之生活之事。）然吾人實不當本此心之有未眞呈現其自己之本心之時，以觀此心之所以爲心，則亦不當以身觀心；而唯當自心能自呈現其本心，以爲身之主之時，以觀此心。在心自呈現其本心，以爲身之主時，卽此心同時自見其爲淸明在躬，志氣如神，而爲性理所充實之時。此時之此心，卽不可只說爲屬於此身，亦非可泛說之爲氣之靈者。若泛說心只爲氣之靈，則此靈雖可照理，而理在此氣上，亦可在此靈之上矣。若不說心爲氣之靈，而只視爲一昭明靈覺，或虛靈不昧而具性理者，則理無有能出於此昭明靈覺，而虛靈不昧心之外者，而後方可見心理之合一無間也。

七　朱子之心猶陰陽義及心有動靜，與性無動靜非陰陽義

朱子之重以氣之靈言心，其證在其言「性猶太極」「心猶陰陽」「心之理是太極，心之動靜是陰

陽」，及重言心之「動靜不同時，寂感不同位」，而謂心有往來出入之說。此皆其書中屢見之言，不須一一引。謂心猶陰陽，亦卽氣之靈以言心。氣之靈者，其一動一靜，一寂一感，互爲其根，以更迭而起，如環無端；卽不同於氣之未靈之物，其動者則不能靜，靜者則不能動，寂則不能感，感則不能寂，滯於動靜寂感之一端而不化者。至於此心之所以能一寂一感，一動一靜，則又以理有動靜爲之根。此理在人爲性，在天卽太極，故性猶太極也。卽以一般人之反省觀之，則吾人之心，亦確是能動能靜，能寂能感，而如往來出入，莫知其鄉者。此則最易由此心爲氣之靈，而本諸理之有動靜，而動靜互爲其根，加以說明。而人心之知萬物之理，成萬種之事，其依序而知，依序而成，亦卽由感而寂，使其知、其行，一一成就，而不可亂者。是皆證此言之確有見於心之所以爲心，而非妄說者也。

然此謂心猶陰陽而有動靜之分之說，實又只能應用一般之更迭的知各事物之不同之形式之理之心，及依自然之心理定律，而生而滅之一般心理活動，與意在依次序以成事，而只注目於此成事之次序之心；而不能應用於人之能自覺其心之動靜、爲生生之性理所充實，以發於情，見於事業，而又能自覺其性之流行，於其情、於其事業之心。蓋人之自覺其心之動靜，卽自覺其心理活動之生滅起伏，自覺其心之能知一形式之理，再往求知另一形式之理；自覺其心之有某成事之心理活動，再有成其他事之心理活動；方自謂其心能自轉移停息其知之活動，與其成事之心理活動，而自謂其心爲有動靜之心。然此能自覺其心之動靜之心，則必超越於此所覺之心理活動之動靜之上，而非此動或靜之範疇所攝，因此心之自覺其心之動，卽同時以心之靜爲對照；心自覺其心之靜，卽同時以心之動爲對照。此將動靜對照並觀，而自覺之之心，必然超越於此所觀之動靜之上，而爲統攝此動靜，而非一動或一靜之範疇所統攝者。此義思之自知。夫然，故人心誠爲生生之性情所充實，能自覺其性理之流行於其情、見於其事業，又能自知此心超越乎動靜之上者；卽必能於其事業之分爲段落者，同時亦見其表現同一之性情，而爲同一性情所貫徹。則事業雖有段落，此性情可純然如一；情感雖有變易往來，性亦可無變易無往來；事之停止而似寂處，性情未嘗寂；情之未感處，性未嘗不感。此心亦能依其性情或性之純然如一，無變易往來，而自知其純然如一，更無所謂變易往來者。如人之忠君愛國者，歷萬難而無悔，則事雖萬變，而人可自覺只有一片忠愛之忱。又忠君愛國者，聞國危則悲，轉危爲安則喜，此中悲哀異情，而忠愛之性則不變。則事與情雖有變，其心未嘗變，事與情雖有起伏段落，而有無事之時，或悲情乍歇，樂情未起之時，然此忠愛之性存於耿耿之心者，則可更無間斷。如其有間，則是此耿耿之心之一時之不存，而性亦俱隱，爲其他之心所間。非心在而性亡，或心亡而性獨在也。若此心不在而性亦俱隱，則此乃心之沉沒，而非此心之寂、心之靜也。心之寂、心之靜者，唯指其事之未生，情之未起而言。然事之未生，情之未起，並無礙於其情之具於其心，以成一耿耿之忠愛之心。此如心在無思無慮之時，其生幾之自運，生生之理之自在，仍不同於木石，不可言此心之寂感動靜不同時，而心卽無純一之性，爲其內容，此方爲眞正之有道有德之心。知此心既無論寂感動靜，皆自純一而恒如其性，則不得言此心之本身之如陰陽之一動一靜，而只可言此動靜之別，爲此心是否遇事而生情之別，此亦卽心之寂感之別。然有事此心，無事亦此心，動此心，靜亦此心，寂此心，感亦此心；則此心實通徹於有事無事、寂與感、動與靜，而不可謂其眞有偏屬於動靜寂感之一之時，而謂其如循陰陽之氣之出入、往來、起伏於此二者之間也。朱子之言聖人之心，純亦不已，而相續無間，亦明有此境界。此境界，亦卽理皆呈現於心，心理共一流行之道心呈現之境界。理是太極，則此時之太極卽內在於心，而心亦卽太極，不可以陰陽說之矣。至於吾人雖未能達此境界，然其所以未能達，亦非只以此理對吾人現有之心，爲超越；而實因吾人未發展出爲此理所充實而心理合一之心，此心之亦未嘗不對吾人現有之心爲超越也。此所謂未能發展出此心理合一之心，亦卽未能使此心呈現而出之謂。此外另無其他。此心理合一之心，亦卽象山、陽明所謂吾人之本心、良知之心。只須此本心呈現，吾人亦卽同時自覺其心爲一心理合一之心。非謂心理本不合一，而自外牽合，使之合一。若言牽合，則孰爲牽合之者？實則吾人有何心，則有何種心之性，心之理。若心無此性無此理，則必有他性他理。異性異理之心，不能相牽合，而心亦不能取與之異性異理者，以爲其性爲其理。故心與其性理，只能俱呈俱現。謂心無某性理，亦卽具某性理之心未呈現之謂。其呈現時，既爲一心理合一之心，則其未呈現，而只爲一具超越義之形而上之本心時，亦爲一心理合一之本心或道心也。依陸、王之聖學以言，人之本心呈現，亦卽以此整個之本心，超化平日之習心，而使此本心與其理，一齊頓現，驀然自悟之謂。非卽以平日之習心，而另取一理，以爲其內容，如拖泥帶水，以往來相牽合之謂也。

八　綜論心理氣三者之相依

綜上所論，故知人之本心與理之關係，實不同於理與一般事物及氣之關係。自理與一般事物及氣之關係言，理乃具有超越於一般事物及氣、及一般之心理活動與習心之超越義者。而自理與本心之關係言，則此超越義之理，不能超越於具超越義之本心以外。前者乃程、朱之學之貢獻，後者則陸、王之學之所貢獻。而朱子之謂理對心亦爲超越，謂性理爲太極，心爲陰陽，爲氣之靈，實不免下隸心於氣，而視同一般事物之一。至其他學者謂理無超越於氣或一般事物之義者，則恒由其限理於已成之一般事物已有之氣之流行之中。如戴東原之說是也。至於陸、王之忽視理對一般事物，與氣之流行及一般之心理活動與習心之有超越義，抑亦不免於有見於理之內在乎本心，而忽視一般事物與氣之流行等與理之關係，實大不同本心與理之關係。此蓋皆不免引起學者對此本心及理所居之層次，與一般事物及氣之流行等所居之層次之混淆。實則吾人之所以能知理先於氣，理對氣與一般事物等具超越義，正由於此心之能超越於一般事物與氣之上以觀理。其能觀理，卽正證此理之爲心所觀，而內在於此心。

若此理不內在於此心，則此心亦不能知理之先於氣，以超越於氣與一般事物之上矣。人能自覺其本心與理之合一，亦正賴於其知理之超越於氣與一般事物之上之外。若理未嘗超越於一般事物之上之外，則此心當兼與氣及一般事物等合一，而不能獨與理合一矣。本心之能獨與理合一，正由理有此超越於氣及一般事物等之超越義也。因本心能與理合一，又知理之超越於一般事物與氣等，而可爲其變化流行之先導；人乃有本其此心此理所發出之生物成物之理想，裁成萬物之事，以使物得亦更盡其性，而亦能更遂其生理，人心乃於此，得與物通理。若萬物無未盡之性、未遂之生理，超越於現成已有之如此如此之萬物之外，則人亦無本其此心此理，所發出之生物成物之理想，而人之裁成萬物之事，亦不能與物通理矣。由是可知此理對已有之氣與物之超越義或理先於氣之義，及理內在於心或心理合一之義，乃相輔相成而立，不容偏廢者。若理超越於氣，又超越於此心，而不對心爲內在；則先於氣之理，儘可虛懸而無着，此心亦無理由，以謂此理之實有。若理既內在於此心，又只內在於已有之物與氣，而不對之爲超越，則理膠固於已有之氣之流行，及已有之物中，而更不能通於後起之氣之流行，與方生之事物中；此理卽爲已有之氣之流行，及一般事物所私有，而非具普遍性之天下之公理，而理卽失其所以爲理；人之裁成萬物之事，亦不能與物通理矣。然朱子之謂此心屬於氣，只爲氣之靈，又必使理超越乎心而不內在於心；而陸、王之忽理之超越於物與氣之義，亦可間接助成後儒如戴東原之視理只內在於已有之物與氣，復可使理膠固於氣，使人事不能與物通理。故必知心理氣三者之不相淆亂，兼承朱子言理超越於氣之說，與陸、王之心理合一之說，方能使上述諸義皆立。人果能使理緣心以下澈於氣，氣依理以上合於心，心率此身與萬物之氣以共載理；則一切修己治人與物通理之道，皆不能外是矣。

九　象山之皇極及陽明之言心之動靜皆涵心卽太極與本文結論

自有宋以來中國思想之太極論之發展觀之，乃由周濂溪之言太極爲誠道始，至張橫渠之言太和，而視太極爲氣之依清通而相感處之「一」。至邵康節而以一動一靜之間之道，與客觀之觀物心，爲太極。此皆本天道以立人道之系統。至二程之卽吾人之心性，以言生生之理，而合天理與性理，乃始分理氣爲形上與形下。此爲本性理以立人道之系統。至朱子，卽二程之生生之理，以言濂溪之太極，以性理爲人心之太極，而天人之理或天人之道，乃一而無異。此理之爲萬物與氣之主之義，及理先氣後，理生氣之義既立，理乃見其超越而尊嚴。唯朱子以心爲氣之靈，而未能知本心之同具此超越義，實與天理合一而不二；則其言心，尚未能調適而上遂，其言理乃不免於超越而虛懸。而象山則進此一步，以心與理一，以心之靈與理之明並擧（註一三）。此心此理之在人，亦如其在天地；此心此理爲

附註：一三　象山全集卷十與詹子南語。

人之極，亦天地之極。故象山除訓太極之極爲中，於答朱子第二書謂「極亦此理，中亦此理也」外，其書又獨屢言及皇極。謂皇卽大，極卽中，又謂皇極卽「民衷」，而「**凡民之生，皆有是極**」，「**能保全此心，不陷邪惡，卽爲保極**」（註一四）。而此極爲人之極，亦天地之極，「根於人心，而塞乎天地」（註一五），故「三極皆同此理」（註一六），是則象山明攝太極皇極之義，於此心此理之中。至於陽明，則循象山言心與理之義，進以言良知與天理合一。陽明更罕言太極，唯於其答陸原靜書，評及周子太極圖說靜極而動之說，謂：「苟不善觀，亦未免有病」，而曰：「良知無分於寂感動靜」，又謂「太極生生之理，就其生生之中，指出妙用無息者，而謂之動，謂之陽之生，非動而後生陽也；就其生生之中，指出常體不易者，而謂之靜，謂之陰之生，非謂靜而生陰也。」故太極之生生之理，卽動而卽靜，此理卽良知之天理。其攝太極之理，於其致良知之敎中之意，亦甚明。其以良知無分於寂感動靜，卽寂卽感，卽動卽靜，卽有進於朱子之以陰陽動靜言心之義。夫世間之物與一般之意念，乃「動而無靜，靜而無動」，是所謂或動或靜者也。物與念之或動或靜，依於氣之或動或靜。然氣之動者恒繼之以靜，氣之靜者又恒繼之以動，故氣可言爲「動而能靜，靜而能動」者。氣之「動

一四　均見象山全集二十三。
一五　象山全集二十二。
一六　象山全集十二。

而能靜，靜而能動」，依於生生之理，而此理則「動而無動，靜而無靜」，朱子之言理是也。此義亦非陽明所能外。然人之本心良知，則寂而恒感，感而恒寂，故惟當以「動而恒靜，靜而恒動」說之。而陽明之謂其「常體不易」而「妙用不息」，謂心之體用不可二，則爲善說心者。心動而恒靜，靜而恒動，亦動而無動，靜而無靜，以與理合一；理之在心，亦當動而恒靜，靜而恒動。而朱子言理爲太極，乃動而無動，靜而無靜。其以陰陽動靜說心時，唯以心爲「動而能靜，靜而能動」者，其最高義，亦只至言心之「靜中有動，以寂而常感；動中有靜，以感而常寂」爲止，如其中和說三之所說。然又謂此爲由主敬之工夫，一面存養此心之體，一面省察此心之用之所致。故終以心分屬體用、陰陽、動靜二面，未能免於以氣之觀點看心，乃歸於心爲氣之靈之說。是則不如陽明言良知之心之無分於寂感動靜，卽寂卽感、卽動卽靜，而只以心之理，觀心之所以爲心之說矣。然朱子既以動中有靜，靜中有動言心，推極其涵義，亦非至陽明之以卽動卽靜言心者不止，則陽明之義實朱子之言所開啓，亦正所以完成朱子之說。陽明既以良知之心，爲卽動卽靜、卽寂卽感，亦卽同於謂心之卽陰卽陽，而以心同於太極。陽明以後，其後學乃多有不提及太極陰陽之問題者。至明末淸初之劉蕺山、李二曲等，乃皆有卽心以言太極之論，如吾人於本篇第一節之所擧。太極之思想，到此乃如隱沒於心學之流中。至於此外之重理不離氣之義，而隸理於氣者，則由宗朱子之明儒薛瑄、羅整菴，致疑理氣二物之言開其先，而明末有王船山之以太極爲陰陽之渾合之說，此皆前節之所及。至於淸代，歷顏習齋而有戴東原之理爲氣上之條理，爲心之所知所對之說。溯戴氏之說所自生，亦由病朱子之理，只超越而不內在於心，乃將此理降下，以內在之於氣，以成心之所知所對。而不知此中之使理不虛懸之道，在使此心上升，使本心呈現，以觀此心與理之合一；不在將此理降下，以只使之內在於氣，以爲心之所對所知也。自顏、戴之說興，而朱子言理與太極之超越義，陸、王言本心與良知之主宰義，又皆如隱沒於一氣之流行之中。人之心知，乃成只爲內本於血氣，外以往觀察氣上之條理、事物之文理，而區以別之爲事者。此氣上之條理，事物之文理，卽大同於西哲所謂事物之形式之理，而爲歷史考據與科學之所重。然實無當於宋明儒學之言理言心之本旨。數百年來宋明儒學之發展，其眞正問題何在，人亦忽焉未睹。吾之此文，以太極之一問題爲引線，持宋儒之太極、理、氣之論，以與漢儒魏晉之言及西方之形上學，相對較而論，而以朱子之論爲中心，更爲釋後儒之疑滯，而歸於論陸王之言心卽理，與朱子之論，如何得其會通之郵。以見諸儒於心理與氣三者之所論之分際，與其義可相涵而俱成之處何在；並見緣此諸儒於此三者之或輕或重，亦使太極之觀念，因之而屢變，而對此宇宙之最大之極至者，乃有不同之規定。吾人之所以必以太極爲引線者，亦所以使人念及此名，卽自然提升其心思，以向於遠大極至之義，方可於此中有關心、理、與氣三者之玄遠之義，有所契入，以自引繹其涵義之未申者。此上所陳，如更推類廣說，應更有人之本心不異天心，人所知或不知之萬物之形式之理，皆可爲天理天心，亦吾人本心之所貫徹之義，此天心本心又不當爲一形式之理所限，及此心之行於生生之氣。，宜非方以智，而爲圓而神者之義等，待於讀者之自悟，今姑從略。

五十二年十二月卅一日

第十六章　原命上：先秦天命思想之發展

一　導言

中國哲學以天人合一或天人不二之旨爲宗。其言心、言性、言情、言欲、言意、言志，皆所以言人，而恆歸源於天。其言帝、言氣、言陰陽乾坤、言無極太極、言元、言无、皆所以言天，而恆彰其用於人。至於言理、言道、言德、言行，則恆兼天道人道、天德人德、天理人理，以言天人之同道、同德、同理、而同行。中國哲學之言命，則所以言天人之際與天人相與之事，以見天人之關係者。故欲明中國哲學中天人合一或天人不二之旨，自往哲之言命上用心，更有其直接簡易之處。然以命之爲物，既由天人之際、天人相與之事而見，故外不只在天，內不只在人，而在二者感應施受之交，言之者遂恆易落入二邊之偏見。欲會昔人所言者，亦難免於逞臆揣測，推移其旨，不易得左右逢源之趣。今欲知中國先哲言命之眞意何在，唯有順歷史之發展，將各時代諸家言命之說，先節節截斷，家家孤立，更觀其前後相承之迹，然後其線索可明，歸趣可得也。

中國先哲言命之論，初盛於先秦。孔子言知命，墨子言非命，孟子言立命，莊子言安命順命，老子言復命，荀子言制命，易傳、中庸、禮運、樂記言至命、俟命、本命、降命。諸家之說，各不相同，而同遠源於詩書中之宗教性之天命思想。下至秦漢以降，學者言命之理論尤繁。然挈領振衣，則能明先秦諸家言命之說，由源溯流，則後儒或異或同之論，皆可對較而知。至欲明先秦諸家言命之說，則又必須略明詩書中言天命之要旨，並就諸家及詩書中明文言命處，分別尋文繹義，而將漢宋以下儒者，以己意牽合之論，先抉剔而出。尋文不必其多，而繹義不厭稍詳。增字詁經，理所當然。辨彼毫厘，若疏九河，然後漢宋儒者之論，還歸本位，方可得而明其承於先秦諸家之論而更有所進者何在。此卽本文之所以爲作也。

二　詩書中之言命

關於中國孔子以前言命之語，阮氏性命古訓，及近人傅斯年之性命古訓辨證二書，徵引甚繁。二書之旨，要不外在求所以反對宋儒之言性命。阮氏性命古訓以「商周之言性命多在事，在事故實，易於率循」，以斥「晉唐之言性命多在心，在心故易於附會」。其文唯屢闢李習之之言心性，若置宋明理學家之言於不屑論議之列，卽所以反宋儒。傅氏以荀子爲孔子正傳，亦所以反宋儒孔孟道統之說。阮氏書據詩書之言，謂古義以，命爲祿命，性卽是生。又謂孟子亦不關告子生之謂性之古說。傅氏統計金文中有生、令、命諸字之句，及詩、書、左傳、國語中論及性命之言，亦以證性字古卽生字，兼證命字古卽令字。其書於字源之考訂，不爲無功。然天命初爲天之所令或帝之命令之義，及性之原涵生義，則亦不待此統計而可知。至阮氏以命爲祿命，則詩書中言命者，固多隱涵此義。然明以祿命爲命，則爲漢儒之說，亦非詩書中之命之原義。故二氏所言，率多枝葉。吾人今論中國古代之天命觀，唯在一明其特色之異於其他民族之宗教性之天命觀者如何，以見爲後來先秦諸家天命思想所自生之大本大源所在。餘皆本文所不擬及者也。

今人之見，恆重科學哲學而輕宗教，率以宗教之宇宙觀不出乎迷信。論思想史者　亦恆只知重古代哲學科學思想，爲原始宗教思想進一步發展之義，遂不能如實觀原始宗教思想之價值。謂原始宗教思想恆與迷信相雜，誠是。人類承原始宗教思想而發展出之哲學科學思想，在理智之條理上，其迥非原始宗教思想之粗陋可比，吾自亦無異辭。然復須知，吾人如自人之所以有一思想之精神嚮往上、及一思想之效用影響上，看一思想之價值，則後人之思想，正不必過於前人；而哲學科學思想之價值，亦正多有不及宗教思想者。人類宗教思想之發展，恆由對庶物羣神之崇敬，以進至對天或帝之崇敬。此在中國始於何時，今不及詳考。然要之，人在相信有神之時，乃人尚未嘗自覺其精神或心靈爲其所私有之時。故其視人以外之物，咸有吾人今所謂心靈精神之運行於其中。此卽人之「自然的不私其心靈精神爲人所獨有」之仁心不自覺之流露。人在信一天或一上帝之神，能統率羣神，而主宰天地萬物時，則此客觀宇宙卽開始宛成爲一大心靈精神之所彌綸充塞之一整體。此亦卽人對於客觀宇宙，加以整一之把握之形上學的兼藝術文學的心情之原始。然人唯當在其地上之部落、氏族、羣后中有一足爲中心之元后或王，以建立一朝廷時，然後天與上帝之「一」，乃與人間之「一」，互相照映。故人對天或上帝之「一」之崇敬，恆與政治上之「一」之樹立，俱生而並長。此蓋人類各民族之宗教思想發展之常軌。

因在人類之原始宗教心情中，人未嘗私其心靈精神爲人所獨有，而視天地萬物有神靈主之，並以人間之「一」與天上之「一」互相照映；故在此宗教心情下，人於後世所謂由人或帝王所造之典章儀則，同視爲天之所敕命。而凡人自身努力之結果、人自身所遭遇、及依人之道德心情而生之對自己之所命，皆視爲天之所命於人者。而人初所不自覺之嚮慕之善德，皆視爲天或帝之德，而由天之命以見者。由是而吾人觀一民族之宗教信仰宗教思想之面目，卽可知一民族之文化之原始精神、或一民族學術文化之大本大源之所在。

如吾人以上所言爲不誤，而周之封建制度又爲殷之所缺，或殷之所有而規模不及者，則周之敬事鬼神，雖不若殷之甚，吾人仍當說周人更有一普遍之天或上帝之宗教性信仰。玆就文籍足徵者以言，周人之言天命者亦最多。吾人無妨假定：中國宗教思想中之天命觀之具體形成在周初。吾人今論中國後世言命之思想之本源，亦溯自周初而已足。茲據詩書所言，則此天命觀有數特色之可言：

（一）見於周初之詩書中之天命觀之第一特色，爲人所共知而最易見者，卽天命靡常之觀念。此一觀念或由周人之見殷人之敬事鬼神，終墜厥命而知，因復以之警戒周之子孫。故周大誥言「天命不僭」，康誥言「惟命不于常」，召誥言「皇天上帝，改厥元子茲大國殷之命」，又言「天既遐終大邦殷之命」，詩經大雅文王言「帝命不時……天命靡常」，詩大明言「天難忱斯，不易維王」，詩蕩言「天生烝民，其命匪諶」。此所謂天命靡常，卽謂天未嘗預定孰永居王位，而可時降新命，以命人爲王。故「周雖舊邦，其命維新」（大雅文王）遂「於周受命」（大雅江漢），而「有命自天，命此文王」（大雅大明），「文王受命」（文王有聲），「文武受命」（江漢）。此卽與希伯來民族宗教思想中，上帝耶和華以其「命」前定以色列爲選民，並前定列王之說不同。亦與希臘雅典神廟中，以預言定人之命運，謂人之命運注定，而不能逃之思想迥異。（如莎福克悲劇，阿狄蒲斯 OEdipus 謂德爾斐神廟預言：阿將殺父娶母，而阿竟殺其父而娶其母是也。）

（二）與此天命靡常，上帝於人之未來無預定之觀念，相連之又一中國古代宗教思想中之觀念，爲天之降命，乃後於人之修德，而非先於人之修德者；而其命於人也，乃兼涵命人更努力於修德，以自定其未來之義。此卽可以釋詩書之所以重言文王受命，而只偶言文武受命（大雅江漢）、周公受命

（洛誥）之故。文王之所以受命者，據書經康誥所言，惟在其「克明德愼罰，不敢侮鰥寡，庸庸祗祗，威威顯民」。據詩經大雅文王所言，則在帝懷文王之明德，文王之「厥德不回，以受方國」。此是以文王之修德在先，德聞於上帝，而後上帝降命於文王。此便異於舊約中上帝先有意志，以命亞伯拉罕及列王之說；亦異於後來基督教神學中，所謂上帝先預定其對世界之計劃，再化身爲人而神之耶穌，以實現其計劃，而欲人爲善之說。此後者乃明以上帝之命在先，而人之修德在後。以上帝之命在先，則未來可爲上帝所已決定，而命直接涵命定之義。以上帝之命在後，則人之未來非上帝所已決定，人受命之後，亦尚當有一段事在，而由人自己決定者；而所謂受命者，遂惟是受命以後，另當有之一段事之開始，而非只爲已成之一段事之終結。故受命之義，亦非必同於被命爲實際上之王，而錫以富貴之義。阮氏謂命之初義。純爲福祿之命，便於義有未洽。如受命爲被命爲實際之王，而錫以富貴，則只當言武王、周公、成王受命，而不當言不敢侮鰥寡之文王受命。周之詩書中，所以只重言文王受命者，則以文王乃畢生以修德爲事，令聞不已，方爲天下所歸。文王之受命，乃以其有德而受命，亦以受命，而「聿修厥德」以不回，乃歸於「受方國」（大雅大明）。而周遂革殷命，此則成之於武王周公。是見文王之受命，亦並非同於：其有德而天即報償之以王位之福祿之謂，而實只是受一自求「厥德不回」、「自朝至日中昃，不遑暇食，用咸和萬民」（書無逸）之責任。召公又告成王以敬保天命之義，其言曰「若生子，罔不在厥初生，自貽哲命……肆惟王其疾敬德。」（召誥）此段文之所重者，亦不當如阮氏之說，重在言「若子初生，即祿命福極、哲與愚、吉與凶、歷年長短，皆命。」此當是言人自初生，即當知「自貽其哲命」在「力疾敬德」。此乃教成王今後之更從事於力疾敬德者也。按希臘、希伯來、阿拉伯之宗教思想，從無以人配享上帝之說。而周則有「郊祀后稷以配天，宗祀文王於明堂以配上帝」之制。此制固尚可上溯源於殷人所敬之祖或上帝，原或即為帝嚳或帝俊而殷代已有「賓」帝之祀等。然此制之見重於周禮，亦因周初之思想原重人德之故。天聞人德而降命。人受命，仍有其自身之事在，斯人乃必當與天及上帝配享也。

（三）吾人如知上所言受命之義，一涵天命後於人德之義，二涵受命以後更須聿修厥德，又報償不必在當身而在後人之義；則知詩書中之言天降命與人受命，何以同重其繼續不已之故。蓋天之降命既後於人之修德，而人受命又必須更顧命而敬德，則人愈敬德而天將愈降命於其人，其人即愈得自永其命，而天命亦愈因以不已。是為天之降命與人之受命，同其繼續不已。故詩書中屢言人當修德以永命，又屢言「敷前人受命」（書大誥）。如言「有夏服天命，惟有歷年。我不敢知曰不其延。惟不敬厥德，乃早墜厥命。……有殷受天命，惟有歷年，我不敢知曰不其延。惟不敬厥德，乃早墜厥命。……祈天永命」（書召誥），「永念則有固命……我受命無疆惟休」（書君奭），可知其重人自求永命之義。至於言「維天之命，於穆不已」（詩周頌維天之命），「夙夜基命宥密」（詩周頌昊天有成命），則為逕言天命自身之繼續不已者。而上所謂天命之所以靡常，亦正在人王之不能修德以自永其命，天即不能不授命於他人，以成其自身之於穆不已。由是而言，則天命靡常之言，猶是第二義。天命之所以於一朝代、一王爲靡常之故，如殷之所以革夏命，周之所以革殷命之故，與周公之所以言「我有周既受，我不敢知曰厥基永孚於休」（書君奭）；正以天之「時求民主。」天之時在「監觀四方」以「求民之莫」，（鄭箋求民之定所歸就也）；故其對有德之王降命之事，必將繼續不已，以宅天命（康誥言「宅天命」）而望有人之能紹之之故也。

吾人以上言中國古代天命觀之三義：第一義使中國古代之天或上帝，成爲非私眷愛於一民族之一君或一人者，而天或上帝乃爲無所不在之天或上帝。此爲後代儒道思想，皆重天地之無私載私覆，帝無常處之思想之所本。第二義天命之降於人，後於其修德。此爲中國後來宗教道德政治思想，皆不重對天或上帝之祈禱，而重先盡人事之思想之本。人之受天命，當更敬厥德，即「顧諟天之明命」，敬德即所以承天命之思想之本。人有德而天命降之，即引申爲易傳所謂「先天而天弗違」式之思想。人敬厥德，即所以承天，即引申爲易傳所謂「後天而奉天時」之思想。合而言之，則第二義爲中國一切人與天地參、與天地同流、天人感應、天人相與之思想之本源。第三義人修德而求永命，及天命不已之思想，則爲中國一切求歷史文化之繼續之思想，人道當與天道同其悠久不息，同其生生不已之思想之本源。簡而言之，此三者可名之爲「天命之周遍義」、「天命與人德之互相回應義」與「天命之不已義」。此在中國古代之詩書中所言，固無後儒所論及者之繁。吾人之約以三名，自更非昔人思想之所及。然就詩書所言與他方古代之宗教思想相較，而明其異同，及其獨特之涵義如此，固不可誣者也。

三　春秋時代之天命觀

上所言者爲周初之天命觀。由周初至孔子，數百年中，天命思想之新發展，就左傳、國語以觀，蓋有四者可言：

（一）直接承周初命隨德定之思想，而加以擴充者：左傳襄公二十九年鄭裨諶曰：「善之代不善，天命也。其焉辟子產？」（杜註：言政必歸子產）按詩書言受命原於德，唯指王命。而今言子產善而當政爲命，則命隨德定之義，及於爲臣者矣。由此推衍，便爲「一切人之富貴、貧賤，皆隨德定」之漢儒所謂「隨命」之說。

（二）承命隨德定之思想而發展，又略異其義，而以命涵預定之義者。如左傳宣公三年，王孫滿對楚子問鼎之輕重曰：「天祚明德，有所底止。成王定鼎於郟鄏，卜世三十，卜年七百，天所命也。周德雖衰，天命未改，鼎之輕重，未可問也。」如依周誥之言，則不敬厥德，即墜厥命。此言周德衰而命未改，則德與命若相離。其謂成王定鼎，卜世三十，卜年七百，略符周運。人固可疑此語爲後人簒改羼入。然卜旬卜歲之事，充滿於甲骨之卜辭中；則於國運卜世卜年之事，亦理所宜有。由卜知來，則爲預定。此預定亦可說爲天之所定，天之所命。此便又與詩書所謂「帝命不時」之意略相違。然吾意此種預定思想本身之來源，當爲自古傳來之民間宗教術數思想之另一端。然此段文字，自整個以觀，其謂成王定鼎時，卜世三十，卜年七百云云，乃謂文武周公之德教流澤，足及於後世。故雖「天祚明德，有所底止」，亦必須至三十世七百年而後命改。此即後來言星命者或兼言祖德餘蔭之說之所本。果如此說，則由周初之命隨德定之說，亦可引申出此種對未來預定之論。唯此預定，仍初是依於德教流澤之所及而預定，非由上帝或天之本其絕對自由之意志而預定，便仍與舊約等西方宗教之說不同也。至尅就此命之涵預定之義言，則正爲墨子「非命論」之所非，而爲如列子力命篇所謂「命」爲「必然之期，素定之分」（張湛註此篇語）之說之遠源。

（三）引申「命」之義，而爲近於所謂「壽命」之義、及當爲之「義」之義者。

左傳文公十三年「邾文公卜遷於繹。史曰：『利於民，不利於君。』邾子曰：『苟利於民，孤之利也。天生民而樹之君，以利之也；民既利矣，孤必與焉。』左右曰：『命可長也，君何弗爲？』邾子曰：『命在養民。死之短長，時也。民苟利矣，遷也，吉莫如之。』遂遷於繹。五月邾文公卒，君子曰：知命。」

此段文言左右勸邾文公不遷都以長命，既遷都而敍其卒。則此命似涵後之所謂壽命之義或生命之義。漢儒乃定壽命爲三命之一。春秋元命苞：命也者，人之壽也。廣雅釋詁：命者，人之壽也。然古代蓋即以壽表壽命。生爲人之生，命爲天之命，二者初不相謀。然文武周公受天命而享國之年，正與其壽同。書無逸言「文王受命唯中身，厥享國五十年。」書無逸言「殷王中宗，嚴恭寅畏天命，……肆中宗之享國七十有五年，……肆高宗之享國五十有九年，……肆祖甲之享國三十有三年。自時厥後，立王，生則逸……惟耽樂之從。自時厥後，亦罔或克壽，或十年，或七八年，或五六年，或四三年。」是言受命而有德，則壽，否則夭折。此受命享國之久，乃可與壽之長短相應者。緣是引申之義，便可以命指壽命。如洪範言五福，有考終命，此命與考連，即涵壽命之義。左傳此段文，謂左右言不遷都以長命，遷都而叙其卒，則此左右之言長命之命，更明兼有長「受命享國之日」，及長「壽命」之義。且意似重在後者。此蓋爲莊子以降，重連於「生」以言「命」，言「性命之情」者之先導。然在邾子之答左右，以「天生民而樹之君」以「利民」，及「命在養民」之說爲言，則又爲直承周初古義，君受天命享國，當「懷保小民，惠於矜寡」之義。是邾子心中之命，斷不能以壽命爲說。至於君子謂其「知命」，亦當爲「知天所命於君之養民之責」之謂，而非知壽命當死之謂。君之養民，爲君之責，亦即君之「義」之表現。此所謂知命，即君之自知其「義」之所當爲之謂。邾子之知命，而不惜死，即後儒所謂舍生取義之行也。是見此段之知命中之命之涵義，又有進於周初之說，止於言有德而受命，受命益當敬德，而享國若干年者。此君子曰之所謂知命，乃指邾子之爲成君之「義」，成君之「德」，寧含「壽命」之事言。是則「由周初受命觀念中『敬德』之義之凸顯而出，以成爲君之奉承天命之主要涵義，而其中享國之觀念反被揚棄」所生出之新觀念也。此所謂知命，又正爲後之儒家所謂知命之義之所涵也。

（四）以命爲動作禮義威儀之則者。

左傳成公十三年「民受天地之中以生，所謂命也。是以有動作威儀之則，以定命也。能者養之以福，不能者敗以取禍。是故君子勤禮……勤禮莫如致敬……敬在養神……國之大事，在祀與戎。祀有執膰，戎有受脤，神之大節也。今成子，惰棄其命矣，其不反乎？」此段文之前數句，可與詩經「天生蒸民，有物有則。民之秉彝，好是懿德」合看。皆似頗近孟子、中庸所謂天與我以心之官，天命之謂性之說。唯其中仍有距離。蓋詩經所謂「天生蒸民，有物有則，民之秉彝，好是懿德」云云，仍未確定此所好之懿德之內在於己，而可是好在外之嘉言懿行之德之意。此所謂「則」，亦可爲在「物」外對物加以規定之法則之意。至此段文之言，以動作威儀之「則」定命，亦未明言此動作威儀之則與命，皆純由內發。所謂命由動作威儀之則以定，蓋非言「命」與此「則」爲二物，而當是言命之內容，卽由動作威儀之則以定之謂。阮芸台所謂「敬愼威儀，以定性命」是也。是見所謂「民受天地之中以生，乃所謂命也」二語，宜當釋爲民所受以生者卽是「命」，亦卽是此動作威儀之則，而「此則」原於天地，原於天地之中之意。此所謂受「命」爲「則」，吾意亦可是指人生以後說，而非指生前或生之性上說。蓋此段後文，明連禍福與致敬養神言，則此「命」此「則」，正宜視爲超越外在於人，而尚非卽內在於人，同於後儒所謂性者。若如此說，則此所謂受「命」爲「則」，與詩之有物有則之「則」，亦猶近乎詩書中所謂天敍天秩之典常彝倫之「則」，與天降命於人，人當受之以「聿修厥德」之「命」。故孔穎達疏此段謂命爲教命之意，當適得其原意。唯劉康公之言，直接以天地之命爲民之生之「則」，乃將民之自然之「生」，直接與上天所降之「義所當然之命」對照而言。性古爲生字，則此言亦卽將人性與天命對照而言之始。由此再經孔墨思想之轉折，卽可漸有孟子中庸之義矣。此當在後文及之。

四　孔子之知命

中國眞正之哲學思想，至孔子而使人有仰之彌高，鑽之彌堅，瞻之在前，忽焉在後之嘆，足以上承堯舜禹湯文武周公之教，下開百世之學。然孔子之言命之眞義何在，則不易得其確解。孔子嘗言「五十而知天命」（爲政），言「君子有三畏，畏天命，畏大人，畏聖人之言」（季氏），「道之將行也歟，命也；道之將廢也歟，命也」，（憲問），論語堯曰章最後段，又言「不知命，無以爲君子也；不知禮，無以立也；不知言，無以知人也。」則孔子之敬畏天命可知。此諸語中，皆無命爲外在之預定義。至子罕篇言「子罕言利與命與仁。」此中「與」字，可作別解。縱不作別解，罕言亦非不重之義。唯雍也篇載「伯牛有疾，子問之，自牖執其手。曰：『亡之命矣夫。斯人也，而有斯疾也！斯人也，而有斯疾也！』」。顏淵篇載司馬牛憂其無兄弟，而子夏又曰：「死生有命，富貴在天。」，此二段文中之孔子子夏，皆爲若致嘆息於命，並以命爲外在而冥冥中有定者。故墨子公孟篇謂「儒者以命爲有，壽夭、貧富、治亂、安危有極矣，不可損益也。」，（墨子公孟）傳斯年氏之書，亦謂：「論語明載定命之義，墨子攻之，正中要害。」云云。益以漢儒孔子爲素王受命之說，宋儒以理言命之說，而孔子言命之本旨何在，益復難明。然吾人今若暫捨孔子一時嘆息之辭，及子夏與後儒之言，以觀孔子之說，則孔子實明未嘗有「大德必受命」之中庸式及漢儒式之思想。其言天命，復與詩書左傳所言之天命觀，皆有不同，今試略論之。

吾人之所以不說孔子之天命觀，全同於詩書及漢儒之所言者，乃以論語中從無漢儒所謂降命受命之說。「鳳鳥不至，河不出圖，吾已矣乎」之言，卽不僞，亦非必如漢儒之視鳳鳥河圖爲受命之符。詩書之言天命者，固多指天敍天秩之典常彝倫爲人所當遵行者，然孔子則未嘗敎人只是實踐已成之典常彝倫，或昊天成命。孔子敎弟子以孝以仁，大皆直指生活上之行事以言，而要在人之反求諸己，以行心所安，則謂孔子之天命，止於詩書之說，亦無是處。

然吾人如謂孔子只重反求諸己行心所安之敎，又將何以解釋孔子之言畏天命及重知天命之言？吾昔嘗以左傳國語文公十五年所謂「君子不虐幼賤，畏於天也」之言，謂中國古代宗敎思想中，原有

「天矜於民，天之愛民甚矣」之思想；故人之不虐幼賤以行仁之事，即敬畏天命而知命之事。此與韓詩外傳承孟子言，而釋孔子知命之旨者相通。韓詩外傳曰：「子曰，不知命，無以爲君子。言天之所生，皆有仁義禮智順善之心。不知天之所以命生，則無仁義禮智順善之心，謂之小人。故曰不知命，無以爲君子……。天生蒸民，有物有則。言民之秉彝，以則天也，不知所以則天，又焉得爲君子乎？」朱子註孔子五十而知天命，謂天命爲天道。唯順此去講，固可以明孔子反求諸己，行心所安之教，與畏天命貴天道，乃一而二者。然此又似與「道之將行也歟，命也；道之將廢也歟，命也。」之言不合。蓋果天命爲愛民而仁者，則言道之行是天命，可；言道之廢亦是天命，則似不可。如天命卽天道，則謂道之廢爲天道，尤爲不辭。又如道之廢仍是天命，則天命宜非愛民而仁者。如人當畏敬天命，不亦當畏敬彼道之廢耶？則孔子之栖栖皇皇以求行道，得毋非不畏天命？而伯牛有疾，孔子曰亡之命矣夫。此命之義，似又明謂死生之命，乃在外而非在內者。孔子既於此致其嘆息之辭，亦似非直接敬畏此命者。或者乃謂論語書中之天命與命爲二名，合道者爲天命，命則可不合於道。然論語書或言知天命，或言知命，義應相同。又論語言畏天命，中庸言俟命，意亦相通。則命與天命，非卽二名。天命與命旣一，而命乃有非道者；孔子志在行道，又何爲而必言畏天命，必言「不知命，無以爲君子。」耶？

此諸問題，吾嘗思之而重思之，嘗徘徊於孔子所謂天命，乃直仍舊義中「天命爲天所垂示或直命於人之「則之道」，與孔子所謂天命唯是「人內心之所安而自命」二者之間。而終乃悟二者皆非是。蓋若果孔子之所謂天命，即舊義中天所垂示或天直命於人之「則」之「道」之義，此明爲自詩書以來之通義，墨子尚直承之，以成其天志之論者。此義易解，孔子不當言五十而知天命。至如孔子之所謂天命，唯是人內心所安之自命，則孔子十五志學，三十而立，四十不惑之諸階段，已時時有自命、自求、近思、篤行、行心所安之事，亦不當言五十而知天命。吾人由孔子之鄭重言其知天命在五十之年，並鄭重言「不知命，無以爲君子」及「畏天命」之言；則知孔子之知命，乃由其學問德性上之經一大轉折而得。此大轉折，蓋由於孔子之周遊天下，屢感道之不行，方悟道之行與不行，皆爲其所當承擔順受，而由堪敬畏之天命以來者。此則大異於前之天命思想，亦不止於直下行心之所安之教者也。上述之疑難所自生，初皆原自不知孔子之天命思想，實乃根於義命合一之旨，吾人先當求於此有所透入也。

孟子萬章上曰「或謂孔子於衞主癰疽，於齊主侍人瘠環，有諸乎？孟子曰：否，不然也……彌子謂子路曰。孔子主我，衞卿可得也。子路以告。孔子曰有命。孔子進以禮，退以義，得之不得曰有命。而主癰疽與侍人瘠環，是無義無命也。」

由孟子此段話，便知孔子之言命，乃與義合言，此正與論語不知命無以爲君子之言通。孔子之所以未嘗有主癰疽與侍人瘠環之事，因此乃枉道不義之行，孔子決不爲也。彌子謂子路曰，孔子主我，衞卿可得，孔子之答又爲有命。故孟子之釋曰，無義無命。此卽言義之所在，卽命之所在也。此所謂義之所在卽命之所在，明非天命爲預定之義，如上文所引「卜世三十，卜年七百，天之命也」之類。唯是孔子先認定義之所在，爲人之所當以自命，而天命斯在。此見孔子所謂天命，亦卽合於詩書所謂天所命人之當爲之「則」，而與人之所當以自命之「義」，在內容上爲同一者。孔子所謂畏天命，確仍與孔子所重之反求諸己，行心所安，依仁修德之敎，可說爲二而一之事。然吾人之問題，則在「天命」與「義」之內容既同一，何以孔子又必於反求諸己之外，兼言畏天命？又孔子何以言道之廢亦是天命？如無義無命，則有義宜有命。行道是義，天使我得行其道是命。此固是命義合一。然在道之廢時，則義在行道，而命在道之廢，命義相違；則此時求行「義」，正宜當非「命」。此卽墨子尚義而非命之論所由出，而勢至順者。然在孔子，則於義在行道，而命在道之廢時，仍只言人當知命，只直言畏天命，其故何耶？然吾人之所以答此問者仍無他，卽自孔子之思想言，人之義固在行道。然當無義以行道時，則承受此道之廢，而知之畏之，仍是義也。若不能承受此道之廢，而欲枉尺直尋，以求行道，或怨天尤人，乃爲非義也。此卽孔孟思想之翻上一層，而進於墨子之直接非命之說者也。

何以求行道，是義；道不行，而承受此道之不行，亦是義？此乃以人求行道，原爲求諸己而自盡其心之事，此爲孔孟之敎之根本義。然求行道既原爲求諸己之事，則人在求行道時，卽已知道之或不行，而有此不行之可能。此乃孔子「毋意、毋必、毋固、毋我」、「無可無不可」及「用之則行，舍之則藏」之言所由發。由是而人在求行道時，卽當同時準備承擔道之行或不行之二種結果。由是而「用之則行」，固是義之所當然；而當道不得行時，承擔此結果，而「舍之則藏」，亦是義之所當然。反之，如道不行，而枉尺直尋，以求行道，或怨天尤人；乃與人求行道時，依「反求諸己之敎，自知爲當準備承擔之義」相違，而先自陷於非道矣。是見承受道之廢，卽是義也。

承受道之廢是義，亦卽是知命。此所謂知命，非謂知命之預定道之將廢。若然，則此命不堪敬畏。吾人如欲會通孔子所謂知命及畏天命之言，仍唯有自人之義上透入。蓋志士仁人之求行道，至艱難困厄之境，死生呼吸之際，而終不枉尺直尋，亦終不怨天尤人，則其全幅精神，卽皆在自成其志，自求其仁。此時之一切外在之艱難困厄之境，死生呼吸之事，亦皆所以激勵奮發其精神，以使之歷萬難而無悔者；而其全幅精神，唯見義之所在，未嘗怨天尤人之德行，亦卽無異上天之所玉成。在此志士仁人之心情中，將不覺此志此仁爲其所私有，而其所自以有之來源，將不特在於己，亦在於天。於是其自求其仁、自求其志之事，凡彼之所以自期而自命者，亦卽其外之境遇之全體或天之全體所以命之者。其精神之依「義」而奮發者不可已，亦卽天所命之「義」，日益昭露流行於其心者之不可已。此處義之所在如是如是，亦天命之如是如是。義無可逃，卽命無可逃，而義命皆無絲毫之不善，亦更不當有義命之別可言。人於此更自覺其精神之依「義」而奮發之不可已，或天命之流行昭露不可已，其源若無盡而無窮，則敬畏之感生。此敬畏是敬畏天命，卽敬畏其志其仁。至於孔子之只言畏天命者，則蓋以志士仁人之求行道之事，乃自內出而向於外。所向在外，其所敬畏，則宜在天命。如在宋明理學，則更重人之內心及個人行爲上之自覺，而敬畏乃多在自心之主一無適上說矣。此乃孔子之學之發展，而其旨則同根於人之精神上之實感，更無相違逆之處者也。

吾人如知人求行道時所遭遇之一切艱難困厄之境，死生呼吸之事，皆是求行道者，義所當受，亦卽天命之於行道者之所；則亦知依孔子之教，人而眞欲爲君子，欲爲志士仁人，則其行義達道之事，與其所遇者，乃全幅是義，全幅是命。達則兼善天下，用之則行，而有所爲，是義是道。隱居或乘桴浮海，而舍之則藏，乃有所不爲，皆不主癰疽與侍人瘠環，不枉尺直尋之類；是所以避非義非道之行，而自求其志，獨善其身，仍是義，仍是道。人當此際，外境之於我，實無順逆之分，順是順，逆亦是順，斯人無可怨，天無可尤；而一切順逆之境，無論富貴、貧賤、死生、得失、成敗，同所以成人之志、成人之仁；斯見全幅天命，無不堪敬畏。此境界自非人所易達。故孔子亦唯稱顏淵曰：「用之則行，舍之則藏，唯我與爾有是夫。」依此以觀孔子於伯牛有疾曰：「亡之命矣乎」，則固有歎惜之情，仍未嘗有怨天之心。蓋孔子之所以自待，亦其所以望弟子。死生呼吸之際，人固當亦有以自盡其義，而有知命、敬畏天命之義存焉。此卽子路之結纓，曾子之易簀之精神。由此以觀孔子之謂伯牛「亡之命矣乎」，焉知非此以致拳拳之意？卽子夏「死生有命，富貴在天」之說，亦可同作斯解。何必如王充之以此命純爲限定之義，或如近人本墨家之說，以言孔子與儒家乃信定命論者乎？

五　墨家之非命

吾人如知上文所論孔子之知命之學，則知墨子之非命，並非眞能針對孔子與眞正之儒家而發。墨子公孟篇曰：「儒之道，足以喪天下者，四政焉。儒以天爲不明，以鬼爲不神，天鬼不說，此足以喪天下。又厚葬久喪，重爲棺槨，多爲衣衾，送死若徙，三年哭泣；杖後起，扶後行，耳無聞，目無見，此足以喪天下。又弦歌鼓舞，習爲聲樂，此足以喪天下。又以命爲有，貧富、壽夭、治亂、安危，有極矣，不可損益也。爲上者行之，必不聽治矣；爲下者行之，必不從事矣，此足以喪天下。」

凡此所言，至多只爲儒者末流之弊。卽如其譏儒家重厚葬久喪，習爲聲樂，至謂「孔丘盛容脩飾以蠱世，强歌鼓舞以聚徒。」此爲專自儒者在生活之形式上，承周之禮樂而說。然孔子之學之特色，明在其重禮樂之精神之仁孝，而不重在禮樂中之玉帛鐘鼓。吾人固承認，儒者不似墨子之重天志明鬼。然墨子謂儒者以天爲不明，以鬼爲不神，與孔子之言畏天命，言天道之「已成而明」（禮記哀公問），重郊祀之禮等，亦未必能針鋒相對。公孟子主無鬼神，亦不必卽代表儒者之公義。孔子只言「非其鬼而祭之，諂也」，又言「未能事人，焉能事鬼」，固未嘗明言無鬼神也。孔子言：「祭神如神在」之「如」，非假定之辭，乃事死「如」事生，事亡「如」事存之意也。公孟子之言無鬼神，或亦唯言無墨家所言賞善罰惡之鬼神耳。是墨子所謂儒者喪天下之四政之三，皆不能與儒者之教針鋒相對；又何得言墨子之非命，曾責儒者信有命，卽眞能與儒者之言針鋒相對乎？儒者言知命者，乃言人須知其所遇之窮達、順逆、富貴、死生之境，皆可以爲進德之資，人不當枉道以求富貴，或貪生而苟存之謂；曷常有貧富、治亂、安危、皆不可損益之思想乎？果其有之，則孔子之栖栖皇皇，又何爲者？故知墨子所反對之儒者，乃其心目中之儒者；其所非之「命」，亦不必卽儒者所謂「命」。吾人尤不可以墨子之所言，定儒者之眞。考墨子之非命，實爲上文所引卜年卜世一類之預定未來之命。此定命之觀念，與儒者求自盡己力，以道易天下之教，乃相違者。至於墨子所以亟亟非此預定未來之命，則在上文所說，墨子貴義而重力行，遂見此預定未來之命，與其敎人力於從事之思想，直接相違反。故非命篇所反覆申言者，唯是言「立命而怠事」，「執有命」則人「不聽政」、「不從事」等。此種預定之命之說，則其源當在古代宗教術數迷信之一端，亦可由周初詩書中之天命觀之主要涵義引申而出，如上文已說。墨子既重天志，更不能不自申不信天之定命之義，以免人混其天志之說於天之命定之說也。

墨子之論儒，雖非儒者之眞，然墨子言天志，而闢除天之命定之說，則上承詩書所傳之宗教精神。吾以爲墨子之宗敎思想之重要者，不只在如近人所謂，墨子復興孔子老子所反對之傳統宗敎中對天之信仰，或發揮傳統宗敎信仰之保存民間者。此尚是淺而易見者。此中重要者，在墨子言天志，而又非天命。在其他民族宗教中，言天志者，必言天之意志之表達，顯爲一絕對之命令，能規定人之未來；故言天志，必言天命，舍天命無以見天志。墨子獨言天志，而不言天命。墨子謂天志在兼愛，故欲人之相愛，惡人之相惡。然墨子則未嘗言天如何求貫徹其志，而定命令，或指定某人或某民族代表之，以實行其志。是見墨子之天，仍同於詩書中之天，乃唯監觀四方，視人之行爲合不合於其志，而施賞罰者。此卽仍須待人之行事，上聞於天，而後天乃察其德，以施賞罰。此正爲詩書中天命觀中所涵之思想。在詩書中之天命觀，主命不於常，卽無天指定某人某民族以代表之之思想。天爲後於人王之修德而降命，以使人受命者。天亦爲後於人之善惡之行，而繼以福善禍淫之事者。此乃一種天於人先取無爲靜觀之態度，而後有爲之思想。墨子之天，亦復如是。在詩書中言：人受命之後，當更敬厥德，兢業不懈，乃得永命。此亦正爲墨子重「從事」之思想之所本。故墨子雖非天命，然其不特未嘗非「詩書中之天命之主要意義」，而正是承詩書中所謂天所命於人者，以努力從事。其非命，唯是非預定論之思想。墨子言天志，所以見天之尊，而確立天對人之賞善罰惡之思想。然人必先有善惡之行，而後有天之賞罰，天亦未嘗以「命」規定一人之行爲與其力之所限極。由是而人在行爲上可先於天，天唯是隨人之行爲之善惡之後，以賞罰促進其善者而去其惡者。由是而天人之關係，雖爲上下之關係，亦爲並行之關係。此卽墨子之所以尊天志，而尤重人事之故。而其思想之進於詩書中所言者，則在詩書中之天命之主要涵義，雖是如吾人方才所說，而其引申涵義，亦可爲預定之命。於是一般人或以其引申之涵義，與民間流行之宗教術數迷信中之其他預定論思想相結合，視爲命之主要涵義。由此而墨子乃不能不言天志而又非命。唯其非命，而後天有「志」而期望人之行爲足與其志相副，及天未嘗對人之未來之行作預定之義，方得確立。天有志而無對未來之預定，天斯更自成其爲「明明在上，赫赫在下，」以自居其位者；人斯更能自求盡力以上體天志，而從事力行，以「興天下之利，除天下之害」者。是則墨子之分別天人，而釐淸其分位與關係之功也。

六　孟子之立命義

墨子非命，乃所以反對人力之外在的命定之限極。孔子之知命，乃知：一切己力之所不能改變，而爲己之所遇之境，無一能成爲吾人之志道求仁之事之限極。孟子之立命，則承孔子之知命之義而發展。孔子之知命，在就人當其所遇之際說；而孟子之立命，則就吾人自身先期之修養上說。如在死生患難之際，當死則死，素患難行乎患難，此在孔孟，同是義所當受。然吾人如何能在此際，不怨天，不尤人，視此死生患難，即天命之所存，而以敬畏心當之，則其前必有一段工夫在。無此一段工夫，則臨事必氣餒。即此時所承擔之義與命，亦不能樹立於吾人之自身之生命中。此一段之工夫，由開始至完成，由平日之修養，至臨事盡道而死，即整個是一立命之工夫。此立命之工夫，俟乎人自身之努力，外無預定吾人之努力之所限極者。在道德修養上，孔孟之同不承認人之努力，外有限極之者，正有似於墨子。孟子固不似墨子之言非命而言立命，然孟子之立命，乃另立一種命，而亦未嘗不涵墨子之所謂非命之義。墨子思想之不及孔孟者，則在：墨子之非預定之命，固是；但眞遇道不行之時，人又畢竟如何？此時是否卽天志閉塞，天心搖落？此在墨子殆無法以答此疑。然在孔孟，則道不行於外，道仍在於內。此時道不得行於外，而殺身成仁，或隱居求志，更不怨天不尤人之本身，卽所以彰顯此道。此等等之本身，亦卽天命之所在。在孔子，則此爲人之知命之事，在孟子則爲人之立命之事。夫然，故在孔孟，天命永無有斷絕之時。此其關鍵，不在此道之是否行於外，而在吾人自己之是否願擔負此道。如能擔負，則人道立而天道亦立，人命立而天命亦立；於是天命之大明終始，便永無眞正斷絕晦盲之日。故在墨子，雖篤信天志而非命，不信人力之所限極，然實不知所以處此人力之限極之道。在孔孟之知命立命之教，則有道以處此限極，於是人力雖似有限極，而其道則以承擔此一切限極而無限極。天道天命，亦以人道之無限極，更彰其無限而永存。由是而孔孟之知命立命之教，遂大深遠於墨子之非命。孟子所進於孔子之言者，則在能言立命之一段工夫，以通貫天命於人之盡心知性之敎。孟子曰：

「盡其心者，知其性也。知其性；則知天矣。存其心，養其性，所以事天也。殀壽不貳，修身以俟之，所以立命也。知命者不立乎巖牆之下。盡其道而死者，正命也；桎梏死者，非正命也。」

孟子此段言盡心知性則知天，存心養性卽事天。其所謂天之初義，自是直承詩、書、左傳中所謂「矜於民」、「愛民」而「懷明德」之天而說。以天爲「義」爲「兼愛」之墨子之說，亦與中國傳統思想中之天，義不相違。孔子亦未嘗謂此天爲不存在。唯孔子之所重，在人自己之求仁立志；而孟子之所重者，則在言人之求仁立志，原本於人之心性，故重人之盡心知性而存心養性。此盡心知性存心養性之事，卽所以知天事天而立命者。是乃別於墨子之自外面看天之於萬民，「兼而有之，兼而食之」，以知天之爲兼愛者之論；亦別於墨子之只以兼愛尚同之行事法天，爲事天之道之說。孟子言盡心知性則知天，存心養性卽事天，乃直下於吾人之自己之心性上知天。由自己之心性，所以可知天者，則以人爲天之所生，心性卽天之所以與我。今盡天之所以與我，而爲我所固有之心性，以知天，則其知天正爲最直接者。天以此心性與我，我卽存之養之以事天，則其事天正爲最直接者。墨子所謂天爲兼愛，天爲義，亦皆可由我之心性原具仁義禮智之端，加以直接證實。而天之所以命我，我之受天之命而立命，亦卽於我自己之存養此心性，以殀壽不貳之事上見。故命之正不正，全不須在外面說。自外面說，無命非正；正與不正，唯在我之所以順受之。我盡道而死，則命爲正命；未盡道而立巖牆之下，桎梏其心性以死，則命非正命。我誠盡道，則殀壽、死生、窮通、得失，無一不正；而人所遇之一切莫之爲而爲者，莫之致而致者，皆是天，皆是命，皆是成就我之自盡其道者；因而亦皆是命。我以正者，我善受之，便皆成正命，而皆爲我當「修身以俟」「行法以俟」者。於此更無漢儒如緯書、白虎通義、何休、王充、趙岐所謂正命（生而善與福祿兼備之命）、隨命（隨善惡而報之）、遭命（行善遇凶）之分。我之所以自命之一切，卽天之所以命我之一切，皆無非正命，而天命卽由我而立矣。此乃就孟子之文，以證前文之說者也。

吾人今論孟子立命之敎，謂其言命之正與不正，乃純由人自己之所以受命、盡心知性、存心養性之工夫上言，似與孟子恒將性命對稱而說者不同。孟子曰：

「求則得之，舍則失之，是求有益於得也；求在我者也。求之有道，得之有命，是求無益於得也；求在外者也。」

「口之於味也，目之於色也，耳之於聲也，鼻之於臭也，四肢之於安佚也，性也，有命焉。君子不謂性也。仁之於父子也，義之於君臣也，禮之於賓主也，智之於賢者也，聖人之於天道也，命也，有性焉。君子不謂命也。」

此皆以性命對稱之言。吾人必須再一申論，孟子之言性命之別，在何義上成立。觀孟子求則得之一段之言性命之別，似當言孟子之所謂命只爲外面之限制。觀孟子口之於味也一段，所謂「性也，有命焉；命也，有性焉」；之言，則孟子之所謂命，又似不只爲外面之限制，而同時涵有自外而觀時，人卽可由之以見其義之所當然者。實則言命乃先自外說，此蓋孔孟墨子之所同。然在墨子由命爲預定之限極之義上說，則命與義相違，遂貴義而非命。在孔孟，則吾人所遭遇之某種限制，此本身並不能說爲命；而唯在此限制上，所啓示之吾人之義所當爲，而若令吾人爲者，如或當見、或當隱、或當兼善、或當獨善、或當求生、或當殺身成仁，此方是命之所存。唯以吾人在任何環境中，此環境皆若能啓示吾之所當爲，而若有令吾人爲者，吾人亦皆有當所以處之之道，斯見天命之無往而不在，此命之無不正。此乃吾人上所屢言。故求則得之一段，所謂得之有命，亦非僅謂其得與否，將受環境限制之謂。而是說：如在環境之限制下求而不得，人亦不當枉道求得以違義。故此環境之限制，亦即命吾人之當有所不爲者。由是而安於此限制，即是順受一天之正命而行義。夫然，故存心養性而行義達道之事，與受命立命之事，固爲二義，一如純自內出，一如自外定；然此自外而定者，亦正是吾人之義所當然。若欲言其分別，則當說存心養性而行義達道之事，要在有所爲，以爲立命受命之資；而立命受命之事，則要在覺如受限制規定，而知有所不爲，乃義不他求。人在有所爲時，立命之事，在正面之修身以俟上。人在有所不爲時，則脩身之功，見於對一切順逆之境之任受，而使命莫非正上。自孟子之人性論之系統言，則人之心官之大體之「義」，在擴充存養之事上；人耳目之官之小體之欲，欲富欲貴之欲之「義」，則在寡欲有節上。故人於耳目小體富貴之欲，求而不得時，其不得，是即命見義。即命見義，而人乃能不爲其所不當爲，而即在「命之限制」上，見吾人之「義」之所存，與本心之性。或吾人眞正之所之性之所在，兼知吾人之緣耳目小體而求聲色富貴之欲之性，實非人之本心之性或眞正之性之所在。故曰「口之於味也，目之於色也，耳之於聲也，鼻之於臭也，四肢之於安佚也，性也，有命焉。君子不謂性也。」至於在心官之擴充存養之事上，人之求而必得，其得，是卽義而見命。卽義見命，而人之爲其所當爲，而以仁對父子，以義對君臣，以禮對賓主等，卽見天之命我以正。原我所遇外境中之他人如何，非我所自定。我或如武王周公之以文王爲父，或如舜之以瞽瞍爲父；我或如周公召公之以武王爲君，或如比干之以紂爲君……（多借趙岐注所舉例）；我皆必須有以自盡其道。而此外境中之他人，卽如恒在啓示我、規定我，而命我以仁義禮智等，此亦卽無異於天之命我以仁義禮智等。然我之行仁義禮等，正所以存養擴充我之性，而非只順從外境或天所啓示之命。故曰：「仁之於父子也，義之於君臣也，禮之於賓主也，智之於賢者也，聖人之於天道也，命也，有性焉。君子不謂命也。」而此卽孟子之學之所以必以心性爲本，而攝知命立命之義，於存心養性之教者也。

七　莊子之安命論

莊子之言命異於墨子，亦異於孔孟，爲以命與性直接連說。如莊子外篇駢拇篇，有「不失其性命之情」「任性命之情」，天運在宥篇有「安於性命之情」之語。除此以外，莊子天運篇又言：「達於情而遂於命也。」

達生篇言：「達生之情者，不務生之所無以爲；達命之情者，不務知之所無奈何。」「始乎故，長乎性，成乎命。」

天地篇言：「泰初有無，無有無名，一之所起，有一而未形，物得以生謂之德。未形者有分，且然無間謂之命。留動而生物，物成生理謂之形。形體保神，各有儀則謂之性。性修反德，德至同於初。」

此皆以性情與命連說。天地篇更明將命、神、性、相貫而論之；何以性與命可連說，後當論之。然在莊子內篇，則尚未有以性命連說者。莊子之外篇所以貴命，而重「達命之情」（達生）、「無以故滅命」（秋水）、「知命」（田子方）、「復命」（則陽），皆原於內篇之先言「安命」與「致命」「從命」。莊子內篇人間世引仲尼言：「天下有大戒二，其一命也，其一義也。子之愛親，命也，不可解於心；臣之事君，義也，無所逃於天地之間。是以夫事其親者，不擇地而安之，孝之至也；夫事其君者，不擇事而安之，忠之盛也。自事其心者，哀樂不易施乎前。知其不可奈何而安之若命，德之至也。爲人臣子，固有所不得已，行事之情而忘其身，何暇至於悅生而惡死？……莫若爲致命，此其難者。」此段文雖先分命義爲二名，後又言盡忠亦致命，則命義實不二。此所謂盡孝盡忠之命之義，亦即吾人上論儒家之即命即義之義。而莊子所引仲尼言，以忠盛孝至，即能不擇地不擇事而安之，「何暇至悅生惡死。」亦正與吾人上之釋孔子知命之義正同。由此可知莊子之安命之學，正原自儒者。莊子之德充符，又引仲尼言：「死生、存亡、窮達、貧富、賢與不肖、毀譽、饑渴、寒暑，是事之變，命之行也。……故不足以滑和，不可入於靈府。」則又是以我之和與靈府，與外在之「命之行」相對，而涵有無論外在之「命之行」如何，而我之和與靈府，皆不以之生哀樂之謂。是正通於孔子「素富貴行乎富貴，素貧賤行乎貧賤，素夷狄行乎夷狄，素患難行乎患難，君子無入而不自得焉」之旨。然莊子之言安命，終有與孔子之知命不同者。蓋孔子知命，一直重在人之自事其心於忠孝；莊子則由人之自事其心於忠孝，而「哀樂不易施乎前」，以進而言：人之能長保其靈台天君之光，內在之和者，當嚮往於任事之變，命之行，而與之皆適之境。由是而乘物游心，齊物逍遙之論出。莊子安命之學之最高表現，則在不屬於盡忠盡孝之任何場合之死生呼吸無可奈何之際，而仍能以孝子對父母之心，承當其在天地間之所遇。此孔、孟、墨之知命、立命、非命之教中所未申，而爲莊子安命之學所特至也。

茲先引大宗師篇一段：

「子輿與子桑友，而霖雨十日。子輿曰：『子桑殆病矣』，裹飯而往食之。至子桑之門，則若歌若哭，鼓琴曰：『父邪？母邪？天乎？人乎？』有不任其聲，而趨舉其詩焉。子輿入曰：『子之歌詩，何故若是？』曰：『吾思夫使我至此極者，而弗得也。父母豈欲吾貧哉！天無私覆，地無私載，天地豈私貧我哉！求其爲之者，而不得也。然而至此極者，命也夫！』」

莊子此段文，極愴涼感慨之致。其中實有一至厚至深之形上的兼宗教的心情。子桑餓病垂死，非如志士仁人殺身成仁之類也；而餓病至此極，亦不直接爲人當然之義也。子桑於此，未嘗怨天，亦未嘗尤人。其言曰：「父母豈欲吾貧哉，天無私覆，地無私載，天地豈私貧我哉。」此乃其餓病之極，猶念父母天地之無私之覆載之未嘗不在，而如怨如慕之情也。於此而言安命，則此命非同於詩書之受命之命，亦非孔孟之義命合一之命，而實只爲安於人生無可奈何之境。故莊子大宗師篇述子來之瀕死曰：「父母於子，東西南北，唯命之從。陰陽於人，不翅於父母。彼近吾死，而我不聽，我則捍矣，彼何罪焉。夫大塊載我以形，勞我以生，佚我以老，息我以死；故善吾生者，乃所以善吾死也。今大冶鑄金，金踴躍曰：『我且必爲鏌鋣。』大冶必以爲不祥之金。今一犯人之形，而曰：『人耳人耳。』夫造化必以爲不祥之人。今一以天地爲大鑪，以造化爲大冶，惡乎往而不可哉！」此卽見一全「不怨天，以對父母之心對天地陰陽，自安於一切人生之境」之精神，亦卽「人之無條件的承擔人所遇之一切無可奈何之境」之精神也。

此種人在無可奈何之境中，所生出之「死生亦大矣，而不得與之變，雖天地覆墜，亦將不與之遺」（德充符）之安命精神，其所嚮往者之積極之一面，卽爲「與造化者爲人」，「天地與我並生，萬物與我爲一」，而「游乎天地之一氣，以命物之化，而守其宗」之精神。此命物之化之「命」，則爲人之既達其所嚮往之「與造物者爲人」時，所感之一種卽在天亦在人之一種命也。

莊子外篇中，亦多於順受窮通、得失、死生處，言安命之旨。如至樂篇言莊子妻死，莊子強爲不哭，而謂哭為「不通乎命。」秋水篇言「知窮之有命，知通之有時，臨大難而不懼者，聖人之勇也。……吾命有所制矣」，繕性篇言「不當時命」之「深根寧極而待」，皆勉求安命之精神。然除此以外，外篇中特重之一旨，則為上所提及之以「命」與「故」對言之旨。秋水篇言「毋以故滅命」，達生篇又釋「始乎故，長乎性，成乎命」曰：「吾生於陵而安於陵，故也；長於水而安於水，性也；不知所以然而然，命也。」天運篇又言「調之自然之命」。謂「始乎故長乎性，而成乎命」，則「命」如為進乎故與性者。莊子所謂「故之滅命」者，蓋即人之陷溺自限於舊有經驗習慣；而不能拔出於其外之謂。能不以故滅命，而調之以自然之命者，則於所遇者，皆「瞳焉若初生之犢，而毋求其故」，而所遇皆新新之化，乃性長而命成。此便與上文所謂安命之命，為安一無可奈何之限制者不同，而是由安命而進達之自得之境。此莊子之「毋以故滅命」「成乎命」之義，亦即同於莊子之與天游，使「天之穿之，日夜無息」之義。至於天與命二名之不同，則在天乃就自然而如此如此之新新之化之本身觀之，命則就吾之遇此如此如此之新新之化者，而為吾之所受上說也。

至於外篇之所以有上所引如天運、在宥、駢姆等篇所謂通性命為一之言，則此蓋為人所受之「命」，與人之所以受命之「生」（性），尅就其相遇之際上說，原可說為二而一，乃不可分之故。在吾人不以故滅命時，吾人之生與化同游，而芒然直往，則吾自己之「生」與「命」，亦不可分。此即生與命之相成而不二。由此以推，則生之繼續於己，即命之相續於前，而於我生之相續，亦可名之爲「命」之「且然無間。」再進一層，則不特吾之與天之新新之化相遇爲命，而吾之此時之生，遇下一時之生，或負我之先一時之生而前行，亦可謂我之此時之生，所遭遇之命。由是而吾之有生，即同有命之義。至樂篇言：莊子謂髑髏曰：「吾使司命復生子形。」此司命之神，蓋即楚辭之大司命少司命之神之類。謂司命之神復生人形，則司命之神所司者，乃人之「卽生卽命」之生或性命之本身明矣。然生命之命，乃爲一引申之義，則由中國古所謂命之原義觀之，固斷然無疑者也。

八　老子之復命及荀子之制命觀

至於先秦他家思想中之言命，則有老子之言復命，荀子之言制命，及易傳之言至命，大戴禮小戴禮之言本命，樂記及易傳之言性命。今亦分別略加解釋。

復命一名，見於左傳。初乃對君令復命反命之義，殊無哲學意義。在莊子外篇，則陽篇言復命，則有哲學意義。其與老子之言復命之先後可不論。然二家之復命之義自不同。今謂莊子思想重復命，則不如謂老子之思想更重復命。莊子篇則陽篇：

「聖人達綢繆，周盡一體矣，而不知其然，性也。復命搖作，而以天爲師，人則從而命之也。」

從而命之，猶名之，此語無關大體。莊子所謂復命，而以天爲師，猶秋水篇所謂「毋以人滅天，毋以故滅命。」蓋由「故」而再復於「命」，是爲復命。故莊子之復命，亦卽不自以故自持，而隨所遇以游心，而以神遇物，以遨遊於天之萬化，而與之萬化，以周盡天人之一體之謂。此仍可統之於莊子之隨遇而安命任化之思想中。而老子之言道曰：「莫之命而常自然。」及言萬物之復命，則曰：「夫物芸芸，各歸其根。歸根曰靜，靜曰復命。復命曰常，知常曰明。」按老子之言道與萬物之關係，乃以道爲生萬物者。今又謂物之歸根而靜爲復命，則老子明有萬物命根在道之義，而道則更無命之者；故爲「莫之命而常自然」，爲「有物混成，先天地生」。是見老子之言物之歸根以靜而復命，純是由物之向內凝聚收歛，以反其自生之道之義。此與莊子天地篇所謂「太初有无，无有无名，一之所始，有一而未形。物得以生謂之德，未形者有分。且然無間謂之命。留動而生物，物成生理謂之形。……性修反德，德至同於初」之說相近。乃與莊子他處之言知命安命，皆偏自放浪形骸，以與物變化，而精神四達並流上說者不同。唯莊子此段所言，仍重在說命爲貫於物之生中之無間相續者，而其原，則在由「天」由「一」而來之物所得之德。老子之言復命，則視命如爲存於物之靜中之命根。此當是直以指物之所以能動能生之功能，如常言吾人之生命之所本於其內在之精力之類，而此精力卽原於道。老子所謂復命之工夫，亦當是由其所說之「少私寡欲」、「專氣致柔」、「虛心實腹」、「弱志强骨」、「和光同塵」、「見素抱樸」、以化同於「含德之厚」之「赤子嬰兒」，達「玄牝之門」而自「食母」之事，亦卽由形下界，再還歸恍惚窈冥之形上界之「先天地生而能生物之道」之事。此其與莊子之安命，及孔孟之知命立命，墨子之非命相較，乃爲又一形態之思想，彰彰甚明。而老子所謂命，則尤近於吾人今所謂生命之命。唯非生命之現實，而只是一切萬物之生命所以生之根柢上之無限功能而已。由老子之思想，可以開爲深根固蒂，長生久視之神仙思想，亦正理之所宜然。後來之道教，所謂性命雙修之命，亦正爲一種指生命之根蒂之概念，復爲一屬於人之自然生命之內在之無限功能之概念，而由老子之言命所發展而出者也。

至於荀子之言命，則其正名篇嘗曰：「節遇謂之命」，此乃脫盡一切傳統天命之宗教意義、預定意義、道德意義、形上意義之純經驗事實之命。大率詩書中之命，乃宗教意義爲主，而附涵道德意義，故重受命降命。墨子所非之命，則涵宗教性之預定意義。孔孟之命，由人道之「義」立，故重知命立命。莊子老子之命，皆直連於天道，故帶形上意義。荀子「節遇謂之命」一語，楊倞注曰：「命者，所遭於時也。」其注不誤。故在荀子，一切孔孟老莊所言之命之宗教意義、形上意義、預定意義、道德意義，皆被剝除；而命之所指，乃唯是一赤裸裸之現實的人與所遇之境之關係。後漢王充之言人「所當觸値之命」，亦正同荀子所謂「節遇謂之命」，而屬同一思想形態。故荀子之言天，亦即先就「天之常行」言。至人對天命之態度，則荀子嘗曰：「從天而頌之，孰與制天命而用之」（天論）。又曰：「天有其時，地有其財，而人有其治」（天論）。人之治之事，乃順天而制割萬物之事，此即人之所以參天地以制天命而用之。是荀子之天命，爲人之所治所制之對象。天時時生物，以與人遇，卽人時時有節遇之命。人時時有節遇之命，人卽時時有其治物、理物之事，卽人之時時制天命而用之也。則荀子之言制天命，正略近今人所謂控制環境，控制命運之說，此爲又一形態之天命觀，而別於前列諸說者也。

九　易傳中庸禮運樂記及大戴禮本命中之天命與性命論

除老荀之外再有一種意義之天命觀，則當爲散見於晚周之易傳、大戴禮本命、小戴禮記之樂記、禮運、中庸諸文中之儒家之天命觀。此諸書之天命觀，確大體是表示一相類似之同時代之儒家思想，今姑先引諸家言命之要語如下，再略述其新義所存。

易中除萃彖有「利有攸往，順天命也」一語，無多意義外；有下列數語：

易傳乾文言：「乾道變化，各正性命。」

易繫辭傳：「一陰一陽之謂道，繼之者善也，成之者性也。」

「樂天知命故不憂。」

「窮理盡性以至於命。」

禮記樂記：「天高地下，萬物散殊，而禮制行矣；流而不息，合同而化，而樂興焉。……動靜有常，小大殊矣，方以類聚，物以羣分，則性命不同矣。」

禮記禮運：「夫禮必本於天殽以降命。命降於社，謂之殽地；降於祖廟，謂之仁義；降於山川，謂之興作；降於五祀，謂之制度。此聖人所以藏身之固也。」

禮記禮運：「夫禮必本於大一，分而爲天地，轉而爲陰陽，變而爲四時，列而爲鬼神，其降曰命，其官於天也。」

禮記祭法下：「凡生於天地間者皆曰命，其萬物死皆曰折，人死曰鬼。」

大戴禮本命：「分於道謂之命，形於一謂之性，化於陰陽，象形而發謂之生，化窮數盡謂之死，故命者，性之終也。」

中庸：「天命之謂性。」

「君子居易以俟命，小人行險以徼幸。」

「天地之道，可一言而盡也，其爲物不貳，則其生物不測。天地之道，博也、厚也、高也、明也、悠也、久也……今夫天，斯昭昭之多……日月星辰繫焉，萬物覆焉。今夫地，一撮土之多，及其廣厚，載華嶽而不重，振河海而不洩。……詩曰：維天之命，於穆不已。蓋曰天之所以爲天也，於乎不顯，文王之德之純，蓋曰文王之所以爲文王也，純亦不已。」

此上諸書所言之命，自不必皆爲同義。然有其共同之處，即爲同皆以性命連稱，或以生即命，且同皆以天命，爲流行於天地萬物之中，而物賴之以成性者；而天命一名，卽涵今所謂宇宙論之意義，亦兼涵今所謂形上學與宗教之意義者。易傳言「方以類聚，物以羣分」，「乾道變化，各正性命」，明與樂記「方以類聚，物以羣分，則性命不同矣」之言同。易傳言「一陰一陽之謂道。繼之者善也，成之者性也」；而人道則在由「窮理盡性以至於命」，是見易傳之言人物之得各正性命，其原唯在一陰一陽之相繼，天地之相感而生變化。尅就此陰陽之相繼、天地之相感而不二言，卽見太極乾元坤元之實有。易傳謂「太極生兩儀，兩儀生四象，四象生八卦」，八卦列爲六十四卦，卽以喻萬物之由剛柔、動靜、陰陽、天地之相感之萬事而化生，以各成就其自己之性命，並於以見此萬物之性命之原，之太極乾元坤元之在焉者。萬物中唯人獨能「窮理盡性」，以達於其性命之原而「至於命」，故人道得與天地之道並立爲三才。禮運之言政，必本於天殺以降命，又言「命」降於社，降於祖廟，降於山川，降於五祀；則更宛然如有命之一物，自上而分，以遍降於下者。孔穎達疏謂此言敎命政令當法天地，亦卽涵「人之敎命政令，當成爲天命之表現之義」。此亦與易傳之義通。禮記又言禮本於太一。此太一正同於易所謂太極，而爲天地陰陽之所自一者。至大戴禮之言「分於道謂之命，形於一謂之性」，今連其上下文而觀之，則明是論萬物之各有其性，各有其生，乃由於分於一本之道，而得之命。此命爲貫於物之性，物之生之始與終者。此復與禮運太一之言相類。中庸之首句「天命之謂性」，固爲偏在人上言人性之原於天命，與大戴禮本命之泛言萬物之性原於命略不同。然中庸之歸於言人能盡其性，則能盡人性盡物性，正見中庸亦有以天命遍降於物，以成人物之性之思想。凡此諸言，皆大體相類似，而同爲自宇宙上言天命之分降流行，以成人物之性命者。是便與孔孟之直就人道之義，以通天道之命者異；與莊子之就人之游於變化之途，而安時處順上言安命，及老子之治人事天之嗇儉上言復命者，皆不同。吾人亦不能言此所謂太一太極，即全同周初之所謂天或上帝，或其所謂命，即周初之天命。周初之天或帝之降命，唯視人之德如何而受之以命。此所謂太極太一或天道之降命，則遍及萬物，以使之各得以生，各正性命，而亦各有其德者也。

然此種思想，雖與上述諸說皆不同，要亦由孔孟之言天命與性之思想發展而出，不得言其本於道家之思想。孔子之思想，固重人道。然吾人已言由重人道之義，即可引至知命立命之思想，而於吾人所遇一切生死順逆之境，皆得見天所命於人之義之所存，與天命之昭露流行於吾人之前，而吾人遂無往而不可見天命之正。則順此思想，再將人之自我一念，加以收斂而忘我，或將吾之所知之天命之正，一念放開，不視爲私有，而視爲天地間之公物；則當見人之耳之所聞，目之所接，時時處處，無非我之志之所在，仁之所存，而亦即客觀之天命之所洋溢充滿。由此而客觀萬物之生化發育，流行變化，即此天命之善之相繼相續。物之生化發育流行變化，本於物之相感。物之相感之際，必一動而一靜，一剛而一柔，是爲一陰一陽。「太極」「太一」「陰陽之道」，則於此相感之中見。則此太極陰陽之道，即一切萬物相繼相續以生化發育之原，亦一切萬物相繼相續而生化發育之善之原。吾人今溯人道之善之原，亦見於人在倫理關係中之相感相通，而相生相養之事上。故人道之善之原，亦同在此太極陰陽之道。今通天地萬物之相感以觀，天地萬物皆在合同而化之歷程中，則吾人可泯除萬物之差別相，而視整個天地萬物之相感而相繼以生，唯是一太極陰陽之道之表現之相繼而成「易」。就太極陰陽之相繼所新生之萬物以觀，則萬物皆如受太極陰陽之道之命以生；而所生萬物又互有不同，而各成其自己，是謂各正其性命。故推萬物之所自生之原而言，可說唯有一太極，一陰陽之道。而就萬物之各正性命而言，則皆爲分於道，分於一太極陰陽之道之命，而各有其性命者。至於人之爲物，能窮理盡性，以極其所感通之量，而仁至義盡，亦即與天地之陰陽乾坤之道合德，而達於其性命之原之天命者也。此即易傳中庸之以「大人與天地合其德」，以人盡其性即人盡人性物性而贊天地之化育，以文王之德之純，比同於天之「於穆不已」之論所由出也。

第十七章　原命中：秦漢魏晉天命思想之發展

一　導論

上章述先秦思想之言天命，始於詩書中之言天命靡常，天之降命於人與否，隨人之德而定之說。歷春秋時代對命之思想，而有孔子之知命，墨子之非命，孟子之立命，莊子之安命，老子之復命，荀子之制命。至晚周及秦之學者，乃合性命爲一名，而以人性承天之本命，以至於命之思想盛。此時亦有陰陽家之五帝德之思想興，而有人間之帝王，奉天之符命，依五帝德而代興之說。此說旋與儒家思想合流，爲漢儒之所持。漢儒之董仲舒，更申論帝王受命，及人受命之義，此乃承公羊春秋之義而發揮，復爲東漢諸儒會議之所論定，而見於白虎通義諸書。此皆略似周初人王受命之思想之再現。專自個人之命言，漢儒復有正命、遭命、隨命之說。三命之義，連於吉凶禍福，亦與詩書言命之連於吉凶禍福者相似。及王充，乃謂此漢儒所言天人感應、祥瑞、災異、及帝王受命之說爲無據，而三命之說，亦不免自相矛盾；乃轉而純就自然之氣稟、與所遇之外境，以言人之壽命、命祿、遭遇、幸偶，而別命之吉凶、祿之盛衰等，於性之善惡之外；而其言命，乃略近荀子之以天爲自然之天，以節遇言命之說。列子書出於魏晉，其言命乃以無命之者爲命，與郭象同以人當下之所遇言命。故郭象申莊而異於莊。是皆道家之流。自佛家東來，又傳入宿業言命之說。唯識家以業報種子言命根，而傳統言命思想之流，乃若斷若續。逮於宋儒，而周程張朱，乃改而於氣稟、壽命、祿命及所遇之命之外，專就天理之流行而賦於人者，以重申中庸所謂天命之謂性之義。陸、王起而言心卽理卽性，乃歸於天命之流行，與本心良知天理之流行之不可二。王學之徒，如羅近溪、王龍溪，更喜言卽性卽命。至王船山，則又大天而思之，言天命之日降而無已，以上契於詩書言天命維新之旨；復言人性亦隨命日降而日生。下及淸儒，戴東原、焦循，則又唯以「限於所分」「不可以人力轉移者」言命。阮元復更謂詩書中所謂命，皆爲與吉凶禍福相關之祿命，以反對宋明儒之說，而言命之思想，乃歸於偈促。自茲以後，而明以前之學者，言命之思想之豐富而多端，遂更爲人所忽視。此上所述，乃秦漢以來中國言命思想之發展之大較。其間似同而異，似異而同之處，固待於分疏，而此諸言命之思想，如何發展之跡相，亦須連各時代之思想之他方面，乃能暢申其義。故此卽本篇與下篇之所由作也。

二　五德終始說中之帝王受命之三涵義

吾今首當論者，爲晚周秦漢之際，五德終始說中之帝王受命說之涵義。此說倡自騶衍，而其書已佚。然據呂覽月令、史記孟子荀卿列傳、史記封禪書、大戴禮、孔子家語，及淮南子等書，猶可考見其言「五德轉移，符應若茲」（史記孟荀列傳語），「五行相次轉用事」（史記封禪書如淳注語）之大旨。世之學者，類能道之。本吾人之見以觀，此說在根本上爲宗教性兼政治性者，乃無疑義。其原蓋是由殷周之際以來，潛存於民間，王者必受天命而王之思想之復蘇。五德終始之說，與殷周之際之天命觀之不同，則在此中有五帝代興之說，而非只有一昊天上帝，降新命於新王。此五帝說之興起，或初由當時之有齊秦之東西二帝，乃漸有此天上之東南西北中央五帝之說。蓋又以東南西北，爲春夏秋冬四時中，日之出沒所偏之方向；而五帝之德，即首與運於四時中五行之德，五行之色彩、如青白赤黑黃等，亦互相配合。人間之帝王，應天上之五帝之德之一而興之後，繼起之人王，即當依五行之序，而另應五帝之一德以興。帝王爲政之道，所尚之色彩，及所立之種種制度，亦皆當依五行之次序而轉變。爲此五德終始之說者，即本之以論天地剖判以來，唐虞夏商周歷代政治之道與制度之代易，以及當今主運符應之所存。然此中五行之次序，究竟爲一相尅之次序，或相生之次序，又當今之人王應在天上之何帝，則有不同之說。如史記始皇紀，謂「秦政剛毅戾深，事皆決於法，然後合於五德之數。」索隱注曰：「水主陰，陰刑殺。」則秦乃以周爲火德，而自謂應水德以勝之。然漢之張蒼，又以漢應水德，以勝周火。賈誼、公孫臣，乃主漢應土德，以勝秦水。此皆本騶衍之「五行之次，從所不勝，虞土、夏木、殷金、周火」（淮南子齊俗訓）之說以爲論，亦即依五行相尅之次序以爲論者也。然後之劉向，又改而主依五行相生之次序，以言五德之轉移。王莽乃本之以受漢之禪，又自謂是土德，乃改漢爲火德，以符火生土之序。後漢之光武，亦信此五德之說，以赤符自稱火德，而繼王莽以起，謂「天心可革可禪」。此中，以五行之相尅或相生爲序，謂當今之人王，應在天上何帝之德以興，因與實際上之政治權力之爭，互相夾雜，固多穿鑿附會之論。然觀此數百年中之帝王，皆必托諸此五德終始之說，乃能自固其王位，而聚訟之多又若此；則想見此時代人宗教思想之篤，正無殊於耶穌降世前後之數百年中之西方人。此時在印度，亦即部派佛教，與印度各派之宗教哲學大盛之時代。人類東西之思想之步履，蓋有其不謀而合者在。茲更分別一論此五德終始說中，帝王受命之宗教的及哲學的涵義於下。

五德終始說中，言帝王受命之第一涵義，蓋爲其中只有此五方之五帝，依次序當令，而無唯一之上帝。五帝分主五方，如五行之分旺於四時，以分具五德，以爲各時代人王之所自受命。是見此五帝之權能，皆爲有限，兼受時間空間之規定，而其德亦皆不能無偏至。五德中土德，雖居五行之中，主於四時，而具土德之上帝，亦未嘗以是而足以統屬四帝，而具全能全德，乃仍只爲五帝之一。此便不同於猶太所傳之上帝之爲唯一無二，全知、全能、全善，遍一切時間空間而自在者。天上之帝德，是否爲人王所法，有其時運，則上帝亦有隱退拱默之時，如帝王之失時，則當禪位於繼起之君。依此義，王者與天上之帝，乃皆不能於世間把持不放，知進而不知退，如亢陽之往而不知返也。

此五德終始說之帝王受命之思想之第二涵義，爲帝王之受命，必有符應。由天之降災異，以示前代人王之當退；由天之降祥瑞，以示後代人王之當興。天所降災異之種類，與前代人王之失德之事類相應；天所降祥瑞之種類，亦與當興之人王之事類相應。天之示人以災異也，初則意在譴告，使能自知其失德，而自求補過；及其德既衰，乃降祥瑞，以預言明王之代起。此則與殷周之際，文王受命，乃由「帝謂文王」直接受命之說不同。謂自古已有河出圖、洛出書、爲受命之符之說，此蓋本後起之思想而逆推之言。詩書所載，固只言天帝之直接命令人王。此乃與西方、印度所謂上帝之直接啓示於人，而與人交談之說無殊，而爲一古代各民族的共有之宗敎思想之形態。此種上帝與人直接交談之思想，乃表示人與上帝間之一精神之親密性，及對於語言本身之重視。然人王之自言其承受天命，是否確有其事，無客觀上之勘驗，則人亦不可信。近如洪秀全之自言受上帝之命，而楊秀淸亦言上帝另又有命，卽歸於相爭是也。依漢人之符命之說，則天所降之災異祥瑞，皆爲一客觀自然界之存在，人皆知其爲實有者。此中之問題，唯在對災異祥瑞之應在何人，人之解釋，不能無爭。故又有讖語之以較確定之文字，寫在自然界之物之上，或傳於民間之口者。要之，此自降在客觀自然界之災異祥瑞，及寫在客觀自然界物上，而傳於人口之預言文字，以見天意之思想，乃代表一更重天意之客觀表現之思想傾向，亦卽使上帝之意旨，更見爲一公開之意旨，而非只與一人竊竊私語者也。

此五德終始說之帝王受命思想之第三涵義，是天上之帝德，依五行之序，而爲人王所法時，此帝德乃有確定之內容者。如五帝以五行相生之序而代興，則當今人主行政之德，當順此相生之序，由前代人王之行政之德，加以引繹而出。如五帝以五行相尅之序而代興，則當今人王行政之德，亦當順此相尅之序，以矯前代政治之敝。溯殷周之際，言王者受命，未嘗先確定帝王當修何德，如何立政建制，王者乃自修德而後天命從之。此實不同此五德終始之說，謂天上之五帝之一當令，乃自有其德與色等，爲人王所當法之說。周初之詩書中，亦未言文王之德教，乃由依五行相生之序，以承湯之德而有；復未言文王之德，唯以尅商紂之敗德而成。此亦不同於五德終始之說中，受命之帝之修德立政建制，皆有一確定的對前代之歷史之使命，人王須一方對具某一德天帝負責，一方對必然之歷史使命負責之說矣。

三　帝王受命之思想與孔孟言命之不同，及儒家思想在晚周後之一發展

五德終始說中帝王受命之說，除與殷周之際帝王受命之說，同爲依於此天帝與人王，其德能相感

之思想外，復根據一更廣泛的人德動天之思想。此所謂人德動天，乃人德能實際的動天，而天亦有其在自然界所表現之災異祥瑞，以爲回應；進而使其他人民，亦歸往當興之明王，而對其德旣衰之君，離之而去，或對之革命，以使眞有王者之德者，必得其位。此與西方之耶穌，有爲萬王之王之德，而不欲爲萬王之王，乃自謂其國在天上，不在地下者，固不同其形態；而與孔孟之思想，亦不同其形態。因孔孟固未嘗言有德者必邀天祐，以使其有位也。依孔孟之教，有德是人自己之事，能否行道，則有命存。天命所存，固非人所能必。故孔子曰：「道之將行也歟，命也；道之將廢也歟，命也。」孟子曰：「求之有道，得之有命。」又曰：「天下有達尊三，爵一，德一，齒一。」則有齒德者，亦不賴乎有爵而後尊。依孔孟之教，無論命之如何，人皆有自盡其道者在。此卽能知命者之所爲。後荀子本亦此義，言「君子盡其在己者，而不慕在天者。」荀子謂「從天而頌之，孰與制天命而用之。」卽言人不當求諸天，而只當在節遇之命中，自盡其人事，以制立天人之分也。是孔孟荀皆未嘗有天必能使賢者在位，聖者爲王，而降符命，以使民歸往之思想也。漢人謂孔子亦嘗受命，而嘆鳳鳥不至，河不出圖，符命未至，故只得爲素王作春秋，以寄其新王之理想。此實漢人之視孔子如此。依吾人之意，以觀孔子之嘆，蓋只爲感慨其不見用之辭，未必卽欲爲王。若謂孔子信符命，此與孔子未嘗以聖與仁自居之謙德，固不相合；而與孔子之不信德必與位相連，而惟務自盡其道之精神，亦不相合。孟子萬章篇言，堯舜禹之禪讓，乃由「堯薦舜於天」，「舜薦禹於天」，則文王直接受命之說，蓋尙非爲其所取。孟子曰：「匹夫而有天下，德必若舜禹，而又有天下薦之者，故仲尼不有天下。」無薦之於天者，人不能自欲有天下。故依孟子之言，孔子亦不能自居素王也。然孟子雖言舜以堯薦，禹以舜薦而天與以天下，然又謂此「天與之」，非「諄諄然命之」，則非上帝直接命令之說矣。孟子唯由人民之歸往舜禹，以見天命之寄在舜禹，而此「天與」，亦卽無異「民歸往」之別名，固無先降符命於自然之說。孟子之言五百年必有王者興，又嘆由孔子至今百餘年，尚未有王者起，亦非卽信五百年之王者必易德而王，如五德終始之說也。荀子非十二子篇，又以子思孟軻嘗言五行而非之，天論篇謂「天行有常，不爲堯存，不爲桀亡。」其不信五行說，固其所也。總而言之，此五德終始中之帝王受命之說，明與孔孟荀諸儒之言天命，初實不相干也。

然儒者所傳謂出於子思之中庸，其成書蓋晚於孟荀，則有「大德必得其名，必得其位，必得其壽，大德必受命」之言。此雖所以贊文王，亦代表中庸之一思想。此思想如何自孔孟思想中，發展而出，則殊堪探究。竊以爲此當溯原於儒者重德之敎，以賢者不必有位有爵之思想既確立，而德尊之義卽確立。孟子又有人之盡心知性、存心養性，卽能知天、事天之思想。荀子亦有人與天地參之思想。由此引申，卽爲中庸之言聖人與天地之道，皆同此一誠，而聖德實可參贊天地之化育，與天德共流行之義。緣是卽更可連帶湧現一種崇高之思想，卽：此自然宇宙之法則，當服從道德宇宙之法則，而自然宇宙亦當順聖德之形著變化，而在實際上爲其所感動之思想。中庸謂「國家將興，必有禎祥；國家將亡，必有妖孽；見於蓍龜，動於四體。」此雖非必如陰陽家之迷信，然依中庸言天與人及萬物，既同此一道，同此一誠，人有至誠之德，而能盡人性物性；則固未嘗不可既實際感動他人，亦實際感動其他自然事物。循此思想，則宜有：「大德者亦必可使其自然生命延長，使他人加以擁戴，而必得其名，必得其位，必得其壽」之信仰。此信仰，雖原不必能實證，然亦爲人相信天人同一道一誠，及聖德與天德共流行之後，原可連帶湧出之一思想。不能只以其言德必得爵位，與孔孟之言初不類，即不視爲儒家思想之一發展也。此正如歐陽修所疑，而亦蓋成書於同時代之易傳，重乾坤富有日新之盛德大業，不諱言利，謂崇高莫大富貴；皆同爲「以充德於內者，必形於外，而主乎外，而重此充實之美」之精神之表現。蓋大德之必得其名，其位，其壽，亦見一充實之美者也。中庸易傳之思想，因重天之「道」：與鬼神之「道」，而不重天帝與鬼神之人格性，固與五德終始說之重五德之表現於天所降祥瑞災異及新王變服色易法制之言，不同其類；然亦未嘗不見同一「重德之表現於外」之時代精神，而兩漢之儒學之與陰陽家之合流者，多流於穿鑿附會之論，亦皆由此人德之表現於外，以與天德之表現於外者，處處强求一一相應而來者也。

四　董仲舒之天人關係、及受命論

漢人言天人感應，王者受命之思想，最能成一大系統者，不能不推董仲舒。董氏不言五德終始，而只言文質代勝，及三正三統，以論歷史之變，故亦無五帝之說，而唯言一天。其所謂天，爲萬物之本原或元。然其天雖表現於氣或陰陽二氣與五行，而天自身實爲一天帝，或今所謂人格神。其言「以仁愛人，以義正我」，尚德、重教，而緩刑罰，言「正其誼而不謀其利，修其理不急其功。」（對膠西王。下一語漢書作明其道不計其功）雖純爲儒者精神；然其重天志，「屈民而伸君，屈君而伸天」，則與孔孟之無意於屈民者不同。至其卽天之「愛」「利」，以見天之仁義之德，則就其用語以觀，實多取墨者之言。其申天之人格性，如言天爲百神之大君，人之曾祖父，亦實近墨者；而與孔孟之重天道，而不重天之人格性者不同。至董子之言仁爲天心，言天之實有愛惡喜怒哀樂之情，表現於寒暑與春夏秋冬，而重天之情感之順四時而流行，又與儒者重心重情之精神爲近。其不只如墨子、詩書及西方之舊約之言天帝之悅惡喜怒，純爲人事之善惡而發；則使人覺此天之情感，乃在一自然秩序中，自動自發以流行者。人在四時之中，乃無時不與一有情之天帝相覿面；人亦得於自然之四時之神氣之運中，隨時見天之情感意志。故曰「春氣愛，秋氣嚴，夏氣樂，冬氣哀；愛氣以生物，嚴氣以成功，樂氣以養生，哀氣以喪終，天之志也。」又曰「春氣暖者，天之所以愛而生之；秋氣清者，天之所以嚴而成之；夏氣溫者，天之所以樂而養之；冬氣寒者，天之所以哀而藏之。」凡此諸語，吾人皆不能只視爲譬喻之言，而是董子實相信一人格神，於春則愛萬物之生，於夏則樂萬物之得養，於秋則嚴萬物而成之，於冬則似殺萬物，亦天之哀矜萬物而收藏之於密；合以見此天與萬物之無閒相依，而悲喜相關，其情之遍運於四時，未嘗有一息之或已。又因此天之喜怒哀樂之情，復即表現於四時之氣，以接於吾人形體，其情乃不只爲人心之所知，亦人之形體之所感，而未嘗與人之形體一日相離。吾人今日，因去古已遠，世人罕能信天帝之存在；教徒之信之者，則所信者，又多爲超越在上，或只與人心深處相接之上帝，於四時之氣運，恒只以自然現象觀之；故皆於此類之言，難相契應。然實則吾人若眞能信此天帝，即於四時之氣中，以其情志，與人之身心相接，實亦宗教信仰之一至美者。世之詩人之於四時，見天心之來復，於春見天之喜氣洋溢，於秋見「天地爲愁，草木淒悲」者，其於此意，尙略相近也。

董仲舒既言天心、天志、天情，見於四時之神氣，又言天之神氣，卽運於天之形體。此上下四方之空間，及其中之日月山川，卽天帝之形體所在也。然此又非如西方之超神論之上帝，遍在於一切時空中之說；亦非西方泛神論者，於一花一草皆見上帝之說；而是謂此整個之自然界，合爲一天帝形體之構造。吾人之形體，卽在此天帝之形體之構造中，而與之大體相類似，以直立於天地間。故「人有三百六十節，偶天之數也；形體骨肉，偶地之厚也；上有耳目聰明日月之象也；體有空竅理脈川谷之象也；首岔而圓，象天容也；髮，象星辰也；……鼻口呼吸，象風氣也；腹胞實虛，象百物也。」（人副天數）至於吾人情志之表現於喜怒哀樂之運，人之仁義之德，見於其愛人正己之事，又與天之情志相應答，與天之仁義同道而同德。夫然，故董仲舒之言人之受命於天，與人王之受命於天，亦卽要在由天生人原使之上類於天處，由天志天德之仁義，化爲人之仁義、天之四時之運中之喜怒哀樂，化爲人之行事中之喜怒哀樂、天之形體化爲人之形體、等處說。故春秋繁露爲人者天曰：「人之形體，化天數（天之結構之各部份之數）而成；人之血氣，化天志而仁；人之德行，化天理而義，人之好惡，化天之暖凊；人之喜怒，化天之寒暑；人之受命，化天之四時。人生有喜怒哀樂之答。喜，春之答也；怒，秋之答也；樂，夏之答也；哀，冬之答也。」此中言人之受命，卽見於人之能以其喜怒哀樂，與天之春夏秋冬相應答中。此「答天之出四時」，卽所以「忠其受於天者」。原彼天之出四時也，春夏秋冬自運，而天之慶賞刑罰及於物。「慶爲春，賞爲夏，刑爲秋，罰爲冬。」（四時之副）。又可言「春者，天之和也；夏者，天之德也；秋者，天之平也；冬者，天之威也。」然天之四時之序，必先春夏而後秋冬，必先和然後發德，必先平然後發威。（威德所生）亦卽「先愛而後嚴，樂生而哀終。」（陽尊陰卑）又卽「先陽而後陰，先德而後刑。」故人之爲政，亦當先德而後刑，先慶賞而後刑罰，知「不和不可以發慶賞之德，不平不可以發刑罰之威」。天之喜怒哀樂，又有其時、有其節、而後順；故明王亦當自知其喜樂哀怒之節。（陽尊陰卑）而「正喜以當春，正怒以當秋，正樂以當夏，正哀以當冬。……以取天之道。」（陽尊陰卑）又天志天意以仁爲本，爲「無窮極之仁」「仁之美者在於天」，故「人之受命於天也」，亦卽當「取仁於天而仁也」（王道通三）。由上所論，故知董子之言人受命於天，而忠於所受，卽法天之四時之運中之情以爲情，以天意天志，爲人之意志，取天之仁道仁德，以為其道其德；以使人之情、之志、之知、之行，皆上合於天。此中，人之所受於天，原是此天情、天志、天道、天德之見於天之神氣之運，而命於人者。人忠於所受，即能上合於天。此則不同於必受天所降之符命，然後能受命，及天直接以言告人，而人乃受命之說矣。故董子謂人之於天也，乃「以道受命」。（順命）而董子之言受命，亦初不限於人王。唯以王者為天子，故更當由受天命，而忠於所受耳。除天子受命於天，人亦皆可受命於人。故曰：「諸侯受命於天子，子受命於父，臣受命於君，妻受命於夫。諸所受命者，其尊皆天，雖謂之受命於天亦可。」（順命）則人之直接「以言受命於人」「以民隨君，以君隨天」，即為人之間接受命於天，不同於只言帝王之直接受天命之說矣。董仲舒之言人能受天命，乃由天之情、之志、之道、之德，其通過四時之神氣之運，而見於人之前者，原為人之耳目所接之故；則此乃是自天在自然世界之種種表現，以知天命而受之之說；又與五德終始之說之以天命，見於自然界之祥瑞符命者，其意趣無殊。故董子於符瑞一篇，亦以春秋之西狩獲麟，為受命之符也。

至於董子對人性與天命之關係，亦嘗以人性為人之所受命於天者。其玉杯篇謂「人受命於天，有善善惡惡之性」，即謂此性，乃人受命於天而有。此性能善善惡惡，似為一至善者。然通董子言性命者以觀，則此所謂善善惡惡之性，仍只是一不能自顯之質。而此性亦不足以見天命之眞。故其於深察名號篇，專論性之問題時，終於謂「民受未能善之性於天」。（深察名號）必再「受成性之敎於王」

而後善。董子唯於此「立王以善之」，謂之曰「此天意也」。王者，乃「承天意，以成民之性爲任者也」。（皆見深察名號篇）王者之承天意，是王者受命，而忠於所受之一事，而言民之受未能善之性於天，則只言受性，而未言此卽爲受命。故其賢良對策三曰：「天令之謂命，命非聖人不行；質樸之謂性，性非教化不成；人欲之謂情，情非度制不節。是故王者上謹於承天意，以順命也；下務明教化民，以成性也；正法度之宜，別上下之序，以防欲也。」是則更證明其主張唯聖王乃能眞受天命之說。一般人民之性，惟待王者之教化而成，待王者之法度而節，卽皆不能直受天命矣。夫然，故董子之言天命與人性之關係，與中庸天命之謂性之言，及宋儒天所賦爲命，人受之爲性之說，仍不相同。此後二者，乃言天於生人之初，卽賦予其內部之性。此賦予其內部之性，乃天之內命，亦如大戴禮之所謂本命。而董子之言天命，則初不卽指此人性，而只爲在人之上，而由天志天意，以下降於人，以爲人所知所受者，則只當說是一天之上命。在人之祭祀之際，人「致其心中之誠，盡敬潔之道，以接至尊」之時，因「祭之爲言，際也，祭然後能見不見……然後能知天命鬼神」，（祭義）此時固可說有一人與天命鬼神之相契接。然天既不以言授命，則人於此仍不知天之「以道受命」之道之內容。欲知此道之內容，仍將再求之於天之情、之志、之德、之道、之表現於四時之氣運者，以知之。此若非因在漢人之宗教心情下，原視此耳目所見之天地，卽上帝之形體，此天地中之神氣之運，卽天情天道天志之直接表現，而可直由之以知天命，受天命；則吾人於此董子受命之說，既不必以符命爲憑，又無天直接對人之言語足據，復非於天賦人以性處，言其卽天命之所在者，蓋頗難得其解矣。是皆唯待於吾人側身二千年之上，以想像古人之心情，方可實契其義。後人以宋儒之言性命之說，或中庸天命之說，及其他言命之說，推測董子之意，則皆失之遠矣。

董子之重由四時之氣之運以知天道，而以道受天命之說，實又尚非只重此天道之直接表現於自然者之謂。而是意在由此天道之表現於自然者，以直探天之元，而知天之端之正。董子曰：「元者猶原也，爲萬物之本。人之元在焉。安在乎？乃在乎天地之前。故人雖生天氣及奉天氣者不得與天元；本天元命，而共違其所爲也。」（重政）此卽見天之元，乃深於一般之神氣與天地之形者。董子之言元氣，乃指此元之氣，非卽氣之原始者，而謂之元氣也。然此爲天地與氣之原之「元」爲何物，此卽爲百神之大君之天神也。董子曰：「君者，元也，原也」。（深察名號）「君人者，國之主」。（立元神）是萬物之元者，萬物之大君，亦萬物之大始。此卽與西方所謂主宰宇宙之上帝無殊。而董子之言春秋之道，在「以元之深，正天之端；以天之端，正王之政；以王之政，正諸侯之卽位；以諸侯之卽位，正竟內之政。」是卽欲正王之政，賴於由天之一切外表之表現，以達於此一切表現之端始，而直達於元之深。必如此而後君人者，乃得於此「立元神」。董子離合根曰：「天高其位，而下其施，藏其形而見其光。高其位，所以爲尊也；下其施，所以爲仁也；藏其神所以爲神；見其光所以爲明。故爲人主者，法天之行，是故內深藏所以爲神，外博觀所以爲明」立元神篇又曰：「爲人君者，謹本詳始，敬小慎微；志如死灰，形如委衣；安精養神，寂寞無爲；休形無見影，揜聲無出響；虛心下士，觀來察往；謀於衆賢，考求衆人；得其心，偏見其情；……是謂開闔。」又曰：「不見不聞，是謂冥昏；能冥則明，能昏則彰。能明能昏，是謂神人。」此董仲舒之文所言立元神之道，實大類於道家之言。故以深藏爲博觀之資，以闔爲開之本。而此亦卽人君之所賴以達於天元之深，而見其元之卽在此天地之前之天元中者。惟然，故人君之能奉天命，亦卽其能探天元，而本天元之命，以不違此天元之所爲。此所謂「本天元之命」，亦卽於此元之深，見天之端之正。天之端者天之仁，天之生物之端，而未有不正者也。此依一年而言，則見於春。故於春之始之第一月，名曰正月。天之生物，於此見其端之正；而王者之爲政，則當觀天之生物之始於正月，卽自知其應法天之生物之仁，以自正其端。春秋變一爲元，而曰元年。元年卽天元之年，年屬於天元之謂也。春秋又變一月爲正月，曰「春王正月」。王正月者，王者必依天元之端之正，以自正其始其端也。由此觀之，則董子之所謂王者之本天之元命，以西方之語釋之，亦卽王者之本至尊、至深、至神、至明之上帝，其創萬物之意志，爲其一切意志之始端，以自正之謂。此則純爲依一高度之由下以達上之宗教心情，而再由上以澈下，所成之政治思想。其言雖本於詩書中原有之敬天愛民之義，及孔孟之以仁心爲政治之本之意；然其取墨子之言，以說此天之人格性，取道家之言，以說上達天元之道，則明是攝墨道之思想，而融鑄之，以使此人君爲天帝與人民之中介，亦昔之學者所未及者也。

由於董子之言人之奉天元之命，賴於人之直探天之元之深，元之端；故董子於天之氣或陰陽之氣之偏而失正，變而失常，或天之所示之變或災異，並不直視爲皆足以表此天之深，而見天之端者。蓋此實只宜視爲依於此端、此始、此本而生之末；而依元之深，天亦將自矯其偏而反之正，以使陰陽和，而四時順者也。故人於此災異災變之來，自一方面說，人固不當以此減其對天之虔敬，仍當順受而知自反。如春秋繁露奉本篇曰：「夫流深者其水不測，尊至者其敬無窮。是故天之所加，雖爲災害，猶承而大之。」此言人不當以天所加之災害，而減其對天之虔敬也。其隨本消息又曰：「顏淵死，子曰天喪予；子路死，子曰天祝予。西狩獲麟曰吾道窮，吾道窮，三年身隨而卒階。此而觀天命成敗，聖人知之，有所不能救命矣。」此卽意謂天命之逆來，聖人仍只有順受也。董子雖「惡夫推災異之象於前，然後圖安危禍亂於後者，　非春秋之所甚貴也。」（二端）然亦謂災異之來，人當「省天譴而畏天威……明善心以反道。」（二端）此卽人當藉天譴以自反之意也。然在另一方面，則董子於天之水旱，亦視爲陰陽之變，而人亦當自表其請之、怒之、之情，以正陰陽之序。此亦非不尊天、不敬天之謂，因此陰陽之變，皆依天之端而生之末，非天之元、天之端所在也。故精華篇曰：「大旱者，陽滅陰也，尊厭卑也，……請之而已。……大水者，陰滅陽也，卑勝尊也，……逆節也。故鳴鼓而攻之，朱絲而脅之，爲其不義也　此亦春秋之不畏强禦也。故變天地之位，正陰陽之序，直行其道，不忘其難，義之至也。是故脅嚴社而不爲不敬靈，出天王而不爲不尊上，辭父之命而不爲不承，……」

是見董子亦非於一切陰陽之變，皆主加以順受；乃視人之直行其道，求變天地之位，正陰陽之序，不忘其力之有所不及，而或不免於難，如上所謂聖人之有所不能救命者，正為人之尊奉天命之最高表現。以此陰陽之變，原非天之深、天之端之所存；辟此陰陽之變之命，而正陰陽之序，正所以上契於元之深，天之端，而奉天元之命也。奉天元之命，而逆此陰陽之變之命，不免於難，乃不得自救於此命之中，正所以承順此天元之命也。此則與孔子之言知命之旨，既於道之不行，視為命之所在，而仍栖栖皇皇以求行道，復不忘道窮之義，未嘗不相通也。

至於董子之言，人之奉天命而行，又可實感動天者，則在其秉深信同類相動之義。孔孟荀之思想中，蓋尚未見有此義。所謂同類相動者，卽謂人之形體情志，原與天之形體情志相類，則天能感人，人亦能感天。此同類相動之原則，易傳已發之。如曰「水流濕，火就燥，……物各從其類也。」而董子同類相動篇曰：「百物去其所與異，而從其所與同，故氣同則會聲，比則應其驗，皦然也。試調琴瑟而錯之，鼓其宮而他宮應之，鼓其商而他商應之。五音比而自鳴，非有神，其數然也。美事召美類，惡事召惡類，類之相應而起也。如馬鳴而馬應之，牛鳴而牛應之。……帝王之將興也，其美祥亦先見；其將亡也，妖孽亦先見。物固以類相召也。美惡皆有所從來，以為命，莫知其處。天有陰陽，人亦有陰陽。……欲致雨，則動陰以起陰；欲止雨，則動陽以起陽。故致雨，非神也，而疑於神者。其疑於神者，其理微妙也。……相動無形，則謂之自然。其實非自然也，有使之然者矣。物固有實使之，其使之無形。……」

依上所引，可見依董子意，同類相應，爲物之自然之大法，亦物之互相「使然」之大法。物之美惡以類應，而有所從來，卽以爲命。此命卽同類之物之相命，而相動。董子卽以此言災祥之所以起，及人之所以能致雨及致雨止等，天人之際，能以事相感之故。此實又與天之直降災祥，以見天之賞罰之說有異。世之宗教思想，言天之以災祥爲賞罰，皆謂天先有一善惡之標準，而見人之善者則賞之，惡者則罰之。然於天之何以必有此賞罰，則或由此天之欲貫徹其善之意志以說之，或由天之原與人訂有契約，而人違背之以說之，如西方宗教之言是也。墨子天志篇於此問題，則又以天與人之交互相待關係以說之。謂人爲惡，則人爲天之所不欲，故天亦將爲人之所不欲，而降禍災以爲罰；人爲善，則人爲天之所欲，故天亦爲人之所欲，而降福以爲賞。至於騶衍之五德終始之說中，其天人能相感應之理由安在，則今不能詳考。然此上所陳之三說，實皆與董子之言有別。董子固未言此災祥之生，直由於天之賞罰。董子所謂天之慶賞刑罰，見於春夏秋冬者，乃與其自然之喜怒哀樂相連，而非因人之善惡而起者也。董子之天，固以其情志與道，示之於人，而足以感人，人亦可於茲受天命；然天亦無必貫徹其意志之心，並本此以爲賞罰之基之意也。董子復無以天之賞或罰，由於天初嘗與人訂契約之故，或人之爲天之所欲或不欲之故。董子言天有志，而不言天有欲於人也。依董子上文之旨觀之，董子實乃視天與人，雖有大小之別，人亦只位於天中；然由此二者之形體結構之相似，情志之相同；於是天人之關係，除人之始乃由天生之外，在人生以後言，卽只爲一同類之關係。依同類之關係，而人之惡事，召天之妖孽，人之美事，召天之美祥，卽只如人之行爲與天共振，如音聲之共振之類。此共振，卽天人相與使然，若自然而不知其所以然之命之一端。以共振言天人之感應，與災祥之所自生，乃天人間一平行的「相與使然」之關係。此不同於上述之天之意志之必欲貫徹於人，而以災祥爲賞罰之說，爲一以上徹下之說者；亦不同於以人與天訂約，而人違天之約，天遂罰人，或「人爲天之所不欲，則天亦爲人所不欲」中之天與人，爲一天人相對，以信約相守，以欲求相需之說者。是見董子之宗教性之天人感應之思想，亦實有其特色在也。

五　漢人三命之說之卽人之命祿以言命

漢人之言人王之受命，而忠於所受之事，與天人之感應，而相與使然之理，莫詳於董子。董子以後，歷劉向劉歆，至東漢之班彪，而著王命論，仍謂天命在乎應天順人，亦有符瑞可徵。由西漢至東漢，漢儒言命之一最流行之說，則爲三命之說。此乃直就人以言命之說，而見於諸緯書、趙岐之孟子注、白虎通義及論衡等書者。白虎通義固薈萃諸儒討論而成者也。孔氏正義引孝經援神契曰：「命有三科，有受命以任慶，有遭命以謫暴，有隨命以督行。受命，謂年壽也；遭命，謂行善而遇凶也；隨命，謂隨其善惡而報之。一白虎通義壽命篇曰：「命者，何謂也？人之壽也，天命已使生者也。命有三科以記驗：有壽命以保度，有遭命以遇暴，有隨命以應行。壽命者，上命也。若言文王受命唯中身，享國五十年。隨命者，隨行爲命，若言怠棄三正，天用勦絕其命矣。又欲使民，務仁立義，無滔天，滔天則司命舉過，用言以弊之。遭命者，逢世殘賊，若上逢亂君，下必災變暴至，夭絕人命。沙鹿崩於受邑是也。冉伯牛危行正言，而遭惡疾，孔子曰：命矣夫，斯人也，而有斯疾也，斯人也，而有斯疾也。」一趙岐孟子盡心篇，莫非命也注曰：「命有三名。行善得善曰受命，行善得惡曰遭命，行惡得惡曰隨命。」而論衡之命義篇謂：「傳曰：說命有三：一曰正命，二曰隨命，三曰遭命。正命謂本稟之自得吉也，性然骨善，故不假操行以求福，而吉自至，故曰正命。隨命者，勠力操行，而吉福至，縱情施欲而凶禍到，故曰隨命。遭命者，行善得惡，非所冀望。」一禮記正義祭法，引鄭氏注司命主督察三命。此三命蓋即漢人之所共許。陳立白虎通疏證，又兼舉孔疏，所引何氏膏肓之言，謂「此三命說，諸傳之說皆同。惟趙岐所言隨命微異，當以及緯說爲正」云。

今按此三命之分，其第一種如上文所謂壽命或受命或正命，乃專指人之受天生，而自然爲善，亦自然得福壽，其善福一致而皆正者說。此乃純由天所致。隨命，則爲由人自己善惡之行爲而召致者。此乃人生以後所自致，此中趙岐與白虎通義，謂行惡得惡（禍），而不及於行善得善（福），自不如王充所言，能兼賅二者之備。至於遭命，則當指「與人自己善惡之行爲不相應」之禍福之遭逢，即不由人所自致，而純由外致者。其中於行善而得禍之一種之外，亦應兼有行惡而得福之一種，方爲備足。上列諸書，只舉行善得惡一種，亦爲不備也。

此三命之分，乃依於個人之德行之原於天生或人爲，及其與年壽禍福之關係，而作之分類。簡言之，卽依德行與命祿之關係，而作之分類。趙岐之注孟子，卽全本此三命或命祿之義，以釋孟子所謂命。然此三命之命，或命祿之命，固非直接指天之敎命之命，亦非如宋儒之只就人之德性，以言天之所賦於人者之命；復非以自然之生命爲命之說；而與詩書中之不言遭命，不分正命與隨命者，亦不同。此三命之說，重在由人之德行之爲天生或人成，及與年壽禍福之關聯，以言人之命，卽包涵一求兼此數者，以看命之綜合的觀點。然此三命之分，又實非謂行爲之善惡與禍福，有必然之關係，故又有隨命遭命之分。此中之正命，謂人有天生而善亦天定而必得福壽者，此又不同於中庸之言大德之「必得其名，必得其壽」，未指定此大德與名壽之是否天生天定者。此卽見漢儒重視天降之聖人之思想。漢儒多視聖人之爲天生。如白虎通義論聖人，終謂「聖人所以能獨見前睹，與神通精者，蓋皆天所生也。」何氏公羊成公八年傳注，謂「聖人受命，皆天所生，謂之天子」，天既生聖人，亦同時降之福壽。是見天仍能依一福德俱備之原則，以生聖人者。至於人之自成其德者，則不能使其福與德必相俱。此乃出於一尊天之降命，而卑人之修德之思想，乃與孔孟儒者之傳，皆重學而知之之精神不同者。上述之董仲舒，固未嘗言聖人之必不能由學而成。然此重視天降之聖人，則與董仲舒之尊天之宗教性之心情，與唯王者能受天命之思想，互相應合者也。

六　王充之自然之命論，及性之善惡與命之吉凶之分別論

漢儒之致疑於三命之說，及帝王受命天人相感之說，而表示一劃時代之言命之思想者，爲王充。王充既不信天爲一人格之神，亦不信如蟣虱之處於天地間之人，其行事能感動此自然之天地；乃於一切天人感應之說，皆視爲無徵。其言人之命，更明將人之善惡與禍福之遭遇，截然劃分爲兩事。然復不否認人有强弱壽夭之命，及帝王之享國與事業，有其自然之命。此則非依天意天志天命而說，唯依帝王之氣稟及自然之時運而說。此卽將以前之儒者之思想，加以一徹底由下翻上之旋轉，而開魏晉學者之言命者也。

王充之否認天爲一人格神之說，初只就感覺經驗以立論，而就天之形體之無耳目口鼻，以證天之非人格神。此論證以西方哲學觀之，殊爲可笑。然此亦實由漢儒嘗就天之形體之類人，以謂天爲人格神而來。故王充亦卽問天之耳目口鼻等安在，以斥天爲一人格神之說。至董仲舒之由天之神氣之運行，以見天情天志天道之說，依王充之純本感覺經驗之立場以觀之，亦卽只有此氣之運行，而更無其他。故王充有天卽自然之氣之說。人生天地間，卽本此自然之氣以爲氣，而人身才七尺，其所稟於天

地之氣者，至少而有限；則謂天有意眷顧此「在天地如蟣虱之在身」之人，而人能以其德其事之感動上天，自決無是理。此卽同於今日之自然主義與一般科學家之觀點。王充此論在當時，雖頗特出，而亦不厭其詳，以申論其意。然在今日觀之，則極爲易解，而無待一一加以詳述者也。

王充既不言天命及天人感應之說，故其言命，皆屬人命。彼又疑漢儒三命之說，連善惡與禍福以言命之論，並以善惡之問題，屬諸人性與人之才智，而唯以稟氣之强弱，及於外所觸値等，屬之於命。其氣壽篇曰：「凡人稟命有二品：一曰所當觸値之命，二曰彊弱壽夭之命。所當觸値，謂兵燒壓溺也；彊弱壽夭，謂稟氣渥薄也。」所當觸値之命，此乃原於外。彼又謂「兵燒壓溺遭，以所稟爲命，未必有審期也。」未有審期，卽不能審其期而不能期必。彼於彊弱壽夭之命，則謂其爲必然而必有，曰：「夫稟氣渥，則其體彊，體彊則其命長；氣薄則其體弱，體弱則命短，……」而「若夫人之無所遭遇，虛居困劣，短氣而死，此稟之薄，用之竭也。」王充又謂人所稟之强弱壽夭之命，必有表候於體。此卽人之骨相。王充有骨相篇之作，謂人察此表候，卽可以知命。知命，卽要在知其强弱壽夭之命。此外，王充於他篇，復言人尙有先天之貧富貴賤之命。是則連於稟氣之强弱壽夭，而義又不同。王充在命義篇，總論命之義曰：「有命、有祿、有遭遇、有幸偶。命者、富貴貧賤也；祿者，盛衰興廢也；遭者遭逢非常之變；幸者謂所遭觸得善惡也（此所遭善惡非道德上之義，乃如今所謂好壞運之類。）獲罪得脫，幸也；無罪見拘，不幸也。偶也，謂事君也。（此卽謂遇不遇知己者之問題。）

遭遇幸偶，或與命祿並，或與命祿離。」此中命屬先天，祿爲命之表現之盛衰，依時運而定。此卽連於外面之環境者。遭遇之變指環境中之突發而非常之事件。命之富貴貧賤、祿之盛衰、與遭遇之變之大小，三者之力量或相順或相違，而互爲增減。幸偶，則純指個人之特殊遭遇，個人與他人之偶遇而說。合此數者，以決定人實際上之富貴貧賤之命與祿，合名祿命。以祿命與人之壽命較，則壽命又勝祿命；以一人之命與國命較，則國命又勝人命。蓋人之壽命，純由人稟氣自身之强弱以定，而無象在天。人之富貴之命，則由得衆星之精，而在天有其象，在地有其吉驗，初由外決定。又人之有其命者，尙須看其祿之盛衰，與遭遇幸偶之如何，此亦由外決定，不只由個人之自身所定者。故壽命勝祿命也。至於國命勝個人之命者，卽羣體之命勝個人之命之謂。故有「兵敗、羣卒一時俱死」之事。凡此等等，皆王充所詳加分別者。其言壽命、祿命，與所遭觸値之命，亦合而爲三。然此三者間，則無必然之關聯。其以命爲原於在天之星氣，又別命於祿與遭遇幸偶之外，蓋卽同於後世言星命之術數者，別命於運之說。惟王充雖言壽命由氣之强弱而定，然於人之由自養性命之功，而增益其氣，以延其壽之事，亦未嘗否認其可能。此亦固無礙於壽命由氣之强弱決定之說也。

王充之言命之更一要義，則爲別性之善惡於命。自人之生而言，「人生受性，則受命矣，性命俱稟，同時並得，非先稟性，然後稟命也。」無形篇又謂：「用氣爲性，性成命定。」此言性命皆同原於氣，而一時俱備。然性與命之義又異。王充言性，又連才智而說。故命祿篇謂「臨事智愚，操行淸獨，性與才也。」人之性及才智，乃屬於一組之事，其善惡，與祿命壽命及遭遇等之吉凶之屬於另一組之事，乃無必然之關係者。故彼於命義篇，又雜擧行惡者禍不至，行善值遭命之禍，以言隨命之說不驗，並與遭命之說相衝突。其言曰：「言隨命，則無遭命，言遭命則無隨命，儒者三命之說，竟何所定？」乃歸於曰：「性與命異，或性善而命凶，或性惡而命吉。操行善惡者，性也；禍福吉凶者，命也。或行善而得禍，是性善而命凶；或行惡而得福，是性惡而命吉。性自有善惡，命自有吉凶。孟子曰，求之有道，得之有命。性善乃能求之；命善乃能得之。」（命義）至於漢儒之所謂正命，如文武之生而性命當富貴，亦非以其性善而富貴隨之而至，乃是其生性之自始，卽已連於一必富貴之命之故。此則其在命義篇，另有自立其三命三性中之正命以言之。王充另行自立三命三性之說，雖仍保存正命隨命遭命之名，然皆是自人之初稟氣時之命與性之狀態上說；而與漢儒之言隨命遭命，皆自後天言者大不同。故其於初生之氣稟上，言三命三性，仍是將性與命分別說；固不謂命之富貴與否，及性之善惡之間，有必然之關係也。

何以人之性命同時俱稟，而性命又不同？此則原於善惡與吉凶之兩範疇，原非同一。人之善惡，定於行爲之方向，而吉凶乃行爲之成果。人之有某行爲之方向者，不必有某行爲之成果。其是否有此成果，常言係於其自己生命力之强與弱，與外緣之輔助。此卽王充所謂稟氣之强，而得衆星之精，有富貴之命，又有祿之盛等，方得成其富貴之謂也。然此與人開始一點之行爲方向之爲善或惡，卽操行之爲淸或濁，才智之能否辨是非等，皆無必然之關聯。此方向之善惡等，乃王充所謂屬於人之「求之」之事，而非屬於人之「得之」之事也。求之在先，得之在後。如何求，依其先之性；是否得，依其後之命。王充之「用氣爲性，性成命定」，其文亦有性先命後之序。此以人之先如何求之，與後之如何得之二者之不同，以辨性與命之不同其義，卽見性之善惡，純屬於人最初之生命活動之方向之「性質」；而命之强弱富貴吉凶，則由向此方向，繼續去用氣之力量質量之「數量」之所決定。故性與命之原於人之稟氣於天固同，而此所稟之氣之質力之量，與此氣如何用之方向及性之善惡，則又不同。此卽略近於今所謂價値意義與存在意義之不同也。王充旣辨性之善惡之有三品，又言命之有富貴、壽夭、吉凶。壽夭依於氣之强弱，富貴貧賤依於星氣，吉凶又兼依於遭遇幸偶，此三者又不必相涵。於是人之不同形態之性，與不同之富貴貧賤之命及不同之遭遇幸偶之配合，遂可極其複雜。而漢儒三命之說中之正命隨命之說，皆意在以性之善惡與命之吉凶相連而說，則不特與遭命之說相違，抑亦過於簡單矣。

王充之別性於命與遭遇幸偶，可使操行淸潔者，安於求之有道，而不妄冀得之之命，此實上契於孔孟之敎。而其著養性之書，兼言「閉明塞聰，愛精自保，庶冀性命可延，斯須不老」。（自紀篇）則又下同於後之道敎言性命雙修，以求長生之說。然王充於此，唯言斯須不老，未言長生不死。而依其書道虛篇，又斥神仙之說，則又不同道敎之論矣。

七　列子力命論之無「命之者」之命論

上論王充既著養性之書，以求性命之延，則亦未嘗不信人力能多少改變其初稟之命。畢竟人力之能勝天者有幾何，原爲古今人類共有之一問題。中國先哲之將人之力與命相對而論，以言其得失之數，則列子有力命篇。列子一書，乃由張湛自其外家所傳出，近人或謂卽其所僞作。然張既注其書，亦不能定其卽其僞作。如爲其所僞作，則其注既兼引郭象、向秀語，似宜列於下節論郭象一段之後。若非其僞作，則宜視爲古之道家言之一結集。唯其書既初未見於世，晉張湛始傳之，則其在思想史上之意義，仍可說是始於此時代。列子之言命與郭象之言命，義多同，而又出現於同一之時代。至其是否相影響，則未可定。唯列子之力命篇之言賞罰，則又與上文諸節之義特相關。故今先下節之論郭象者而論之，亦未嘗不可也。

列子力命篇設「力」「命」二者相對辯，然此命又明非一能制物之命，亦非如王充之所謂由自然之氣，所決定之命，此實另一形態之「命」觀，宜先取與王充之言命者，相對照而說之。

列子力命篇之言曰：

「力曰：『若如若言，我固無功於物，而物若此邪？此則若之所制邪？』命曰：『既謂之命，奈何有制之者耶？朕直而推之，曲而任之。自壽自夭，自窮自達，自貴自賤，自富自貧，朕豈能識之哉？朕豈能識之哉」可以生而生，天福也；可以死而死，天福也；可以生而不生，天罰也；可以死而不死，天罰也。可以生，可以死，得生得死，有矣；不可以生，不可以死，或死或生，有矣。生生死死，非物非我，皆命也。智之所無奈何。故曰窈然無際，天道自會；漠然無分，天道自運。」故力命篇題注曰：「命者，冥也，言其生育之性，得之乎冥也。」力命篇又曰：「不知所以然而然，命也。今昏昏昧昧，紛紛若若，隨所爲，隨所不爲……孰能知其故，皆命也夫。信命者亡壽夭，信理者亡是非，信心者亡逆順，信性者亡安危；則謂之都亡所信，都亡所不信」至人之居若死，動若械；亦不知所以居，亦不知所以不居；亦不知所以動，亦不知所以不動……隨時動，隨時止，智不能知也。信命者，於彼我無二心。……」

觀此列子之言命，可見其明純屬於道家之系統。此與董仲舒言命，乃有一天爲發命令者，王充之言命，有一自然之氣、或骨相、星相爲定命者，即全不同其說。列子此處所言之命，乃無一切制物之義者。故即一切事物之自壽自夭，自窮自達，而直以推之，曲以任之，即是此命之所爲。則命實無物，物亦無命之者。命惟是一切事物之自推自任，而更無命之者之別名。由此以言禍福，順一切可以生而生，可以死而死，皆是福；則非董子、王充、以死夭爲禍之說也。至謂可以生而不生，可以死而不死，爲天罰；則此所言者，應非自事物之本身上說，而是自吾人之觀念上說。即於可以生者不直任之生，可以死者不直任之死，而不肯順之，以自作滯礙，卽天對吾人之罰也。故天罰，原於吾人自於生死作滯礙之想，而不在生死。此猶莊子之所謂天刑，乃原於人心之自結而不知解。此所謂天賞天罰，亦實無天之賞罰之事之可言。天賞與天罰之不同，只在人心之能任順生死，而無滯礙無心結，與不能任順，而自作滯礙有心結者之不同。人能不謂此乃物之所爲，或我之所爲，則心結去而滯礙亡，而任順生生死死之自會自運而自然，卽任命也。此非以吾人之智，觀此生生死死，而謂另有命之者，另有其所以然之謂也。故曰「不知其所以然而然」，「孰知其故」，皆命也。去一切「所以然」與「故」之觀念，則於死生壽夭，皆只有直就其「若此」而觀，而死若其死，生若其生，壽若其壽，夭若其夭；而不將死生壽夭對舉，加以比較，謂此是彼非，此順彼逆，此安彼危，方爲信命。故曰「信命者亡壽夭，信理者亡是非，信心者亡順逆，信性者亡安危」。此「信」，亦實只是任順，實無一定之所信，而亦無一定之所不信。此卽於「居與不居」，「動與靜」，皆亡其「所以」，而於彼我無二心也。總此所云，正不外謂：人惟能知無「所以命之者」「爲故者」之想念，無「相對相反者」之辨別，無物我之分，而只觀「若此」者之自會自運，卽知命。此卽「運」之行之於前者，卽視爲命之說，知運則知命，而運之中只有「若此」，實無運之者。不知此運，則不知命。而此卽運以知命之說，亦卽知莫之命者爲知命之說，以無命之者爲命之說也。王弼、郭象之注老、注莊，則更暢論無爲、自然、莫之令、不爲主之旨，而任萬物之自化。此皆以不命、不令、忘命爲教。惟王弼書未嘗直以不命無命爲命。郭象於莊子之言命者，則幾皆以「遇」加以解釋，此與列子之言命與遇合一者同，亦有以無命之者爲命之旨。今案王充已言遭遇、逢遇，然仍別命與遇。魏明帝時李蕭遠作運命論，文章甚美，乃重在以運與遇言命，謂人事之離合，皆「不識其所以合離」，爲「神明之道」。至列子與郭象，則純以遇言命矣。今當更論郭象之言於下節。

八　郭象之卽遇言命論

郭象注莊，明多有以當下之適然之遇，釋莊子之所謂命之言。如其注莊子德充符「死生存亡，窮達貧富，賢與不肖，毀譽饑渴寒暑，是事之變，命之行也。」一段曰：

故人之生也，非誤生也；生之所有，非妄有也。天地雖大，萬物雖多，然吾之所遇，適在於是。……故凡所不遇，弗能遇也；其所遇，弗能不遇也。其所不爲，弗能爲也；其所爲，弗能不爲也。故付之而自當矣。

此以人之遇其所遇，不遇其所不遇，爲其所爲，不爲其所不爲，卽是事之變命之行。其是否合莊子本意，可暫不討論。然要之，此乃是於人之遇其所遇，不遇其所不遇，不更求所以命之者主之者，見一當下斯須之命。亦卽就人所遇者之爲若此，而還其若此，自當所當，而付之自當之命。由此以言命，則只須人之於物，能有感覺而有所接，卽已是命。故「吾命有在外者也」注曰：「人之生，必外有接物之命，非如瓦石，止於形質也。」人於此所接者，亦唯當直就若此，更不必求其原因或故。故其於則陽篇「復命搖作」注曰：「搖者自搖，作者自作，莫不復命。」此亦難言卽莊子本文之意。復命，固可如老子之謂歸根爲復命，乃返於其根之意，而非復於其自己之義也。依郭象意，人若不能直就若此者之自運，以與之俱往，而不免於有結滯，則不可言達命。故於列禦寇篇「達大命者隨」注曰：「泯然與化俱往也。」又於「達小命者遭」注曰：「每在節上，往乃悟也。」此莊子之言大命小命，其原意應爲於命之大者，則惟有隨之，於小命者，則遭逢之而已。此言亦爲一種隨命與遭命之分。今郭注則以達大命爲大達命或眞達命，故能與化俱往；而達小命爲小達命，或尚未能眞達命者，故滯結於節上，必往而後悟。此皆明明意在應合其心目中所謂命以爲釋者也。

此外莊子寓言篇曰：「莫知其所終，若之何其無命也；莫知其所始，若之何其有命也。」依原文文理，此命應涵始終之義。以有始而莫知其始因，故不可言命之者爲何；又莫知其終而必有終，故不可言無歸向之命。此所謂有命無命之問，卽問：有無命之者爲始？或有無一定之歸向之命？此乃一兩難之問。然郭象之釋，於前者曰：「理必自終，不由於知，非命如何？」又於後語注曰：「不知其所以然而然謂之命，似若有意也，故又遣命之名，以明其自爾」；則此二言爲二層次之說。前者言自終卽是命，後者言自終者，不知所以然而然，卽只是自爾，而命之名亦遣。此正由於郭象於適然之遇，不求其始因與後果，而視如自化自爾，卽以無前因後果之命爲命，而解莊子本文，以屈就其說之證也。

此列子與郭象之言命之論，其大不同於五德終始說、及董仲舒之言天命者，乃在此後二者所言，皆宗教性之天帝之命，而爲人事之因者。其言異於王充者，則在王充所言者，爲自然之氣稟之命，而近乎今之科學中所謂自然之原因所決定之命者。列子郭象所言之命，則只是一當下斯須人所遇之一「如此」。此有賴於人之截斷其所遇者之前因後果，而只觀其「如此」乃自爾自化而自然。此自然亦非如董仲舒王充所謂有使之然者，而有所自而然之自然，實是無所自而自然。此卽爲一純粹藝術性，審美性，直覺性的當下之境界或境相，而唯待人之直下與之冥一而無間者。稱此境界境相之爲命，唯有自人當下有如此之所遇上說。此所遇是所遇，而非所不遇，而遇其所遇；此所遇者，是如此非不如此而如其所如。卽是一當下之定然，當下之一理。此定然之理不可移，故可謂之爲一命。然吾人遇其所遇，而謂此所遇者如其所如，乃原自吾人之對所遇者一純觀照。固未嘗謂此所遇者之必爲吾人之所遇，而「可繫而在」；亦未嘗謂有能繫吾與彼之關係，以使吾必有此遇之命者，或「原因」或「故」或「命之者」在也。此卽通於莊子之言「不以故自持」之旨。由此以言命，便只指此當前之所遇。此卽「所遇」而言之命，正由「無吾人通常所謂爲因爲果之命之者」而顯，故吾人謂之爲以「無命之者」爲「命」之說。謂無命之者，而只見「物之自化自生自然而獨化，而如此如此」，此卽是命也。吾人欲達於此義，全賴吾人之心能從「爲當下之境之因或果者之想念」中，直下有一解脫；而亦更不思此當下之境之有其所寄托，而具力質氣之實體，如一般所謂外物或我之類。因如有所寄託之具力質氣之實體，卽有能爲其因其果者，而此境卽可繫而在，實有能命之者，與歸向之處矣。故人於此，必須將此因果與實體之想念，皆絕除淨盡。然後此境之無命之者，無歸向之處之義，乃直呈於前，而心可與之冥會，以游外弘內矣。人心既自此因果實體之想念中解脫，則此心亦卽只以虛呈此境爲事，更不受其他想念之牽掛。此境與心，既不相繫，則心亦能與境，俱化俱運矣。此卽見一藝術性之觀照之自由性與自在性；而爲魏晉人之藝術性之心靈所同趣。王羲之蘭亭序，所謂「當其欣於所遇，暫得於己，快然自足，曾不知老之將至。」亦此心境之一描述語也。

九　附論郭象與莊子言命之異同

郭象之不以故自持，而遇其所遇，以與化冥合之旨，固與莊子之所嚮往者有相應處。然其一往本此義，以釋莊子之言命，是否眞與莊子之本文文句，原意皆相切，而與莊子之精神全相契合，則吾不能無疑。上文已略及其與原文之文句不相應處。吾人觀莊子之於命，實遠較郭象更能以一嚴肅之心情處之；便知莊子之所謂安命，至少在其內篇本旨，並非直指一當下斯須之所遇，與化冥合之境。如吾人本文上篇所引莊子曰：「子之事親，命也，不可解於心。知其不可奈何，而安之若命，德之至也。」此其於命，明有一嚴肅莊重之感。其大宗師篇之末，述子桑既病、子輿往視之一段，曰：「至子桑之門，則若歌若哭，鼓琴曰：『父邪！母邪！天乎！人乎！』有不任其聲，而趨舉其詩焉。子輿入曰：『子之歌詩，何故若是？』曰：『吾思夫使我至此極者，而弗得也！父母豈欲吾貧哉！天無私覆，地無私載，天地豈私貧我哉！求其爲之者，而不得也，然而至此極者，命也夫！』」此其歸於命，乃更以極嚴肅而超拔之心情出之。然郭注於此後一段則曰：「言物皆自然，無爲之者也。」此則全然不關痛癢，惟務釋莊以就己意之浮泛語。此外凡莊子之言涉及性情處，郭注類以無情之言，輕描淡寫而過，讀之令人掃興。人於此卽皆可直覺郭象與莊子之不同。然此不同究在何處，則未易言。然今就二人言命之處觀之，則蓋頗有可說者在。

吾首當說者，是欣於所遇，而與化無不冥之境，在吾人閒居無事之時，固亦若得之甚易。然實則眞在死生得喪之際，對君親致命之時，謂人眞能齊生死得喪，而無哀樂與內熱，實爲至難之事。卽前文所引德充符之言：「死生亦大矣」，大宗師之言「天地豈私貧我哉」；秋水篇於孔子畏於匡之際，託孔子曰：「知窮之有命，知通之有時，臨大難而不懼者，聖人之勇也。」凡此等等，初皆同本於對命之嚴肅感。此嚴肅感之生，乃原於此悅生惡死望得惡喪之情，及致命君親之意，實深植根於人心，亦非必卽一觀念之結滯，人不可輕言能於此蕩然無執。莊子卽於此先肯定一「不可解而無可奈何，唯有安之若命」之命在。此命非董子之天之命，亦非王充之自然之命，乃爲吾人今所謂存在於生命之內部，而不得不負擔之命。此吾人所不得不負擔之命，其根乃非只內在於當下之此心，而實具有一超越之意義者。此卽其與古所謂命，皆原由命令之義引申而來，及先秦諸家以及董子王充所謂命，皆具有超越當下所遇之超越義者，互相契合處。莊子言命，就其文句而觀，亦爲涵一「命之者」，或「歸向之所」之義，而恒類於實有一命；遂不似郭象、列子言無命之者之命，只由自化、自然、獨化說來者之空靈而自在，亦卽緣於此。

吾人如識得莊子之於命，初有一嚴肅感，乃感此命之爲吾人生命之負擔，便知莊子之言安命知命自有一特殊之意義。吾人可說莊子確嚮往一「死生亦大矣，而不得與之變，雖天地覆墜，亦將不與之遺」，或「大澤焚而不能熱，河漢沍而不能潦，疾雷破山風振海，而不能驚」之精神境界。人之達此境界，又非有求於外如升天之類，而是芒然直往，以游於變化之途，而與化爲一。此卽與天地精神相往來之境界。在此境界中，就人對其當下斯須所遇者之態度而言，亦當是如郭象所謂觀此所遇者之自爾、自然、自化、獨化，更不以故自持，而無所不冥合。郭象亦可謂更能知莊子所嚮慕之此境，而依理以說之。然實則此境，在莊子之眞實生活與眞實心情中，蓋未必能達。此則由於其兼實感命之嚴肅性之故。至於郭象之言，反似能達者，則由其在生活上並不眞求達此境界，亦並未正視此命之嚴肅性，唯對此境界之本身，作一虛擬的理解之故。然人眞欲在生活上求達此境界，亦未有可不轉而對此命之嚴肅性，先求正視者也。此亦卽莊子之言此境界，雖似不如郭象之透澈而圓熟，而莊子之心情，在實際上又居於一更高之層面之理由。在此莊子之心情中，彼實一面嚮往於眞人之不知悅生惡死，忘是非、忘得喪，而拔於哀樂之外之境；然一面則又深感上所謂「死生亦大矣」，「子之事親」之「不可解於心」，「君臣之義」之「無所逃」，以及人生之「樂未畢也，悲又繼之，悲之來吾不能禦，其去不能止」，而不能無哀樂。莊子之言忘是非，亦未嘗不深感世間人於是非之難忘。故唯有說「吾與汝妄言之，汝亦妄聽之。」此卽莊子之言所以多跌宕，而極恢詭變化之能事之眞正理由所在。觀郭象之言，其所狀之心情，如平流之水，所遇而皆適。觀莊子之言，所狀之心情，則如波譎，如雲詭。波譎原於水激於石，雲詭由於氣蕩於山。此山此石，卽所以喻諸欲其可解，而感其不可解，欲其止而感其不能止，欲其忘而竟不能忘，之死生哀樂等之命所在也。吾人今謂莊子之心情，長在此中翻騰矛盾，亦未嘗不可。至於此矛盾之終不成矛盾者，則不特因莊子所理想之眞人境界，可無此死生哀樂之可言；而是莊子更有一知命安命之勝義，卽於其不能解者，卽不求必解為解。故於子之事親，君臣之義之不可解於心之無可奈何者，莊子卽以安之為解。安之為解者，所謂「順其不得已，行事之情而忘其身」，是卽承受此命，而亦自超於此命之上之謂也。此如水流之遇石，無待於決石而去，而唯自乘於石之上以流行，而亦不見此石。此方為莊子人間世之言「乘物以游心，託不得已以養中」，由安命而致命之實義。乘物者，乘乎物之上，非如郭象於此所注之「謂寄物為意」。託不得已者，知此中有不得已者在；「致命」者，能知命而又能安命之結果。此托不得已而安命以致命，亦卽「德之至」。

此中皆有既肯定命，而超越命之義在。其與儒家所言只有毫釐之差。卽莊子於此，乃只視爲不得已，如其得已，亦斯已耳。儒者則於其視爲義之所當爲者，卽得已，亦將使之不已也。循此所說，以觀莊子於死生哀樂與是非，亦皆同有此安命之義。故於哀樂之不能止者，卽知其不能止；則誦詩若歌若哭，謂「天乎地乎，父乎母乎，」可也；念悠悠天地而歎：「父母豈欲吾貧哉，天地豈欲私貧我哉」，亦可也。使我至此極者，命也；誦詩若歌若哭，亦命也；不能已於歎，亦命也。然任乎此命之行，不知其所始，不知其所終，則又自拔於此命之上矣。則吾人可學郭象語曰：「此亦爲有命與無命，相與爲一冥。」此卽莊子之問：「若之何其有命也，若之何其無命也。」而無答之故也。

至於莊子之齊物論篇，由以明、兩行、葆光、物化，以拔乎成心之是非之上，而合物我，以及其他如逍遙遊之言無待，養生主之言神遇，德充符之言忘形，大宗師之言聖人之道、聖人之才，應帝王之言立乎不測，游乎無有……之類，則皆所以寄莊子之正面之所懷。其義誠大矣，其智誠高矣。然人不忘其成心之是非奈何？人於莊子之此一切所言之義，皆冥然罔覺，如在昏夢，而不能相契，又奈何？則莊子亦唯有曰：「吾與汝妄言之，汝亦妄聽之」，如上所引及；又唯有曰：「有大覺然後知大夢也！」。莊子亦不能自言其自外於此夢。故又曰：「予謂若夢，亦夢也。」於此弔詭，莊子再曰：「萬世之後，而一遇大聖，知其解者，是旦暮遇之也。」知人之或將疑其妄，卽姑自認爲妄；知言不能免於妄，而又不能免於言。依上文之義以爲論，亦無可奈何而安之若命也。知有覺而在夢，不能不謂，「若夢而予亦夢」，命也。陳此弔詭而不可解，只有待之於萬世之後一遇大聖，以解此不可解，亦無可奈何之命也。然果萬世之後，有知其解者，則亦如遇之於今日之旦暮。夫然而有待於萬世，亦卽同於無待。此皆謂必安於無可奈何而不得已之命，然後眞能通乎命，而非命之所能限。此如江水於瞿塘灎澦之險，無可奈何，然必浮天淵以安流，而後可言出三峽後，平流順進之一境。此卽比喻必須眞切有感於命之嚴肅義，而如莊子之安命者；乃有莊子所嚮往之與化同游等義，足資郭象之發揮，以成其於當下斯須所遇者，皆視爲自爾獨化於玄冥而無迹者，而以無命之者爲命之論。此卽郭象之思想，所以亦可稱爲莊子之進一步之發展之故。郭象以無命之者爲命之論，亦實有灑脫空靈之美，而最足以補漢儒言命者，皆自質實處立論之偏。然於莊子之乘乎不得已之命以安命之勝義，則郭象蓋未之或知。故其言或歸於只狀一一之自爾獨化之靜理，而不見妙道之行於孟浪之言。如未游瞿塘灎澦者，未見江水於跌宕中之安流，而只以江水之平流順進，而自謂歎觀止矣。此則郭象之所以終不及莊子者也。然人於其異於莊子，及不及莊子之處不明，則其與列子之言命，爲一劃時代之言命之新說之所在，亦不能有確知，故附論之於此。

十　佛家之以業識言命根論，及范縝之撥無因果論

魏晉以後，自列子郭象之無命之者爲命之說出，而秦漢以來之言命之說，達於一最高之發展，亦

不能更有所進。然人於其身之命運，必感種種之問題，則終古而皆然。彼魏晉人之藝術性之心靈，雖極其灑脫而空靈，亦極其飄忽而無寄。蓋人之欣於所遇，而暫得於己之境，誠如王羲之之所言，當「情隨事遷」之際，則終不能無感慨，而於「死生之大」，不能無痛，於不能自已之命之行，仍覺「莫或使之，而若或使之」也。此時適有佛學之東來，於人之生命之來源，另作一深入之反省。此即溯吾人今生之原於前世，而人亦將再有其後世之說。運乎此人生之三世者，即人生之業識。業識自成一因果不斷之相續流，無始來未嘗斷絕；乃人未成佛之際，終無有解脫之一日者。此即實是一人生之命運所在，亦束縛人生之無始而未終之一鎖鍊所在。此鎖鍊不在人之意識之表，而在其生命之底層，如千尋鐵鎖之在江底，以束縛一切往來之船舶。人知此業識之鎖鍊之束縛其自身，則必求超越於世間之生生死死之輪廻之上，而嚮往於得畢竟大解脫之境。此即寂滅寂淨之涅槃。魏晉人於感其人生之無寄之後，賢智之士，乃紛紛爲此佛法之所吸引。本佛法以觀列子與郭象之玄言，則其言雖美，而其義亦未嘗不與佛家之言有相契會之處，然根本精神則大不相同。此即略如郭與莊之不同，在有無對生命存在之嚴肅感之別。然佛家對生命存在之嚴肅感，又過於莊子，以其所負擔之業識之流，乃確知其自無始而來，確知其在吾人之生命存在之底；而莊子尚只感一行乎不得已之命，而未確知其來處也。故以佛法與當時之玄言較，則後者唯足資淸談玩賞，而前者則能攝引人之深心；人乃皆欲由以此求其安身立命之道。此盛衰之勢既形，後之爲玄言者，亦多自託於佛。當佛教盛於南北朝之際，其在中國學術界所引起之大辯製，則有所謂神滅不滅之辯。此所謂神滅不滅之問題，亦即由漢以及魏晉之命之一問題，所引申推擴而出。在佛教徒觀之，此問題亦即此神識或業識之因果，是否能歷死生而不斷之問題。在當時之非佛教徒如范縝，則由形神之是否能分離上，對此問題措思。而雙方之討論及此問題，又初由當前之人生富貴貧賤之命運之問題所引起者也。

據梁書卷四十八范縝傳所載：「縝初在齊世，嘗侍竟陵王子良。子良精信釋教，而縝盛稱無佛。子良問曰：『君不信因果，世間何得有富貴？何得有貧賤？』縝答曰：『人之生譬如一樹花，同發一枝，俱一開蔕。隨風而墜，自有拂簾幌，墜於茵席之上；自有關籬牆，落於糞溷之側。墜茵席者，殿下也是；落糞溷者，下官是也。貴賤雖復殊途，因果竟在何處？……縝退論其理，著神滅論。……』此論出，……子良集僧難之。」是即此辯論之始原。此一大辯論，亦即初純由范縝不信因果所決定之命，而只信中國所傳之命而起者也。范縝之言人生如一樹花，俱發於一枝，則亦可有一切人生同原於一自然之氣化之義，此即通於王充之說。其喩人生之有富貴貧賤之別，如花之隨風而墜。此風可指人之逢遇，亦可喩人所稟得之自然之氣。此即與王充之言相通。然自此同一風吹，或墜茵席，或墜糞溷處看，亦可說皆是自然自爾，如郭象之所說。本范縝之言，以遮撥佛家之因果，亦未嘗不可遮撥一切因果；而只就花之如此墜茵席，如此墜糞溷，以觀人之如此貧，如此富，如此貴，如此賤；而不見更有主之者，命之者；亦不見其有任何必然之歸向之所。是又即同於列子郭象，純以適然之遇爲命之思想矣。今推范縝之著神滅論之意，其答曹舍人「人之生也，資氣於天，稟形於地，是以形銷於下，氣滅於上。」實則同王充之言人稟天地之形氣以生，亦與之俱化之說。然其言形與質與知，三者乃俱時而在，其形異者質亦異，而知亦異，亦俱生而俱滅，而更無留滯；又謂宗廟郊祀，皆聖人之教迹，不可執爲蹄筌；則又皆近乎列子郭象之言化而忘迹之論矣。

自南北朝以後，中國有道教思想之興，道家之言性命雙修，其對命自有一大套思想。然大體言之，其所謂命，乃以壽命之命爲主。唯吾於道教之思想所知者亦不多，茲姑從略。

至於佛家之業識因果之論，雖可說是中國傳統之命論之一擴大與引申，以及於生前死後與意識之底層者；然因其自有一套名辭，以說此中之義，故今可不多及。至佛家用命之一名辭，則初只取其傳統舊義中之指壽命之一義爲主。小乘俱舍論謂實有命根體，即壽命，能持煖及識。然大乘之法相唯識論，則謂命根只爲所謂不相應行法之一，而爲一假立之名，即依其他實有者而立名者。此實有者，即此八識之種子，能使人生在一期之內，色心相續者。此所謂命根，依八識之種子而假立。此八識之種子，則由衆生之無始以來業習之熏習而生，而成熟，並能決定吾人一生壽命之長短，與此一生壽命中之物質、生理、及心理活動之方式，及吾人所生之世界之境相者。故此命根所關聯之世界，實至大而至廣。王充所說之自然世界，與董子所言之天氣命之一切表現，亦皆包涵於此世界中。唯王充所謂骨體與初稟之氣，決定人之性命之說，以及董子對所謂天之元之本身之論，則皆非佛家所能承認。

又於董子所謂天帝與五帝終始說中之五帝，佛家亦只至多視爲吾人所生之世界中諸天之一而已。此則二家之不同也。

第十八章　原命下：宋以後天命思想之發展

一　宋代理學家之即理言命，與別命於遇之說

宋儒之言命，其中諸理學家如周程張邵朱之說，在大體上爲相類者。將此諸人之言，合而觀其與以前學者言命之異同，則此諸儒之所謂天命性命，乃以天道天理爲本，而非如漢儒之多以帶人格神之性質之天帝、天神、天元或天之元氣，爲天命之本。諸儒不似王充之以人所稟於自然之氣，爲人之壽命、祿命之本，復不如漢人三命之說，重此人之祿命與人之德行之關係之討論。諸儒多將性命之命與其他之命，分別而論。橫渠、伊川、又將人之命之所在，與人之所遇者，分別而論。朱子雖不重命與遇之別，而以命攝遇，亦不同於魏晉之列子及郭象之即遇言命之說。諸儒以天道天理爲性命之原，而天道天理之所在，亦人道與人之性理所在，故窮理盡性以至命，爲當然之事。此又不同莊子之言安命致命，只爲行乎不得已，或行乎不知其所以然之自然之說。至於諸儒之言天命與人之性命，乃直就當

前現有的天人之關係以爲論。則又不同於佛家唯識宗之言命根，乃依於一潛隱之業識，而意在以之貫通於三世之流轉者。吾人今略將此諸儒之言命，與上列諸說，對勘而論，則已可見此諸儒之所謂天命與性命之思想，爲中國言命思想中之一新形態矣。

此諸儒之言天命，乃直本天道天理而說，故與漢儒董仲舒與王充之說，較相類似。因後者亦言天地之道、自然之道、與「以道受命」也。其中之界限，唯在董仲舒，乃以天之道本於天志天情，而直接表現於天之陰陽四時之氣，以顯爲對人之天命；而人之奉此天命，亦在透過此天道天命之表現於四時之氣者，以上達於元之深，與天之端。王充所謂自然之道，即純屬於此自然之氣，而人之壽命命祿，則爲此人所禀氣之强弱，與是否得衆星之精等所決定。至人性之善惡、與人之德行、則不屬於命之範圍內。然此宋代諸儒，所謂天理天道，則上不直說之爲：一天神、天帝之天志、天情中之道、之理，而下又非只爲屬於自然之氣；乃如正位居體於董子之天帝與王充之自然之氣之中間一層次，而貫通所謂天之元氣與自然之氣之中之道之理，而爲人之一切善行之原者。諸儒中如程朱視此道、此理、即帝、即天，以攝董子天帝之人格性而泯化之，而朱子注經，（**註**）尤處處於天於命，皆以理或道言之。此亦有如西方基督教思想，可以太初有道之道之義攝上帝之義也。

註：於此可舉二例，如：朱子注論語獲罪於天，注：天即理也。按二程遺書十一已有此言；又語類八十一釋帝命文王，曰：文王要恁地，便是理合如此，便是帝命也。

此諸儒之所謂天道天理，自其本身言，實只是一道一理。謂之爲天道天理，乃就此理之爲一統攝性的提挈造化，而無所不在之大公之道之理而言。（註）此道此理，就其自身言，實無形質，而爲形而上者。然又同時爲行於氣之中，爲一切氣依之而運行變化，以生生不已者。故爲一生生之性理，而非一般所謂事物之形式定律之理。由此理以言天命，亦非即自人物之氣依天之氣而生，以使人物得有其性理處說。而天命實即人物之依此大公之道之理而生，而同時即具之以爲性之別名。或即此天道天理之既生此人物，而再自居於此人物之內之別名。此即可說爲天以此理賦之人物，爲其所稟得，而人物受之以爲性。性之在人而顯於心，亦同時顯爲人之內在的道德命令。此命，乃命吾人如何順道順理而行以成德之命。故與富貴貧賤之祿命之命，固截然不同；即與人受生之初之氣質之淸濁厚薄偏正，或王充所謂生性稟得之善惡，亦全異其義。此乃以「人之所以處此所遭遇之富貴貧賤，而變化其初生之氣質」之性理爲命。在宋儒中，最重言氣者如橫渠，亦力辨此命與遇及氣稟之不同。故曰「命稟於性，遇乃適然焉。人一己百，人十己千，然有不至，猶難語性，可以言氣。行同報異，猶難語命，可以言遇。」（乾稱篇）依此義，以觀漢儒之所謂天對人王所降之命，或董子之所謂天命之行於四時五行者，漢人三命說中之正命遭命隨命之命，王充之所謂初稟之性與命及生後之偶會，郭象列子所謂以遇爲命之命，以及佛家所謂依於業識能定三世之命根；皆無一不兼屬於氣或氣質與遇，亦無足以當此

註：如語類九十六，性以賦於我而言，天以公共道理而言。

所謂命；而皆爲人求立命時，所當加以變化，或只視爲適然之所遇，而藉之以自立其命者矣。故張子又曰：「天所性者，通極於道，氣之昏明，不足以蔽之；天所命者，通極於性，遇之吉凶，不足以戕之。」此所謂立命之義，雖張橫渠最喜言之，然實亦諸理學家，共許之義，而迥出於漢晉以來言命之論之上者。此諸儒於氣與道理之關係，雖容所見不同，固皆是卽道卽理，以言性命，而皆言窮理，盡性，卽以至於命者也。

二　濂溪之卽性卽命論、與橫渠之變化氣質以立命論

至於吾人如今欲對周張程朱之言之不同處，略加分別，則可說周濂溪、張橫渠，皆重言天道，而未重此天理之卽心之性。周濂溪之天道，卽一誠道、乾元之道。此道卽太極，亦卽萬物依之而生生不已，又能自立於其所生之萬物中之道。故其通書首章曰：「誠者聖人之本，大哉乾元，萬物資始，誠之原也。乾道變化，各正性命，誠斯立焉。純粹至善者也。故曰一陰一陽之謂道，繼之者善也，成之者性也。元亨誠之通，利貞誠之復。大哉易也，性命之原乎。」此言誠之爲乾元，爲萬物所資始，並未言誠爲一天帝。此誠只是一道。由萬物之資始於此道，卽只此道爲萬物化生之原。萬物依此道而化生，此道亦卽內在其中，而立於其中，是亦卽萬物之性命之所以正。此處周子言性命之合爲一名，卽

所以表示一物之性，乃原於此道之自立於其中，而如命此物之當依此道而生者。此道，爲一切一陰一陽、一動一靜之相繼變化之道，亦一切物之生生不已而相繼之本原所在。故此道於此「相繼」中見其善，而物則由此道之自立於其中，而有其性命，以成其所以爲物。此物之性命，皆原自此道。此卽宋代諸理學家，言性命之道之基本形態也。

至於張橫渠與周子，則其言略有不同。此要在橫渠之將天道連於氣化而論，以成一氣化之道。橫渠所謂氣，不同於王充之所謂自然之氣、或漢儒之所謂元氣陰陽之氣者，則在橫渠之氣以太虛爲體，而以清通善感爲性，故不如王充等所言之氣之質實。橫渠之氣，既清通而善感，而天乃有其由二氣相感以生人物之神化之道。然只此天道之生人物，尚非卽是天命。唯當人物由天之氣之凝聚以生，此天道卽復內在於人，以爲人之性；方見天之旣分其氣，以成人之氣質，而賦之以此性，而亦命之以有此性。故此橫渠之言天命，與濂溪之言性命之不同，唯是濂溪言性命，只直就誠道之原自天而立於人，人賴之以成聖處說。故性命只是一道。在張橫渠之言，則多一氣爲媒介，而於人物之分於天之氣，以有其氣質，又有其天性處，言天命人以有此性。此中，人之氣質之清通而善感處，乃人之性之所以爲人之性之所在。此清通善感之性，表現爲其氣之靈，而人乃有心。人有心而有知覺，以感物而生情，人盡其知，以周知萬物之理，充達其情，以兼成人己，兼立人己，而有仁義禮智諸德。此皆待人心之能自盡其清通善感之性而後能。人之盡性，亦卽所以立人道，而合天道，而將此天道之賦於人者，加以樹立。此之謂立命。人能由窮理，以大其心知，盡性立命，至於變化其所受於天之氣之質，以達一無滯礙之境，而義精仁熟，則可上契於天之神化，而至於命矣。由此而張橫渠之重窮理、盡性、立命、至命之次第，卽可謂由其兼言人之稟受氣質於天，故不可不重次第之變化氣質之工夫而來。此則亦由於周濂溪之言多渾約，故只及於人之立其人道之誠，以合天道，立人極以配太極爲止，而不及橫渠之精思之密，力踐之篤，而重思爲工夫之次第之故也。

吾人於此復須知，橫渠之言立命、至命，皆是循人之自己窮理盡性之事而來，故與董子言人受天命而法天道之說，全然不同。董子未嘗肯定人之受生於天，卽稟得此天之道以爲性，及此性之皆能由人心加以自盡；故必言人性之待教於王而後善。橫渠則肯定人之稟天之道以爲性，而人皆有心以自盡其性，以自成其爲聖賢。故董子思想中，只有奉天命、承天命、法天命之事，而無由窮理、盡性、以立命、至命，以體天之神化，而使人實與天合德之事也。此則原於橫渠雖言天之道屬於氣化，人之道亦待人之在變化氣質，使之淸通無礙，而連於神化之修養歷程中，逐步加以踐履；然在人踐履此道之時，其心知之中，卻只有此純粹之道，更無其他之夾雜。此道亦唯由人之大心以知之，而非耳目之所接。此便與董子之將天道、與天之形體及陰陽四時之氣直接相混，以呈於吾人之感覺之前者，大不同其說。又以在張子之學中，此道爲純粹之一道，乃必待人之踐履，方能實現之於吾人之此身心中；故此踐履之事，亦卽人之所以繼天之功，得成爲乾坤之孝子者。此孝子，亦非如董仲舒之人，唯以奉天命爲事者；而是眞對天地繼志述事，以續之於萬世之孝子。故人可爲天地立心，卽謂人之受於天地者，只是此道；人欲盡其天地之性，立其心於天地之間，以成天地間之心，而爲天地立心，唯由人之踐履此道，而後能也。橫渠之言立心，亦猶其言立命。人之立命，卽由人之立心而有之事也。人之爲天地立心，爲生民立命，皆原自人在其踐履此道之歷程中，其心目中只見此道，只知此道，更無其他任何夾雜而來。至於人之踐履之實事，固必依於氣，然此氣乃相從於此心之知道，而行道或踐履此道，以成德之事而至。吾人固不能直依於此氣，以行道成德，而盡性立命也。若直接依氣，以行道成德，則如橫渠所謂「德不勝氣，性命於氣」，非「德勝其氣，性命於德」矣。吾人能識取此義，則知橫渠之言道，雖恒連於氣，然決不同於漢儒之說。而就其言踐道之事，初亦當只見此道、只知此道，更無其他之任何夾雜而論，實與程朱言立命之主旨無殊。人之踐道之事，卽人之立命之事，而橫渠之言立命，乃面對純粹之道而立命，亦與程朱無殊者也。若只見橫渠之重氣，而意橫渠於此有異於程朱，則未知橫渠者也。

三　程子之窮理盡性卽至命論，與天命及外所遇之命

至於吾人如欲進以言程朱之言命，與橫渠之言命之不同，則此正在程朱因更有見於人在踐履之歷

程中，唯以道或理爲心知之所對，故進而以此道此理之本身，爲眞正之形而上者。橫渠有以道屬於氣化之論，而明道、伊川、則有直以天道或天理，爲氣之所以生生之本之說。此在伊川，尤爲顯著。此正由於人之行道踐理而立命之事，既當唯見此理此道，以使吾人之心氣，相從而至；則宇宙之道之理，亦即足爲萬物之生生與氣化流行之本，而此天道天理，亦不須更有所屬。吾人之性，即天道天理之在人者，亦即天所命於吾人者之所在。於是此中之性命之關係，即更爲直接，而亦可說「性」與「命」二者，只是由兩方看之觀點之不同，而有之名辭。同此一理一道，自其由屬於天者，以屬於人言，曰天命；自此屬於人者，亦屬於天言，曰天性。此中之天，並非實有一物，如上帝或元氣，實只所以表示此理此道，爲一公的理、公的道而已。此即不同於橫渠之言，是從「天由其氣化以生人，人有其氣，而以天之道爲性」說來，中間之多一「氣」爲轉折者；而是就天道天理之直貫於人，以爲人性，即見天道天理之流行之在人之說。此亦是直就天命之理，以謂之爲性之說。故程子謂「在天爲命，在人爲性，在義爲理，主於身爲心，其實一也。」由此而程子之言踐形盡性之工夫，亦即可不須如張子之分窮理、盡性、至命爲三事（註）；因此三事之可分，原是自氣之知理踐理之歷程、或人之

註：按邵康節皇極經世觀物篇謂：「理者，窮之而後可知也；……性者，盡之而後可知也；……命者，至之而後可知也。此三知者，天下之眞知也。」以此三者爲三知，亦即以之爲三事，是知程子之以三者爲一事，乃不同於張，亦不可於邵之新說也。

次第上合於天之歷程上說者也。今直自理上道上說，則自不可分此三事，而只須說此理此道之在人曰性，自天曰命斯可矣。此卽程子之所以言「窮理、盡性、以至於命。三事一時並了，元無次序」（遺書二上）而謂「天人本不二，不必言合。」（遺書六謂此為明道語）也。程子言致知與主敬之工夫，亦卽一面知理，而一面涵養此心使足以顯理之雙管齊下之工夫。此所以盡人之性，亦卽所以立天之命也。玆略舉數言以證。此諸言，大皆出諸伊川，初蓋本諸明道，而二人對此問題，蓋亦無根本上之不同之可言也。

遺書二十一曰：理也，性也，命也，三者未嘗有異。窮理則盡性，盡性則知天命矣。天命，猶天道也；以其用而言之，則謂之命。命者，造化之謂也。遺書二上曰：

「天降是於下，萬物流行，各正性命者，是所謂理也；循其性（一作性命）而不失，所謂道也。遺書二十五曰：稱性之善，謂之道，道與性一也。……性之本，謂之命，性之自然者，謂之天，自性之有形者，謂之心，自性之有動者，謂之情；凡此數者，皆一也」。又伊川文集五與呂大臨論中書曰：

「在天曰命，在人曰性，循性曰道。」又遺書二上及遺書十八外書十一，皆記伊川言窮理、盡性、至命三者為一事之言。遺書二上伊川評及橫渠之言曰：

「理則須窮，性則須盡，命則不可言窮與盡，只是至於命也。橫渠昔嘗譬命是源，窮理與盡性，如穿渠引源。然則渠與源是兩物，後來此議必改來。」

此卽見橫渠之異於二程，在其言命與性，有渠與源之別。此乃由於橫渠言天之命人以性，未能直接自天人之共此一理一道說，中間多了上文所謂一氣之轉折，便顯見天命與人性間，有一距離。故在橫渠，命與性，有源與渠之別，由盡性窮理到至命，不能無次第，不能一時俱了；唯在聖人，三者方爲一事耳。然其與二程之別，亦只在一間；不能謂橫渠卽無以天之道之理賦於人，卽人之性之意也。

二程言命，除直以天命人性，皆不外一道一理之外，亦言及貴賤壽夭與人之所遇之爲命與氣稟之性。此則非直指道之流行而言之命，亦非卽理卽道之性。伊川於此，亦分別甚清楚。如其言曰：「在天曰命，在人曰性，貴賤壽夭，命也；仁義禮智，亦命也。」（遺書二十四伊川語）此貴賤壽夭，與所遇之命，伊川雖亦許其爲人之能否盡天命者之一報應。（如二程遺書十五，謂知天命是達天理，也必受命，是得其應也。……天之報應，皆如影響，得其報者，是常理也；不得其報，非常理也。）然君子則只求知天命、達天理，以爲其義之所當爲，而不求其報。故謂「君子有義有命。求之有道，得之有命，求在外者也。聖人則唯有義而無命。」此所謂無命，乃指其心中全無求於在外之命而言，非謂其心中無天命，因行義卽遵天命也。故其經說卷一言：「順乎理，樂天，安其分，知命也。順理安分，故無所憂。」遺書十一言：「聖人樂天，則不須言知命，知命者，知有命而信之爾。……命者所以輔義，一循於義則何庸斷之以命哉。」此亦指求在外之命而言。故下文旋卽繼之曰：「若夫聖人之知天命，卽異乎此。」又其經說卷六謂：「子謂顏淵曰：用之則行，舍之則藏，唯我與爾有是夫。用舍無所預於己，安於所遇者也。或曰然則知命矣夫，曰安所遇者，命不足道也。君子知有命，故言必曰命。然而安之不以命，知求無益於得而不求者，非能不求者也……。」此中之命，亦指求在外之命而言。然人能知此命，進而安於所遇，則賴於人之只見義，只求順理，而不見命。只見義只求順理者，卽知天命。唯知此天命，乃眞能自然不求於外，用舍無所預於己，而安於所遇之命。則此二命之義之不同，亦可見矣（註）。

此外對於非「卽道卽理卽天命之性」之性，則程子視之爲稟受之性。故遺書二十四曰：「生之謂性，止訓所稟受也。天命之謂性，此言性之理也」。于人稟受之性，以蔽有淺深，故別而爲昏明；稟有多寡，故分而爲强柔「蔽有淺深，故爲昏明；蔽有開塞，故爲人物。稟有多寡，故爲强柔；稟有偏正，故爲人物。」（程氏經說八）此稟受之性之不同，乃本於人與物、及人與人之氣質之異，此不同於天命之謂性之性，乃人物之所同，亦無論人之氣質爲昏爲明，爲强爲柔，皆得而自盡者。故程子之言天命與性之關係，有直就天命與性之同卽此理此道，以言天命之卽性；而人之窮理盡性，卽義之所在，

註：遺書二上「異敎之說，其盛如此，其久又如是，亦須是有命，然吾輩不謂之命也。」此一命，亦指人之外之所遇之命言。儒者求行道，而外所遇者，乃異敎之盛，必欲其不盛，亦是求在外者也。伊川於此，蓋謂吾輩當只求順理以知天命，而不去管此異敎之盛不盛。故曰不謂之命也。

而使人得至命者。亦有在外、非人之義之所在，而爲「人之窮理盡性者，所當知之而安之」之命，如所遇之富貴貧賤之命。又有依於氣之昏明强柔，而有之稟受之性，而爲人盡其天命之性，所當加以變化之性。故有天命卽性者，此純以理道而言之上天之命與內在之性也；有天命而非性者，此天命之在外而不在內者；亦有性而非卽天命者，此天命之性之雜於氣質者。此天命之性之雜於氣質，乃由人之所稟之氣之有厚薄等而來。此所稟之氣之有厚薄等，亦可說由天之所命。此應爲命之又一義。程子嘗以之釋孟子所謂「仁之於父子也，……聖人之於天道也」，下所謂「命也」之命。然程子之言，多只說此爲性。其所重者，乃在別天命之謂性之命，與貴賤壽夭之命，於稟受之性，不重在說此稟受之亦爲命。重說此者，乃後之朱子也。

四　朱子對「天命流行」之分疏，及其以理氣分三命之論

朱子之言命，在根本觀念上，與二程亦無不同。唯朱子承二程之學，而又再結合之於周濂溪之太極圖說、通書、與張橫渠言氣之思想；故於天命之自身之流行，又多一方面之分疏。如其太極圖說注曰：「太極之有動靜，是天命之流行也。所謂一陰一陽之謂道，誠者聖人之本，物之終始而命之道也。其動也，誠之通也，是繼之者善，萬物之所資以始也；其靜也，誠之復也，是成之者性，萬物各正其

性命也。動極而靜，靜極而動，一動一靜，互爲其根，是命之所以流行而不已也。動而生陽，靜而生陰，分陰分陽，兩儀立焉，是分之所以一定而不移也。」此注卽綰合周子太極圖說通書，及中庸易傳之言與程子之言，以說太極之動靜之見於天命之流行者。其將天命之流行，分爲動靜二面看，卽較二程之渾言一天命之流行，多一分疏。由此分疏，天命亦宛然成一單獨之論題。萬物之各正性命，唯在誠之復處說，不在誠之通處說。在誠之通處，只可言萬物之所資以始，而尚不可言萬物之各正其性命。此卽在概念上，將天道自身之創始萬物之一動，與萬物自身之受此道以正性命之一靜，分出一界限。而天道之自身，與其賦而命於人物，亦可說有一界限。如天道爲體，此命卽只其用之一端。故朱子語類五記朱子曰：「理（卽道）者天之體，命者理之用」。由此中之動靜體用之概念上之分別，而天道對人性之超越義，亦由茲以顯。是見朱子之言，較近於橫渠之分天道人性爲上下層之意。此道卽理。故朱子言理亦重理之超越義，而言理先氣後。此理之在人卽性，而朱子之言「性」，亦不同於此性表見於氣所生之「情」，及爲氣之靈而能知此理之「心」；遂對心、情、性、三者之異，亦一一加以分疏。此皆原自於其對天命之流行之動靜，先有此一分疏而來。此便與二程之直下謂：天命於人之此道此理卽性者，有毫釐之別。朱子注中庸天命之謂性之一語曰：「天以陰陽五行，化生萬物，氣以成形，而理亦賦焉，猶命令也。於是人物之生，因各得其所賦之理，以爲健順五帝之德，所謂性也。」此亦爲兼攝橫渠重陰陽之氣之旨，以言天之化生人物，而後人物有其性之層次的講法，以使人增加一對天之超越於人物之上之超越義之了悟；而不同於二程之言「即理即道，即天命即性」之上下通貫說者之直截者。然此亦只因朱子之多一層對天命流行一概念分疏使然；非朱子以天道與人性相隔絕，不以在人之性即在天之道之理，而否認二程之所謂天命之謂性之謂也。因將天命流行，在概念上分爲動靜二面看，亦原無不可。此中之眞正問題，在朱子之由攝取橫渠重氣之意，或偏在即氣之靈以言心，未特重即心之理與道以言心，遂未能同時重此心之超越義，以貫通於具超越義之天道天理，進以見此人之心，與天命天道之直接相貫。此吾已論於原太極之文。然尅就對天道與人性之一問題本身而言，則朱子之在第一步，將天命之流行分爲兩面，又於天道人性間，劃出一界限，固未爲不可。此亦固無礙於進一步之言此人性之即天命之性，更無礙於進一步之言本心即理即天道，如象山陽明之說也。

朱子除於太極圖說注中，論及天道與性命外，其於中庸孟子之言性命處，加以解釋之言，亦甚多。然大皆同於程子之意。朱子除以中庸天命之謂性，爲直就理道言，乃「從源頭說」者外；復由攝取橫渠重氣之旨之故，而喜自氣說一切富貴、壽夭、智愚、賢不肖之命，皆天所命。如謂「稟得精英之氣便爲聖爲賢，便是得理之全，理之正；稟得清明者，便英爽，稟得敦厚者便溫和，稟得清高者便貴，稟得豐厚者便富，稟得久長者便壽，稟得衰頹薄濁者，便爲愚不肖，爲貧賤」。（語類卷四）此是總說命兼原於理氣。如分而言之，則朱子講孟子盡心章，便於此上所謂專以理以道言之第一義之命外，另指出口之於味，耳之於聲，目之於色之有品節限制，（四書注）以釋孟子之「性也有命焉」

一語之命，謂爲合理與氣而言之第二義之命。蓋五者之欲，固是人性，然有命分，此卽屬於貧富貴賤死生壽夭一類之命。此外再於「仁之於父子，義之於君臣……命也，有性焉。」一段之注，謂此命專指氣而言，此性字卽指理言。是卽成爲第三義之命。朱子又謂「大凡清濁厚薄之稟，皆命也，所造之有淺有深，所遇之有應有不應，皆由厚薄清濁之分」。（語類六十一）朱子又或稱之爲屬於清濁偏正，智愚賢不肖之命，此卽分疏此第三義之命之意義者也。

對上述之第三義之命，程子未多及。朱子則特加以重視，並就其爲專以氣言，以與專以理言者、及理氣合言者，加以分別。程子於此之不重此第三義之命，乃由吾人上節所謂程子言天命，大皆直自道理而言之故。朱子之重此第三義之命，謂此氣質之稟，亦是天所命；則原自朱子之言人之有其天命之性，乃是先由天以陰陽五行之氣化生萬物，「氣以成形」而後「理亦具焉」之故。緣此而人之稟得此理，乃自始是在稟得陰陽五行之氣之錯雜中，稟得此理。換言之，亦卽是在天所與人之此氣質中，稟得此理。故此理在氣質中，所成之氣質之性，亦卽天命之流行之表現；而此氣之稟，亦自當在此義上，說爲天之所命矣。故語類卷四曰：「天命之謂性之命，是純乎理言之；然天之所命，畢竟皆不離乎氣。」又曰：「如有天命之性，便有氣質，若以天命之性爲根於心，則氣質之性，又安頓於何處？……喜怒哀樂未發之時，只是渾然，所謂氣質之性，亦皆在其中。」又載：「問孟子言性善，伊川謂是極本窮原之性。然中庸所謂天命之謂性，不知是極本窮原之性，是氣質之性？曰天之所命，何嘗有異，正緣氣質不同，便有不相似處。故孔子謂之相近。孟子恐人謂性元來不相似，遂於氣質內，挑出天之所命說與人，道性無有不善，卽子思所謂「天命之謂性也」。又曰：「天命與氣質，亦相滾同，才有天命，便有氣質；……天命之性，本未嘗偏，氣質所稟，卻有偏處」。「天非氣無以命於人，人非氣無以受天命。」凡此之言，固亦本於程子之兼言天命之性與人之氣質之稟受而來。然程子則多只將此二者並舉而分別之，於天命之性理，乃直下以之與天之道之理，相貫而說。專自此相貫處看，儘可以性理直貫天理天道，而統於一心，並不必須連氣質之稟受，去看此稟受之亦爲天之所命也。陸王之思想，亦卽可由此義開出。至朱子則重此人之由天命以有其性，必透過氣以說之義。故曰「天非氣無以命於人，人非氣無以受天命。」則人只能於受得天之氣處，受天命。亦卽人是先受天之氣，乃得受天之理以爲性；而人受此天之氣與性理之全，方爲人所受之天命之全矣。故朱子之觀「萬物之一原」，亦須兼觀其「理同而氣異」之處；而觀「萬物之異體」，更重觀其氣之淸濁通塞，而所表現之「理絕不同」之處。由朱子必透過氣，以說人所受之天命之全，而程子純就性理與天理天道之直貫，以言天命之謂性之義，在朱子系統中，亦反因之而不顯矣。

因朱子之必合理氣以言命，故亦不分命與遇之別，於正命與非正命，同謂之命。故曰「桎梏而死，喚做非命不得，蓋緣它當時稟得乖戾之氣便有此；然謂之正命不得，不必去生枝節，說命、說遇、說同、說異也。」（語類四十二）又謂「仲尼不遇，在天非正命，在仲尼爲正命」。（語類六十）仲尼不遇，在仲尼為正命者，以其進以禮，退以義，行義而命無不正也。然剋就天之使仲尼不遇言，則理初不當如此，乃世運之氣使之然，故非正命。然此仍當說是仲尼之命，不可如張程之只視為遇。此皆因朱子之重合理氣言命而來者也。

要之，宋代理學之傳，其言天命與性之問題，至程朱而確立天理天道為天之氣化流行之本，亦確立天命之流行亦即天理之流行於氣之中，及性即理之義。一切天地萬物之創生之事，皆為此理此道之流行於氣之中之表現，而屬於程朱所謂天命之流行之一端。此天命之流行，則無論直貫於人，為人之性，或連於人所稟賦得陰陽五行之氣，以貫於人為人之性；要皆為以天命人性為內在的相貫，而人之自盡其性，即可同時自主的立上天之命而至命者。此即大不同於漢晉以來之學者之言天命者，或為秦漢儒者所謂天之帝之降命，或為王充所謂自然之氣所決定之祿命壽命，或為郭象列子之所遇之外命，或為佛家之所謂前生所決定之業命，皆非人所能自主自立之命者矣。

五　陸王一系言天命之流行即本心良知天理之流行義

至於宋明儒學之陸象山王陽明一系之發展，更有進於朱子之所言者，則在朱子之言人心，乃在人氣之靈上說，而人之受氣，則依於天命；由此而其所謂心，雖能知理而具理，然其地位仍在天命之流行之下一層次上，而理對人之氣與心，乃特呈一超越義。此中之關鍵，可說在朱子未能扣緊二程之窮理卽盡性，盡心而至命，心理性命之直接相貫而爲一之義，而加以措思之故。如自此措思，卽可將心之連於氣之義，暫放在一旁，不以氣看心，以說心爲氣之靈；而更能以理看心，將心上提，以平齊於理，而說此心爲與理爲一之心，此理爲心之理。此卽陸象山所以於一般所謂不必合理，而陷於物欲之心外；由此心之能自拔於物欲，以指出本心之存在；而謂此本心與理不二，更無天理能外於此本心之說。緣是而天地萬物森然於此心之前，則其理，亦卽同於此心之此理。人之踐此心此理之份內事，亦卽宇宙內事，而非只是上承一超越之天命之事。此中，人如說此天命，有超越義，則人之本心，亦具此超越義，而與之平齊。此亦具詳於吾人原太極下之一文中。故象山言，「天之所以命我者，不殊於天，須是放教規模廣大。」（全書卷三十五）又嘗論易繫傳語曰：「一陰一陽之謂道，乃泛言天地萬物，皆具此陰陽（之道）也；繼之者善也，乃獨歸之於人，成之者性也，又復歸之於天，天命之謂性也。」（全書卷三十五）此解不必合易傳本義，亦明與朱子不同。其意仍在謂天地萬物與人，合爲三極，人繼天之事，亦可歸之於天，視爲天命之性之完成，則天命不在人性與人之繼之之事之外，亦可知矣。象山全集三十四，載其語曰：「窮理是窮這個理，盡性是盡這個性，至命是至這個命。」此卽本程子之以三者爲一事之言，而謂理性命爲一物也。

王陽明承陸子之學，乃就本心之昭靈不昧，而知善知惡，好善惡惡，而名之爲良知。良知卽本心，亦卽天理。由此而所謂天命之流行，亦卽在良知之知善知惡，而好善惡惡，以及爲善去惡之事之流行之中。此與象山之不單言天理之流行者不同，而是攝朱子之天理之流行，於良知之流行之中，亦卽攝之於陸子當說而未說之本心之流行之中。於是，此良知天理之流行，應卽天命之流行。陽明於此與朱子之不同，則在其答顧東橋書，評論朱子之釋孟子盡心章一段，最可見之。按朱子於盡心知性知天，存心養性事天，及夭壽不貳、修身以俟以立命之三事中，以第一事爲學者之事，第二事爲賢人之事，第三事爲聖人之事。在陽明則適與之相反，謂第一事爲聖人之事，第二事爲賢人之事，第三事乃學者之事。今按，依朱子之系統，以天命在人之心性之上，自必以第三事爲聖人之事；因聖人方能上達天命也。如依陽明，則所謂俟命者，「若曰死生壽夭，皆有定命，吾但一心爲善，修吾之身，以俟天命而已」。此俟天命而視之爲超越在上者，應爲最低之一階段，卽學者之事也。陽明又言存心養性以事天者，「雖與天爲二，然已眞知天命之所在，但唯恭敬奉承之而已耳。」此卽言能眞知天命，而不免視之爲二，乃上一層之賢人之事也。至於盡心知性知天，所以爲最高一階段之聖人之事者，則陽明曰：「知天之知，如知州知縣之知，知州則一州之事，知縣則一縣之事，皆己事也」到此階段，與天爲一，更不言俟命立命。　正以與天命爲一，而無天命之可立可俟之故也。故陽明之罕言天命者，正以其意是：　人能致其良知，而存天理卽知天；知天而良知天理之流行，卽天命之流行之故也。夫然，而陽明之所謂良知，存天理之事，亦卽皆所以見天命之於穆不已之事。故謂人心之戒懼之念，是活潑潑地，此是天機之不息，所謂維天之命，於穆不已。」（傳習錄卷三）如謂天理爲性，良知爲心，則此性之所在，即心之所在，心之所在，亦即天命帝命之所在。此即成就一心學之最高之發展，而將以前諸儒之天命之論，皆攝於一充塞天地之良知之靈明中，而皆不能溢乎其外矣。

王學之徒承陽明之說，由此遂更多有即良知之靈明，或人之德性與良知良能中，見天命之流行之論。其中王龍溪答鄧定宇書（龍溪語錄卷七）之言「一念靈明，從混沌立根基，專而直，翕而闢；從此生天生地，生人生萬物，是謂大生廣生，生生而未嘗息也。乾坤動靜，神智往來，天地有盡而我無盡，聖人有爲而我無爲，冥權密運，不尸其功。……」龍溪此言，實無異謂乾坤之大生廣生之不息，或昔賢所謂天命之流行者，皆在此一念之靈明中，故又謂白石蔡子曰：「此一點靈明，窮天窮地，窮四海，窮萬古，本無加損，本無得喪，是自己性命之根，盡此謂之盡性，立此謂之立命」。（龍溪語錄卷四）。再如羅近溪，亦同有即人之德性良心，以見天命之言。此如其講君子之道費而隱曰：「費是說乾坤生化之廣大。隱是說生不徒生，而存諸中者，生生而莫量；化不徒化，而蘊諸內者，化化而無方。……君子尊德性，是尊此個德性；敬畏天命者，是敬畏此個天命；……大人之所以不失赤子良心者，是不失此個赤子良心。後世道術無傳，於天命之性，漫然莫解；便把吾人日常恒性，全不看上眼界，全不著在心胸，……而不加尊奉畏敬。」近溪即人之良知良能之簡易率直，而論之曰：「其知不須人思慮，卻是陽明發越，而天命之照耀也；其能不須人學習，卻是陽和充盎，而天命之活潑也。

故性不徒性，而爲天命之謂性也。」（皆見盱壇直詮卷一）此皆直下卽人之德性、良心、良知、良能，而見天命之流行卽在此中之論，而其言之直截，實爲昔所未有者也。

六　王船山之命日降與無定命義，及立命者之死而不亡義

王船山生於明末，不滿於陽明之思想，而重回到橫渠之說。此蓋原於王學之徒，或不免株守一良知之孤明，未能本之以觀天地之大，萬物之衆，以應歷史之變，人事之繁。吾人今固可不說，爲致良知之學者，其弊必至於此，因眞知此良知之充塞天地，亦當進而卽天地萬物，以致其良知，如梨州之言盈天地皆心，亦可有其博聞之學是也。然在當時，則實際上王學之徒之樂簡易者，確有徒守一良知之孤明，以爲自逸自肆之計者。此卽船山所以於陽明之學，加以深惡痛絕，而有其「希張橫渠之正學」，重氣化流行之論，以敎人卽氣見道，卽器見理，而大此心之量之論也。船山之言氣化之流行，不只從自然宇宙之變言，乃擴之爲一觀人事歷史之變之思想。氣化之流行，往來不窮，由此而命無前定，性非限於初生，故船山有命日降、性日生之說。如曰：「昊天曰明，及爾出王；昊天曰旦，及爾游衍。出王游衍之頃，天曰臨之，天曰命之，人曰受之。命之自天，受之爲性」「成之者性。天之幾也，初生之造，生後之積，俱有之也。父母未生以前，今日是也。」（尚書引義卷三太甲二）又曰：

「夫一陰一陽之始，方繼乎善，初成乎性，天人授受往來之際，正此生理爲之初始；故推吾之所自生，而贊其德曰元。成性而還，凝命在躬，元德紹而仁之名乃立。天理日流，初終無間，亦且日生於人之心。惟嗜欲薄而心牖開，則資始之元亦日新，而與心遇，非但在始生之俄頃」。（外傳卷一乾）而人亦時當謀所以「自致其德命，而不自困於吉凶之命」。（外傳三困卦）天命之流行於歷史之變，亦不可言常型，而實行乎不測。如讀通鑑論卷一第一篇曰：「秦以私天下之心，而罷侯置守，而天假其私，以行其大公。（謂廢封建私其子孫也）存乎神者之不測，有如是夫。」觀船山所謂天命之日降，亦即可謂之爲一新型之「以無一定之命之者，無一定歸向之命」爲命之說，遙若與郭象莊子之言相照應。然郭象之言無命之者之命，唯限於斯須所遇者之自然自爾；莊子之安命，唯安於不得已；而船山之言無定命之命，則直指客觀宇宙歷史之大化之神，闔闢之不已，往來之不窮而說。故人須知「川流之速，其逝者可見，其返而生者，不可見也；百昌之榮，其盛者可知，其從而消者，不可知也離然耳目之限，爲幽明之隔，豈足知大化之神乎？大化之神，不疾而速，不行而至，……一闔一闢之謂變，往來不窮之謂通。」（周易外傳卷七說卦傳）人能知大化之神中闔闢之不已，往來之不窮，則知死亦生之大造。」（外傳卷二无妄）「萬法歸一，則一之所歸，舍萬法其誰哉？」（外傳卷六繫辭下傳第五章）一旣還歸萬法，則吾人於萬法之道之理，皆不可忽，當知器之各有道，事之各有理。而人於歷史之變，則當知「先王以人文化成天下，則言道者與道爲體，言物者與物爲體；必沉潛以觀化，涵泳以得情，各稱其經緯，曲盡其隱微。」（尚書引義卷六畢命）「道無方以位物之有方，道無體以成事之有體」；（讀通鑑論敍論）方能範圍天下而不過。吾人之知命、立命、至命之道，乃在能「執常以迎變，要變以知常」。變者有常，故非往而不返，乃往來不窮，而恆貞。故以一人之生而論，則壽命雖有限，亦有死而不亡者存。人亡之後，形骸雖化，而其神氣或精神，仍往來於天地，能出幽以入明，感格其子孫。至聖賢忠烈之逝也，亦卽以精神，「公諸來世與羣生」（周易外傳繫下傳第五章）。夫然，故人如聖人之能知命者，卽生爲生民立命，沒而不特遺愛長在人間，實則其神氣或精神，亦未嘗不日降而日生，而未嘗不壽。此卻非神仙家之煉氣存形以爲壽之說；而是人之能盡其道以立命者，其精神原可大往大來於天地間之故。此則中國先哲卽氣化之流行，以言生人之立命至命之思想之一極致，而非橫渠之所能及者也。

註：關於船山之言死而不亡義，詳見拙著王船山之人道論（學原二卷二期）及次篇原性篇論船山一節。

七　戴東原、焦循之以限於所分及不可轉移趨避者爲命之說，及阮元之性命古訓之陋

至於船山以後之清儒之言命者，則可姑以戴東原、焦循、與阮元爲代表。三人皆本古訓以言命，

而實則皆只重命之一義。如戴東原本大戴禮記「分於道謂之命」之言，而謂「限於所分曰命」，（原善上）並以「有所限而不可踰」（孟子字義疏證性字條）釋孟子所謂性也有命焉。於其答彭紹升書，更謂：「凡命之爲言，如命之東，卽不得而西，皆有數以限之，非受命者所得踰……命數之命，限於受命之初；敎命之命……盡職而已。則同屬命之限之」焦循除作易通釋，就易之一書之命，爲之詁釋外；其孟子正義釋孟子盡心章，於性也有命焉，命也有性焉一段，亦明引戴氏之言，而歸於以天所限爲命。又作知命解上下二篇，（雕菰集卷九）論：屬於天者爲命，故於己可轉移趨避者，不可一概而皆委之於命」。又曰：「聖人以己之命聽諸天，而以天下之命任諸己」，「於是天下之命，自聖人而造」云云。其以不可轉移趨避者爲命，亦正同戴氏以限於所分者爲命之說。則聖人所能造者，卽非命。此與戴氏，皆只知有限制者爲命，未受限制者卽非命；而不知古人所謂天命之不已，天命之流行，皆涵卽限制而超限制之義。戴氏亦謂：「人之得於天也，雖亦限於所分，而人能全乎天德。」（亦見答彭紹升書）能全天德，豈唯是限於所分之謂哉。其疏證又解孟子命也有性焉句曰：「仁義禮智之懿，不能盡人如一者限於生初，所謂命也；而皆可以擴而充之，則人之性也。」人旣有性以擴充仁義禮智之懿，則限於生初之謂何？至宋儒所謂立命，更明非自立分限之義。郭象列子所謂命，亦無命之者，或一定之歸向爲分限。至於殷周以來，以及秦漢儒者所謂受天命，王充所謂由氣稟以定之命，以及戴氏所舉之敎命，亦皆重在言：此中之天之所命與氣稟所定者或敎命中，其正面積極之內容之爲何；而不重在言其能限制人，而使人不能轉移趨避之義。以命只爲限於所分，不能轉移趨避者，乃專從反面消極的方面，看命之使人不能如何，則於各種言命之思想，所陳之關於命之正面積極之內容者，皆可不加以理會矣。至於阮元之著性命古訓，乃唯據詩書中所謂命，皆與祿連以爲說。其說之無當於詩書中之義，吾已於本文上篇第一節駁之。卽其言之有當於詩書中之古義者，亦只詩書中命之思想之一端，不可將命之此一義，概盡一切命之思想也。觀戴焦阮三氏論命之言之局促，以之較昔賢言命之思想之精微博大，則不能不謂淸人對此類之問題，已陷於空前之「哲學的貧困」，不特未能於義理深入，卽了解昔賢之言之工夫，皆相距甚遠。而今人聞命之名，亦卽意謂其卽指命定，乃多以命之一辭，只同於西方所謂 Fate 之義，或亦視爲純只表一消極之限制義者，此蓋皆由淸之學者；罕能知命之積極意義而來，亦可嘆矣。

八　結論、總述中國思想之言命、及五命之觀念

綜觀中國思想中之天命觀而發展，在詩書中之天命觀，乃天直接以言命有德之人王，而人王卽以其德繼此天命。此初爲一宗教性的自上下垂，而人自下上承之原始形態之天命觀。緣此思想之發展，而有春秋時代以命涵預定之思想，則爲一以前定後之天命觀；再發展爲壽命之命；及以義爲命之命，

則爲卽人之生命或其心中之義之所存，以見天命之所在之思想之始；更發展爲以天命爲民之動作威儀之則，則爲天普泛的示民以教命之思想之始。至於孔子之知命，則由春秋時代之卽義言命之思想，更向上發展，而於義之所存，皆視爲天命之所在；於一切若爲人之限制之命之所在，皆視爲人之自盡其義之地，以增益其對天命之畏敬者。墨子之非命，則爲對預定義之命之限制，加以反對，以使人得自盡其義，而努力以從事者。孟子之立命，則是由人之盡心知性，以使人所受於外之限制，見其「莫非命也」，而亦見其莫非人之當順受其正面，爲盡心知性之地者。莊子安命，則是於一切無可奈何之限制，皆初以不得已之情，安之若命，而繼卽加以超拔，而不見此命之爲限制，以使人自己之生命之變與命之流行，合一無間，而遂其性命之情者也。

此上諸家中，孔子之命，初爲天命之上命，或亦爲所遇之外命；而孔子又卽此外命之所在，以見爲我之義之所在，而皆見爲天命之上命之所在。孟子之命，多指外命。孟子於外命之所在，又卽視爲人之盡心知性之事之所在，乃言行義以立命。行義以立命由內，而人於外命，皆可順受其正，則外命，皆統於內之行義以立命之中矣。墨子之命，乃純爲外命；謂人之行義者，必非此外命。是以內之義，而非外之命也。莊子之命，初乃指人處無可奈何之境，而有無可奈何之情而言，此是外命而兼爲內命。然此內命，非如孟子所言之爲人之所當立；而爲人所當先加以承受，以安之，繼則當越之而過，以使此命，轉成爲流行於人心之下之「下命」者。及其由相安而相忘，與人之生命並流而無間，則在莊子外篇，名之爲一整個的性命之情。至於後之荀子，言節遇謂之命，則此是就人與其所接者相遇，而交相制限處言命。此中，命限人，人亦能制命；則命來自外，亦兼制自內。此可稱爲位居內外之交，或內外之相對關係中之中命。於此如偏重在人之制命之一方面，則可成墨子之非命；如重在人之安於所遇方面，則成莊子之安命；如視此節遇所在，即人之義之所在，上之天命所在，則爲孔子之知命；又如視此節遇所在，即人之盡心知性，以順受正命，而自立其命之所在，則爲孟子之立命。然荀子則尅就此內外之交，而指之爲命。言人能制命，亦有節限存焉。則四者皆非，只宜稱之爲「中命」。至於老子之復命，即復於一形而上之莫之命之道。易傳、中庸、樂記，所言之由盡性而至命，或溯性之原於天道太一或天命之思想，皆是由人之生命以反溯至其生命之本，或由人之性以反溯至性之原，即以此本原所在，爲道爲天命之所在之思想。此可稱爲由人之生命與人性，以溯原於上命之思想，而與周初詩書中之言天命之下垂，而人繼之之思想，遙相對映者也。

至秦漢以後之帝王受命之說，則又爲將上述之人性之本原之天，或太一天道，更直視爲人格神或周初之天帝，而理解之，以再復蘇周初之天降命人王之思想。此中之有五帝德之運行於四時五方及不同之朝代，則無異周初之上帝之分化其自身爲五帝，以分別運行於時空，而成爲依時節方位，以降命於下土者。此中五帝之降命，憑符瑞，不憑直接之語言，則使自然界之事物，亦爲五帝降命之所。董仲舒之再收歸於一天帝，而言其運行於四時五方之際，隨處表其天情天志，則爲兼綜「天帝爲一」及

「五帝德之運行於時空」之二者。董氏之天志天情，透過陰陽五行之氣與天地之形而表現，則使整個自然界，皆為天帝之降命之所；而人之以其耳目，與天地日月，寒暑溫凊之氣相接，皆即與天志天情天命相接。然此要皆仍是天之上命之下垂之一形態之思想也。至於王充之廢天帝，而純就人於自然之氣之所稟，以言人之性命之原，而又重此氣稟與人之所遭遇者，對人生之事之決定性；則使此原位於人之下之自然之氣，轉而成能命人者。此可稱之一下命。而王充之命論，又可稱為春秋時代，原已有以預定為命之思想，又一新形態之表現；然命祿遭遇，合以定命，又非全為預定。五德終始說中，言天上之五帝，依一定之次序，以命人王，此中亦有一義之預定。而王充之以自然之氣稟，能定人之命，亦即將天上之上命之預定，翻轉為地下之下命之定命之思想者也。

至於魏晉之列子，與郭象之以遇言命，則原出莊子，而又合乎荀子以節遇言命之義，亦通於漢儒所謂遭命，及王充所謂逢遇之命者。此列子郭象之以遇言命，乃唯指人當下之所遇為命。此命乃在內與外相遇之交，應亦稱為中命。然列子郭象之視此所遇者，皆自生而獨化，如無過去無未來，只純屬現在，而此現在即我之所遇，亦可與我無間而冥合為一者。故可不成我之礙。此命亦無與我交相制限之義。則與荀子所謂節遇之命之義不同，亦不得於此言制命，復非同於莊子之所視為一無可奈何而求安之之命者也。

若乎佛家之言業命，則非由吾人當生所見之自然所定之命，亦非為此自然之主宰之天帝所定之命；而是由前生之業，以決定今生之報，今生之業，以決定來生之報之命。然此命依業而成，亦依業而改；故雖有定，而亦吾人之所自定。依法相唯識宗，此業命之所寄，在意識下之阿賴耶識，而非一般之人智之所及；遂使此業命之觀念，特顯一超當生、超現世之一神秘之色彩，然又實非難理解。此可稱爲純依一切有情之三世之行爲之因果性，而有之內在的決定性之命。然因在前生者，果可在今生，因在今生者，果可在後世；故此命對有情之三世言，爲自定而內在，而對有情之一世言，則亦爲他定之命與定他之命，則亦可說爲外在之命。此業命之說，原不屬於中國固有言命之思想之流，而謂之純內命純外命皆可者也。

至於宋代周程張朱言天命之謂性之命，則亦由溯人生人性之原而立之說，其初實同於中庸易傳之溯性之原於命。至其特色，則在確立天之所以爲天，只在其道其理，而不在其中之自然之氣，亦不直謂其爲一人格神或上帝，而攝帝與天之觀念，於天道天理之中。依此而人之受天命，即受此道此理以爲性；而此天命之賦於人爲性，即如「道命」「理命」之由上以下貫，以爲內在於人之「性命」。故此天命，亦即兼爲上命與內命。至陸王之徒，言本心良知即天理，而在上天之命，即攝在人之性命中，而上命即內命，內命即上命。至王船山，則又由此而言人所遇於外之外命，或在上之天命，其流行於自然之化，及歷史之變者，與吾人之內命，未嘗不共流行；故命日降而性日生，而發揮爲此人之內命，即上承天命，外通外命之說。淸人戴東原、焦循，乃純就此外命之爲命，以言命爲限於所分之義，則無異荀子言命之思想之再現。然卻無荀子所言之制命之莊嚴義，其價值蓋唯在不踰命之限制，以安分而自靖耳。

此上所陳，乃綜述吾書論中國之天命思想發展，三篇文之大義，而標之以上命、內命、中命、外命、下命之五命之名，以涵攝此數千年言命之思想之要旨。是望學者之先通觀其異同之際，發展之迹，而默識之於一心，以見其言雖多端，然要不外往來於本文所謂五命之間。乃於命或敬之、繼之、長之，或知之、非之、安之，或立之、復之、至之；或順五帝之命之序，或奉天之元命，或觀氣稟之不齊，或隨所遇之命而自得，或知宿業以受報，或窮理盡性以至命，或證天命之於穆不已於一心，或立命於大往大來之大化，或不踰命之限制以自靖。學者能知諸說之相反相成，相因相救者何在，則亦可以得中國先哲言命之旨矣。

五十二年十一月卅日　　新亞學報六卷二期

索引

索引說明：

一　索引區分爲二部分：㈠人名索引，㈡內容索引。

二　內容索引以名詞概念爲單位，同一名詞下無特別說明者，僅標示其頁數；有特別說明者，該名詞概念用~符號代替。

三　索引以筆劃爲序。

四　索引中所標示的頁數，卽本書每頁兩旁的頁數。

五　本索引編製人伍至學。

㈠ 人名索引

四劃

五　劃

六　劃

七劃

八劃

九劃

十劃

十一劃

十二劃

十三劃

十四劃

十五劃

十六劃

十七劃

十八劃

十九劃

二十劃

二十一劃

(二) 內容索引

一 劃

二 劃

三 劃

四　劃

五　劃

六　劃

七　劃

八　劃

九　劃

十　劃

十一劃

十二劃

十三劃

十四劃

十五劃

國家圖書館出版品預行編目資料

中國哲學原論 導論篇

唐君毅著. – 全集校訂版. – 臺北市：臺灣學生，1986

面；公分 –(唐君毅全集；卷 12)

含索引

ISBN 978-957-15-0499-5 (平裝)

1. 哲學 – 中國

120 82000909

唐君毅全集 卷十二

中國哲學原論 導論篇

著作者：唐君毅

出版者：臺灣學生書局有限公司

發行人：楊雲龍

發行所：臺灣學生書局有限公司

臺北市和平東路一段七五巷一一號

郵政劃撥戶：〇〇〇二四六六八號

電話：（〇二）二三九二八一八五

傳眞：（〇二）二三九二八一〇五

E-mail: student.book@msa.hinet.net

http://www.studentbook.com.tw

本書局登記證字號：行政院新聞局局版北市業字第玖捌壹號

定價：新臺幣六〇〇元

一九八六年十月全集校訂版

二〇二四年三月全集校訂版四刷

12001

ISBN 978-957-15-0499-5 (平裝)

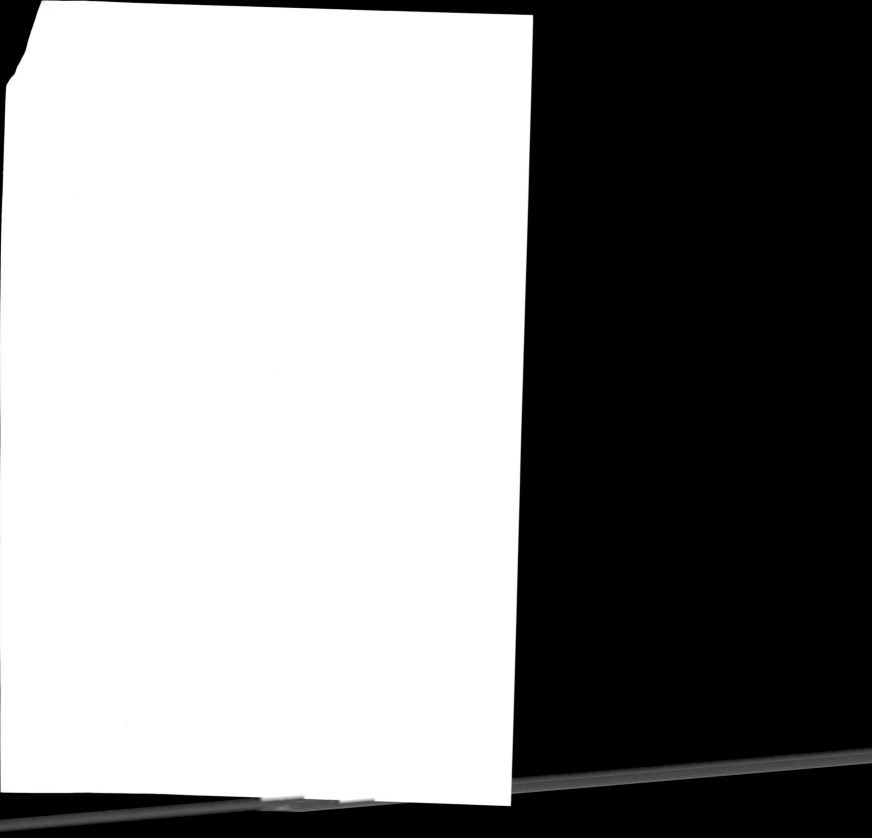